Gerhard Clemenz

Das 1×1 der Geldanlage

Gerhard Clemenz

Das 1x1 der Geldanlage

Warum Sparbücher nichts zum Lesen sind und Genussscheine ungenießbar sein können

WILEY-VCH Verlag GmbH & Co. KGaA

1. Auflage 2012

Alle Bücher von Wiley-VCH werden sorgfältig erarbeitet. Dennoch übernehmen Autoren, Herausgeber und Verlag in keinem Fall, einschließlich des vorliegenden Werkes, für die Richtigkeit von Angaben, Hinweisen und Ratschlägen sowie für eventuelle Druckfehler irgendeine Haftung.

Bibliografische Information der Deutschen Nationalbibliothek
Die Deutsche Nationalbibliothek verzeichnet diese Publikation in der Deutschen Nationalbibliografie; detaillierte bibliografische Daten sind im Internet über <http://dnb.d-nb.de> abrufbar.

© 2012 Wiley-VCH Verlag & Co. KGaA, Boschstr. 12, 69469 Weinheim, Germany

Alle Rechte, insbesondere die der Übersetzung in andere Sprachen, vorbehalten. Kein Teil dieses Buches darf ohne schriftliche Genehmigung des Verlages in irgendeiner Form – durch Photokopie, Mikroverfilmung oder irgendein anderes Verfahren – reproduziert oder in eine von Maschinen, insbesondere von Datenverarbeitungsmaschinen, verwendbare Sprache übertragen oder übersetzt werden. Die Wiedergabe von Warenbezeichnungen, Handelsnamen oder sonstigen Kennzeichen in diesem Buch berechtigt nicht zu der Annahme, dass diese von jedermann frei benutzt werden dürfen. Vielmehr kann es sich auch dann um eingetragene Warenzeichen oder sonstige gesetzlich geschützte Kennzeichen handeln, wenn sie nicht eigens als solche markiert sind.

Printed in the Federal Republic of Germany

Gedruckt auf säurefreiem Papier.

Druck und Bindung: Ebner & Spiegel GmbH, Ulm
Satz: Mitterweger & Partner, Plankstadt
Umschlaggestaltung: Susanne Bauer, Mannheim

Print ISBN: 978-3-527-50613-2

Inhaltsverzeichnis

Das Geld der Deutschen   9
    Sicherheit + Liquidität + Rendite – Alles geht nicht   10

Konto ist nicht gleich Konto   17
    Kostenloses Parken auf einem Geldmarktkonto   17
    Auf einem Festgeldkonto liegt Ihr Kapital tatsächlich fest   21

Das Sparkonto – ein Klassiker   29
    Sparbuch oder Sparcard – beides ist möglich   29
    Eine Spareinlage entsteht erst durch die Einlage   30
    Achtung, Abhebungen sind begrenzt   31
    Sie haben nicht gekündigt und wollen trotzdem Geld abheben?   32
    Vorfälligkeitsentgelt oder Vorschusszinsen?   32
    Wer kann von einem Sparkonto abheben?   34
    Ihre Bank kann auszahlen, muss aber nicht   35
    Vorsicht Betrüger – so verhindern Sie, dass jemand unberechtigt von Ihrem Sparkonto abhebt   37
    Ihre Zinsen können Sie abheben   38
    Ein Sparkonto ist nichts für den Zahlungsverkehr   39
    Geld abheben oder Geld einzahlen ohne Sparurkunde – Sie müssen sich entscheiden   39
    Hilfe! – Sie haben Ihre Sparurkunde verloren   40
    Wenn Schluss ist – Sie wollen Ihr Sparkonto auflösen   41
    Was es noch so alles gibt: besondere Sparformen   41

Der Sparbrief – keine Nachricht und nichts zum Lesen   45
    Sparbriefe sind Urkunden   46
    Wo bekommen Sie Sparbriefe?   46
    Der Sparbrief trägt Ihren Namen   47

    Ihr Geld liegt bis zur Fälligkeit des Sparbriefes fest   48
    Behalten Sie die Zinsentwicklung im Blick   48
    Drei Arten von Sparbriefen   49
    Weitere Informationen zum Zinssatz   53

Geldanlage in Wertpapieren – Fluch oder Segen?   57
    Wandern Sie durch das Labyrinth der Fachbegriffe   57
    Das Produktinformationsblatt – ein Beipackzettel für
    Wertpapiere   63
    Ihre Wertpapiere müssen sicher verwahrt werden   64
    Wo können Sie Wertpapiere kaufen und verkaufen?   66

Jetzt wird's spannend: Mit Aktien werden Sie Teilhaber an einem Unternehmen   75
    Sind Sie ein Aktientyp?   75
    Aktien verbriefen ein Miteigentum an einem Unternehmen   77
    Als Aktionär haben Sie mehr Rechte als Pflichten   77
    Gönnen Sie sich einen Tag auf der Hauptversammlung   81
    Aktie ist eben nicht gleich Aktie   83
    Wenn Aktien Nachwuchs bekommen – junge Aktien   90
    Belegschaftsaktie – ein Glücksfall für Beschäftigte   97
    Gratisaktie, klingt nach mehr – Berichtigungsaktie, klingt nach weniger   98
    Dividende, der Lohn für Ihre Treue   99
    Das KGV, die magische Zahl   103
    Welche Rendite erzielt man mit Aktien?   106
    Fundamentalanalyse oder Chartanalyse – welche hat Recht?   108

Rentenpapiere – nicht nur etwas für Ihre Rente   115
    Dieses Wertpapier hört auf mehrere Namen   115
    Rentenpapiere – eine sichere Anlage?   118
    Sie sind Gläubiger   119
    Nichts dauert ewig – die Laufzeit ist meistens begrenzt   121
    Kurzfristig, mittelfristig oder langfristig? – das ist hier die Frage   121
    Eine Besonderheit – der Kurs in Prozent   122
    Der Nennwert und die Stückelung – zwei feste Größen   122
    Die Rückzahlung beträgt 100 Prozent   123

Bonität des Emittenten und Rang des Wertpapiers – zwei
wichtige Dinge   *124*
Meistens läuft bei der Rückzahlung alles nach Plan   *126*
Der Zinsertrag – damit können Sie rechnen   *127*
Auch Rentenpapiere haben einen Kurs   *130*
Hohe Zinsen und hoher Kurs = hohes Risiko – diese
Gleichung stimmt nicht immer   *134*
Ihre Zinsen erhalten Sie am Zinstermin   *136*
Stückzinsen – die ausgleichende Gerechtigkeit   *138*
Nur tatsächliche Zinserträge sind steuerpflichtig   *139*
Die Ausgabe muss nicht zu 100 Prozent erfolgen   *140*
Die Auswahl ist groß   *140*
Anleihen müssen nicht auf Euro lauten   *142*
Welche Rendite können Sie mit Rentenpapieren erzielen?   *142*
Drei Möglichkeiten für Kauf und Verkauf   *145*

Bundeswertpapiere – eine sichere Bank, aber nichts für Zinsgierige   *151*
Wo können Sie Bundeswertpapiere kaufen, verkaufen und verwahren?   *152*
Das Angebot ist breit gefächert   *153*
Nicht alle Bundeswertpapiere sind zum Börsenhandel zugelassen   *163*
Bei der Zinsberechnung erleben Sie das volle Programm   *164*

Pfandbriefe bekommen Sie nicht im Pfandhaus   *167*
Pfandbriefe – Rentenpapiere mit Zusatzsicherung   *167*
Wo können Sie Pfandbriefe kaufen, verkaufen und verwahren?   *170*
Geduld ist angesagt – Pfandbriefe haben lange Laufzeiten   *171*

Fantasie ohne Grenzen – besondere Formen von Anleihen   *175*
Stufenzinsanleihen – der Zinssatz klettert nach oben   *175*
Aktienanleihen – attraktive Zinsen, aber vor Aktien dürfen Sie sich nicht fürchten   *180*
Wandelanleihe und Optionsanleihe – ähnlich, aber nicht gleich   *190*
Was vereint und was unterscheidet Aktienanleihen, Wandelanleihen und Optionsanleihen?   *208*

Indexanleihen – Unsicherheit bei Zinssatz oder Rückzahlungshöhe *210*
Was ist sonst noch im Angebot? *221*

Zertifikate – die Alleskönner? *225*
Zertifikate sind strukturierte Finanzprodukte *225*
Die Antwort auf die Frage nach dem Warum? *226*
Der Basiswert – das Herz des Zertifikats *227*
Die Bewertungstage entscheiden über das Schicksal *227*
Zertifikate funktionieren einfach *227*
Zertifikate gibt es fast für jeden Geschmack *228*

Genussscheine können auch ungenießbar werden *245*
Genussschein – etwas Aktie und etwas Anleihe *245*
Fünf brennende Fragen *246*
Genussscheine – die Gesetzlosen *248*
Die besondere Ausstattung – fast nichts ist unmöglich *248*
Woher bekommen Sie Genussscheine? *253*
Der Kurs enthält die Erträge *253*
Emittenten haben ihre guten Gründe für die Emission *254*

Investmentfonds – Töpfe mit interessanten Mischungen *257*
Offene Investmentfonds – die etwas anderen Wertpapiere *257*
Geschlossene Investmentfonds – hier müssen Sie durchhalten *292*
Vergleich der beiden Investmentfonds *298*

Und zum Schluss ... was Sie vielleicht sonst noch interessiert *301*
»Halb und Halb« – ein besonderes Angebot der Banken *301*
Ein Beratungsgespräch ist kein Small Talk *303*
Sicherung Ihrer Einlagen und Anlagen – Vollkasko oder nur Kasko? *309*
Benötigen Sie eine mündelsichere Anlage? *313*
Rating – die Gutachter sprechen ihr Urteil *314*
Was sind Finanzinnovationen? *317*
Die Kapitalertragsteuer knabbert an Ihren Erträgen *318*

Ende gut, alles gut – meine persönliche Meinung *327*

Der Autor *331*

Stichwortverzeichnis *333*

Das Geld der Deutschen

»Über Geld redet man nicht, man hat es.« Den Spruch kennen Sie doch bestimmt. Warum sollte es uns deshalb interessieren, wo Freunde, Bekannte oder völlig unbekannte Personen ihr liebes Geld verstecken? Kann uns doch völlig egal sein, ob es sicher auf Konten bei einer Bank oder unter dem Bett liegt, in eine vielleicht höchst aussichtsreiche Solaranleihe investiert ist, von Stürmen gebeutelt auf der rauen See des Aktienmarktes herumschwimmt oder in einer Lebensversicherung schlummert, bis sie den Ablauf hoffentlich selber erleben und nicht ihre Erben. Am wichtigsten wird aber doch die Tatsache sein, dass Sie selbst mit Ihrer Art der Geldanlage zufrieden sind und sich wohl fühlen. Trotzdem werden regelmäßig Statistiken veröffentlicht, die aufzeigen, wo unsere Mitbürger und Mitbürgerinnen ihr momentan nicht benötigtes Geld parken. Glaubt man diesen, haben Frauen eine etwas andere Vorliebe für bestimmte Geldanlagen als Männer, denken Jüngere anders als Menschen mittleren Alters und Angehörige dieser Altersklasse wiederum anders als noch Ältere. Aus aktuellen Befragungen geht hervor, dass das gute alte Sparbüchlein, ob nun wirklich noch Buch oder schon längst eine elektronische Karte, immer noch der absolute Renner ist. Dieser Spitzenreiter wird hartnäckig von Bausparverträgen und Versicherungen verfolgt. Im Mittelfeld tummeln sich Anlagen auf Konten, wie Geldmarktkonten, oder Festgelder, Sparbriefe und Investmentfonds. Am Ende erkennt man das breite Feld der Wertpapiere, das von festverzinslichen Wertpapieren angeführt wird. Einsames Schlusslicht sind aber seit jeher Direktanlangen in Aktien[1]. Ob nun Geldanlagen tatsächlich etwas mit dem Geschlecht zu tun haben, wird sich nur schwer herausfinden lassen. Dass sie aber etwas mit der überhaupt

---

1 Quelle: statista.com

Das 1x1 der Geldanlage Gerhard Clemenz
Copyright © 2012 WILEY-VCH Verlag GmbH & Co. KGaA, Weinheim

verfügbaren Summe, dem Alter und dem Ziel der Anlage zu tun haben, ist zweifellos klar. Oder würden Sie sich mit 68 Jahren noch für eine Anlageform mit mindestens 25 Jahren Restlaufzeit entscheiden? Als Frau erleben Sie statistisch gesehen diesen Genuss zwar noch, als Mann befinden Sie sich dagegen – rein statistisch natürlich – bereits seit einigen Jahren außerhalb dieser realen Welt. Egal wie alt Sie nun sind, ob Mann oder Frau, ob groß oder klein, fest steht: Deutsche parken ihre Euros überwiegend in eher sicheren Anlageformen.

Aber tun sie das, weil sie bewusst entschieden haben, dass dies die richtige Form ist? Oder sind viele nicht eher ratlos, was es an Geldanlageformen auf dem Markt gibt? Vollkommen überfordert von dem breiten und unverständlichen Angebot der Banken wird dann vielleicht einfach das genommen, was schon vorher Mutter hatte oder der beste Freund rät. Es wird Zeit aufzuklären und einen Überblick über alle wichtigen Kapitalanlagen zu vermitteln. Dieses Buch soll den Nebel lichten, in dem viele Menschen verloren herumirren – zum Beispiel mit diffusen Vorstellungen was Geldanlagen leisten sollen und können.

Sicherheit + Liquidität + Rendite – Alles geht nicht

Gehören Sie zu dem ziellosen Menschentyp, dem bei Geldanlagen wirklich alles egal ist? Egal, ob Sie etwas bekommen, wann Sie etwas davon benötigen, egal, ob es mehr oder weniger wird und schließlich völlig egal, ob Sie es überhaupt jemals wiedersehen werden. Wenn das der Fall ist, dann sind Sie für die Berater der Banken ein einfacher und glücklicher Kunde oder eine ebenso einfache und immer glückliche Kundin. Da aber wohl die Mehrzahl anders denkt, werden die Ziele einer Geldanlage immer im Mittelpunkt der Betrachtung stehen. Natürlich könnten Sie jetzt sofort sagen, dass Sie auf jeden Fall hohe Erträge erwarten. Außerdem wollen Sie über Ihr Geld genau dann verfügen können, wenn Sie es benötigen, am liebsten zu jeder Zeit. Was noch? Ach ja, absolut sicher soll es natürlich auch angelegt sein. Also: Problem gelöst. Wenn Sie diesen Zustand erreicht haben sollten, befinden Sie sich nicht mehr auf der Erde. Sie wandeln bereits im Paradies, Abteilung Finanzen. In der realen Welt der Geldanlage werden die drei Anlageziele hohe Sicherheit, hohe Liquidität und hohe Rentabilität gemeinsam nicht zu erreichen sein. Oder kennen Sie ein Auto mit hohem Fahrkomfort, sehr hoher Sicherheit, luxuriöser Ausstattung und niedrigem Preis? »Wunder gibt es immer wieder«, aber meistens nur im Traum. Also werden Sie damit leben müssen, dass ein »etwas mehr vom Einen« »etwas weniger vom Anderen« bedeutet.

Schauen wir uns dieses magische Dreigestirn der Geldanlage etwas genauer an.

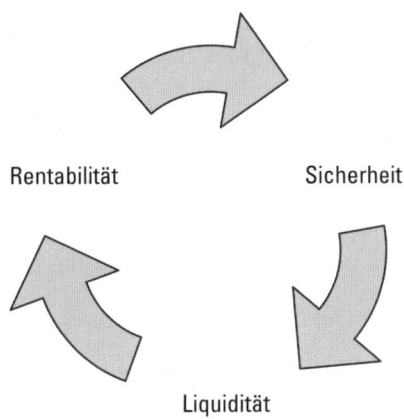

Rentabilität Sicherheit

Liquidität

- Sicherheit drückt die Erhaltung Ihres angelegten Geldes aus. Die Stufe der Sicherheit hängt aber von den Risiken ab, die eine bestimmte Anlageform mit sich bringt. Risikofaktoren sind die Banken, bei denen Sie Ihr Geld anlegen, Unternehmen oder Staaten, die Wertpapiere ausgeben und natürlich die Form der Geldanlage selbst. Hier gibt es unterschiedliche Sicherheitsstufen, die von absoluter Garantie der Geldanlage bis zur Gefahr des Totalverlustes reichen. Hierzu ein kleiner Überblick über einige Risiken, die auftreten können (siehe Seite 12).
- Liquidität einer Geldanlage hängt davon ab, wie schnell Sie wieder über Ihr Geld verfügen können. Die Auswahl ist groß. Sie reicht von täglicher Verfügbarkeit über kurzfristige, mittelfristige und langfristige feste Anlagen. Täglich verfügen können Sie zum Beispiel völlig problemlos, wenn Sie Ihr Geld auf einem Geldmarktkonto anlegen. Fast Gleiches gilt für die Anlage in Wert-

Art des Risikos	Eine kurze Erläuterung
Rückzahlungsrisiko	Jede Bank, bei der Sie Ihr Geld anlegen, kann theoretisch insolvent, das heißt zahlungsunfähig werden. Gleiches gilt auch für andere Unternehmen und alle anderen, die Wertpapiere ausgeben. Wenn dieser Fall eintritt, müssen Sie zumindest um die Rückzahlung Ihres Geldes ernsthaft besorgt sein. Verschiedene Anlageformen sind durch Sicherheitseinrichtungen und Garantien gesichert.
Emittentenrisiko	Emittent ist derjenige, der Wertpapiere ausgibt. Das können Unternehmen, Staaten, Bundesländer oder Städte sein. Die Gefahr, dass sie irgendwann zahlungsunfähig werden, bezeichnet man als Emittentenrisiko. Tritt dieser Fall ein, werden Sie keine große Freude mehr an Ihren Wertpapieren haben, denn diese sind dann nichts mehr wert.
Kursrisiko	Wertpapiere werden in der Regel an den Börsen gehandelt. An diesen Marktplätzen regiert das alte Marktgesetz, Angebot und Nachfrage bestimmen den Preis. Einen Preis an einer Wertpapierbörse bezeichnet man als Kurs. Dass Kurse sich in drei Richtungen bewegen können, ist nicht neu. Sie können nach oben marschieren und wahre Höhenflüge vollziehen aber genauso gut wieder nach unten absteigen und sogar in den Tiefenrausch verfallen. Fehlt noch etwas? Natürlich, sie können auch seitwärts marschieren. So bezeichnet man einen Zustand, bei dem sich die Kurse nicht auffällig nach oben oder unten bewegen.
Risiko der Zinsänderung	Wenn Sie sich für eine Anlage mit einem festen Zinssatz und vielleicht zusätzlich mit einer festen Laufzeit entschieden haben, dann werden Sie immer dann unzufrieden sein, wenn sich der allgemeine Marktzinssatz nach oben bewegt und Sie noch einige Zeit mit Ihren niedrigeren Zinsen zufrieden sein müssen. Sollten Sie ein festverzinsliches Wertpapier haben, könnten Sie das dann verkaufen. Sein Kurs wird aber bereits gefallen sein und Sie müssen vermutlich einen Kursverlust in Kauf nehmen.
Währungsrisiko	Das wird Sie nur belasten, wenn Sie eine Anlage mit einer fremden Währung getätigt haben. Wenn Sie dem Euro treu bleiben, betrifft Sie das nicht.
Politische Risiken	Politische Entscheidungen können sehr schnell die Sicherheit von Geldanlagen gefährden. Das allerdings nur, wenn Sie Ihr Geld in Staaten anlegen, die politisch instabil und weitgehend unberechenbar sind.

papieren, die an den Börsen gehandelt werden. Hier könnte allenfalls eine zu geringe Nachfrage Ihren Wunsch unerfüllt lassen. Das wird jedoch nur der Fall sein, wenn Sie sich für ein sehr exotisches Wertpapier entschieden haben sollten. Etwas zementiert ist Ihr Geld aber, wenn Sie sich beispielsweise für einen Sparbrief von einer Bank entscheiden.
- Rentabilität drückt das Verhältnis von Ertrag zu angelegtem Geld, das heißt Ihrem Einsatzkapital, aus. Erträge sind Zinsen bei Anlagen auf Konten oder in festverzinslichen Wertpapieren, Dividenden bei Aktien oder Kursgewinne bei Aktien, festverzinslichen Wertpapieren oder Investmentfonds. Sollten Sie einen Kursverlust erdulden müssen, müssen Sie diesen natürlich von Ihrem Ertrag vorher abziehen. Es geht also immer um den tatsächlichen Ertrag. Man bezeichnet ihn auch als Nettoertrag oder Reinertrag. Die Rentabilität drückt man in Prozent aus und zur Vergleichbarkeit bezieht man den Zeitraum in der Regel auf ein Jahr. Unterschiede ergeben sich jedoch bei der Frage, ob man Gebühren mit berücksichtigt oder nicht und ob der Ertrag vor oder nach Abzug der Steuern angesetzt wird. Wenn Sie kein Fan für sehr komplizierte Formeln sind, dann können Sie die Rentabilität einer Geldanlage auf diese sehr einfache Art ermitteln:

Ansatz	Formel
Ihr angelegtes Kapital → entspricht 100 Prozent Ihr tatsächlicher Ertrag → entspricht × Prozent	$\text{Rentabilität} = \dfrac{\text{Ertrag für ein Jahr} \cdot 100}{\text{Anlagekapital}}$

Es wäre ja alles sehr einfach, wenn sich diese magischen Drei auch wirklich vertragen würden. Das tun sie aber nicht. Mindestens einer ist immer dagegen, wenn die anderen zwei sich einig sind. In der Fachsprache heißt das, Sicherheit, Liquidität und Rentabilität stehen in einem Spannungsverhältnis. Bleiben wir dabei, sie vertragen sich nicht so richtig. Eine hohe Sicherheit kann sich jederzeit mit einer hohen Liquidität vereinen, eine hohe Rentabilität bleibt aber dabei auf der Strecke. Eine hohe Rentabilität kann sich durchaus mit hoher Liquidität zusammentun. Außen vor bleibt aber dann die Sicherheit. Warum das so ist, soll Ihnen eine kleine Zusammenstellung mit einigen Beispielen zeigen (Wenn Sie bei den einzelnen Anlageformen momentan noch ratlos sind, kein Problem. Sie erfahren mehr in den folgenden Kapiteln dieses Buches.):

Kombination	Beispiel für eine Geldanlage
Sicherheit + Liquidität	Anlage auf einem Geldmarktkonto: Die Einlagen sind bis 100 000 Euro gesetzlich und durch die meisten deutschen Banken sogar vollständig garantiert. Sie können über die gesamte Einlage täglich ohne Einschränkung verfügen.
⊗ aber sehr geringe Rentabilität	Die Rentabilität ist gering, da die Zinsen für diese Anlageform sehr gering sind.
Rentabilität + Liquidität	Anlage in hochverzinslichen Rentenpapieren oder bestimmten Aktien: Ein Emittent mit ungünstigem Rating (= Einschätzung der Fähigkeit eines Schuldners, seine Verbindlichkeiten zu bezahlen) muss immer mehr Zinsen anbieten als ein Emittent mit guter Einschätzung. Die Liquidität ist gesichert, da in der Regel ein Börsenhandel erfolgt und daher ein täglicher Verkauf möglich sein wird.
⊗ aber keine Sicherheit	Eine Sicherheit ist nicht vorhanden, da die Rückzahlung eventuell gefährdet ist. Aktienanlagen werden, unabhängig von ihrer Rentabilität, allgemein als risikoreich einsortiert.
Sicherheit + Rentabilität	Ein Sparbrief mit längerer Laufzeit: Die Sicherheit ist durch den gesetzlichen Einlagenschutz und die vollständige Garantie der meisten deutschen Banken gegeben. Je länger die Laufzeit dieser Anlageform ist, desto höher ist der Zinssatz und damit die Rendite.
⊗ aber keine Liquidität	Sparbriefe liegen für die vereinbarte Laufzeit völlig fest, eine vorzeitige Rückzahlung ist nicht vorgesehen.

Eine weitere Unterteilung in gering, mittelmäßig, hoch und sehr hoch würde natürlich zu genaueren Aussagen führen. Eine Aktie muss zum Beispiel von vorneherein nicht völlig unsicher oder hochspekulativ sein. Ein Risiko ist wohl vorhanden, es kann aber durchaus mittelmäßig sein.

Wie Sie sich am Ende entscheiden, hängt von Ihrer ganz persönlichen Vorstellung der Geldanlage ab. Schätzen Sie sich selbst ganz realistisch ein und streuen Sie am besten Ihre Anlagen. Etwas mehr Risiko muss nicht heißen, dass man sofort alles verliert. Wenn Sie höhere Renditen erzielen wollen, müssen Sie aber automatisch etwas an Sicherheit abgeben. Wenn Sie Ihr Geld für einige Zeit nicht benötigen, dann steigt auch meist die Rendite. Sie ist wiederum umso geringer, je sicherer diese Anlage ist. Eines sollten Sie aber auf jeden Fall beachten: Ein Herzinfarkt oder unruhige Nächte wegen einer Geldanlage rentieren sich nie.

Im Folgenden erfahren Sie nun aber erst mal, was es so an Geldanlagen gibt und was sie für Merkmale haben. Viel Spaß mit den folgenden Seiten!

Konto ist nicht gleich Konto

Kostenloses Parken auf einem Geldmarktkonto

Nein, Sie haben sich vermutlich zu früh gefreut, für Ihr Auto erhalten Sie damit keine kostenlosen Parktickets. Aber Sie können momentan nicht benötigte Gelder von Ihrem Girokonto ganz einfach dort »parken«, bis Sie diese wieder benötigen. Warum kann dies für Sie interessant sein? Ganz einfach, für Ihr Guthaben auf Ihrem Girokonto, das Sie für Ihren Zahlungsverkehr verwenden, erhalten Sie entweder überhaupt keine Zinsen oder im günstigsten Fall sehr geringe. Selbstverständlich gibt es hier auch Unterschiede bei den einzelnen Banken. Es gibt durchaus Institute, die Guthaben auf Girokonten verzinsen. Aber wenn Sie etwas höhere Zinsen erhalten, dann sind auch oftmals Bedingungen daran geknüpft, wie regelmäßige Eingänge durch Gehaltszahlungen oder ein Mindestguthaben. So oder so, ein kurzfristig nicht benötigter Betrag hat auf einem Girokonto im Prinzip nichts verloren. Eröffnen Sie daher einfach ein Geldmarktkonto. Diese Konten werden auch als Tagesgeldkonten bezeichnet. Manche Banken haben dafür sogar eigene Bezeichnungen geschaffen. So hören diese Konten zum Beispiel bei den Sparkassen auf den Namen Cash-Konto. In jedem Fall handelt es sich um ein und dasselbe Konto.

Konten mit Eigenheiten

Geldmarktkonten werden nur auf Guthabenbasis geführt, das Guthaben dient ausschließlich der Geldanlage, der Zins ist variabel, das heißt, er kann sich täglich verändern.

Die Zinshöhe richtet sich nach den Geldmarktzinsen. Der Begriff Geldmarkt kennzeichnet in diesem Fall die Anlage von Geldern mit kurzen Laufzeiten. Grundlage für die Zinshöhe bildet der »3-Monats-Euribor«. Euribor ist die Abkürzung für »Euro Interbank Offered Rate«. Dabei handelt es sich um den ausgehandelten kurzfristigen Zinssatz zwischen den europäischen Banken. Die Zinssätze auf diesen Konten sind oft nach Guthabenhöhe gestaffelt, das heißt je höher das Guthaben, desto höher ist auch der Zins, den Sie erhalten. Für die Kontoführung entstehen keine Kosten, Sie bezahlen also für die Umbuchung Ihres Geldes auf diese Konten und für die Rückbuchung auf Ihr Girokonto keine Gebühren. Die Zinsgutschrift erfolgt monatlich, vierteljährlich oder erst am Ende des Jahres. Am besten für Sie ist es natürlich, wenn die Zinsen immer am Monatsende gutgeschrieben werden, da Sie dann von dem Zinseszins-Effekt profitieren. Das heißt, die Zinsen werden dem Kapital zugeschlagen und werden dadurch sofort mitverzinst, also mit eingerechnet. Deshalb sollten Sie genau hinsehen, wie die Bank das macht, bevor Sie sich endgültig entscheiden. Sollten Sie etwas übersehen haben, ist aber auch nichts passiert, denn dieses Konto können Sie, wie jedes andere Konto ebenfalls, jederzeit wieder auflösen.

Das Korrespondenzkonto

Was Sie aber auf jeden Fall benötigen, ist ein Korrespondenzkonto. Was ist das nun wieder? Dieses Konto bildet die feste Verbindung zu Ihrem Geldmarktkonto. Im einfachsten Fall ist das Ihr ohnehin schon bestehendes Girokonto. Rücküberweisungen werden daher nur auf das dafür vorgesehene Korrespondenzkonto vorgenommen. Diese Verbindung bewahrt Sie auch vor einem unberechtigten Zugriff Dritter. Denn sollte es jemand gelingen, Ihre Zugangsdaten zu Ihrem Geldmarktkonto auszuspionieren, dann wird die geforderte Rückbuchung immer auf Ihrem angegebenen Korrespondenzkonto landen.

Wie und wo eröffnen Sie ein Geldmarktkonto?

Klingt das für Ihre Ohren alles gut? Dann ist die Eröffnung eines solchen Geldmarktkontos ganz einfach. Sie können dies entweder bei

Ihrer Bank, bei Sie auch Ihr Girokonto führen, tun oder Sie eröffnen es bei einer anderen Bank. Wenn Sie es bei der Bank eröffnen, bei der Sie auch Ihr Girokonto unterhalten, haben Sie den Vorteil, dass Sie Gelder von Ihrem Girokonto auf Ihr Geldmarktkonto am gleichen Tag umbuchen können. Ebenso können Sie Beträge auf Ihr Girokonto taggleich wieder zurückbuchen, um den entsprechenden Betrag für eine Lastschrift oder eine Überweisung rechtzeitig bereitzustellen. Dadurch vermeiden Sie eventuelle Sollzinsen für Kontoüberziehungen. Als Sollzinsen bezeichnet man Zinsen, die man bei der Inanspruchnahme eines Kredites bezahlen muss. Genau das passiert, wenn Sie Ihr Konto überziehen: Sie beanspruchen einen kurzfristigen Kredit. Und gut aufgepasst, diese Zinssätze sind nicht nur hoch, sondern sehr hoch. Im Jahr 2011 betrugen sie zwischen 12 Prozent und 18 Prozent. Führen Sie dieses Konto dagegen bei einer anderen Bank, müssen Sie für die Buchung auf das Geldmarktkonto und für eine Rücküberweisung zwei bis drei Tage einrechnen. Wenn ein Samstag, Sonntag und vielleicht sogar zusätzliche Feiertage dazwischen liegen, kann es noch länger dauern.

Achten Sie auf die Parkzeit

Wenn Sie Ihr Geld mittelfristig oder gar längerfristig anlegen wollen, dann ist das natürlich nicht der richtige Parkplatz. Nicht, weil diese Anlage eventuell unsicher wäre, nein, das ist sie nicht. Aber die Zinssätze sind relativ niedrig und noch dazu variabel. Werden Sie also kein Dauerparker, denn dann würden Ihnen höhere Erträge auf anderen Anlageformen entgehen. Für ein Parkmanöver kurzfristig nicht benötigter Gelder sind diese Konten aber durchaus gut geeignet und auf jeden Fall eine interessante Alternative zum oftmals unverzinslichen Restkapital auf Ihrem Girokonto.

Hohe Sicherheit oder hohe Zinsen?

Sie haben richtig gelesen, es heißt »oder« und nicht »und«. Das ist zunächst nichts Außergewöhnliches, denn höhere Zinsen bedeuten bei vergleichbaren Anlageformen im Normalfall immer ein erhöhtes

Risiko. Das trifft jedoch bei Geldmarktkonten nur bedingt zu. Es gibt bei deutschen Banken durchaus auffällige Unterschiede bei den Zinsen. Und genau das ist es, worauf Sie achten sollten. Die Mehrzahl der deutschen Banken garantieren durch ihren freiwilligen Sicherungsfonds, eine hundertprozentige Sicherung Ihrer Geldanlage auf solchen Konten. Das bedeutet, dass Sie im Falle einer Insolvenz der Bank auf alle Fälle Ihren Anlagebetrag erhalten. Wenn Sie Ihr Geld auf einem Geldmarktkonto einer ausländischen Bank parken, dann sollten Sie sich vorher genau informieren, wie hoch Guthaben abgesichert sind. Oft bieten ausländische Banken deutlich höhere Zinsen als deutsche Banken, jedoch nicht immer mit vergleichbarer Absicherung.

> ☞ *Achtung:*
> Damit soll nicht ausgedrückt werden, dass eine Anlage bei Auslandsbanken grundsätzlich unsicher ist. Sie unterliegen aber nicht den Verpflichtungen deutscher Banken. Informieren Sie sich daher vorher genau!

Geldmarktgeldkonten im Check

☒ Sicherheit – Liquidität – Rendite

Sicherheit	Einlagen auf Tagesgeldkonten sind jeweils bis zu 100 000 Euro gesetzlich garantiert. Die meisten Banken garantieren jedoch freiwillig die gesamte Einlage, unabhängig vom Betrag.
Liquidität Rendite	Sie können täglich über Ihre Einlage unbegrenzt verfügen. Niedrige Zinsen können nur eine geringe Rendite erwirtschaften, alles andere wäre Zauberei.

☒ Ziele und Beweggründe für diese Geldanlage
- Gelder werden für eine kürzere Zeit auf einem Konto reserviert.
- Tägliche Verfügbarkeit des angelegten Geldes soll möglich sein.
- Die Anlage soll sehr sicher sein.

☒ Rechenbeispiel

Wenn Sie 5 000 Euro von Ihrem Girokonto auf Ihr Geldmarktkonto umbuchen und dieser Betrag zum Beispiel 43 Tage auf diesem Konto liegen bleibt und der Zinssatz 1,25 Prozent beträgt, dann erhalten Sie dafür 7,47 Euro Zinsen gutgeschrieben.

Diese Rechnung können Sie mit der Zinsformel selbst leicht nachvollziehen. Wenn Sie diese nicht kennen, hier eine kurze Erklärung dazu.

- Das zu verzinsende Kapital beträgt 5 000 Euro.
- Der Zinssatz beträgt 1,25 Prozent pro Jahr. Wenn nichts anderes angegeben ist, gelten Zinssätze immer für ein Jahr.
- Die Anlagedauer (in Tagen) beträgt 43 Tage.
- Das Zinsjahr rechnen die Banken bei dieser Anlageart standardisiert mit 360 Tagen.

Wenn Sie diese Werte in die Zinsformel einsetzen, erhalten Sie die Zinsen als Ergebnis:

$$\text{Zinsen} = \frac{\text{Kapital} \times \text{Zinssatz} \times \text{Tage}}{100 \cdot 360}$$

$$7,47 \text{ Euro} = \frac{5\,000 \times 1,25 \times 43}{100 \cdot 360}$$

☒ Steuer

Die Zinserträge von Anlagen auf Geldmarktkonten werden mit der Kapitalertragsteuer (Abgeltungsteuer) von 25 Prozent besteuert. Die Steuer fällt bei der Gutschrift der Zinsen an.

Auf einem Festgeldkonto liegt Ihr Kapital tatsächlich fest

Sie haben momentan etwas Geld übrig, wissen aber, dass sie es kurz- oder mittelfristig benötigen. Was Sie aber nicht wissen ist, wann genau Sie diesen Betrag benötigen. Was soll man in so einem Fall tun? Man hat Geld übrig und muss sich noch Gedanken machen, wie man es am besten anlegen soll. Sie können den gesamten Betrag natürlich einstweilen unter Ihr Kopfkissen legen, dann ist er zumindest nachts sicher, wird nicht mehr, aber auch nicht direkt weniger. Nur die Inflationsmaus knabbert genüsslich am Sparpaket. Passen Sie aber auf, dass es nicht mit dem Kissenbezug in der Waschmaschine landet. Das Einzige, was Sie beruhigen könnte, wäre, dass Sie eine nicht strafbare Geldwäsche vorgenommen hätten. Da wir zum Glück das düstere Mittelalter hinter uns gelassen haben, bietet sich doch eine interessantere und vor allem rentablere Aufbewahrungsform an.

Nehmen wir einfach an, Sie verfügten aktuell über einen Betrag von 10 000,00 Euro aus einer frei gewordenen Kapitalanlage, zum Beispiel einem fällig gewordenen Sparbrief. Sie planen den Kauf eines neuen Autos und möchten diesen Betrag mit dazu verwenden.

Sie wissen genau, dass Sie das Auto kaufen wollen, Sie wissen aber nicht genau wann. Sie wissen aber genau, dass es frühestens in sechs Monaten der Fall sein wird. Sie können diesen Betrag natürlich zur Freude Ihrer Bank auf Ihrem Girokonto herumliegen lassen. Warum freut sich Ihre Bank so sehr darüber? Die Antwort ist einfach. Mit Ihrer Hilfe hat Ihre Bank 10 000 Euro zur Verfügung, die sie kurzfristig als Kredit ausgeben kann, dafür Zinsen von 12 Prozent und mehr erhält und Ihnen nichts davon abgeben wird, da Sie im Normalfall auf Ihrem Girokonto keine Guthabenzinsen erhalten. Wenn Sie ein großer Gönner oder eine Gönnerin Ihrer Bank sind, dann machen Sie das eben so. Bedanken wird sie sich für Ihre Güte jedoch nicht. Wenn Sie an sich selbst denken, was in Geldangelegenheiten nicht verwerflich ist, dann versuchen Sie für diesen Zeitraum eine Anlageform zu finden, die mehr Ertrag abwirft als nichts. Mehr als nichts erhalten Sie bereits, wenn Sie diesen Betrag auf das schon bekannte Geldmarktkonto umbuchen. Wenn Ihnen das zu wenig erscheint, kann eine Anlage in Form eines Festgeldes das Richtige für Sie sein.

Festgelder sind Termineinlagen

Festgelder sind eine der zwei Formen von Termineinlagen. In beiden Fällen liegen die Gelder für die vereinbarte Laufzeit tatsächlich fest. Also werfen Sie einen Blick in Ihren Kalender und vereinbaren Sie die Laufzeit des Festgeldes mit Ihrer Bank. Ganz frei sind Sie dabei aber nicht. Die Laufzeit beträgt mindestens 30 Tage, angeboten werden auch Zeiten von 60 Tagen, 90 Tagen, 180 Tagen oder länger. Manche Banken bieten Festgelder sogar mit Laufzeiten bis zu 6 Jahren an. Deshalb muss man heute zwischen den Standardangeboten und so etwas wie Sonderangeboten unterscheiden.

Festgelder sind eine Form von Termineinlagen, die heute überwiegend in der Bankpraxis vorkommt. Verfügen Sie am Ende der vereinbarten Laufzeit nicht über Ihr angelegtes Geld, verlängert Ihre Bank die Laufzeit automatisch. Sie führt das bisherige Festgeld als solches weiter oder bucht es, wenn das vorher vereinbart wurde, auf ein anderes Konto um. Meistens handelt es dabei um ein Sparkonto. Der vereinbarte Zinssatz ist während der Laufzeit fest. Die Anlage ist gebührenfrei.

Die andere Form ist das Kündigungsgeld. Hier vereinbart man eine Kündigungsfrist. Nach Ablauf der Kündigungsfrist, zum Beispiel 30 Tage vor Ablauf der Festlegungsfrist, können Sie über Ihr Geld frei verfügen. Haben Sie jedoch nicht gekündigt, läuft Ihre Anlage weiter und Sie müssen erneut kündigen. Die Bank passt den Zinssatz bei einer Verlängerung in der Regel an den Marktzinssatz an.

> ☞ *Achtung:*
> Das ist aber nur dann ein Vorteil, wenn Sie mit steigenden Zinsen während der vereinbarten Laufzeit rechnen. Auch diese Anlage ist gebührenfrei. Kündigungsgelder sind aber in der heutigen Bankpraxis für Privatkunden eher unbedeutend, da der Aufwand für die Überwachung der Fristen zu hoch ist.

Ein kleiner Vergleich der der beiden Arten von Termingeldern:

Merkmale	Festgeld	Kündigungsgeld
Wann kann man über das Kapital verfügen?	Ohne Kündigung nach Ablauf der Festlegungszeit, jedoch mit Information des Geldinstituts.	Nur nach erfolgter Kündigung laut vereinbarter Frist.
Kann man auch während der Festlegungszeit über das angelegte Geld verfügen?	Nein, es sei denn, das Geldinstitut gestattet Ausnahmen. Diese sind aber im Normalfall mit Kosten verbunden.	Nein, es sei denn, die Bank gestattet Ausnahmen. Diese sind aber im Normalfall mit Kosten verbunden.
Auf welches Konto werden der Anlagebetrag und die Zinsen am Ende der Festlegungszeit gutgeschrieben?	Auf das Konto, das Sie Ihrer Bank angeben. Sie können vor Ende der Festlegungszeit auch ein anderes als das ursprünglich vereinbarte Konto dafür bestimmen. Tipp: Tun Sie das aber besser rechtzeitig und nicht erst einen Tag vorher.	Auf das Konto, das Sie Ihrer Bank angeben. Sie können vor Ende der Festlegungszeit auch ein anderes als das ursprünglich vereinbarte Konto dafür bestimmen. Tipp: Tun Sie das aber besser rechtzeitig und nicht erst einen Tag vorher.

Zinssätze – ein Vergleich ist mühselig, aber lohnt sich

Die meisten Banken bieten ihre Standardfestgelder dauerhaft mit gestaffelten Laufzeiten (= Dauer der Anlage in Tagen), Anlagebeträgen und Zinssätzen an. Die Höhe des Zinssatzes hängt vom Anlagebetrag und der Anlagedauer ab. Die Zinssätze werden der jeweils aktuellen Marktsituation angepasst.

Ein Beispiel:

Laufzeit	Zinssatz für einen Betrag ab 5000 Euro	Zinssatz für einen Betrag ab 15000 Euro	Zinssatz für einen Betrag ab 50000 Euro
1 bis 6 Monate	0,75 %	1,00 %	1,25 %
7 bis 12 Monate	1,00 %	1,20 %	1,35 %
länger als 12 Monate	1,55 %	1,55 %	1,55 %

Zusätzlich gibt es aber auch spezielle Angebote mit einer festen Laufzeit und einem festen Zinssatz. Diese Angebote kommen meist sehr kurzfristig auf den Markt, haben ein begrenztes Volumen in Euro und eine begrenzte Angebotszeit. Unter Volumen versteht man in diesem Fall einen bestimmten Betrag, den eine Bank insgesamt für ein Festgeldangebot bereitstellt.

Beispiel für ein mögliches Angebot:

Festgeldangebot zum Start in das Neue Jahr
Anlagebetrag ab 5 000 Euro
Laufzeit: 6 Monate
Zinssatz: 3,50 %

Eines haben aber alle Angebote für Festgelder gemeinsam. Am Ende der vereinbarten Laufzeit können Sie in jedem Fall ohne Weiteres über Ihr gesamtes Kapital verfügen. Wenn Sie das nicht machen und Ihre Bank nicht informieren, führt diese Ihr Festgeld in diesem Fall automatisch zu aktuellen Bedingungen weiter. Der neue Zinssatz kann also durchaus niedriger sein, als der vorherige. Die Institute buchen das Kapital zusätzlich der Zinsen dann meist auf ein Sparkonto um, das Sie mit der Festgeldanlage eröffnen mussten. Banken mit gutem Service informieren Ihre Kunden jedoch rechtzeitig vor Ablauf über die bevorstehende Fälligkeit. Aber aktiv werden müssen Sie trotzdem selber.

Bedenken Sie also, dass Sie an Ihr Geld immer nur am Ende der vereinbarten Laufzeit rankommen. Selbstverständlich sind manche Banken dazu bereit, von dieser Starrheit etwas abzuweichen. Gestatten sie Ihnen eine vorzeitige Verfügung, weil Ihr Wunschauto schon einen Monat vorher geliefert wird, müssen Sie damit rechnen, dass man Ihnen etwas von Ihren schönen Zinsen abknabbert. Keine Angst, Ihr Kapital wird nicht weniger, aber Ihr Zinsertrag schrumpft und Ihr Glücksgefühl leidet.

Wenn Sie sich also für eine solche Anlageform entscheiden, achten Sie genau darauf, wann Sie Ihr liebes Geld voraussichtlich benötigen und lassen Sie sich nicht von etwas höheren Zinsen blenden, die Sie vielleicht bei einer etwas längeren Anlagedauer erhalten. Wenn Sie vermuten, dass Sie Ihr Geld nach fünfeinhalb Monaten benötigen, dann legen Sie es nicht für sechs, sondern für fünf Monate fest. Sie können es anschließend jederzeit auf Ihrem Geldmarktkonto noch einige Tage flexibel parken. Jammern dürfen Sie also nicht, wenn Sie eine zu lange Laufzeit gewählt haben und das Geld vorher benötigen oder die Zinsen von zwei Prozent auf drei Prozent während der Laufzeit steigen und Ihr Festgeld mit zwei Prozent fest verzinst wird. Das kann vor allem der Fall sein, wenn Sie sich in Zeiten tendenziell steigender Zinsen für eine eher längere Laufzeit, zum Beispiel von fünf Jahren entschieden hatten. Dann müssen Sie leider mit dem fest vereinbarten Zinssatz bis zur Fälligkeit leben.

Festgelder im Check

☒ Sicherheit – Liquidität – Rendite?

Sicherheit	Festgelder sind bis zu 100 000 Euro gesetzlich garantiert. Die meisten Banken garantieren jedoch freiwillig die gesamte Einlage, unabhängig vom Betrag.
Liquidität	Sie können während der Festlegungszeit nicht über Ihr Geld verfügen. Eine eventuelle Bereitschaft Ihrer Bank zur vorzeitigen Auszahlung knabbert deutlich an Ihrer Rendite.
Rendite	Festgelder werden eher niedrig verzinst und niedrige Zinsen können nur eine geringe Rendite erwirtschaften.

☒ Ziele und Beweggründe für diese Geldanlage
- Momentan nicht benötigtes Geld kann für eine eher kürzere Zeit auf einem Konto fest anlegt werden.
- Die Anlage ist sehr sicher.

☒ Zinsen

Die Höhe der Zinsen hängt von der jeweiligen Bank und von der Festlegungszeit ab. In vielen Fällen sind Festgelder sogar geringer verzinst als Anlagen auf Geldmarktkonten. In den Jahren 2010 und 2011 boten Banken Festgelder im sechsmonatigen bis zweijährigen Bereich mit Zinssätzen in einer Bandbreite von einem Prozent bis zu vier Prozent an. Banken machen diese Angebote meist sehr kurzfristig und vor allem dann, wenn es sich um Angebote handelt, die deutlich über den momentanen Marktzinsen liegen. Sie haben daher oft nicht sehr viel Zeit, sich zu entscheiden, da diese Angebote meistens nur kurze Zeit gültig sind. Warum ist das so? Banken sammeln mit diesen Anlagen kurzfristig benötigtes Kapital und sind deshalb schon mal bereit, etwas mehr an Zinsen zu bezahlen als dies zurzeit allgemein üblich ist.

☒ Rechenbeispiel

Wenn Sie 5 000 Euro als Festgeld für einen Zeitraum von einem Jahr anlegen und der Zinssatz drei Prozent beträgt, dann erhalten Sie dafür 150 Euro Zinsen am Ende der Laufzeit, das heißt nach einem Jahr, gutgeschrieben.

Diese Rechnung können Sie mit der Zinsformel selbst leicht nachvollziehen.
- Das zu verzinsende Kapital beträgt 5 000 Euro.
- Der Zinssatz beträgt 3,00 Prozent pro Jahr, wenn nichts anderes angegeben ist, gelten Zinssätze immer für ein Jahr.
- Die Anlagedauer (in Tagen) beträgt 360 Tage.
- Das Zinsjahr rechnet man bei dieser Anlageart standardisiert mit 360 Tagen.

Wenn Sie diese Werte in die Zinsformel einsetzen, erhalten Sie die Zinsen als Ergebnis:

$$\text{Zinsen} = \frac{\text{Kapital} \times \text{Zinssatz} \times \text{Tage}}{100 \cdot 360}$$

$$150\ \text{Euro} = \frac{5\,000 \times 3{,}00 \times 360}{100 \cdot 360}$$

☒ Kosten

Die Anlage auf Festgeldkonten ist gebührenfrei.

☒ Steuer

Die Zinserträge von Festgeldern werden mit der Kapitalertragsteuer (Abgeltungsteuer) von 25 Prozent besteuert. Sie fällt immer dann an, wenn Sie eine Zinsgutschrift erhalten.

Das Sparkonto – ein Klassiker

Gehören Sie auch zu dem Personenkreis, der sein Geld sicher auf einem Sparkonto anlegt? Wenn dem so ist, dann gehören Sie keiner Randgruppe an, sondern einer Mehrheit. Denn etwas mehr als 50 Prozent aller im Rahmen einer Umfrage befragten Personen in Deutschland[2] legen ihr Geld auf Sparkonten an. Damit ist das Sparkonto nach wie vor eine heißgeliebte Geldanlage in Deutschland. Warum ist das so? Auch für Sie werden vermutlich ein Grund oder sogar mehrere Gründe dafür ausschlaggebend sein. Ist es vielleicht die sehr lange Tradition dieser Geldanlage, die sehr einfache Handhabung, die begrenzte, aber doch vorhandene Verfügbarkeit, die vielfältige Verwendungsmöglichkeit oder die sehr hohe Sicherheit der angelegten Gelder? Vielleicht haben Sie sich auch gar keine großen Gedanken darüber gemacht, haben irgendwann ein Sparkonto eröffnet und haben es eben seitdem. Vielleicht wissen Sie auch überhaupt nicht oder nicht so ganz genau, was Sie da eigentlich haben. Schauen wir uns doch die Eigenheiten dieses Klassikers etwas genauer an.

Sparbuch oder Sparcard – beides ist möglich

Keine andere Form der einfachen Geldanlagen hat sich in den letzten Jahren so verändert und den Kundenbedürfnissen angepasst, wie die Spareinlage. Und hier sind wir schon bei einem wichtigen Punkt. Das Wort »Sparbuch« ist wohl den meisten Sparern geläufig, obwohl sie vielleicht überhaupt kein Buch besitzen. Mit einem klassischen Buch haben viele Sparbücher nämlich nichts gemein. Mal abgesehen davon, dass sie nicht wirklich etwas zum Lesen sind, können Sparbü-

---

2 Quelle: statista.com

cher auch in Loseblattform ausgestellt werden. Diese Loseblattform ist vergleichbar mit Kontoauszügen, wie man sie von Girokonten her kennt. Der richtige Ausdruck dafür ist das Wort »Spareinlage«. Für Spareinlagen können Sparbücher ausgestellt werden, müssen aber nicht. Wichtig ist nur, dass die jeweilige Bank eine Urkunde ausgestellt hat, mit der Kunden beweisen können, dass sie rechtmäßige Inhaber der Spareinlage sind. In vielen Fällen stellen Banken Karten, sogenannte »Sparcards«, aus. Sie müssen dann aber die Möglichkeit haben, nach jeder Einzahlung oder Auszahlung einen Kontoauszug zu erhalten, aus dem die aktuelle Höhe Ihrer Spareinlage ersichtlich ist. Sparcards haben den Vorteil, dass man mit ihnen am Geldautomat über die Spareinlage verfügen kann. Dies funktioniert genauso wie mit der bekannten Girokarte[3], das heißt, man muss eine Geheimzahl eingeben. Trotzdem halten manche Geldinstitute, vorwiegend Sparkassen, an dem altehrwürdigen Sparbuch fest.

Eine Spareinlage entsteht erst durch die Einlage

Hier ist der Name Programm: Wenn Sie sich zur Eröffnung eines Sparkontos entschließen, dann müssen Sie auch etwas anlegen. Aber, keine Angst, es geht nicht um unerschwingliche Beträge. Wenn Sie ein Sparkonto eröffnen wollen und noch nicht genau wissen, wie viel Sie darauf sparen wollen, müssen Sie deswegen nicht sofort eine Riesensumme einzahlen. Es geht schon mit sehr wenig los. Die rechtliche Situation ist eben so, dass eine Spareinlage erst mit einer Einzahlung entsteht. Sie meinen, ist doch klar und ganz normal? Nein, das ist es nicht, denn wenn Sie zum Beispiel ein Girokonto oder ein Geldmarktkonto eröffnen, ist das nicht der Fall. Solche Konten bestehen nach ihrer Eröffnung auch ohne Guthaben. Theoretisch würde bei einer Spareinlage ein Cent ausreichen. Die Banken fordern aber unterschiedliche Mindestbeträge, meistens fünf Euro.

---

3 Vormals EC-Karte. Girokarte ist heute die offizielle Bezeichnung, in der Praxis ist jedoch immer noch der Begriff EC-Karte weit verbreitet.

Achtung, Abhebungen sind begrenzt

Das wird Sie vielleicht wundern, aber es ist eben so. Bevor Sie jetzt gleich zu Ihrer Bank laufen und sich beschweren: Sie ist dabei völlig unschuldig. Die rechtliche Grundlage bildet das Kreditwesengesetz und die Verordnung über die Rechnungslegung der Banken. Keine Angst, wir wollen hier nicht in Gesetzen herumsurfen. Aber in bestimmten Fällen muss man eben schon wissen, warum das so ist. In dieser Verordnung ist eindeutig festgelegt, dass man ohne Kündigung innerhalb eines Kalendermonats höchstens 2 000 Euro abheben kann. Die Kündigungsfrist beträgt bei diesen Anlagen einheitlich drei Monate. Das bedeutet, dass Sie sich bei höheren Beträgen drei Monate vorher überlegen müssen, ob Sie in einem bestimmten Monat mehr als 2 000 Euro abheben wollen. Wenn das so ist, dann müssen Sie den 2 000 Euro übersteigenden Betrag rechtzeitig kündigen.

Ein Beispiel:

Nehmen wir an, Sie haben ein Guthaben auf Ihrem Sparkonto von 10 350 Euro und wollen am 15. Juli 9 000 Euro abheben. Dann müssen Sie drei Monate vorher, also am 15. April, kündigen. Fragt sich nur, welchen Betrag? Das können Sie ganz einfach selbst ausrechnen:

- Sie können im April über 2 000 Euro ohne Kündigung abheben.
- Sie können im Mai über 2 000 Euro ohne Kündigung abheben.
- Sie können im Juni über 2 000 Euro ohne Kündigung abheben.
- Sie können im Juli über 2 000 Euro ohne Kündigung abheben.

Sie können also im Laufe der Monate 8 000 Euro abheben. Es fehlen noch 1 000 Euro, die hätten Sie aber am 15. April kündigen müssen.

Aber warum sollten Sie es so machen? Sie wollen ja nicht jeden Monat 2 000 Euro abheben, unter ihr Kopfkissen legen und noch zusätzlich auf die Zinsen verzichten. Also werden Sie den gesamten Betrag von 9 000 Euro am 15. April kündigen. Ihre Bank beachtet dabei die monatlichen Freibeträge von 2 000 Euro und Sie erhalten völlig unproblematisch am 15. Juli Ihre 9 000 Euro.

Sie haben nicht gekündigt und wollen trotzdem Geld abheben?

Sie gehen also am 15. Juli zu Ihrer Bank und wollen die begehrten 9 000 Euro abheben. Ihr gutes Recht, meinen Sie, denn das Geld gehört ja schließlich Ihnen. Stimmt, das Geld gehört Ihnen, nur nicht alles auf einmal und vor allem nicht sofort.

Jetzt kann Folgendes passieren – und Sie haben keinen Grund sich zu beschweren:
- Ihre Bank kann sich auf die Verordnung berufen und nur den Freibetrag von 2 000 Euro auszahlen. Diese Vorgehensweise ist bei einigen Instituten durchaus gängige Praxis.
- Ihre Bank kann Ihren Wunsch aber auch erfüllen und den gesamten Betrag an Sie auszahlen. Da sie aber nicht gekündigt haben, sind nur 2 000 Euro im Juli frei verfügbar. Für den Restbetrag von 7 000 Euro kann man Ihnen ein Vorfälligkeitsentgelt oder Vorschusszinsen berechnen.

Vorfälligkeitsentgelt oder Vorschusszinsen?

Ein Vorfälligkeitsentgelt ist entweder ein fester Betrag, zum Beispiel einmalig 10 Euro. Dieser Betrag fällt unabhängig von der Summe an, die Sie abheben möchten. Es kann aber auch sein, dass man einen Prozentsatz, zum Beispiel 0,20 Prozent vom nicht gekündigten Betrag, berechnet. In diesem Fall wären es 0,20 Prozent von 7 000 Euro. Sie müssen sich also mit 14,00 Euro weniger zufrieden geben.

> ☞ *Achtung:*
> Hier müssen Sie also gut aufpassen, denn das kann teuer werden.

Vorschusszinsen berechnen die Banken meist mit einem Zinssatz, der einem Viertel des aktuellen Habenzinssatzes entspricht. Habenzins ist der Zinssatz, mit dem Ihre Spareinlage aktuell verzinst wird. Die Zeit, für den dieser Zinssatz berechnet wird, setzen die Banken meistens einheitlich mit 90 Tagen an. Diese Zeit entspricht genau der Kündigungsfrist von drei Monaten. Nehmen wir an, der Habenzinssatz beträgt zurzeit 1,20 Prozent, dann beträgt der Zinssatz für die Vorschusszinsberechnung 0,30 Prozent.

So sieht die Berechnung bei diesem Beispiel aus:

Abhebung	9 000 Euro
– Freibetrag im Monat Juli	2 000 Euro
nicht gekündigter Betrag	7 000 Euro

Für die Berechnung verwenden die Banken die allgemeine Zinsformel. Die Monate setzt man bei dieser Methode einheitlich mit 30 Tagen und das Jahr mit 360 Tagen an.

$$\text{Zins} = \frac{7\,000 \text{ (Kapital)} \times 0{,}30 \text{ (Zinssatz)} \times 90 \text{ (Tage)}}{100 \times 360} = 5{,}25 \text{ Euro}$$

Diese 5,25 Euro Vorschusszinsen zieht man Ihnen nun von der aktuellen Summe der Zinsen ab. Wenn Sie zum Beispiel aktuell 85,50 Euro Zinsen erhalten hätten, würden Sie jetzt nur noch 80,25 Euro erhalten.

> *Wichtig:*
> Vorschusszinsen greifen nie Ihr mühsam angespartes Kapital an, verringern aber Ihren Zinsertrag.

Ein schwacher Trost, könnten Sie vielleicht sagen. Mag sein, in diesem Fall wären Sie jedoch selbst schuld.

> 💡 *Tipp:*
> Kündigen Sie immer rechtzeitig, dann vermeiden Sie diese unangenehme Überraschung und verschenken keine Zinsen.

Nun könnte es aber durchaus sein, dass Ihre Nachbarin meint, bei ihr habe die Bank auf die Berechnung von Vorschusszinsen verzichtet, obwohl sie 5 000 Euro ohne Kündigung von ihrem Sparkonto abbuchen ließ. Gehen Sie nicht gleich in die Luft und sparen Sie sich den Beschwerdegang zu Ihrer Bank. Das kann schon richtig sein, was die Dame da sagt. Banken verzichten in manchen Situationen auf die Berechnung von Vorschusszinsen oder Vorfälligkeitsentgelt, jedoch oft nur unter bestimmten Bedingungen.

Situationen für einen möglichen Verzicht auf die Berechnung von Vorschusszinsen oder Vorfälligkeitsentgelt	Bedingung
Sie verwenden das Geld für den Kauf von Wertpapieren, zum Beispiel Aktien.	Bedingung ist aber meist, dass Sie diese Wertpapiere mindestens so lange behalten, wie die ursprüngliche Kündigungsfrist der Spareinlage betragen hat und diese Wertpapiere in Ihr Depot bei derselben Bank gebucht werden.
Sie übertragen Ihr Sparguthaben auf einen Bausparvertrag bei einer Bausparkasse.	Die Bausparkasse muss mit Ihrer Bank verbunden sein, das heißt als Partner auftreten.
Sie wechseln Ihren Wohnsitz und eröffnen bei einer Bank an Ihrem neuen Wohnort ein Sparkonto.	Das Sparkonto muss mindestens dieselbe Kündigungsfrist oder eine längere haben.
Sie sind Erbin oder Erbe, gemeinsam mit weiteren Personen.	Keine
Sie haben bis Ende Februar über die Zinsen verfügt.	Keine
Sie geraten, was wir nicht hoffen wollen, in eine wirtschaftliche Notlage. Das kann zum Beispiel Arbeitslosigkeit, Erwerbsunfähigkeit oder eine längere Krankheit sein.	Keine

Wer kann von einem Sparkonto abheben?

Zunächst ist es so, dass jede Person, die das Sparbuch besitzt, auch davon abheben kann. Das ist ein Vorteil dieser Geldanlage. So kann zum Beispiel die Lebenspartnerin, sagen wir mal Heike Neumann, vom Sparbuch Ihres Lebenspartners, Heiko Peters, Geld abheben, obwohl das Sparbuch auf seinen Namen läuft.

> ☞ *Achtung:*
> Dieser Vorteil bedeutet aber selbstverständlich auch die Gefahr einer unberechtigten Verfügung über das Kapital.

> *Tipp:*
> Wenn eine andere Person als Sie selbst von Ihrem Sparbuch abheben soll, dann erteilen Sie dieser Person einfach eine schriftliche Vollmacht. Wenn Sie ganz sicher gehen wollen, dann geben Sie der bevollmächtigten Person eine Kopie Ihres Personalausweises mit und machen die Abhebung von der Vorlage des Personalausweises der bevollmächtigten Person abhängig. Ihre Bank ist verpflichtet, die Berechtigung der bevollmächtigten Person zu prüfen, wenn diese sie vorlegt.

Ihre Bank kann auszahlen, muss aber nicht

Das ist doch komisch, könnten Sie vielleicht denken. Was ist das für eine Geldanlage? Erst muss man kündigen und dann erhält man sein sauer erspartes Geld nicht einmal zurück. Entspannen Sie sich, ganz so ist es auch nicht. Eine Sparurkunde ist auf den ersten Blick sehr einfach, auf den zweiten aber doch ganz schön kompliziert. Hier müssen wir schon wieder etwas in den Zauberkasten des Gesetzes greifen. Sie haben ja wieder recht, Sie wollen ja nur Ihr Geld anlegen und nicht Jurist oder Juristin werden. Aber natürlich, das sollen Sie auch nicht. Nachdem aber Unwissenheit oft bestraft wird und Halbwissen gefährlich ist, sollte man auch diesen kleinen Zusammenhang kennen. Wenn wir also den Zauberstab bemühen, kommt aus dem magischen Kasten des Gesetzes Folgendes heraus:

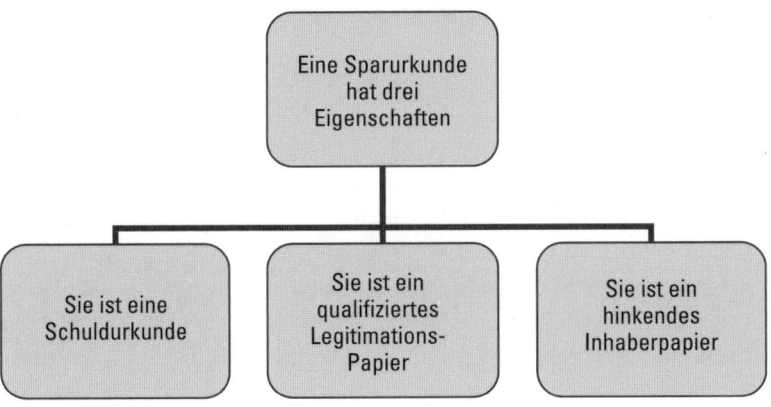

Eine Sparurkunde ist eine Schuldurkunde.

Sie ist in Paragraf 808 des Bürgerlichen Gesetzbuches (BGB) geregelt. Das ist sehr wichtig, denn dadurch können Sie Ihr Forderungsrecht gegenüber Ihrer Bank beweisen.

Eine Sparurkunde ist ein qualifiziertes Legitimationspapier.

Als Legitimationspapiere bezeichnet man Urkunden, bei denen der Inhaber seine Berechtigung durch Legitimation, zum Beispiel Vorlage eines Ausweises, erst nachweisen muss. Da es sich aber um ein qualifiziertes Legitimationspapier handelt, kann sich Ihre Bank bei einem Auszahlungswunsch auf die Vorlage der Sparurkunde beschränken. Man sagt: »Die Bank zahlt mit befreiender Wirkung aus.« Das bedeutet, dass Ihre Bank nicht haftbar gemacht werden kann, wenn bei der Vorlage der Urkunde und dem Auszahlungswunsch keine Zweifel an der Rechtmäßigkeit des Vorgangs bestehen. Dies gilt jedoch nur bei Auszahlungen bis zur bereits bekannten Freigrenze von 2 000 Euro pro Kalendermonat oder rechtzeitig gekündigte Beträge.

Eine Sparurkunde ist ein hinkendes Inhaberpapier

Als Inhaberpapiere bezeichnet man Urkunden, mit denen jeder, der sie vorlegt, das damit verbundene Geld oder eine Ware erhält. Ein alltägliches Beispiel dafür ist ein Aufbewahrungsnachweis für ein Kleidungsstück in einer Theatergarderobe. Der oder die Bedienstete wird nie nachprüfen, ob der geforderte Mantel auch tatsächlich der Person gehört, die den Schein oder die Marke vorlegt. Auch dann nicht, wenn der Mantel auffällig eng sitzt oder schlaff an der unberechtigten Person herunterhängt. Das würde aber bedeuten, dass Ihre Bank ohne weitere Bedenken an jeden Vorleger der Sparurkunde den geforderten Betrag auszahlen kann. Nun hinkt jedoch dieses Inhaberpapier. Dieser Begriff ist schon irgendwie merkwürdig, denn Hinken heißt eigentlich »etwas unrund laufen«. Das kann es hier natürlich nicht sein. Nein, es bedeutet, es ist kein reines Inhaberpapier. Das wiederum heißt, dass Ihre Bank wohl ohne weitere Prüfung die gewünschte Summe auszahlen kann, dies aber nicht muss. Sie kann daher bei berechtigten Zweifeln die Legitimation des Kunden oder der Kundin verlangen. Das geschieht wieder durch die Vorlage eines gültigen Personalausweises. Sie kann jedoch auch einfach die Auszahlung verweigern, ohne dass sie dafür haftbar gemacht werden kann. Die Bank ist selbst nach erfolgter Legitimation nicht zur Auszahlung verpflichtet. Wundern Sie sich also nicht, wenn man bei der geforderten Auszahlung zögert. Dieses Verhalten entspricht der Sorgfaltspflicht der Banken und dient Ihrer Sicherheit als Kunde oder Kundin.

Vorsicht Betrüger – so verhindern Sie, dass jemand unberechtigt von Ihrem Sparkonto abhebt

Sie werden es vielleicht nicht glauben, aber Sparbücher wurden schon immer und werden wohl auch künftig von verzweifelten berechtigten Suchern an den merkwürdigsten Stellen einer Wohnung oder eines Hauses gefunden. In Schuhregalen, unter Matratzen und zwischen Kochbüchern, als Klassiker, sind bei den Verwahrmöglichkeiten dabei eher harmlos. Dagegen sind Kühlschränke und Waschmaschinen, in denen der Schatz während der Urlaubszeit lagert, schon die interessantere Variante. Im letzten Fall bliebe Ihr Sparbuch jedoch gut gekühlt und blitzblank sauber. Tun Sie sich das aber besser nicht an, es geht viel einfacher und vor allem viel sicherer, denn jeder gelernte Profi-Einbrecher kennt diese Ecken.

Wenn Sie eine Sparcard besitzen, haben Sie es einfach. Sie haben eine Geheimzahl für den Zugang am Geldautoamten. Wenn Sie diese Geheimzahl auf Ihrer Karte notieren, kann Ihnen nicht mehr geholfen werden. Dann gehören Sie offenbar zu den Menschen, die den Wohnungsschlüssel unter den Abtreter legen und dazu einen Zettel mit der Aufschrift: »Komme gleich zurück, Schlüssel liegt unter dem Abtreter.« Da Sie das aber nicht tun und die Geheimzahl am besten überhaupt nicht notieren, ist die Wahrscheinlichkeit einer unrechtmäßigen Verfügung nicht höher als bei jeder Giro- oder Kreditkarte.

Wenn Sie ein Sparbuch besitzen, können Sie mit Ihrer Bank ein Kennwort vereinbaren. Dieses Kennwort, das im Prinzip der bekannten PIN (persönliche Identifikationsnummer) entspricht, legen Sie selbst fest. Ihre Bank speichert es bei den Kontodaten. Für die Wahl des Kennwortes gelten dieselben Sicherheitsregeln wie für eine PIN: je einfallsloser, desto unsicherer. Wenn Sie also dafür Ihr Geburtsdatum wählen oder gar Ihren Vornamen, dürfen Sie sich bei unangenehmen Überraschungen nicht beschweren. Bedenken Sie aber auch, dass Sie jetzt an Ihr Geld nur herankommen, wenn Sie dieses Kennwort genau in der festgelegten Form angeben. Wenn Sie Tierfreund sind und als Kennwort zum Beispiel »Tigerente« vereinbart haben und bei der Abhebung »Tiger« oder »Ente« angeben, wird man die Auszahlung berechtigt verweigern.

 Tipp:
Wenn Sie Bedenken haben, dass Sie sich Ihre Geheimzahl oder Ihr vereinbartes Kennwort nicht merken können, notieren Sie es eben. Aber bitte völlig getrennt von Ihrer Karte oder Ihrem Sparbuch und ohne jeden Hinweis auf die Verbindung dazu. Sie haben natürlich auch die Möglichkeit, Ihr Sparbuch oder Ihre Sparcard in ein Schließfach Ihrer Bank zu legen. Dies ist auf jeden Fall die sicherste Möglichkeit, kostet aber etwas.

Ihre Zinsen können Sie abheben

Zinsen werden immer am 31.12. des laufenden Jahres gutgeschrieben. Ab dem 01.01. des neuen Jahres können Sie selbstverständlich über Ihre Zinsen verfügen. Die Abhebung Ihrer Zinsen ist auch frei von Vorschusszinsen oder Vorfälligkeitsentgelt, egal wie hoch der Betrag ist. Das gilt aber nur bis Ende Februar. Ab dem 1. März werden Ihre Zinsen zu dem vorhandenen Kapital addiert. Die Banken nennen diesen Vorgang »Kapitalisierung der Zinsen«.

☞ *Achtung:*
Ab diesem Zeitpunkt gilt auch für die Zinsen die monatliche Freigrenze von 2 000 Euro. Das heißt, wenn Sie mehr als 2 000 Euro ungekündigt abheben wollen, müssen Sie mit Vorschusszinsen oder Vorfälligkeitsentgelt rechnen, egal, ob es sich um eingezahltes Geld oder um Zinsen handelt.

Ein Sparkonto ist nichts für den Zahlungsverkehr

Nehmen wir an, Sie gehen zu Ihrer Bank und wollen eine fällige Rechnung von Ihrem Sparkonto überweisen lassen. »Das können wir nicht machen«, könnte die Antwort eines Mitarbeiters Ihrer Bank sein. Sie werden sich vielleicht wundern oder sogar leicht sauer sein, aber er hat tatsächlich recht. Sparkonten dienen der Ansammlung von Vermögen, jedoch nicht dem Zahlungsverkehr. Ausnahmen bestätigen die Regel, dieser Spruch mag auch hier gelten und eine einmalige Überweisung kann daher schon mal vorkommen. Aber eben nur als Ausnahme. Der Bankmitarbeiter handelt daher vollkommen richtig, wenn er die benötigte Summe zunächst auf Ihr Girokonto umbucht und dann die Rechnung von diesem Konto überweist. Das ist für Sie kein Nachteil, da keine Kosten entstehen.

Wenn Sie jetzt fragen, warum das so ist, dann gibt es eine Erklärung dafür: Als Spareinlagen dürfen Banken nur solche Konten in ihrer Bilanz ausweisen, die auch tatsächlich der Rechtsvorschrift entsprechen – und eine Vorschrift davon lautet: »Sie dienen nicht dem Zahlungsverkehr.«

Geld abheben oder Geld einzahlen ohne Sparurkunde – Sie müssen sich entscheiden

Denn nur eines davon geht. Im ersten Fall haben Sie ein echtes Problem. Abhebungen können Sie nur bei Vorlage Ihrer Sparurkunde vornehmen. Das ist auch richtig so, da sonst auf Ihrer Sparurkunde ein höherer Betrag ausgewiesen wäre als auf dem Sparkonto, das Ihre Bank für Sie führt. Das ist nicht zulässig. Die Sparurkunde

 Tipp:
Vermeiden Sie aber möglichst alle Vorgänge, die zu unterschiedlichen Guthabenbeträgen zwischen Ihrer Sparurkunde und dem bei Ihrer Bank geführten Sparkonto führen. Denken Sie auch daran, dass am Ende des Jahres die Zinsgutschrift erfolgt. Legen Sie also möglichst bald Ihr Sparbuch bei Ihrer Bank vor und lassen Sie sich die Zinsen eintragen. Im Falle einer Sparcard sehen Sie die Zinsen auf dem Kontoauszug. Wenn Sie das nicht tun, verlieren Sie zwar kein Geld, aber sehr leicht den Überblick. Und den sollten Sie bei finanziellen Angelegenheiten immer behalten.

muss dementsprechend aktualisiert werden. Anders sieht das aus, wenn Sie Geld einzahlen wollen. Das können Sie auch ohne Sparurkunde vornehmen. In diesem Fall kann nichts passieren, da dadurch der Kontostand bei Ihrer Bank höher als der in Ihrer Sparurkunde ausgewiesene Betrag ist.

Hilfe! – Sie haben Ihre Sparurkunde verloren

Verloren, gestohlen, verlegt oder versehentlich vernichtet? Unterschiedliche Gründe aber gleicher Ärger. Tatsache ist, das Ding ist weg oder unbrauchbar. Zögern Sie nicht, den Verlust oder die Beschädigung Ihrer Bank sofort zu melden. Das müssen Sie auch tun, denn in den Bedingungen für den Sparverkehr ist ausdrücklich festgehalten, dass ein Verlust unverzüglich zu melden ist. Unter unverzüglich versteht man im Recht »ohne schuldhaftes Zögern«. Ihre Bank sperrt dann sofort Ihr Sparkonto. Damit ist sichergestellt, dass keine Abhebung mehr erfolgen kann. Aber, wie kommen Sie jetzt an Ihr Geld? Nun, wenn Sie Ihr Sparbuch oder Ihre Sparcard verloren oder verlegt haben, wird man den Betrag, der sich auf dem Konto befindet, auf ein anderes Konto mit einer neuen Nummer umbuchen. Bei einer Beschädigung oder Vernichtung, zum Beispiel durch Wasser, wird man eine neue Sparurkunde ausstellen und die beschädigte Urkunde vernichten. Die bisherige Kontonummer bleibt dabei erhalten. Bei einem Diebstahl wird man eine »Kraftloserklärung« durch ein gerichtliches Aufgebotsverfahren einleiten. Bei Sparkassen kann diese Kraftloserklärung der Vorstand vornehmen. Kraftlos heißt, dass die Sparurkunde bei einem Gerichtsverfahren nach sechs Monaten oder bei einem Vorstandsbeschluss nach einer eventuell anderen Frist ungültig wird. Da das Aufgebotsverfahren sehr aufwändig ist, kommt es in der Bankpraxis selten vor. Sie können nämlich während dieser Frist nicht über Ihr Guthaben verfügen. Man wird Ihnen daher als Möglichkeit anbieten, dass Sie sofort ein neues Sparbuch oder eine neue Sparcard mit einer neuen Nummer erhalten. Damit Ihre Bank aber im Falle einer unrechtmäßigen Verwendung einer unberechtigten Person nicht haften muss, müssen Sie unterschreiben, dass Sie in diesem Fall keine Ansprüche geltend machen werden. Für eventuelle Fehler Ihrer Bank haften Sie aber nicht. Keine Angst, das können

Sie ohne Weiteres tun, denn durch die erfolgte Sperrung ist eine Verfügung mit der gestohlenen Sparurkunde ausgeschlossen.

Wenn Schluss ist – Sie wollen Ihr Sparkonto auflösen

Selbstverständlich können Sie Ihr Sparkonto jederzeit auflösen. Dazu müssen Sie nur zu Ihrer Bank gehen und Ihr Sparbuch oder Ihre Sparcard mitbringen. Man berechnet den aktuellen Kontostand, der sich aus Ihrem Kapital und Ihren Zinsen bis zum Tag der Auflösung zusammensetzt. Haben Sie den Betrag nicht oder nicht rechtzeitig gekündigt und übersteigt er die bekannten 2 000 Euro, müssen Sie mit dem Abzug von Vorschusszinsen oder eines Vorfälligkeitsentgelts rechnen.

Was es noch so alles gibt: besondere Sparformen

Banken bieten neben dem klassischen Sparkonto weitere Möglichkeiten an. Bei diesen Sparformen erhalten Sie zusätzliche Erträge in Form höherer Zinsen oder einen Bonus. Dafür müssen Sie aber Ihr Kapital einige Jahre auf dem Sparkonto liegen lassen. Heben Sie es vorzeitig ab, entfällt der Bonus oder der erhöhte Zins. Es gibt auch Sparkonten, deren Bonus von der Entwicklung des Deutschen Aktienindexes, dem DAX, abhängt. Eine andere Variante sind Formen, bei denen sich die Zinsen in einer Staffel nach der Höhe der Einlage richten. Bezeichnungen dafür sind zum Beispiel Plussparen oder Wachstumssparen. Das System ist einfach, je höher die Einlage ist, desto höher ist der Zinssatz.

So könnte ein derartiges Angebot aussehen:

Betrag	Zinssatz
ab 2 500 Euro	1,50 %
ab 5 000 Euro	1,75 %
ab 7 500 Euro	2,00 %
ab 10 000 Euro	2,25 %

Selbst Sparkonten mit einem Basiszinssatz und einem Zinsbonus auf das Durchschnittsguthaben bei weiteren Einzahlungen sind in den Programmen der Banken enthalten. Dazu sogar noch die Möglichkeit, weltweit mit der Sparcard an Geldautomaten abzuheben und das vielleicht sogar gebührenfrei. Sie sehen, es gibt fast nichts, was es nicht gibt.

Für diese Sonderformen gelten oft Kündigungssperrfristen. Dabei handelt es sich um einen festen Zeitraum, während dessen keine Kündigung und damit auch keine Abhebung möglich ist. In den meisten Fällen verzichten Banken jedoch auf solche Fristen oder vergüten für die Einhaltung zusätzlich einen Bonus.

> ☞ *Achtung:*
> Diese Sonderformen haben jedoch nicht unbedingt etwas mit dem klassischen Sparkonto zu tun und Sie sollten die Bedingungen genau lesen, damit Sie keine unliebsamen Überraschungen erleben.

Sparkonten im Check

☒ Sicherheit – Liquidität – Rendite?

Sicherheit	Spareinlagen sind jeweils bis zu 100 000 Euro gesetzlich garantiert. Die meisten Banken garantieren jedoch freiwillig die gesamte Einlage, unabhängig vom Betrag.
Liquidität	Abhebungen ohne rechtzeitige Kündigung sind auf 2 000 Euro je Kalendermonat begrenzt. Ausnahmen davon liegen im Ermessen der jeweiligen Bank oder Sparkasse.
Rendite	Geringe Zinsen bringen nur eine geringe Rendite und Spareinlagen werden eben niedrig verzinst.

☒ Zinssätze

Die Zinssätze für gesetzliche Sparkonten sind gering. Sie sind in etwa vergleichbar mit den Zinssätzen für Tagesgeldkonten und liegen zum Teil sogar darunter.

☒ Ziele und Beweggründe für diese Geldanlage
- Momentan nicht benötigtes Geld kann auf einem Konto angelegt werden.
- Eine tägliche Verfügbarkeit, zumindest eines begrenzten Betrages, soll möglich sein.
- Die Anlage soll sehr sicher sein.
- Die Anlage soll mündelsicher sein.

☒ Rechenbeispiel

Bei Sparkonten berechnet Ihre Bank die Zinsen immer bis zum Jahresende voraus. Man bezeichnet dies als progressive Postenmethode. Ein merkwürdiger

Begriff, der Sie aber nicht weiter belasten sollte. Er sagt nur aus, dass bei jeder Einzahlung die Zinsen bis zum Jahresende berechnet und zu der bereits vorhandenen Zinssumme addiert werden. Ebenso werden bei einer Abhebung die Zinsen für diesen Betrag bis zum Jahresende berechnet und von der vorhandenen Zinssumme abgezogen. Die meisten Banken verzinsen die Einzahlung ab dem Einzahlungstag, während eine Rückzahlung bereits vom vorhergehenden Kalendertag ab berechnet wird.

> ☞ *Achtung:*
> Diese Verfahrensweise ist zwar weitgehend üblich, muss aber nicht zwingend angewandt werden, da es keine gesetzliche Vorschrift dazu gibt. Es kann also durchaus von Institut zu Institut geringe Abweichungen geben. Banken verwenden dafür den Begriff Wertstellung. Die Wertstellung dient lediglich zur genauen Ermittlung der Zinstage und weicht daher vom tatsächlichen Buchungsdatum ab.

Für Sparkonten gilt die standardisierte Zinsmethode. Das bedeutet, das Zinsjahr rechnet man einheitlich mit 360 Tagen, der Zinsmonat beträgt einheitlich 30 Tage. Einzige Ausnahme ist, wenn Sie genau am letzten Tag im Februar abheben würden. Dann wird der Februar mit 28 oder im Schaltjahr mit 29 Tagen gerechnet. Sonst gilt auch für den Februar: Ein Zinsmonat hat 30 Tage.

Ein Beispiel hierzu:

Sie eröffnen ein Sparkonto und zahlen am 16. Februar 1 000 Euro ein. Bis zum 31.12. sind es 315 Tage, da der 16. Februar mitgerechnet wird.	Der Zinssatz beträgt ein Prozent.
Am 10. März heben Sie 500 Euro davon ab. Bis zum 31.12. sind es 291 Tage, da der 10. März als Anlagezeit nicht mehr mitgerechnet wird.	Der Zinssatz ist unverändert ein Prozent.
Weitere Einzahlungen und Abhebungen erfolgen im laufenden Jahr nicht.	

Wenn Sie diese Werte in die Zinsformel einsetzen, erhalten Sie die Zinsen als Ergebnis:

$$\text{Zinsen für 1 000 Euro} = \frac{\text{Kapital} \times \text{Zinssatz} \times \text{Tage}}{100 \times 360} \quad \frac{1\,000 \times 1{,}00 \times 315}{100 \times 360} = 8{,}75 \text{ Euro}$$

$$\text{Zinsen für 500 Euro} = \frac{\text{Kapital} \times \text{Zinssatz} \times \text{Tage}}{100 \times 360} \quad \frac{500 \times 1{,}00 \times 291}{100 \times 360} = 4{,}04 \text{ Euro}$$

Buchungstag	Text	Betrag	Wert	Zinstage	Zinsen
16.02.20..	Einzahlung	1 000,00 EUR	15.02.20..	315	8,75 EUR
10.03.20..	Auszahlung	500,00 EUR	09.03.20..	291	– 4,04 EUR
		500,00 EUR			504,71 EUR
31.12.20..	Zinsgutschrift	4,71 EUR			
31.12.20..	Saldo	504,71 EUR			

> Eine vielleicht etwas undurchsichtige Angelegenheit, die bei Ihnen Kopfschütteln verursachen könnte. Sie stammt eben aus einer Zeit, in der es noch keine Datenverarbeitung gab und diese Berechnungsmethode hat sich bisher hartnäckig gegen alle Einflüsse der modernen Zeit gewehrt. Also etwas Nostalgie und keine »modernen Zeiten« wie im gleichnamigen Film.

☒ Steuer

Die Zinserträge von Spareinlagen werden mit der Kapitalertragsteuer (Abgeltungsteuer) von 25 Prozent besteuert. Die Steuer fällt am Jahresende oder zum Zeitpunkt der Auflösung an, wenn Sie das Sparkonto während des Jahres auflösen.

☒ Mündelsicherheit

Spareinlagen bei öffentlich-rechtlichen Sparkassen sind mündelsicher. Sie können daher Gelder, für die eine Mündelsicherheit gefordert ist, auf solchen Sparkonten jederzeit anlegen. Das heißt, dass Gelder für Personen angelegt werden dürfen, die unter Vormundschaft, Betreuung oder Pflegschaft stehen. Spareinlagen anderer Banken sind eventuell ebenfalls dazu geeignet. Hierzu müssen Sie sich im Einzelfall genau erkundigen.

Der Sparbrief – keine Nachricht und nichts zum Lesen

Ein Brief in Ihrem Briefkasten: »Gratulation, Sie haben fast gewonnen – rubbeln Sie doch einfach mit einer Münze«, das kennen Sie doch oder? Sie rubbeln und was kommt zum Vorschein? Welch ein Zufall, natürlich eine ganz persönliche Nummer. Diese Nummer kleben Sie auf den ganz persönlichen Glücksbrief und stecken ihn in Ihr ganz persönliches Glücksbriefkuvert. Und schon reisen Sie vielleicht ganz umsonst zur Ehrung und Heizdecken- oder Massagerollenpräsentation nach Stuttgart oder Hamburg oder sonst wohin. Natürlich werden Sie auch in einer Luxuslimousine vom Bahnhof abgeholt. Na ja, wenn Sie Glück haben, dann ging das Glück an Ihnen knapp vorbei und Sie erhalten eine Armbanduhr, die nicht läuft oder ein Angebot für ein Zeitungsabonnement, das Sie gar nicht wollen. Das wäre das kleinere Übel. Wenn Sie aber Pech haben, dann sind Sie tatsächlich unter den Auserwählten und müssen sich dann täglich in die Heizdecke einwickeln oder von den Massageröllchen kneten lassen. Vielleicht haben Sie auch ein echt silbernes Zauberarmband erstanden, das Ihre Gelenkprobleme garantiert lösen wird. Eines steht fest, Ihr schönes Geld ist weg. Was so ein Brief doch alles bewirken kann.

In diesem Fall wäre es wesentlich günstiger für Sie gelaufen, wenn Sie auf einen Brief Ihrer Bank abgefahren wären, der Ihr Geld vermehrt und verringert hätte. Also, konzentrieren wir uns auf diesen Brief und vergessen den Rubbelbrief. Wenn Sie bereit sind, Ihr Geld etwas längerfristig anzulegen, auf Sicherheit nicht verzichten wollen, aber doch kein so richtiger Wertpapiertyp sind, dann liegen Sie hier vielleicht genau richtig. Vorab müssen Sie sich aber auf eine ganze Reihe von Begriffen einstellen, die im Prinzip alle dasselbe meinen. Und so begegnen wir zum Beispiel Bezeichnungen wie Sparzertifikat, Sparkassenbrief, Sparobligation, Sparschuldverschreibung oder

eben ganz einfach Sparbrief. Diese Produkte mit ihren wohlklingenden unterschiedlichen Namen haben alle eines gemeinsam:
- Sie werden von Banken und Sparkassen ausgegeben.
- Ihre Laufzeit beträgt mindestens ein Jahr und meistens höchstens sechs Jahre, in Ausnahmefällen zehn Jahre.
- Sie haben einen Zinssatz, der für die vereinbarte Laufzeit gilt.
- Sie können nicht vor Ende der Laufzeit aufgelöst werden.
- Sie können in der Regel nicht auf andere Personen übertragen werden.
- Ihr Geld ist sicher angelegt.

Sparbriefe sind Urkunden

Sparbriefe haben also auf keinen Fall etwas mit einem Brief zu tun. Der Namensbestandteil »Brief« kommt in diesem Fall von verbriefen. Das bedeutet so viel wie beurkunden. Sie erhalten beim Kauf eines Sparbriefs tatsächlich eine Urkunde. Diese Urkunde beweist, dass Sie eine Forderung an Ihre Bank haben. In dieser Urkunde ist Ihr Name, der angelegte Betrag, der Zinssatz, das Kaufdatum und das Fälligkeitsdatum genau angegeben. Den angelegten Betrag bezeichnet man als Nennwert oder Nominalwert. Das ist der Betrag, den Sie am Ende der Laufzeit, das heißt bei Fälligkeit des Sparbriefs, zurückerhalten. In welcher Form Ihre Bank den Sparbrief an Sie ausgibt, darüber gibt es keine Vorschriften. Es muss auf jeden Fall kein goldumrandetes Blatt sein, es genügt ein Kontoauszug. Diese Form ist vielleicht nicht besonders attraktiv, aber heute durchaus üblich. Kleiner Tipp: Kleben Sie den Auszug auf ein goldenes Blatt und schon hat er ein glänzendes Aussehen. Manche Sparkassen stellen noch Sparkassenbücher für Sparbriefe aus, aber auch diese Form bildet inzwischen eher die Ausnahme.

Wo bekommen Sie Sparbriefe?

Sie können Sparbriefe bei Banken direkt und kostenlos erwerben. Die meisten Banken bieten laufend Sparbriefe mit aktuellen Zinssätzen und mit verschiedenen Laufzeiten an. Die Institute legen diese

Sparbriefe selbst auf und geben sie auch selbst aus. Für den Erwerb bezahlen Sie keine Gebühren. Wenn Sie sich also entschließen, einen Sparbrief über 1000 Euro zu erwerben, müssen Sie Ihrer Bank genau 1000 Euro übergeben und keinen Cent mehr. Es entstehen Ihnen auch weiterhin keine Kosten, da Sparbriefe in keinem Depot lagern. Am Ende der Laufzeit erhalten Sie Ihr eingesetztes Kapital zuzüglich der Zinsen und ohne Abzug von Kosten ausbezahlt.

Der Sparbrief trägt Ihren Namen

Sparbriefe sind sogenannte Namensschuldverschreibungen. Eine Schuldverschreibung ist eine Urkunde, in der sich die ausgebende Person verpflichtet, die darin festgelegten Vereinbarungen zu erfüllen. In diesem Fall ist die Person die Bank, die zur Zahlung der Zinsen und der Rückzahlung des Anlagebetrages bei Fälligkeit verpflichtet ist. Trägt eine Schuldverschreibung dagegen keinen Namen, kann sie formlos an eine andere Person übertragen werden. Da ein Sparbrief aber eine Schuldverschreibung ist, die auf den Namen des Käufers (Kapitalanleger) ausgestellt ist und keine sogenannte Orderklausel enthält, können Sie ihn nie auf eine andere Person übertragen. Da eine Übertragung vollkommen ausgeschlossen ist, handelt es sich um ein sogenanntes Rektapapier.

Sollte aber tatsächlich der Fall eintreten, dass Sie Ihren Sparbrief doch unbedingt auf eine andere Person übertragen möchten, dann müssen Sie dies vorher mit Ihrer Bank besprechen, bei der Sie den Sparbrief erworben haben. Die einzige Möglichkeit, den Sparbrief zu übertragen, ist die Abtretung. Hierzu muss Ihre Bank aber zustimmen und Sie müssen eine Abtretungserklärung unterschreiben. Ein Vorgang, den Sie sich besser ersparen sollten.

Tipp:
Sollten Sie also beabsichtigen 1000 Euro für Ihre volljährige Tochter in einem Sparbrief anzulegen, dann sollten Sie dies gleich auf den Namen der Tochter vornehmen. Sie hat sonst keine Rechte an dem Sparbrief.

Ihr Geld liegt bis zur Fälligkeit des Sparbriefes fest

Überlegen Sie sich deshalb vorher ganz genau, für wie viele Jahre Sie Ihr Geld in einem Sparbrief anlegen wollen. Das ist entscheidend, denn eine vorzeitige Rückgabe an Ihre Bank ist nicht möglich. Der Gedanke einer vorzeitigen Rückgabe kann im einfachsten Fall durch einen unerwarteten Geldbedarf ausgelöst werden. Es kann aber auch sein, dass Sie sich in einer Zeit eher niedriger Zinsen zu lange mit einem Sparbrief gebunden haben. Wenn die Zinsen in der Zwischenzeit steigen sollten, müssen Sie eben mit Ihrem vergleichsweise niedrig verzinsten Sparbrief leben. Ein Trost, wenn vielleicht auch ein schwacher, Sie verlieren dabei nichts. Sie hätten aber bei einer kürzeren Laufzeit jetzt höhere Zinsen genießen können.

Behalten Sie die Zinsentwicklung im Blick

 Tipp:
Beachten Sie beim Kauf eines Sparbriefes ganz genau die zu erwartende Entwicklung der Zinshöhe während der geplanten Anlagedauer. Wahrlich nicht einfach, aber Tendenzen sind doch meist absehbar.

In Zeiten steigender Zinsen sollten Sie nie Sparbriefe mit langer Laufzeit wählen. Dann eher nur ein Jahr oder zwei Jahre. In Zeiten fallender Zinsen, können Sie sich dagegen die höheren Zinsen sichern. Dann können Sie durchaus einen längeren Zeitraum wählen und sich gemütlich zurücklehnen, wenn die Zinsen fallen. Sie erhalten für die gesamte Laufzeit die im Sparbrief vereinbarten höheren Zinsen.

Ein Beispiel:

Sparbrief mit Zinsangeboten	Allgemeines Marktzinsniveau	Tendenz Marktzinsniveau	Anlagedauer
2,50 %	2,50 %	mäßig steigend	kurz – mittelfristig
2,50 %	2,60 %	stetig steigend	Kurz
2,50 %	2,40 %	mäßig fallend	mittelfristig – längerfristig
2,50 %	2,30 %	stetig fallend	Längerfristig

Die Frage, was kurz-, mittel- oder längerfristig ist, ist nicht eindeutig geklärt. Da die meisten Banken die Laufzeiten von Sparbriefen jedoch meist auf sechs Jahre begrenzen, kann man bei bis zu zwei Jahren von kurzfristig, bei bis zu vier Jahren von mittelfristig und bei fünf bis sechs Jahren von einer längerfristigen Anlagedauer sprechen.

> *Tipp:*
> Sollten Sie während der Laufzeit Ihr Geld aber unbedingt benötigen, bleibt noch ein letzter Rettungsanker. Sprechen Sie mit Ihrer Bank darüber. Es gibt die Möglichkeit, dass Sie Ihnen ein Darlehen zu Sonderkonditionen gewährt. Ihr Institut nimmt in diesem Fall Ihren Sparbrief als Sicherheit. Man bezeichnet diesen Vorgang als Beleihung. Da Sparbriefe zu hundert Prozent garantiert sind, wird man auch das Darlehen in der Höhe des im Sparbrief angelegten Kapitals, also Sicherheitsabschlag zu hundert Prozent, gewähren.

Drei Arten von Sparbriefen

Zwischen den folgenden drei Arten von Sparbriefen können Sie wählen:

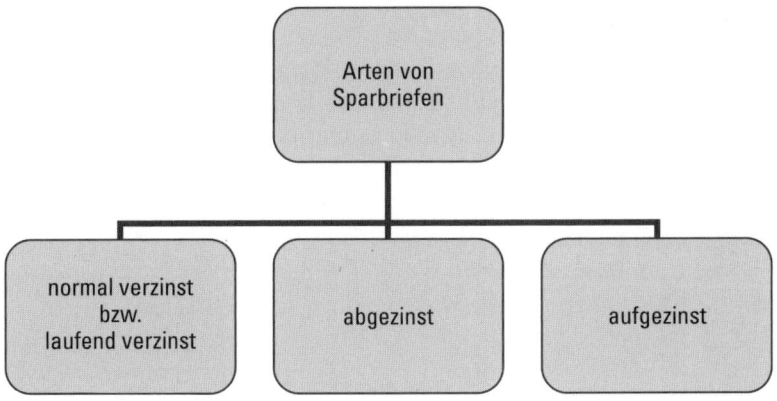

Der normal verzinsliche Sparbrief

Er ist sicher die am einfachsten zu verstehende Art der drei. Neben »normal verzinst« hört er aber auch noch auf den Namen »laufend verzinst«. Es ist aber ein und dieselbe Art. Sie erwerben einen Sparbrief zum Nennwert und erhalten jedes Jahr oder am Ende der Laufzeit Ihre Zinsen. Ihr angelegtes Kapital, das heißt den Nennwert des Sparbriefes, erhalten Sie bei Fälligkeit gutgeschrieben.

Beispiel:

Sie erwerben einen Sparbrief mit einem Nennwert von 1000 Euro, zu einem Zinssatz von drei Prozent und mit einer Laufzeit von zwei Jahren. Die Zinsen werden jedes Jahr vom Nennwert berechnet und jährlich ausbezahlt.

Ihr angelegtes Kapital = Nennwert	1000 Euro
Am Ende des ersten Laufzeitjahres erhalten Sie Zinsen für das erste Jahr.	30 Euro
Am Ende des zweiten Laufzeitjahres erhalten Sie den Nennwert und die Zinsen für das zweite Jahr.	1000 Euro 30 Euro
Gutschrift bei Fälligkeit	1060 Euro
Gesamter Zinsertrag	60 Euro

Der aufgezinste Sparbrief

Diese Sparbriefe gibt Ihre Bank zum Nennwert aus. Sie erhalten aber während der Laufzeit keine jährlichen Zinszahlungen. Die Zinsen am Ende des laufenden Jahres werden dem Kapital zugebucht und erhöhen es entsprechend. Erst am Ende, also bei Fälligkeit des Sparbriefes, können Sie sich über Ihre gesamten Zinsen freuen. Die Freude ist etwas größer als bei einem normal verzinslichen Sparbrief, da hier der Zinseszinseffekt entsteht und sich dadurch eine höhere Gesamtrendite ergibt.

Wenn Sie Ihren Zinsertrag und die Ihnen von der Bank genannte Rückzahlung nachrechnen wollen, ist das kein Problem.

Ein Beispiel:

Sie erwerben einen aufgezinsten Sparbrief mit einem Nennwert von 1000 Euro, zu einem Zinssatz von drei Prozent und mit einer Laufzeit von zwei Jahren.

Mit dieser Formel lüften Sie dieses Geheimnis:

$$K_n = K_0 \times \left(1 + \frac{p}{100}\right)^n$$

$$1\,000 \times \left(1 + \frac{3}{100}\right)^2 = 1\,060{,}90 \text{ Euro}$$

Abkürzungen:
K_0 = Anlagebetrag bzw. Nennwert
K_n = Rückzahlungsbetrag bzw. Nennwert + gesamte Zinsen
p = Zinssatz
n = Laufzeit des Sparbriefes in Jahren

Ihr angelegtes Kapital = Nennwert	1 000 Euro
Am Ende des ersten Laufzeitjahres erhalten Sie keine Zinsen ausbezahlt.	0,00 Euro
Am Ende des zweiten Laufzeitjahres erhalten Sie Ihr angelegtes Kapital und die Zinsen für das erste und zweite Jahr in einem Gesamtbetrag	1 000 Euro
	+ 60,90 Euro
= Rückzahlungsbetrag.	1 060,90 Euro
Gutschrift bei Fälligkeit	1 060,90 Euro

Dieses Ergebnis können Sie auch auf andere Art und Weise einfach nachrechnen.

Angelegtes Kapital	= 1 000 Euro
davon 3 % Zinsen	= 30 Euro
Kapital zum Beginn des zweiten Jahres	= 1 030 Euro
davon 3 % Zinsen	= 30,90 Euro
Nennwert bzw. Gutschrift	= 1 060,90 Euro

Sie sehen also, keine Hexerei und kein Geheimnis, sondern nur eine einfache Zinsrechnung.

Der abgezinste Sparbrief

Diese Art scheint verlockend, denn Sie zahlen beim Kauf des Sparbriefes einen geringeren Betrag und bekommen bei Fälligkeit einen höheren Betrag ausbezahlt. Zu früh gefreut, Ihre Bank schenkt Ihnen nichts, warum sollte sie das auch tun? Aber wo sind Ihre Zinsen? Ganz einfach, der Unterschied zwischen dem Betrag, zu dem Sie den Sparbrief erworben haben, und der Gutschrift bei Fälligkeit entspricht genau den Zinsen, die Sie erhalten. Den Betrag, zu dem Sie den Sparbrief kaufen, bezeichnet man auch als Barwert. Läuft der Sparbrief länger als ein Jahr, werden die Zinsen des ersten Jahres dem Kapital zugeschlagen und in der Folge mit verzinst. Man bezeichnet diesen Vorgang als Zinseszins.

Keine Angst, man muss dazu kein Mathematiker der Oberklasse sein, um dies nachzuvollziehen. Sie müssen es auch nicht. Wenn Sie aber wissen wollen, wie das funktioniert, dann soll Ihnen das kleine Beispiel dabei helfen.

Beispiel:

Sie erwerben einen Sparbrief mit einem Nennwert von 1 000 Euro, zu einem Zinssatz von drei Prozent und mit einer Laufzeit von zwei Jahren. Der Sparbrief ist auf die Laufzeit von zwei Jahren abgezinst.

Mit dieser Formel lüften Sie auch dieses Geheimnis:

$$K_0 = K_n \times \frac{1}{\left(1 + \frac{p^n}{100}\right)}$$

Abkürzungen: K_0 = Anlagebetrag bzw. Barwert
K_n = Rückzahlungsbetrag bzw. Nennwert
p = Zinssatz
n = Laufzeit des Sparbriefes in Jahren

$$1\,000 \times \frac{1}{\left(1 + \frac{3^2}{100}\right)} = 942{,}60 \text{ Euro}$$

Ihr angelegtes Kapital = Barwert	942,60 Euro
Am Ende des ersten Laufzeitjahres erhalten Sie keine Zinsen.	0,00 Euro
Am Ende des zweiten Laufzeitjahres erhalten Sie Ihr angelegtes Kapital und die Zinsen für das erste und zweite Jahr in einem Gesamtbetrag = Nennwert.	942,60 Euro + 57,40 Euro 1 000 Euro
Gutschrift bei Fälligkeit	1 000 Euro

Dieses Ergebnis können Sie auch auf andere Art und Weise einfach nachrechnen.

Angelegtes Kapital	= 942,60 Euro
davon 3 % Zinsen von 942,60	= 28,28 Euro
Kapital an Beginn des zweiten Jahres	= 970,88 Euro → = 57,40 Euro
davon 3 % Zinsen von 970,87	= 29,124[4] Euro
Nennwert bzw. Gutschrift	= 1 000 Euro

[4] Nicht gerundeter Betrag, da sonst 1 Cent Differenz entstanden wäre.

Sie sehen also auch hier, wieder keine Hexerei und kein Geheimnis, sondern nur eine einfache Zinsrechnung. Wenn Sie genau hinsehen, dann werden Sie feststellen, dass es sich im Prinzip eigentlich auch um einen aufgezinsten Sparbrief handelt, da die Zinsen vom Barwert aus hochgerechnet werden und somit der Nennwert erreicht wird. Der einzige Unterschied zur dargestellten aufgezinsten Art ist der geringere Kapitaleinsatz, das heißt der Barwert.

Weitere Informationen zum Zinssatz

Es gibt Sparbriefe, die mit einem Zinssatz ausgestattet sind, der für die gesamte Laufzeit gilt. Das ist der Fall, wenn ein Sparbrief zum Beispiel mit einer Laufzeit von fünf Jahren und einem Zinssatz von drei Prozent angeboten wird. Solche Sparbriefe können normal verzinst, abgezinst oder aufgezinst sein.

Manche Banken bieten aber auch Sparbriefe mit steigenden Zinsen während der Laufzeit an. Der Zinssatz steigt also. Man bezeichnet dies als Zinsstaffel oder Zinstreppe. In diesem Fall handelt es sich aber um normal verzinsliche Sparbriefe mit jährlicher Zinszahlung oder um aufgezinste Sparbriefe mit Zinsansammlung und gesamter Zinszahlung am Ende der Laufzeit.

Ein Beispiel für einen Sparbrief mit einer Laufzeit von fünf Jahren:

Jahr	Zinssatz
1	2,50 %
2	2,75 %
3	3,00 %
4	3,25 %
5	3,50 %

Wenn Sie den durchschnittlichen Zinssatz pro Jahr ermitteln wollen, geht das ganz einfach. Sie müssen dazu nur den einfachen Durchschnitt berechnen.

$$\frac{2{,}50 + 2{,}75 + 3{,}00 + 3{,}25 + 3{,}50}{5} = 3{,}00$$

Für diesen Sparbrief würden Sie also durchschnittlich drei Prozent Zinsen erhalten.

Zu beachten ist außerdem: Der Zinssatz ist nicht in jedem Fall die Rendite.

Als Rendite bezeichnet man bei Geldanlagen den Erfolg einer Anlage in Prozent. Üblich ist die Angabe für den Zeitraum eines Jahres. Für die Berechnung brauchen Sie nur den Ertrag der Geldanlage auf Ihr eingesetztes Kapital beziehen und mit hundert multiplizieren.

Diese Aussage lässt sich am Beispiel der drei dargestellten Sparbriefarten leicht beweisen:

Sparbriefart	Zinssatz	Zinsen in zwei Jahren	Anlagebetrag	Rendite in Prozent pro Jahr
normal verzinst	3,00 %	60,00 Euro	1 000,00 Euro	$\frac{60 \times 100}{1000 \times 2} = 3{,}00$
abgezinst	3,00 %	57,40 Euro	942,60 Euro	$\frac{57{,}40 \times 100}{942{,}60 \times 2} = 3{,}04$
aufgezinst	3,00 %	60,90 Euro	1 000,00 Euro	$\frac{60{,}90 \times 100}{1000 \times 2} = 3{,}04$

Sie sehen also, dass die Rendite bei abgezinsten und aufgezinsten Sparbriefen aufgrund des Zinseszinseffektes höher ist als bei normalverzinslichen Sparbriefen. Bei normalverzinslichen Sparbriefen ist der Zinssatz aber in der Tat auch gleich der Rendite.

Sparbriefe im Check

☒ Sicherheit – Liquidität – Rendite

Sicherheit	Geldanlagen in Sparbriefen sind bis zu 100 000 Euro gesetzlich garantiert. Die meisten Banken garantieren jedoch freiwillig die gesamte Einlage, unabhängig vom Betrag.
Liquidität	Eine Rückgabe während der Laufzeit ist ausgeschlossen. Ein Rettungsanker kann die Aufnahme eines Darlehens und der dafür als Sicherheit dienende Sparbrief sein. Diese Maßnahme sollte aber nicht zu Ihrer Anlagestrategie in Sparbriefen gehören.
Rendite	Sie ist von der Laufzeit und der Art des Sparbriefes abhängig. Bei dem normal verzinslichen Sparbrief ist die Rendite gleich dem Zinssatz. Bei den anderen Arten liegen die Renditen etwas höher als der Zinssatz. Die Zinssätze selbst liegen meist höher als die der Festgelder und richten sich nach den Laufzeiten der Sparbriefe. Je länger die Laufzeit, desto höher ist der Zinssatz.

☒ Ziele und Beweggründe für diese Geldanlage
- Gelder sollen kürzer oder mittelfristig fest angelegt werden.
- Die Anlage soll sehr sicher sein.

☒ Kosten der Geldanlage

Sparbriefe erhalten Sie vollkommen kostenlos. Es entstehen weder Ankaufskosten noch Gebühren für die Verwahrung auf einem Depotkonto. Die Einlösung bei Fälligkeit ist ebenfalls kostenfrei.

☒ Steuer

Die Zinserträge von Sparbriefen werden mit der Kapitalertragsteuer (Abgeltungsteuer) von 25 Prozent besteuert. Wenn Sie einen normal verzinslichen Sparbrief besitzen, fließen Ihre Zinsen jährlich und werden auch sofort besteuert. Bei einem ab- oder aufgezinsten Sparbrief erhalten Sie die Zinsen für die gesamte Laufzeit in einem Betrag zum Zeitpunkt der Fälligkeit. Damit entfällt die jährliche Besteuerung, Ihr gesamter Zinsertrag wird aber dann zu diesem Zeitpunkt besteuert. Daher können Sparbriefe dieser Art günstig sein, wenn die Rückzahlung zu einer Zeit erfolgt, in der Ihr Einkommen niedriger ist und Ihr Einkommensteuersatz eventuell unterhalb von 25 Prozent liegt.

Geldanlage in Wertpapieren – Fluch oder Segen?

Wandern Sie durch das Labyrinth der Fachbegriffe

Bei keiner anderen Art der Geldanlage brodelt die Gerüchteküche so, wie bei den Wertpapieren. Entweder sind sie zu gefährlich, bei manchen verbreiten sie gar Ängste wie einst Bär Bruno bei Schafhirten, für andere sind sie die einzigen Heilsbringer der Geldanlage. Oftmals sind diese Vorstellungen in einem Halbwissen begründet und nicht selten werden sogar Aktien mit Anleihen verwechselt. Daher ist es sicher wertvoll, dass man sich zumindest mit den grundsätzlichen Zusammenhängen etwas näher befasst. Und, genau um das geht es. Sie werden Ihr Auto ebenfalls nicht in Einzelteile zerlegen, aber Sie wollen vermutlich mit einem guten Gefühl fahren. Dazu benötigen Sie ebenfalls ein Wissen über die grundsätzliche Funktionsweise von Bremse, Gas, Kupplung und der vielen blinkenden kleinen Anzeigen. Beim Rückwärtseinparken können Sie sich immer noch helfen lassen. Genauso ist es bei Wertpapieren. Lassen Sie sich helfen, aber lassen Sie sich nichts erzählen, vor allem nicht von falschen Helfern. Dann ist es besser, Sie suchen sich einen anderen Parkplatz.

Was ist ein Wertpapier?

Nun, Sie müssen eigentlich nur das Wort zerlegen. Es ist tatsächlich ein Papier, das einen Wert verbrieft. Klingt erst mal gut. Ein Papier im ursprünglichen Sinn ist es natürlich nicht, sondern eine Urkunde. Und diese Urkunde verbrieft ein Recht, das man als Eigentümer der Urkunde damit geltend machen kann. Wichtig zu wissen ist also, dass man wirklich nur mit der Urkunde seine berechtigten Ansprüche durchsetzen kann. Geregelt sind diese Dinge in Paragraf 929 des Bürgerlichen Gesetzbuches (BGB). Hier sehen Sie schon, dass es dabei nicht um spezielle Gesetze aus dem Bankwesen geht, sondern um eine grundlegende und für alle Lebensbereiche und auf alle Personen zutreffende Regelung. Solche Urkunden kennt jeder aus dem Lebensalltag. Das ist zum Beispiel ein Testament oder Erbschein als Berechtigungsnachweis für Erben oder ein Gepäckaufbewahrungsschein als Nachweis für den Eigentümer des Gepäckstücks. Wertpapiere sind aber auch ein Sparbrief, eine Anleihe oder eine Aktie als Nachweis für das eingesetzte Kapital und die Ansprüche auf Zinsen oder Dividenden. In dieser Hinsicht unterscheiden wir daher grundsätzlich zwischen drei Arten von Wertpapieren:

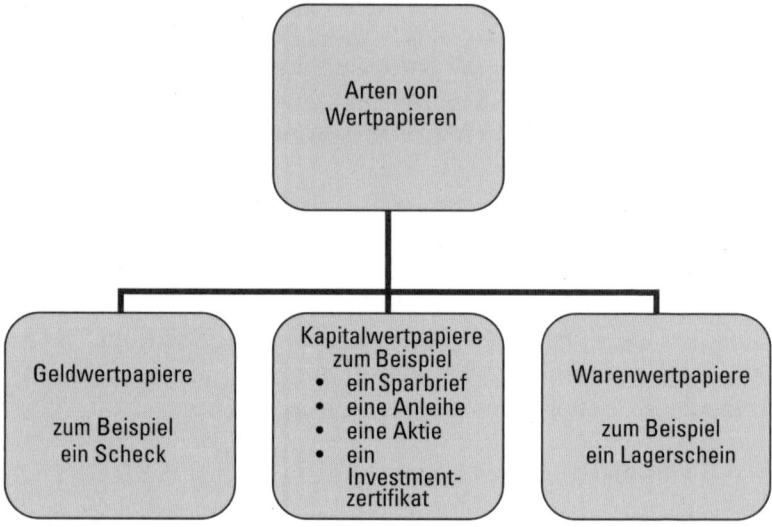

Unser Interesse konzentriert sich natürlich auf Kapitalwertpapiere. Nur sie sind für das Verständnis der Geldanlagen entscheidend.

Kapitalwertpapiere

Wenn Sie auch dieses Wort einfach zerlegen, kommen sie zu dem Ergebnis, dass diese Wertpapiere als Urkunden ein Recht auf das angelegte Kapital verbriefen. Leider macht es uns das Gesetz doch nicht so einfach und wir müssen diese Art von Wertpapieren noch etwas genauer unterteilen. Wenn Sie jetzt vielleicht sagen: »Warum das Ganze? Ist doch egal«, dann haben Sie einerseits Recht, aber andererseits auch wieder nicht. Recht haben Sie, wenn Sie so ein Wertpapier kaufen und es bis zum vielleicht bitteren Ende behalten. Wenn Sie aber ein Wertpapier erwerben wollen, das Sie auch während seiner Laufzeit wieder verkaufen möchten, dann haben Sie mit Ihrer Aussage nicht Recht. Also müssen wir ran an das kleine Problem. Hierzu müssen wir schon wieder das Bürgerliche Gesetzbuch (BGB) bemühen. Dieses sagt in Paragraf 91, dass Sachen vertretbar sind, wenn sie von gleicher Beschaffenheit und im Verkehr durch Zahl, Maß oder Gewicht austauschbar sind. Statt des deutschen Wortes »vertretbar« verwendet man auch oft das Fremdwort »fungibel«. Nicht nötig, es ist absolut dasselbe. Wenn Sie nun fragen, warum diese Vertretbarkeit so wichtig ist, gibt es wieder eine einfache Antwort. Wenn ein Wertpapier gekauft und wieder verkauft werden soll, man bezeichnet dies als Handel, dann darf der Inhaber durch den Austausch desgleichen Wertpapiers keinen Nachteil haben. Klingt komisch, werden Sie vielleicht sagen. Auf dem ersten Blick ja, aber stellen Sie sich Folgendes vor. Sie kaufen zum Beispiel eine Aktie der Solar AG, verkaufen diese Aktie und kaufen später wieder eine Aktie der Solar AG. Es ist zwar nicht dieselbe Aktie, aber sehr wohl die gleiche. Jede dieser Aktie hat dieselben Rechte, egal welche laufende Nummer sie hat. Also können diese Wertpapiere untereinander getauscht werden, ohne dass ein Inhaber einen Nachteil davon hat. Diese Eigenschaft ist unbedingt notwendig, wenn Wertpapiere laufend gehandelt werden sollen. Das trifft nicht nur auf Aktien, sondern zum Beispiel auch auf Anleihen oder Investmentzertifikate zu. Ganz anders ist das aber bei einem Sparbrief. Er ist nicht handelbar, da er nicht vertretbar ist. Er kann daher auch nicht ausgetauscht werden und wenn Sie ihn loswerden möchten, dann können Sie nur ein Kreuz in Ihrem Kalender machen und hoffen, dass der Tag X, an dem er fällig wird, bald naht.

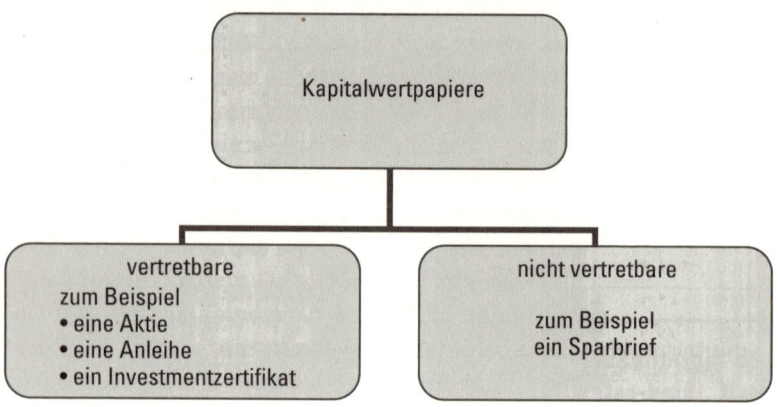

Vertretbare Wertpapiere: Effekten

Um die vertretbaren Kapitalwertpapiere zweifelsfrei von den nicht vertretbaren zu unterscheiden, bezeichnet man sie auch als Effekten. Dieser Begriff ist aber nicht einer von der Sorte, die man so einfach übergehen könnte. Nein, er ist eine feste Säule in den oftmals so verwirrenden Begriffen des Finanzwesens. Also, müssen wir uns schon damit abfinden, wenn eine Aktie als Effekte und nicht als Wertpapier bezeichnet wird. Dies gilt natürlich auch noch für andere Wertpapiere dieser Art, wie beispielsweise Anleihen, Investmentzertifikate oder Genussscheine. Diese Bezeichnung ist auch einfacher, denn richtig müsste man ja sagen »eine Aktie ist ein vertretbares Kapitalwertpapier«. Das dürfte Ihnen in der Praxis wohl kaum begegnen.

> *Tipp:*
> Obwohl der Begriff Effekten rechtlich völlig richtig ist, begegnet man ihm in der täglichen Praxis der Geldanlage kaum. Stattdessen ist der Begriff Wertpapiere üblich und wird auch in den meisten Fachbüchern und Fachzeitschriften dafür verwendet. Regen Sie sich daher nicht zu sehr auf, wenn Ihre Beraterin oder Ihr Berater bei Ihrer Bank den Begriff Wertpapier zum Beispiel für eine Aktie oder eine Anleihe verwendet. Auch ich verwende daher in diesem Buch den üblichen Begriff Wertpapiere, statt Effekten. Der alltägliche Sprachgebrauch hat eben so seine Besonderheiten. Wichtig ist nur, dass man weiß von was und worüber man spricht.

Wenn wir uns den rechtlichen Zusammenhang am Beispiel einer Aktie in einer Grafik verdeutlichen, dann sieht dies so aus:

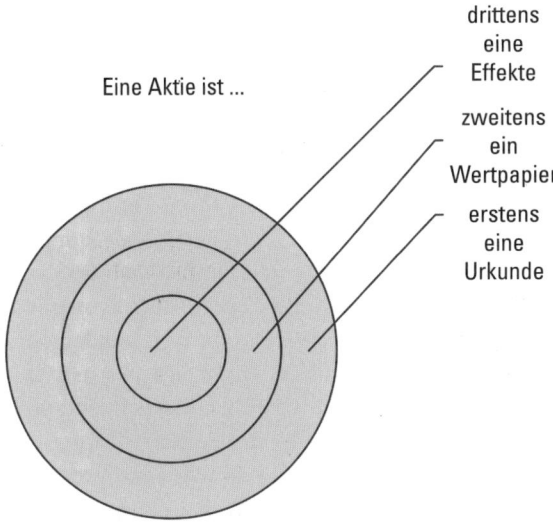

Wie sehen Effekten aus?

Vielleicht haben Sie schon einmal eine Aktie gesehen. Vielleicht war diese sogar schön eingerahmt und hing an einer Wand in einem Büro hinter einem großen ehrwürdigen Schreibtisch aus deutscher Eiche, besetzt von einem großen Chef. Zweifellos schön, wenn einem so etwas gefällt. Ob das sinnvoll ist, das ist eine ganz andere Frage. Wenn Effekten tatsächlich in gedruckter Form vorliegen, dann bezeichnet man sie als effektive Stücke. Das ist aber heute wegen der hohen Druck- und Lagerkosten die absolute Ausnahme. Wie komme ich dann zu meinen heiß ersehnten Effekten, könnten Sie fragen. Wenn Sie diese tatsächlich anfassen möchten, dann werden Sie vielleicht enttäuscht sein. Effektive Stücke bestehen zudem aus zwei Teilen, einem Mantel und einem Bogen. Erschrecken Sie nicht, es handelt sich nicht um einen Winter- oder Sommermantel und auch nicht um ein Sportgerät der Bogenschützen. Es sind einfach rechtliche Bezeichnungen. Der Mantel umgibt die Effekte gewissermaßen. Er verbrieft bei einer Aktie ein Teilhaberrecht und bei einer Anleihe ein Gläubigerrecht. Der Bogen dagegen enthält bei einer Aktie die einzelnen Berechtigungsscheine für Ihren Dividendenanspruch und bei einer Anleihe die Zinsscheine für Ihren Zinsanspruch. Man bezeichnet sie als Dividendenscheine und Zinsscheine. Zinsscheine heißen auch Kupons.

Für Effekten werden im Normalfall sogenannte Globalurkunden erstellt. Solche Globalurkunden enthalten zum Beispiel 1000 Aktien der Solar AG und werden bei einer Wertpapiersammelbank hinterlegt. Sie als Aktionär oder Aktionärin erhalten lediglich eine Gutschriftsanzeige für Ihr Depotkonto, das Sie bei Ihrer Bank eröffnet haben.

Noch etwas abstrakter wird das Ganze, wenn Sie Effekten der Bundesrepublik Deutschland kaufen, wie zum Beispiel Bundesanleihen. Sie werden nur als sogenannte Wertrechte in das Bundesschuldenbuch bei der Bundesrepublik Deutschland Finanzagentur GmbH[5] eingetragen. Auch hier erhalten Sie lediglich eine Gutschriftsanzeige. Aber nur keine Angst. Das geht schon alles mit rechten Dingen zu. Die Gutschriftsmitteilung sollten Sie ganz genau kontrollieren. Bei Unstimmigkeiten rufen Sie sofort Ihre Bank an, bei der Sie Ihr Depotkonto führen.

Hätten Sie tatsächliche effektive Stücke erworben, müssten Sie diese sicher aufbewahren, was zu Hause vielleicht gar nicht so einfach ist. Außer Sie gehören wieder zu dem Personenkreis, der die Verwahrung unter dem Kopfkissen oder im Schuhschrank als geeignet betrachtet. Wenn das nicht der Fall ist, was zu hoffen ist, dann werden Sie diese Stücke in ein Schließfach bei Ihrer Bank legen. Schließfächer bezeichnet man ebenfalls als Depot, genau jedoch als geschlossenes Depot. Sie haben nichts mit einem Depotkonto gemeinsam. Sie müssten aber auch noch beachten, dass Sie rechtzeitig Ihren Dividendenschein oder Zinsschein abtrennen und bei Ihrer Bank zur Einlösung vorlegen. Tun Sie das nicht, erhalten Sie keine Dividende oder keine Zinsen. Seien Sie also doch froh, dass Sie diese Sorge los sind und verzichten auf Wertpapiere in effektiver Form.

Effekten haben einen Namen und zwei Nummern

Klingt irgendwie nach James Bond, denken Sie vielleicht. Nicht ganz. Aber wie ist es hier gemeint?

---

5 Im Text wird die Kurzform »Finanzagentur GmbH« verwendet.

Wenn Sie Ihrem Berater bei Ihrer Hausbank sagen »bitte, kaufen Sie bitte 100 Aktien der Solar AG«, dann hätte er vermutlich kein Problem damit. Wenn Sie aber ein sogenanntes Direktdepot bei einer Direktbank unterhalten oder bei Ihrer Hausbank Effekten online im Rahmen des Homebanking ordern, dann benötigen Sie unbedingt die Kennnummer der jeweiligen Effekte.

Totgesagte leben oft länger. Daher gibt es in Deutschland immer noch die Wertpapierkennnummer, abgekürzt WKN. Sie ist sechsstellig und besteht entweder aus sechs Zahlen oder einer Kombination Zahlen und Buchstaben. Eigentlich sollte sie schon vor Jahren der ISIN weichen.

International kennt man diese WKN nicht, sondern nur die ISIN. ISIN ist die Abkürzung für »International Securities Identification Number«. Übersetzt heißt das internationale Nummer zur Sicherheit und Erkennung. Diese ISIN besteht aus einem zweistelligen Länderkennzeichen, einer neunstelligen nationalen Kennnummer und einer einstelligen Prüfziffer am Ende. Die ISIN der Effekten von in Deutschland ansässigen Unternehmen beginnen mit »DE«.

Effekten kommen von einem Emittenten

Schon wieder ein Fremdwort. Effekten kommen immer von dem, der sie ausgibt. Die Ausgabe bezeichnet man als Emission. Derjenige, der sie ausgibt ist der Emittent. Um diesen Begriff kommt man nicht herum. Er hat sich eingebürgert und man tut sich schwer, ihn sinnvoll zu ersetzen. Also, sollten wir uns damit abfinden, um nicht einen künstlichen Knoten zu konstruieren. Nun, Emittent kann jedes Unternehmen, also zum Beispiel ein Industrieunternehmen, eine Bank, eine Versicherung oder ein Handelsunternehmen, sein. Emittenten können aber auch die Bundesrepublik Deutschland, die Bundesländer oder Städte sein.

Das Produktinformationsblatt – ein Beipackzettel für Wertpapiere

Jetzt gibt es wirklich mal etwas zum Lesen. Bei dem Wort Beipackzettel läuft Ihnen vielleicht ein Schauer über den Rücken. In kleingedruckter Schrift erfahren Sie zunächst, welche Schäden das Medikament anrichten kann, wann Sie es nicht einnehmen dürfen und vieles mehr. Aber, kein Problem: »... fragen Sie doch Ihren Arzt oder Apotheker.« Nun hat es auch Wertpapiere erwischt. Aber seien Sie froh. Jedes Wertpapier, das neu ausgegeben, also emittiert wird, muss seit dem 1. Juli 2011 mit einer Produktinformation angeboten werden. In diesem Prospekt steht alles Wissenswerte, wie zum Beispiel der absolute Gesamtbetrag der Emission, der Ausgabekurs und bei Rentenpapieren oder Investmentfonds ein möglicher Ausgabeaufschlag und eventuelle Gebühren. Außerdem sind die mit der Anlageform verbundenen Risiken und Chancen aufgelistet. Bei Rentenpapieren enthält er außerdem die Laufzeit, den Zinssatz und eine eventuelle vorzeitige Kündigung durch den Emittenten. Diese Information ist eigentlich nicht Neues und war auch bisher üblich, jedoch nicht einheitlich verpflichtend. Der Umfang ist in der Kurzfassung meist auf zwei bis drei Seiten begrenzt und auch aus dem Internet abrufbar. In Einzelfällen umfasst diese Information aber auch mehrere Seiten und kann sogar die Form einer Broschüre annehmen. In jedem Fall erhalten Sie sie im Rahmen des Beratungsgespräches bei Ihrer Bank. Bei Investmentfonds heißt das Produktinformationsblatt »Key Investor Document«, abgekürzt KID. Übrigens, so klein wie ein Medikamentenzettel ist dieses Blatt natürlich nicht, es ist auch nicht zehnmal gefaltet, aber darüber hinaus ist es gleich, denn »über Risiken und Nebenwirkungen informiert Sie sehr gerne Ihr Bankberater oder Ihre Bankberaterin«.

 Tipp:
Wenn Sie keine Überraschungen erleben wollen, über die Sie sich vielleicht später fürchterlich aufregen, sollten Sie sich die Zeit nehmen und diese paar Information in Ruhe lesen. Bei Unklarheiten fragen Sie besser gleich nach.

Ihre Wertpapiere müssen sicher verwahrt werden

Gehen wir also davon aus, dass Sie Ihre kostbaren Wertpapiere nicht in Papierform besitzen und diese gar unter Ihrem Bett oder im Keller verstecken. Wenn dem so ist – was sinnvoll ist –, dann benötigen Sie ein Depot bei einer Bank. Dieses Depot wird in Form eines Kontos geführt und Sie müssen es automatisch eröffnen, wenn Sie das erste Mal Wertpapiere kaufen. Das Eigentum an einem gekauften Wertpapier erhalten Sie durch die Buchung auf Ihrem Depotkonto. Ebenso wird das Eigentum beim Verkauf des Wertpapiers durch Abbuchung von Ihrem Depotkonto auf eine andere Person übertragen.

Die meisten Banken berechnen für die Führung eines Depotkontos eine Gebühr. Diese Gebühr beträgt in etwa ein Prozent des Gesamtwertes Ihrer darin verwahrten Wertpapiere. Bei vielen Direktbanken können Sie Ihr Depot online führen oder im Rahmen des Telefonbanking Kauf- und Verkaufsaufträge erteilen. Bei diesen Banken ist die Depotführung in der Regel kostenlos.

Welche Dienstleistungen Ihre Bank dafür erbringen muss, ist in den Allgemeinen Geschäftsbedingungen geregelt, die Ihnen ausgehändigt werden. Einige dieser Dienstleistungen sind zum Beispiel:

- Die Erstellung einer Steuerbescheinigung, aus der Sie die durch die Bank einbehaltene Kapitalertragsteuer, den Solidaritätszuschlag und eventuell die einbehaltene Kirchensteuer ersehen. Wenn Sie Ihre Kapitalerträge in Ihrer Einkommensteuererklärung angeben müssen, benötigen Sie diese Bescheinigung unbedingt.
- Die Erstellung einer Erträgnisaufstellung, aus der Sie Ihre gesamten Erträge aus Ihrer Wertpapieranlage am Ende des Jahres ersehen können. Sie benötigen diese eventuell für Ihre Einkommensteuererklärung.
- Die Erstellung eines Depotauszuges.
- Anforderung und Gutschrift der fälligen Zinsen oder Dividenden.
- Weiterleitung von Mitteilungen des Emittenten.
- Beschaffung von Eintritts- und Stimmkarten für Hauptversammlungen der Aktiengesellschaften, sofern es sich um Inhaberaktien handelt.

Wertpapiere der Bundesrepublik Deutschland kommen nie in effektiver, das heißt in gedruckter Form vor. Es handelt sich um sogenannte Wertrechte, die im Bundesschuldenbuch eingetragen sind. Dieser Vorgang hat für Sie jedoch keine Bedeutung, was den Kauf oder Verkauf betrifft. Sie können diese Wertpapiere auf Ihrem Depotkonto bei Ihrer Bank, aber auch direkt bei der Deutschen Finanzagentur GmbH verwahren lassen. Wenn Sie sich für die Verwahrung bei der Finanzagentur GmbH entscheiden, dann sparen Sie Depotgebühren, denn die Verwahrung dort ist kostenlos. Das Einzige, was Sie machen müssen, ist bei der Finanzagentur GmbH ein Depotkonto zu eröffnen. Das können Sie auch online vornehmen.

Wo können Sie Wertpapiere kaufen und verkaufen?

Die Vorstellung, man könnte eine Aktie erwerben wie eine Digitalkamera oder einen Regenschirm, ist zunächst gar nicht so abwegig, denn eine Aktie ist ein handelbares Wertpapier. Also, warum geht es nicht ganz so? Die Antwort ist einfach. Wertpapiere sind in der weit überwiegenden Mehrzahl nicht in gedruckter Form vorhanden, sie »lagern« bei einer Wertpapiersammelbank und werden auf ein Depotkonto bei der jeweiligen Bank eingebucht. Das hat zur Folge, dass auch ein Kauf oder ein Verkauf von Aktien, Rentenpapieren, Investmentzertifikaten und allen anderen Wertpapieren durch die Vermittlung Ihrer Bank an einer Börse, direkt von Ihrer Bank oder direkt vom Emittenten, der das Wertpapier ausgibt, möglich ist.

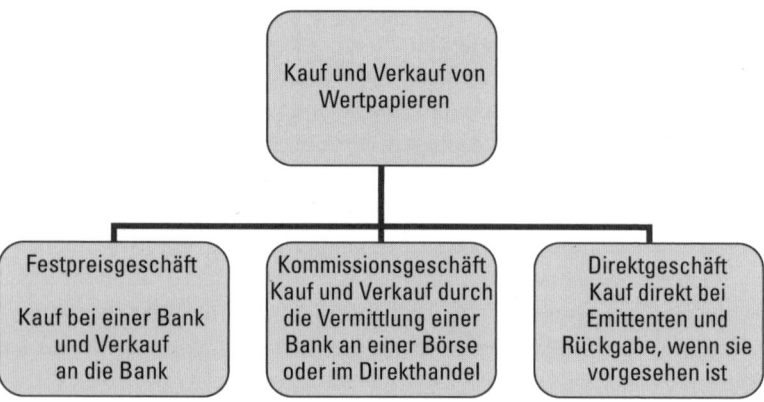

Kauf und Verkauf direkt von Ihrer Bank

Banken können Wertpapiere aus dem eigenen Bestand verkaufen und diese auch wieder in den eigenen Bestand zurückkaufen. Bedingung ist natürlich, dass sie diese Wertpapiere in ihrem eigenen Depot vorrätig haben. Man bezeichnet einen solchen Vorgang als Festpreisgeschäft. Der Kauf erfolgt durch eine Umbuchung auf Ihr persönliches Depotkonto und der Belastung auf Ihrem Girokonto. Dieser Kauf erfolgt ohne Einschaltung der Börse, weshalb auch keine Gebühren anfallen. Es gibt auch keinen offiziellen Börsenkurs, sondern einen sogenannten Hauskurs. Der Verkauf funktioniert genauso. Ihre Bank nimmt im Normalfall Ihre gekauften Wertpapiere wieder zurück, bucht den Bestand von Ihrem Depotkonto ab und schreibt Ihnen den Gegenwert auf Ihrem Girokonto gut. Das Ganze jedoch wieder nur zu einem Hauskurs. Dieser Kurs wird vom offiziellen Kurs an den Börsen abweichen. Man bezeichnet ihn meistens als Rücknahmekurs.

 Tipp:
Diesen Hauskurs können Sie ganz einfach mit dem offiziellen Börsenkurs vergleichen. Hierzu müssen Sie nur in einem Finanzportal des Internets die Wertpapierkennnummer oder den Namen des Papiers eingeben und Sie erhalten den aktuellen Kurs an den Börsen, an dem dieses Wertpapier gehandelt wird.

Der Weg über eine Börse

Die meisten Käufe von Wertpapieren erfolgen aber nicht aus den Beständen der Banken, sondern an einer Börse. Zu diesem Börsenplatz haben Sie selbst aber keinen direkten Zugang. Wäre vielleicht interessant, ist aber nicht möglich. Daher übernimmt Ihre Bank in diesem Fall eine Art Vermittlerrolle ein. Sie übernimmt die Rolle eines Kommissionärs. Geschäfte dieser Art bezeichnet man daher als Kommissionsgeschäfte. Ein Kommissionär ist ein Kaufmann, der im Auftrag einer anderen Person und für dessen Rechnung, jedoch im eigenen Namen handelt. Klingt etwas merkwürdig, ist aber ebenfalls ganz einfach. Sie erteilen Ihrer Bank einen Auftrag zum Kauf von beispielsweise 100 Aktien der Automobil AG. Ihre Bank nimmt den Auftrag an und leitet ihn an einen Börsenplatz weiter. Dort übernimmt ein Börsenmakler den Auftrag und führt ihn entsprechend der Anweisung der Bank zum offiziellen Börsenkurs aus. Ihr Name erscheint an der Börse nicht. Ob Sie den Auftrag bei Ihrer Hausbank persönlich oder telefonisch erteilen, Online-Banking oder Telefon-Banking nutzen, Sie werden in jedem Fall sofort über die Ausführung oder eben über die momentane Nichtausführung informiert.

Sobald der Auftrag ausgeführt ist, erhalten Sie eine Abrechnung Ihrer Bank. In dieser Abrechnung sind die Menge der Wertpapiere, in unserem Beispiel 100 Aktien der Automobil AG, der Kaufkurs und die Gebühren aufgeführt. Der Verkauf erfolgt auf dieselbe Art und Weise. Ihre Bank bucht Ihre Wertpapiere bei einem Kauf auf Ihrem Depotkonto ein und bei einem Verkauf aus, sobald sie die Information von der Börse erhalten hat. Gleichzeitig erhalten Sie bei einem Kauf eine Belastung oder bei einem Verkauf eine Gutschrift auf Ihrem Girokonto entsprechend der Abrechnung, die Ihnen per Post zugeht. Haben Sie ein Direktdepotkonto, dann können Sie die Abrechnung im Online-Banking selbst abrufen. Die Gebühren sind jedoch nicht einheitlich. Sie hängen erstens von der Wertpapierart und zweitens von der jeweiligen Bank ab. Bei Käufen und Verkäufen müssen Sie aber in jedem Fall mit einer Provision Ihrer Bank und einer Transaktionsgebühr der Börse rechnen. Bei Aktien beträgt die Provision höchstens ein Prozent und die Transaktionsgebühr durchschnittlich 0,04 Prozent des Kurswertes. Käufe und Verkäufe von Anleihen sind etwas günstiger. Hier bezahlen Sie meist 0,50 Prozent Provision und eine Gebühr für den Börsenmakler von 0,075 Prozent, jedoch hier vom Nennwert. Den Börsenplatz können Sie als Auftraggeber oder Auftraggeberin frei wählen. Ihre Bank muss Ihre Weisung uneingeschränkt beachten. Börsen gibt es rund um den Globus. Eine der international bekanntesten ist wohl die Börse in New York in der Wall Street. Sie ist auch eine Art Leitbörse für die gesamte internationale Börsenlandschaft. Bleiben wir aber wegen der Übersichtlichkeit einfach in Deutschland.

Hier gibt es zurzeit folgende acht Wertpapierbörsen:
1. Frankfurter Wertpapierbörse
2. Börse Berlin
3. Börse Düsseldorf
4. Hamburger Börse
5. Börse Hannover
6. Börse München
7. Börse Stuttgart
8. Tradegate Exchange (mit dem Sitz in Berlin)

Jede Börse ist ein organisierter Markt, vergleichbar mit einem Wochenmarkt. Nur werden auf Börsen nicht Obst und Gemüse angeboten, sondern zum Beispiel Rohstoffe, Devisen (= ausländische Zahlungsmittel) oder Wertpapiere. Jede Börse führt durch die Makler Anbieter und Nachfrager zusammen und versucht beide Partner entsprechend ihren Vorstellungen über Preis und Menge zufrieden zu stellen. Soweit durchaus deckungsgleich mit einem Wochenmarkt. Alles Weitere ist jedoch anders. Ein Bummel durch die Börse ist nicht möglich, spezielle Börsenmakler vermitteln zwischen Anbieter und Nachfrager, eine Börsenaufsicht wacht über die Einhaltung der Regeln, die durch ein besonderes Börsengesetz staatlich vorgegeben sind. Also, nicht alles ist wie am Wochenmarkt.

Sie können selber bestimmen, an welchem Börsenplatz man Ihre Wertpapiere kaufen oder verkaufen soll. Dazu brauchen Sie Ihre Lieblingsbörse bei Ihrem Auftrag an Ihre Bank nur anzugeben. Man ist verpflichtet, Ihre Weisung genau zu beachten. Geben Sie aber keine Börse an, wählt Ihre Bank diese selbst aus. In vielen Fällen wird sie dabei Frankfurt auswählen, da dort die meisten Umsätze getätigt werden.

Wenn Sie sich selbst für die Frankfurter Wertpapierbörse entscheiden, dann haben Sie die größte deutsche Börse mit internationalem Rang gewählt. Bei den anderen Börsen handelt es sich um sogenannte Regionalbörsen. Das sagt aber nichts über die Qualität dieser Börsen aus. Regionalbörsen sind ebenfalls sehr bedeutend, denn dort werden einerseits viele Wertpapiere gehandelt, die auch an der Frankfurter Börse gehandelt werden, andererseits aber auch viele Aktien und Anleihen, die nur regionale Bedeutung haben. Für solche Aktiengesellschaften ist der Auftritt an der Frankfurter Börse oft zu kostspielig und sie konzentrieren sich deshalb auf eine kleinere Börse.

Der Auftritt eines Unternehmens an einer Börse ist nämlich nicht umsonst. Das Unternehmen muss dafür weniger tief oder sehr tief in die Tasche greifen, um in die Schar der bereits börsennotierten Unternehmen aufgenommen zu werden. Warum ist das so? Ganz einfach, Börsen sind keine ehrenamtlichen Vereinigungen oder Selbsthilfegruppen, sondern Wirtschaftsunternehmen. Sie werden teilweise selbst in der Rechtsform einer Aktiengesellschaft geführt, wie die Deutsche Börse AG in Frankfurt. Ihre Aktien werden sogar in der Königsklasse, dem Deutschen Aktienindex DAX, gehandelt. Da eine internationale Börse, wie Frankfurt, höhere Gebühren fordert als manche kleinere regionale Börse, ist es für eine Reihe von Unternehmungen nicht möglich an diesem Börsenplatz aufzutreten. Zusätzlich ist auch der Bekanntheitsgrad mancher Unternehmen international nicht gegeben. Ein mittelständisches Unternehmen ohne internationale Verflechtungen, zum Beispiel aus Oberbayern, ist an der regionalen Börse München vermutlich besser platziert als an einem internationalen Börsenplatz.

Manche Börsen haben sich auch zusätzlich auf bestimmte Wertpapierarten spezialisiert und haben in diesen Segmenten ein entsprechendes Angebot. Dazu gehört zum Beispiel die Börse in Stuttgart. Sie hat sich vor Jahren mit ihrem System EUWAX auf den Handel von Optionsscheinen eingerichtet und dieses inzwischen auf andere Arten, wie Zertifikate oder Investmentzertifikate, erweitert. EUWAX ist die Abkürzung des Kunstwortes »European Warrant Exchange«. Übersetzt heißt das Europäische Börse für Optionsscheine.

Gehandelt wird überwiegend in elektronischen Handelssystemen. An der Frankfurter Börse heißt dieses System XETRA. Der sogenannte Parketthandel, bei dem man Börsenmakler im Börsensaal herumhetzen und schreien hört, ist heute die Ausnahme. Es geht eher ruhig und gesittet zu. Hektisch gestikulierende und brüllende Börsenmakler sind eher ein Fall für die amerikanische Filmindustrie in Hollywood, kommt aber in der realen Börsenlandschaft nicht vor. Elektronische Handelssysteme haben für Sie als Kunde den großen Vorteil, dass Ihre Kauf- oder Verkaufsaufträge in Bruchteilen von Sekunden durch Ihre Bank an den Börsenplatz übermittelt werden und Sie den absolut aktuellen Kurs erhalten. Ebenso werden Sie unverzüglich informiert, ob Ihr Kauf- oder Verkaufswunsch ausgeführt werden konnte.

Kauf und Verkauf im Direkthandel – es geht auch ohne Börse

Manche Banken bieten seit einigen Jahren den Kauf und Verkauf von Wertpapieren im Direkthandel an. Wenn das der Fall ist, dann kauft Ihre Bank die Wertpapiere direkt beim Emittenten. Ebenso verkauft sie Ihre Wertpapiere auch wieder direkt an den Emittenten. Dieser Weg ist aber nur möglich, wenn sich spezielle Finanzinstitute daran beteiligen und die entsprechenden Wertpapiere für diesen Handel anbieten. Wenn Sie diesen Weg wählen, dann sparen Sie sich die Provision und die Gebühren der Börse. Aufpassen müssen Sie nur, ob der Kurs im Einzelfall günstiger oder ungünstiger als an den Börsenplätzen ist. Aber das können Sie natürlich dann erfragen, wenn Sie Ihrer Bank den Auftrag erteilen wollen. Ein weiterer Vorteil für Sie ist, dass Ihre Aufträge meistens von 08:00 bis 23:00 Uhr bearbeitet werden, während der Handel an den deutschen Börsen nur von 09:00 bis 20:00 Uhr stattfindet.

Kauf direkt beim Emittenten

Kaufen Sie Ihren Wein beim Winzer oder Ihr Gemüse beim Bauern? So etwas nennt man Direktvermarkter. Genauso machen es »Erzeuger von Wertpapieren«. Verschiedene Emittenten bieten ihre Wertpapiere einem Kreis von möglichen Interessenten direkt an. Dieser direkte Vertriebsweg funktioniert ohne Einschaltung von Banken und ist überwiegend auf Anleihen beschränkt. In der Fachsprache wird dieser Verkaufsweg auch als »OTC-Handel« bezeichnet. OTC ist die Abkürzung des englischen Kunstwortes »over the counter«, es ist also kein Fachbegriff der Finanzbranche. Es heißt einfach »über den Ladentisch«. Da kein Börsenhandel stattfindet, ist aber auch ein Verkauf zu Ihrem Wunschtermin fraglich. Einen Sonderfall stellt der Erwerb bestimmter Bundeswertpapiere dar. Diese können Sie direkt bei der Finanzagentur GmbH kaufen und problemlos wieder an diese zurückgeben.

Geben Sie Ihre Preisvorstellung für den Kauf oder Verkauf an

Sie können jederzeit selbst bestimmen, zu welchem Kurs Sie Ihre Wertpapiere kaufen oder verkaufen wollen. Dazu müssen Sie eine Preisgrenze vorgeben, man bezeichnet dies als Limit. Ob dieser Kurs dann auch tatsächlich zustande kommt, das liegt weder an Ihrer Bank noch an der Börse. Es liegt einzig und alleine daran, ob für Ihren Kaufwunsch genügend Angebot zu dem Preis vorhanden ist, zu dem Sie bereit sind, Ihre Wertpapiere zu kaufen. Ebenso ist fraglich, ob genügend Nachfrager vorhanden sind, die Ihre Wertpapiere zu Ihren Preisvorstellungen zu kaufen bereit sind. Also, Sie sehen schon, es ist alles eine Frage von Angebot und Nachfrage. Kommt Ihr Kauf oder Verkauf nicht sofort zustande, dann gilt Ihr Auftrag bis Ende des Monats. Man bezeichnet das Monatsende als Ultimo. Der Börsenmakler wird also jeden Tag wieder versuchen, Ihre Wertpapiere zu dem von Ihnen vorgegebenen Kurs zu kaufen oder zu verkaufen. Konnte dies bis Monatsende nicht realisiert werden, verfällt Ihr Auftrag und Sie müssen ihn neu erteilen.

> ☞ *Achtung:*
> Manche Banken berechnen für diese Erteilung eine Limitgebühr. Erkundigen Sie sich also vorher, damit Sie keine unliebsamen Überraschungen erleben.

Sie können natürlich auch alles dem Marktgeschehen und dem Zufall überlassen. Dann machen sie eben keine Vorgaben. Auch das geht. Der Börsenmakler kauft dann Ihre Wertpapiere zum günstigsten Kurs, der sich gerade bietet oder verkauft Ihre Wertpapiere zum höchsten Kurs, der sich gerade ergibt. Diese Art der Auftragserteilung gilt jedoch nur einen Tag. Kommt an diesem Tag überhaupt kein Umsatz an der Börse zustande, was kaum vorstellbar ist, dann verfällt Ihr Auftrag mit Ende des Börsentages und Sie müssten ihn neu erteilen.

Sie können Ihrer Bank also folgende Aufträge erteilen:

Auftrag	Ausführung
Kaufen Sie ohne ein Limit oder so billig wie möglich! Der Fachausdruck dafür lautet »billigst«.	Sie erhalten Ihre Wertpapiere zum günstigsten Kurs, der sich gerade ergibt.
Verkaufen Sie ohne Limit oder so hoch wie möglich! Der Fachausdruck dafür lautet »bestens«.	Man verkauft Ihre Wertpapiere zum höchsten Kurs, der sich gerade ergibt.
Kaufen Sie, Limit 94,30 Euro!	Sie erhalten Ihre Wertpapiere, wenn der Kurs 94,30 Euro oder weniger beträgt. Liegen die Kurse über 94,30 Euro, kommt an diesem Tag kein Kauf zustande.
Verkaufen Sie, Limit 91,20 Euro!	Man verkauft Ihre Wertpapiere nur dann, wenn der Kurs 91,20 Euro oder mehr beträgt. Liegen die Kurse unter 91,20 Euro, kommt an diesem Tag kein Verkauf zustande.

☞ *Achtung:*
Kurse bilden sich an den Börsen während des Tages am laufenden Band, das heißt während des Tages gibt es eine Vielzahl von Kursen. Wenn Ihr Kaufauftrag für eine Aktie mit einem Limit von 94,30 Euro zum Beispiel um 11:03 Uhr an die Börse geleitet wird und der Kurs lautet zu diesem Zeitpunkt 93,99 Euro, dann wird Ihr Auftrag zu 93,99 Euro ausgeführt. Es kann aber durchaus sein, dass sich um 17:45 Uhr ein Kurs von 93,25 Euro ergibt. Dieser Kurs ist für Ihren Auftrag aber nicht mehr bedeutsam, da Ihr Auftrag bereits ausgeführt wurde. Hätten Sie gewartet, hätten Sie Ihre Aktie günstiger bekommen, aber wer weiß das schon? Ein Limit bewahrt Sie aber auf jeden Fall vor bösen Überraschungen.

Jetzt wird's spannend: Mit Aktien werden Sie Teilhaber an einem Unternehmen

Sind Sie ein Aktientyp?

Um diese Frage zu beantworten, müssten wir uns zuerst einmal fragen, wie so ein Typ überhaupt aussieht und welche Eigenschaften er verkörpert. Ist er ein gnadenloser Zocker mit ständigem Bluthochdruck und nervösen Zuckungen oder ein absolut cooler Zeitgenosse, dem es völlig egal ist, ob die Kurse nun nach oben klettern oder in den Keller purzeln? Vielleicht ist er aber einfach ein Realist, der sich sagt, mein Geld ist am besten dort angelegt, wo es vernünftig arbeiten kann und auf längere Sicht voraussichtlich wächst.

Hören wir uns doch einfach einmal die möglichen Aussagen von vier Personen zur Kapitalanlage in Aktien an.

Person Nummer ...	Typ	Seine Meinung
Eins	uninformierter Ablehner	»Nein, mit Aktien kenne ich mich nicht aus, ich mag sie auch nicht, ich verspiele doch nicht mein mühsam verdientes Geld.«
Zwei	Jammerer wegen verpasster Chancen	»Ach, hätte ich doch vorige Woche ein paar Aktien gekauft. Jetzt sind die Kurse gestiegen und ich habe schöne Gewinne verschenkt.«
Drei	Realist	»Ich habe schon längere Zeit verschiedene Aktien als Beimischung in meinem Depot. Mir ist bewusst, dass ich dieses Geld nicht zu jeder Zeit benötigen darf und dass sich der Wert der Aktien nicht nur erhöhen, sondern auch verringern kann. Die mögliche Dividende ist dabei ein zusätzlicher Anreiz.«
Vier	Rechenkünstler	»Ich habe diese Aktie zu einem Kurs von 45 Euro gekauft, dann stieg der Kurs auf 75 Euro. Alle sagten, der Kurs steigt weiter und ich glaubte an diese Wahrsager. Als der Kurs dann aber auf 70 Euro zurückging, verkaufte ich aus Angst meine Aktien und habe 5 Euro verloren.«

Hand aufs Herz, zu welchem Typ zählen Sie sich?

Nummer eins begeht einen Fehler, denn eine Anlage in Aktien hat nichts mit Spielen zu tun, also kann man auch nichts verspielen. *Nummer zwei* begeht auch einen Fehler, denn wenn das das Ziel gewesen wäre, dann hätte sie schon einiges in Aktien investieren müssen, denn der Gewinn ergibt sich bekanntlich immer nur aus dem Unterschiedsbetrag von Kaufbetrag und Verkaufserlös. Zweitens müsste Nummer zwei tagtäglich wie ein Spürhund die Börsenkurse verfolgen, denn nur wer mit Kursgewinn verkauft, wird sein Traumziel erreichen. Wenn Sie sich zu diesem Typ hingezogen fühlen, benötigen Sie vielleicht einen Herzschrittmacher, wer weiß? Wenn Sie sich dagegen zur *Nummer drei* hingezogen fühlen, dann liegen Sie goldrichtig, zumindest wenn Sie sich zur großen Gruppe der Normalanleger rechnen. Warum? Erstens sind die Aussagen »längere«, zweitens »verschiedene«, drittens »Beimischung«, viertens »ich darf dieses Geld nicht sofort benötigen«, fünftens die Erkenntnis »der Wert kann schwanken« und sechstens die Aussage »die Chance auf eine Dividende« völlig richtig. Die *Nummer Vier* sollte gelegentlich einen Rechenlehrgang buchen. Keinen mit höherer Mathematik, es genügen die Inhalte der Grundschule mit den Grundrechenarten, denn 70 Euro Verkaufserlös minus 45 Euro Kaufpreis sind immer noch 25 Euro Gewinn und nicht 5 Euro Verlust.

> *Tipp:*
> Lassen Sie sich von Ihrer Anlageberaterin oder Ihrem Anlageberater aufklären, hören Sie sich alles in Ruhe an, bilden Sie sich eine eigene Meinung. Dazu brauchen Sie kein Motivationsseminar und keinen Selbstfindungslehrgang auf einer entlegenen Berghütte oder auf einem wackeligen Segelschiffchen. Sie benötigen aber mindestens ein Grundwissen, das nicht nur aus Schlagwörtern besteht, die meistens noch in englischen Kunstwörtern gipfeln. Was Sie noch benötigen, ist eine Portion Selbstvertrauen in die eigene Entscheidungswilligkeit.

Also, lassen Sie uns gemeinsam durch den Garten der Aktienanlage spazieren. Ein Garten ohne Magie und Zauberei, stattdessen ein Garten mit realen Gewächsen. Ein Spaziergang, bei dem Sie nicht einfach so eine Blume finden werden, in deren Blüte Sie vielleicht den heiß ersehnten Hinweis auf die richtige Aktie mit dem Riesengewinn erblicken. Nein, Sie müssen lernen, richtig zu säen, um später erfolgreich zu ernten. Eine Garantie gibt Ihnen aber niemand in dieser realen Welt, allenfalls ein Zauberer. Viel Glück bei der Suche.

Aktien verbriefen ein Miteigentum an einem Unternehmen

Eine Aktie ist ein Anteilsschein, der einen Bruchteil am Grundkapital einer Aktiengesellschaft verbrieft. Als Grundkapital bezeichnet man den weitgehend festen Teil des gesamten Eigenkapitals einer Aktiengesellschaft. Durch diesen Anteil werden Sie Miteigentümer an diesem Unternehmen. Da staunen Sie, was? So ist es, denn wenn Sie zum Beispiel Aktien der Maschinenbau AG besitzen, dann sind Sie tatsächlich mit einem Bruchteil an der Maschinenbau AG beteiligt. Sie sind damit Teilhaber und haben auch die typischen Rechte von Teilhabern bzw. Eigentümern.

> ☞ *Achtung:*
> Wenn Sie Aktien kaufen, dann geben Sie dieser Aktiengesellschaft Ihr eingesetztes Geld. Sie tun das nicht auf direktem Wege, sondern über den Kauf der Aktien. Damit investieren Sie in das Eigenkapital der Aktiengesellschaft. Und dieses Eigenkapital ist auch in der Bilanz der jeweiligen Aktiengesellschaft als solches ausgewiesen.

Als Aktionär haben Sie mehr Rechte als Pflichten

Klingt doch gut, oder? Das Aktiengesetz sichert Ihnen diese Rechte ausdrücklich zu. Schauen wir gemeinsam doch mal Ihre Rechte an.

Ihre Rechte laut Aktiengesetz	Was bedeutet das für Sie?
Anteil am Gewinn der Aktiengesellschaft	Sie können sich über einen Anteil am Gewinn der Aktiengesellschaft freuen, sofern einer ausgeschüttet werden kann. Man bezeichnet diesen Gewinnanteil als Dividende.
Teilnahme an der Hauptversammlung	Sie können an der Hauptversammlung teilnehmen, sich dort völlig passiv verhalten oder Ihre Stimme zu verschiedenen Tagesordnungspunkten abgeben.

Ihre Rechte laut Aktiengesetz	Was bedeutet das für Sie?
Stimmrecht in der Hauptversammlung	Sie haben für je eine Aktie eine Stimme, so heißt das offiziell. Über was sollte man dort schon abstimmen, könnten Sie sich vielleicht fragen, zu unbedeutend bin ich mit meiner geringen Anzahl von Aktien. 200 Aktien sind also 200 Stimmen. Wenn die Aktiengesellschaft zum Beispiel zwanzig Millionen Aktien ausgegeben hat, dann haben Sie in der Tat nur einen Anteil von 200 von zwanzig Millionen. In einer Dezimalzahl ausgedrückt, wäre das ein Stimmenanteil von 0,00001. Zu wenig, werden Sie vielleicht sagen, zu wenig, um überhaupt ernst genommen zu werden.

> **Tipp:**
> Vergessen Sie aber nie, Sie sind Miteigentümer, ebenso wie viele andere. Wenn jeder so denken würde, könnten Vorstände ohne Mitwirkung der Aktionäre entscheiden. Wenn Sie meinen, ist doch egal, dann dürfen Sie sich zumindest anschließend nicht beklagen, wenn Entscheidungen gefällt wurden, die nicht in Ihrem Sinne sind. Also, nutzen Sie Ihr Stimmrecht und stimmen Sie mit ab.

Wenn Sie nicht selbst an der Hauptversammlung teilnehmen wollen oder können, dann übertragen Sie Ihre Stimme/n einer anderen Person. Im einfachsten Fall ist das Ihre Bank, bei der Sie Ihr Depotkonto unterhalten. Diese Organisationen sind auf den Hauptversammlungen ohnehin vertreten. Sie erhalten einen Stimmkartenblock und in diesem Block ist auch eine Karte mit einer Vollmacht enthalten.

Über was stimmt man nun dort ab? Im Prinzip über sieben Punkte:
1. Wie soll der Gewinn des abgelaufenen Geschäftsjahres verwendet werden? Daraus ergibt sich auch die Antwort, wie hoch Ihre sehnlichst erwartete Dividende sein wird. Gewinne können nämlich bis zu einem gewissen Teil einbehalten und den Reserven (Rücklagen) zugeführt werden. Je höher diese Reservenbildung ist, desto geringer ist Ihre Dividende.
2. Wer soll künftig dem Aufsichtsrat angehören?
3. Sollen Vorstand und Aufsichtsrat für ihre Arbeit des abgelaufenen Geschäftsjahres entlastet werden?
Dem wird man zustimmen, wenn man mit der Arbeit dieser Gremien zufrieden war. Hier haben sich schon manche Vorstände und Aufsichtsräte warm anziehen müssen und sind gerade noch mit einem blauen Auge als letzte Warnung davongekommen.

Ihre Rechte laut Aktiengesetz	Was bedeutet das für Sie?
	4. Wer soll den Jahresabschluss der Gesellschaft auf Ordnungsmäßigkeit überprüfen? Diese wichtige und nicht einfache Aufgabe wird immer Wirtschaftsprüfern übertragen. Auch hier hat man schon oft einen Wechsel langjähriger Prüfer auf Hauptversammlungen beschlossen, da man mit der bisherigen Arbeit nicht mehr zufrieden war.
	5. Sollen Punkte in der Satzung geändert werden? Das wäre zum Beispiel der Fall, wenn sich im Vorstand personelle Veränderungen ergäben oder das Grundkapital erhöht oder gesenkt werden sollte.
	6. Sind Maßnahmen zur Beschaffung von neuem Eigenkapital oder zur Verringerung des vorhandenen Grundkapitals notwendig? Wenn neues Kapital beschafft werden soll, dann müssen zum Beispiel neue, zusätzliche Aktien ausgegeben werden. Man bezeichnet diese neuen Aktien auch als *junge Aktien*. Hier sind Sie als Altaktionär/in gefragt, da Sie ein Recht auf den Bezug dieser neuen Aktien haben.
	7. Soll die Aktiengesellschaft aufgelöst werden? Hier geht es nicht vorrangig um eine zwangsweise Auflösung im Rahmen einer Insolvenz, sondern um eine freiwillige Auflösung. Warum denn so was, könnten Sie fragen. Das kommt schon vor und zwar dann, wenn man frühzeitig merkt, dass das bestehende Unternehmen am Markt keine Chancen mehr hat und man eine eventuelle zwangsweise Auflösung verhindern möchte. In diesem Fall sind Sie wieder gefragt, denn Sie haben ein Recht auf einen Anteil am Erlös aus der Auflösung. Man bezeichnet die Auflösung auch als Liquidation.
Auskunftsrecht in der Hauptversammlung	Sagen Sie nicht wieder: »Was soll ich denn dort mit meinen paar Aktien?« Wenn Sie keine Fragen haben, dann müssen Sie ja auch keine stellen. Aber wenn Sie welche haben, dann können Sie diese an den Vorstand richten. Vielleicht wundern Sie sich, wenn der Vorstand bei der einen oder anderen Frage die Auskunft auf der Hauptversammlung verweigert. Das ist sein gutes Recht, wenn seine Auskunft die Gesellschaft erheblich schädigen könnte. Das könnte zum Beispiel bei Auskünften zu technischen Neuerungen oder nicht bestätigten Vermutungen sein.
Bezugsrecht bei Kapitalerhöhungen	Aktiengesellschaften kommen zu neuem Eigenkapital, wenn sie neue (junge) Aktien ausgeben. Neue Aktien bedeuten aber eine Erhöhung des bisherigen Grundkapitals. Sie als sogenannte/r Altaktionärin oder Altaktionär haben nun das Recht, diese neuen Aktien als erste in einem bestimmten Verhältnis

Ihre Rechte laut Aktiengesetz	Was bedeutet das für Sie?
	(Bezugsverhältnis) zu beziehen. Der Vorteil für Sie ist, dass Sie diese neuen Aktien in der Regel zu einem günstigeren Kurs, man bezeichnet ihn als Vorzugskurs, erhalten. Bei jeder Änderung des bestehenden Grundkapitals müssen mindestens 75 Prozent der anwesenden Aktionäre/innen dieser Änderung zustimmen. Nur dann kann eine Erhöhung vorgenommen werden. Man bezeichnet diese »75 Prozent« als Dreiviertelmehrheit.
Anteil am Liquidationserlös	Sollte der Fall eintreten, dass eine Aktiengesellschaft aufgelöst werden muss oder soll, handelt es sich um eine Liquidation. In diesem Fall wird man versuchen, das vorhandene Anlagevermögen (Einrichtung, Maschinen, Gebäude) zu verkaufen, um damit Verbindlichkeiten (Schulden) zu begleichen. Wenn am Ende noch Geld übrigbleibt, haben Sie mit Ihren Aktien ein Recht auf einen Anteil dieses verbliebenen Erlöses. Allzu hoch dürfen Sie Ihre Erwartungen jedoch nicht schrauben, denn in solchen Fällen ist meist nicht mehr viel vorhanden. In der Regel gehen Sie sogar leer aus. Aber, es ist ja auch nicht gerade das Hauptziel einer Unternehmung aufgelöst zu werden.

Wenn Sie diese Rechte nun gelesen haben, könnten Sie sich fragen: Haben Aktionäre auch Pflichten? Ja natürlich, aber hier können wir uns sehr kurz fassen. Die einzigen Pflichten, die Sie haben, sind die der Kapitaleinlage und der Haftung.

Ihre Pflichten als Aktionär/in	Was bedeutet das für Sie?
Kapitaleinlage	Die Kapitaleinlage erledigen Sie einfach, indem Sie die Aktie kaufen.
Haftung	Keine Angst, Sie müssen nicht mit Ihrem gesamten Vermögen, mit Ihrem Häuschen, Ihrem schönen Auto oder Ihrem Schmuck haften. Nein, Ihre Haftung beschränkt sich auf Ihr eingesetztes Kapital. Wenn Sie also hundert Aktien zu einem Preis (Kurs) von 19,25 Euro erworben haben, dann sind Sie im Ernstfall um 1925 Euro ärmer. Wenn Sie sagen würden, das sei schlimm genug, haben Sie aus Ihrer Sicht natürlich völlig recht. Aber darüber müssen Sie sich im Klaren sein, eine Geldanlage in Aktien ist immer mit einem Restrisiko verbunden, da Sie sich an einem Unternehmen beteiligen. Ein Unternehmen mit Gewinngarantie oder Bestandsgarantie gibt es in einer Marktwirtschaft nicht. Aber Ihre Haftung und damit Ihr möglicher Verlust sind begrenzt.

Gönnen Sie sich einen Tag auf der Hauptversammlung

Sie haben das Recht an der Hauptversammlung teilzunehmen. Das sollten Sie sich schon mal gönnen, denn dort erfahren Sie alles Wichtige über das vergangene Geschäftsjahr und die Pläne für die Zukunft. Schließlich steckt ja Ihr Kapital in dieser Gesellschaft. Vergessen Sie das nie. Wie kommen Sie dort hinein? Ganz einfach, Sie beantragen eine Eintrittskarte. Wenn Ihre Aktie eine Namensaktie ist, dann erhalten Sie die Einladung und die weiteren Unterlagen von der Gesellschaft, von der Sie die Aktie besitzen. Ist Ihre Aktie eine Inhaberaktie, dann erhalten Sie die Einladung von der Bank, bei der Sie Ihr Depotkonto führen. Mit Ihrer Eintrittskarte erhalten Sie auch einen Block mit Stimmkarten. Hauptversammlungen finden pro Jahr mindestens einmal statt und werden rechtzeitig angekündigt. Zusätzliche, das heißt außerordentliche Hauptversammlungen, bilden die Ausnahme und werden meist nur dann einberufen, wenn irgendetwas nicht mehr so recht stimmt. Die Veranstaltung, die in vielen Fällen einem Event gleicht, beginnt immer mit dem Bericht des Vorstands. Nach den Worten des Aufsichtsrates schließt sich dann die lange Zeit der Aussprache an. Die Worte des Vorstands können Sie schon vorher im Geschäftsbericht lesen, sie bringen keine weitere Überraschung. So richtig interessant und prickelnd wird es aber bei den Fragen der Aktionäre und ihrer Organisationen, die sie vertreten. Dauergäste sind dabei auch die Vertreter von Fondsgesellschaften, denn sie verwalten eine große Anzahl von Aktien in den Fonds ihrer Kunden. Der Vorstand wartet oft mehrere Fragen ab und gibt dann eine zusammenfassende Antwort. Ein munterer Wechsel der Fragesteller oder Fragestellerinnen ist garantiert. Solche, die sich gerne

 Tipp:
Wenn Sie tatsächlich schon im Vorfeld Fragen haben, dann sollten Sie diese vorher anmelden. Sie erhalten dann eine Art Platzziffer zugeordnet und wissen, wann Ihr Auftritt in etwa erfolgt. Bei Hauptversammlungen großer Gesellschaften sind Sie jetzt sogar prominent im Internet oder im Fernsehen. So einfach werden Sie zum Superstar, ganz ohne Gesang und Modelgröße. Selbstverständlich können Sie das alles auch im Internet oder in gedruckter Form nachlesen, aber live ist alles viel interessanter.

selbst reden hören, haben hier nur geringe Chancen. Die Redezeit ist von vorneherein begrenzt, meist auf 10 bis 15 Minuten. Auf dem Rednerpult leuchten meist ein gelbes und dann ein rotes Signal. Dann wird es höchste Zeit zum Ende zu kommen. Das ist auch gut so, da sonst Hauptversammlungen zur Selbstdarstellung mancher Zeitgenossen und damit zu einer »Never-ending-Tour« würden.

> Tipp:
> Auf den Hauptversammlungen bekannter Gesellschaften ist immer sehr viel Betrieb. Kommen Sie rechtzeitig und vergessen Sie Ihren Personalausweis nicht. Den benötigen Sie zum persönlichen Nachweis (Legitimation), dass Sie es auch tatsächlich sind.

Selbstverständlich werden Sie auf Hauptversammlungen auch gut verpflegt. Bei großen Aktiengesellschaften gleicht dies oft einem kulinarischen Event, bei kleineren müssen Sie sich vielleicht mit einer Essens- und Getränkemarke zufrieden geben. Aber Sie sollten ja auch nicht wegen des Rinderbratens, Kuchens oder diverser Cappuccinos dorthin fahren, sondern weil Sie Miteigentümer oder Miteigentümerin dieses Unternehmens sind.

Was ist mit den Kosten, die Ihnen für die Anreise, für Parkgebühren und Ähnlichem entstehen? Eines steht fest, der Veranstalter gibt Ihnen nichts dazu. Durch die Steueränderungen im Jahre 2009 wurden die bis dahin möglichen Werbungskosten für Kapitalerträge vollständig abgeschafft. Werbungskosten gelten als Aufwendungen, die die Einkommensteuer senken. Da es keine Pauschale mehr für Werbungskosten gibt, können auch keine erhöhten Werbungskosten geltend gemacht werden. Das betrifft auch solche Aktien, die vor diesem Datum eworben wurden. Schade, denn die Besuche von Hauptversammlungen sind keine Lustveranstaltungen, sondern Rechtsansprüche der Aktionäre und Aktionärinnen laut Aktiengesetz[6].

---

6 Rechtsstand 2011

Aktie ist eben nicht gleich Aktie

Stellen Sie sich vor, Sie erhalten von Ihrer Bank einen Brief mit folgendem Textauszug:

> Die Gesellschaft hat beschlossen, zum 31.03.20.. die Inhaberaktien in nennwertlose (Stückaktien) Namensaktien umzuwandeln. Außerdem können Sie mit Ihren Stammaktien im Bezugsverhältnis 7:1 junge Aktien als Vorzugsaktien zeichnen. Die Vorzugsaktien sind mit einem Dividendenvorteil von 0,25 Euro je Aktie ausgestattet. Der Bezugspreis je Aktie beträgt 7,35 Euro ...«

Na, dann mal ran und nur nicht verzweifeln. Rufen Sie doch einfach bei Ihrer Bank an. Wenn Sie Glück haben, sind Sie schnell am Ziel. Wenn Sie kein Glück haben, was auch vorkommen kann, dann landen Sie in einer dieser unermüdlichen Warteschleifen mit Sonaten Alter Meister oder der Untergangsschmerz-Melodie aus dem Film *Titanic*. Zusätzlich werden Sie genervt von laufenden Hinweisen, wie »alle Mitarbeiter und Mitarbeiterinnen befinden sich gerade im Kundengespräch, der nächste freie Mitarbeiter oder die nächste freie Mitarbeiterin ist für Sie reserviert, wir sind jederzeit für Sie da«, und weiter geht es mit Klaviersonaten und Schmachtsongs. Also ist es doch besser, Sie wissen selbst etwas Bescheid und können auf dieses nervige Ritual verzichten. Begleiten Sie mich wieder einmal auf einem Rundgang. In diesem Fall entdecken wir die einfachen Zusammenhänge der Aktienarten, und das im Paarlauf.

Das Paar Nummer 1: Stammaktie und Vorzugsaktie

Eine Stammaktie verbrieft sämtliche Rechte des Aktiengesetzes. Das bedeutet für Sie, Sie haben alle sieben Rechte, die Sie soeben kennengelernt haben.

Was eine Vorzugsaktie ist, lässt sich schon am Wort ergründen, wenn man dieses zerlegt. Ein Gartenstuhl steht gewöhnlich im Garten, mit einer Schneeschaufel schaufelt man gewöhnlich Schnee und einem Golfschläger werden Sie hoffentlich nur Golf spielen und nicht Tennis. Also, handelt es sich bei einer Vorzugsaktie vermutlich um eine Aktie mit einem Vorzug. Fragt sich nur, gegenüber welcher anderen Aktie hat sie diesen Vorzug und welchen Vorzug genießt sie? Nachdem sie innerhalb dieser Paarung genannt ist, hat sie einen Vorzug gegenüber der Stammaktie, so einfach ist das. Ein Vorzug kann sich nur durch einen Vorteil bei irgendeinem Recht ergeben. Welchen Vorzug würden Sie sich als Aktionär/in wünschen oder welcher Vorzug würde Sie am meisten interessieren? Vermutlich die Dividende. Dafür müssen Sie aber auf ein anderes Recht verzichten, das ist der Preis des Tausches. Sie müssen sich leider damit abfinden, dass Sie dafür Ihr Stimmrecht bei der Hauptversammlung verlieren. Wenn Sie aber ohnehin nicht auf der Hauptversammlung abstimmen und Ihr Stimmrecht auch nicht übertragen wollen, dann sind Vorzugsaktien für Sie genau das Richtige. Sie erhalten für Ihren Verzicht auf Ihr Stimmrecht eine erhöhte Dividende. Sie haben sogar ein Recht auf eine Mindestdividende (Garantiedividende), wenn die Gewinnsituation der AG ausreichend ist. Sie werden also vor den Stammaktionären bedient. Sollte im aktuellen Jahr keine Dividendenausschüttung möglich sein, verschiebt sich Ihr Anspruch auf das nächste Jahr. Sollte Sie auch im nächsten Jahr leer ausgehen, dann erhalten Sie Ihr Stimmrecht zurück, bis eine Dividendenzahlung erfolgen kann. In den Kurstabellen erkennen Sie Vorzugsaktien durch das Kürzel »Vz« bei der entsprechenden Aktie. Aktiengesellschaften, die Vorzugsaktien ausgeben, haben in der Regel auch Stammaktien ausgegeben. Wie, Sie meinen, Sie wären jetzt Aktionär zweiter Klasse und dürften nicht mehr auf die Hauptversammlung? Nein, nein, das ist nicht der Fall. Eine Einladung zu diesem zauberhaften Event erhalten Sie trotzdem. Wäre ja noch schöner, wenn Sie als Miteigentümer oder Miteigentümerin an dieser Unternehmung von der Teilnahme ausgeschlossen wären. Wundern Sie sich nicht, dass Vorzugsaktien einen meist geringeren Kurs haben als Stammaktien. Das hängt damit zusammen, da Großinvestoren überwiegend Stammaktien erwerben, da sie am Stimmrecht interessiert sind – und die Nachfrage bestimmt eben den Preis, also hier den Kurs.

Das Paar Nummer 2: Inhaberaktie und Namensaktie

Inhaberaktien sind, wie schon der Name vermuten lässt, Inhaberpapiere. Urkunden dieser Art überträgt man durch formlose Einigung und Übergabe. Das ist auch gut so, denn wenn Aktien an der

Börse gehandelt werden sollen, dann müssen sie formlos übertragen werden können. Die Übertragung veranlasst Ihre Bank bei der Sie Ihr Depotkonto führen durch Umbuchung in Verbindung mit einem speziellen Dienstleistungsunternehmen[7]. Wie sollte das auch anders funktionieren? Wenn Sie zum Beispiel Aktien der Solar AG über Ihre Bank an der Börse kaufen wollen, dann erhalten Sie diese nur, wenn eine andere Person Aktien der Solar AG zu diesem Zeitpunkt genau an dieser Börse verkaufen möchte. Weder Sie kennen Ihr Gegenüber, noch er oder sie kennt Sie oder will Sie kennen lernen. Also nichts für Facebook. Zumindest nicht unter diesen Umständen. Börsen sind keine Partnervermittlungen. Also, Sie bleiben völlig anonym. Auch die jeweilige Aktiengesellschaft kennt die Namen der Aktionäre nicht. Die Einladung zur Hauptversammlung und Mitteilungen der Gesellschaft erhalten Sie in diesem Fall von Ihrer Bank.

> In Frankreich heißt die Aktiengesellschaft deshalb auch Société anonym. Eine Aktiengesellschaft mit dem Sitz in Frankreich trägt daher auch nicht den Zusatz AG, wie in Deutschland, sondern S. A. Das französische Wort »anonym« drückt diesen Zustand sehr deutlich aus. Es handelt sich bei den Aktionären und Aktionärinnen um eine völlig anonyme Masse, keiner kennt den anderen.

Namensaktien sind dagegen etwas ganz anderes, nämlich Orderpapiere. Diese Urkundenart ist aber nur durch Einigung, Übertragungsvermerk und Übergabe übertragbar. Den Übertragungsvermerk bezeichnet man als Indossament. Nun, aber wie soll das alles funktionieren? Keiner kennt den anderen und wer soll den Übertragungsvermerk anbringen? Im Wertpapiergeschäft eine scheinbar unlösbare Aufgabe, gäbe es nicht einen kleinen Trick. Nun, mit Zauberei hat das aber wieder einmal nichts zu tun. Vielmehr nutzt man die rechtliche Möglichkeit einer Blankoabtretung. Bei einer Abtretung tritt man Rechte an eine andere Person ab. Eine normale Abtretungserklärung enthält immer den Namen der Person, auf die die Rechte übergehen sollen. Das würde wieder nicht funktionieren, da Sie als Verkäuferin einer Aktie den Käufer Ihrer Aktien nicht kennen und Ihre Bank kennt sie oder ihn auch nicht. Er oder sie ist nur bei der Bank namentlich bekannt, welche das Depotkonto führt. Also kön-

---

[7] Dieses Unternehmen heißt Clearstream Banking AG.

nen nicht Sie und auch nicht Ihre Bank einen Namen einsetzen. Hilfe bringt das Wort »blanko«. Blanko heißt zunächst übersetzt weiß. Ein künstlicher Begriff, der mit einer Farbe aber nichts zu tun hat, sondern mit einem Feld, das keinen Eintrag enthält, das also frei bleibt. Jetzt ist alles gerettet. Der Name des Käufers wird also nicht eingesetzt. Wenn dieser seine Aktie wieder verkauft, wird wieder kein Name eingesetzt und so weiter. Da man aber ohnehin nirgendwo einen Namen einsetzen kann, da Aktien nur umgebucht und nicht als tatsächliche (effektive) Stücke weitergegeben werden, müssen Sie bei der Eröffnung eines Depotkontos diese Blankoabtretungserklärung unterschreiben. Ja, Sie haben richtig gelesen, Sie müssen. Natürlich könnten Sie sagen, nein, das mache ich nicht, ich will einen Namen einsetzen. Schließlich will ich ja wissen, wer meine schönen Aktien kauft. Na ja, das wird nicht nur schwer, sondern unmöglich werden. Aber eines steht fest, Ihre Bank wird das Depotkonto nicht eröffnen können und Sie selbst können an den Börsen nicht handeln. Es geht eben nicht anders, damit müssen Sie sich abfinden.

Antworten auf einige oft gestellte Fragen

Warum überhaupt Namensaktien?

Diese Frage ist völlig berechtigt. Vor allem, wenn man sich ansieht, wie kompliziert das auf dem ersten Blick aussieht. Warum nicht lauter unproblematische Inhaberaktien? Nun, die Inhaberaktie war in etwa bis zum Jahrtausendwechsel die in Deutschland verbreitete Aktienart. Zu dieser Zeit wagten viele deutsche Unternehmen den Sprung »über den großen Teich« an die New Yorker Börse in der berühmten Wall Street. In nahezu allen anderen Ländern der Erde kannte man nur die Namensaktie, auch in den meisten europäischen Staaten. Damit war klar, dass diese Unternehmen ihre Inhaberaktien auf Namensaktien umstellen mussten, ob sie es nun gut fanden oder nicht. Heute sind ein großer Teil der in Deutschland an den Börsen notierten Aktien Namensaktien. Für Sie als Aktionär oder als Aktionärin weder ein Vorteil, noch ein Nachteil.

Wie erkennen Sie, ob es sich um Namensaktien handelt?

Diese Aktien werden mit meist dem Hinweis »NA« für Namensaktie gekennzeichnet.

Welche Bedeutung hat eine Namensaktie für Sie als Aktionär?

Wie schon gesagt, eigentlich keine. Sie werden aber jetzt mit Ihrem Namen im Aktienregister der jeweiligen Aktiengesellschaft geführt. Die Namen der neuen Aktionäre und die, welche ihre Aktien verkauft haben, meldet die Depot führende

Bank in gewissen Abständen an die betreffende Aktiengesellschaft. Dort ist man also mit einer kleinen Verzögerung immer darüber informiert, wer alles Aktien dieser Gesellschaft besitzt. Nennen wir es beim Namen. Die Solar AG weiß zum Beispiel am 15. Dezember des laufenden Jahres genau Bescheid, wer Aktionär oder Aktionärin ist und wie viele Aktien diese Personen besitzen. Der Vorstand der Gesellschaft kennt also diese Zusammensetzung. Man bezeichnet das als Aktionärsstruktur. Bekannt ist außerdem die Postanschrift der Aktionäre und Aktionärinnen. Wenn Sie also auch zu diesem Kreis gehören sollten, erhalten Sie die Einladung zur Hauptversammlung und die Stimmkarten, wenn Sie welche anfordern, direkt von der Gesellschaft. Ihre Depot führende Bank hat damit nichts mehr zu tun.

☞ *Achtung:*
Ihr Ansprechpartner für diese Informationen ist jetzt das Unternehmen, an dem Sie beteiligt sind. Ihre Käufe und Verkäufe von Aktien tätigen Sie aber natürlich weiterhin über Ihre Bank.

Die vinkulierte Namensaktie – ein Sonderling

Diese Aktie tanzt tatsächlich aus der Reihe. »Vinkulieren« heißt übersetzt binden. Was soll nun bei einer Aktie gebunden werden? Ganz einfach, wenn dem Vorstand einer Aktiengesellschaft Inhaberaktien ohnehin »zu locker« erscheinen und bei Namensaktien wohl die Namen aller Aktionäre bekannt sind, er aber die Aktionärszusammensetzung nicht beeinflussen kann, wird er sich vielleicht für eine Vinkulierung entscheiden. Die Folge ist, dass man Aktien dieser Art nur mit der Zustimmung des Vorstandes verkaufen kann. Sie könnten jetzt sagen, was soll das? Sie haben ja Recht, wenn Sie als Privatanleger vielleicht hundert, vielleicht fünfhundert oder vielleicht auch tausend Aktien besitzen, dann ist das kein Problem. Wenn aber Großaktionäre, das sind meist sogenannte institutionelle Anleger, riesige Aktienpakete besitzen, kann es schon sein, dass der Vorstand daran interessiert ist, dass solche Pakete nicht an einen Anleger verkauft werden, den man einfach nicht haben möchte. Solche ungeliebten Anleger könnten Konkurrenzunternehmen sein oder Unternehmen, die durch ein großes Aktienpaket ein Mitspracherecht in diesem Unternehmen erwerben möchten. Bedenken Sie immer, Aktionäre sind Miteigentümer des Unternehmens und bestimmen auf der Hauptversammlung. Zum Glück kommen diese Aktien nur selten vor, aber es gibt sie. Wenn Sie jetzt meinen sollten, diese Aktien können doch niemals an der Börse gehandelt werden, liegen Sie daneben. Es ist und bleibt eine Namensaktie, also müssen Sie wieder die berühmte Blankoabtretungserklärung unterschreiben. Zusätzlich muss aber die Gesellschaft den Handel genehmigen. Sie kann dies dauerhaft oder von Fall zu Fall tun. Sie können beruhigt sein, es gibt sie kaum, diese Sonderlinge. In den Kursblättern erkennen Sie diese Aktienart durch den Zusatz »vNA«.

> ☞ *Achtung:*
> Wenn Sie sich zum Beispiel zum Kauf von Aktien der Lufthansa AG, der Allianz SE[8] oder der Münchner Rückversicherung AG entscheiden, dann haben Sie genau diese Aktienart in Ihrem Depot. Doch keine Angst, Sie können die Aktien auch wieder verkaufen, da diese Gesellschaften im Normalfall den Verkauf nicht beschränken werden. Warum sie solche Aktien ausgeben müssen, ist in diesen Fällen in den gesetzlichen Vorschriften[9] für diese Branchen begründet.

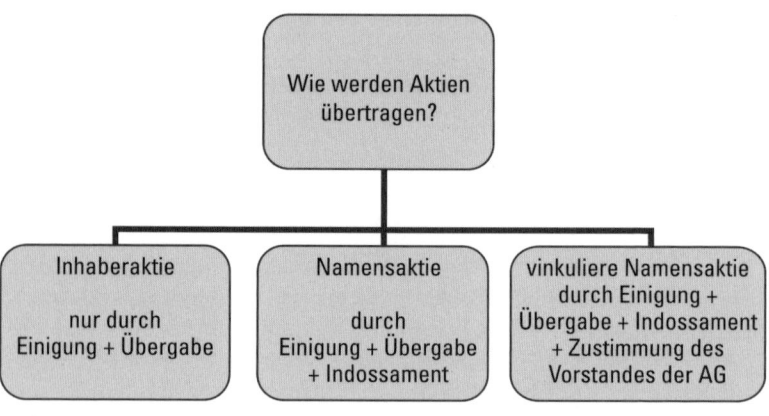

8   SE ist die Abkürzung für Societas Europaea. Dabei handelt es sich um die Europäische Aktiengesellschaft, deren Gründung seit dem 08.10.2004 möglich ist. Mehrere deutsche Aktiengesellschaften haben in den letzten Jahren umgegründet und führen statt AG jetzt die Bezeichnung SE.
9   Bei der Lufthansa ist das die Vorschrift zur Luftverkehrsbetriebsgenehmigung.

Das Paar Nummer 3: Nennwertaktie und Stückaktie

Eine Nennwertaktie weist ausdrücklich einen Nennwert aus. Nennwert ist der Anteil, den eine Aktie am gesamten Grundkapital einer Aktiengesellschaft hat. Das Grundkapital ist somit die Summe der Nennwerte aller ausgegebenen Aktien. Nach dem deutschen Aktiengesetz muss jede Aktie mit einem Nennwert von mindestens einem Euro ausgestattet sein.

Stückaktien sind mit keinem Nennwert ausgestattet. Trotzdem verkörpern sie einen entsprechenden Anteil am Grundkapital der Aktiengesellschaft.

Antworten auf oft gestellte Fragen:

Warum überhaupt diese Zweiteilung?

Aktien mit einem Nennwert waren in etwa bis Anfang 2000 die in Deutschland verbreitete Aktie dieser Paarung. Wie bei der Inhaber- und Namensaktie war der Sprung deutscher Aktiengesellschaften an die Börse in New York ausschlaggebend. Dieser Sprung über den großen Teich war aus der Sicht global agierender Unternehmen notwendig, um sich den Zugang zu den internationalen Finanzmärkten zu sichern. Die Nennwertaktie war international unbekannt. In den USA gilt die Aussage »one share, one vote«, was so viel bedeutet wie »eine Aktie, eine Stimme bei der Hauptversammlung«. Für Sie als Aktionär oder als Aktionärin weder ein Vorteil, noch ein Nachteil.

Wie erkennen Sie, ob es sich um Nennwert- oder Stückaktien handelt?

Auf den Kursblättern erkennen Sie das nicht, da kein Zusatz angebracht ist. Sie können es aber herausfinden, indem Sie in den zahlreichen Finanzportalen im Internet die entsprechende Aktie aufrufen und sich zu den Stammdaten der Aktie vorklicken. Dort ist dann für Stückaktien meist »o.N.« oder »nennwertlose Stückaktie« angegeben. Die Abkürzung »o.N.« bedeutet »ohne Nennwert«. Ist kein Hinweis vorhanden, handelt es sich im Normalfall um eine Nennwertaktie.

Welche Bedeutung hat das für Sie als Aktionär oder Aktionärin?

Zu Ihrer Beruhigung, es ist völlig bedeutungslos. Lehnen Sie sich also zurück und freuen Sie sich über Kursgewinne oder schöne Dividendenzahlungen, egal, ob mit oder ohne Nennwert.

Zu Ihrer Aufklärung und Beruhigung aber trotzdem eine kleine Darstellung, wie das Ganze funktioniert. Sie werden erkennen, dass die Wege unterschiedlich, das Ergebnis jedoch dasselbe ist.

Gehen wir von folgender Annahme mit einfachen Zahlen aus und wandern gemeinsam durch den Zaubergarten der kleinen Aktienmathematik.

Nennwertaktie	Stückaktie
Wir nehmen an, die Aktie ist gemäß der Satzung der Gesellschaft mit einem Nennwert von 2 Euro je Aktie ausgestattet und es wurden insgesamt 50 Millionen Aktien ausgegeben.	Wir gehen vom einem Grundkapital von 100 Millionen Euro aus, für das 50 Millionen Stück Aktien ausgegeben wurden.
Sie müssen jetzt nur die Anzahl der Aktien mit dem Nennwert je Aktie multiplizieren, um das Grundkapital zu erhalten.	Sie müssen jetzt nur das Grundkapital durch die Anzahl der Aktien dividieren und Sie erhalten einen Wert, der dem Nennwert entspricht.
2 Euro × 50 Mio. Euro = 100 Mio. Euro	$\frac{100 \text{ Millionen Euro}}{50 \text{ Millionen Aktien}} = 2$ Euro
	Diesen sich hier ergebenden Wert, in diesem Fall von 2 Euro, bezeichnet man nicht als Nennwert, da diese Aktienart keinen direkten Nennwert aufweist. Stattdessen spricht man von einem rechnerischen Nennwert, der aber dem tatsächlichen Nennwert entspricht.

Na also, so schlimm war es doch gar nicht. Und jetzt verstehen Sie auch die vorher vielleicht unverständlichen Sätze in dem Brief der Aktiengesellschaft. Fragen können Sie Ihren Berater oder Ihre Beraterin immer noch, wenn Sie es für notwendig halten.

Wenn Aktien Nachwuchs bekommen – junge Aktien

Was soll eine Aktiengesellschaft machen, wenn sie frisches Eigenkapital benötigt? Eigenkapital kommt nur von Gesellschaftern und das ist hier eben die Aktionärsgemeinschaft. Also versucht die Gesellschaft neue Aktien anzubieten und diese neuen heißen in der Fachsprache auch junge Aktien. Da Sie bereits Aktien dieser Gesellschaft besitzen, haben Sie ja bekanntlich ein gesetzliches Bezugsrecht. Übrigens, Sie sind ein sogenannter Altaktionär, auch wenn Sie erst 35 Jahre alt sein sollten. Gilt natürlich auch für Aktionärinnen. So grausam ist eben die Finanzszene. Aber machen Sie sich nichts daraus, in diesem Fall ist Alter ein klarer Vorteil. Also, aufgrund Ihres Bezugsrechts muss Ihnen die Gesellschaft diese jungen Aktien auch zuerst anbieten. Damit diese neuen Aktien auch wirklich reibungslos unterkommen, wird man sie zum einem Vorzugspreis anbieten. Nun müssen wir nur die Frage klären, wie viele junge Aktien können Sie für Ihre alten Aktien beziehen? Diese Antwort darauf gibt das Bezugsverhältnis. Das ergibt sich aus dem Verhältnis des bisherigen Grundkapitals der Gesellschaft zur geplanten Erhöhung.

Wir schauen uns das am folgenden Beispiel an:
Bisheriges Grundkapital: 100 Millionen Euro
Geplante Erhöhung: 20 Millionen Euro

$$\frac{100 \text{ Millionen Euro}}{20 \text{ Millionen Aktien}} = 100 : 20 \text{ oder } 5 : 1 \text{ Euro}$$

Das Bezugsverhältnis ist in diesem Fall 5 : 1.

Das bedeutet, dass Sie fünf alte Aktien benötigen, um eine junge Aktie zu beziehen. Sie haben also fünf Bezugsrechte, da jede Aktie ein Bezugsrecht verbrieft.

> ☞ *Achtung:*
> Ein Bezugsrecht ist keine junge Aktie.

Nehmen wir mal an, der Börsenkurs der alten Aktien beträgt 16 Euro und die jungen Aktien werden zu 10 Euro angeboten. Spielen wir verschiedene Szenarien im Folgenden mal durch:

Sie wollen Ihr Bezugsrecht ausüben

Sie sind also wild entschlossen, dieses Vorzugsangebot anzunehmen. Gehen wir aus Gründen der einfachen Darstellung davon aus, Sie haben nur fünf Aktien dieser Gesellschaft in Ihrem Depot. Dann haben Sie genau fünf Bezugsrechte. Geht also wunderbar auf und Sie beziehen eine junge Aktie zu 10 Euro. Wenn Sie jetzt zusammenzählen, dann haben Sie insgesamt fünf alte Aktien und eine junge Aktie, macht insgesamt sechs Aktien dieser Gesellschaft in Ihrem Depot. Diese jungen Aktien werden bis zum Ende der Bezugsfrist als eigene

Aktien gehandelt. Danach werden sie aber mit den alten Aktien zu einer Art Großfamilie zusammengemischt. So schnell geht das bei Aktien, aus jung wird ganz schnell alt. Dass diese ehemals jungen Aktien mit ihrem damaligen Vorzugskurs nicht so viel wert sein können wie die ehemals alten Aktien, ist natürlich klar. Also wird sich aus dieser Mischung »Jung und Alt« ein neuer Kurs an der Börse ergeben. Diesen Kurs kann man zunächst rein rechnerisch ganz einfach feststellen und das geht so:

Sie haben in Ihrem Depot

5 alte Aktien zu einem Kurs von 16 Euro = 80 Euro

+ 1 junge Aktie zu einem Kurs von 10 Euro = 10 Euro

6 Aktien mit einem Gesamtwert von 90 Euro

Wenn Sie jetzt den Wert für eine Aktie ausrechnen wollen, brauchen Sie nur den Wert des gesamten Depots durch die Gesamtanzahl der Aktien zu teilen.

90 Euro : 6 Aktien = 15 Euro je Aktie

> ☞ *Achtung:*
> Diesen Wert bezeichnet man als rechnerischen Kurs, der wahre Kurs wird sich anschließend an den Börsen ergeben. Die Entwicklung wird jedoch in etwa von diesem rechnerischen Kurs ausgehen und nicht vom ehemaligen Kurs der alten Aktien, der 16 Euro betrug.

Der Unterschied vom Kurs der ehemals alten Aktie zum neuen Kurs der Aktien beträgt also 1 Euro. Man bezeichnet diesen Unterschiedsbetrag als Wert des Bezugsrechts.

Alter Kurs der Aktie – neuer Kurs der Aktie = Wert eines Bezugsrechts

16 Euro – 15 Euro = 1 Euro

Wenn Sie jetzt sagen würden, ach, meine Aktien sind ja jetzt weniger wert, dann stimmt das für die einzelne Aktie schon. Insgesamt haben Sie aber den Vorteil, dass Sie jetzt eine Aktie mehr besitzen, die genau diesen Rückgang wieder ausgleicht. Bei einem Kursanstieg können Sie dann zusätzlich Gewinne ernten.

Sie verzichten auf Ihr Bezugsrecht

Sie wollen also keine jungen Aktien. Na schön, es ist Ihre Entscheidung, aber kein Problem. Es heißt ja auch Bezugs»recht« und nicht Bezugs»pflicht«. Also verzichten Sie eben darauf. Sie können wählen. Entweder Sie machen gar nichts oder Sie informieren Ihre Bank. Ihre Bank wird dann versuchen, Ihre Bezugsrechte an der Börse zu verkaufen. Wenn Sie jetzt befürchten, dass Sie benachteiligt sein könnten, da ja Ihre Aktien nicht mehr 16 Euro wert sein werden, sondern nur noch 15 Euro, dann war Ihre Angst umsonst.

Zum Beweis dieser Aussage schnüren Sie wieder Ihre Wanderschuhe und spazieren Sie mit durch den Zaubergarten der kleinen Aktien-Mathematik:

Ihre 5 alten Aktien zu einem Kurs von 16 Euro je Aktie hatten vorher einen Wert von = 80 Euro.

Nach Abschluss der Bezugsfrist beträgt der Kurs 15 Euro je Aktie. Das ergibt für Ihre 5 Aktien einen Wert von insgesamt 75 Euro.

☹ Sie haben also zunächst einen Verlust von 5 Euro.

Durch den Verkauf Ihrer 5 Bezugsrechte erlösen Sie aber insgesamt 5 Euro.

☺ Dieser Erlös aus dem Verkauf der Bezugsrechte gleicht Ihren Kursverlust wieder aus und der ehemalige Gesamtwert von 80 Euro ist wieder hergestellt.

Neuer Kurswert der Aktien = 75 Euro
+ Verkaufserlös der Bezugsrechte = 5 Euro
Ergibt den ehemaligen Gesamtwert der Aktienanlage = 80 Euro

Die Rechnung geht meist nicht genau auf

Was ist, wenn Sie nicht genau die Anzahl alter Aktien besitzen, um das Bezugsrecht vollständig auszunutzen? Das kann natürlich sein. Es wäre ohnehin ein kleines Wunder, wenn Sie immer genau die Anzahl von Aktien in Ihrem Depot liegen hätten, die genau dem Bezugsverhältnis entspricht. In der Wirklichkeit wird es oft so sein, dass Sie etwas zu wenig oder etwas mehr davon haben. Aber, wie immer kein Problem. Haben Sie zu wenig, dann müssen Sie etwas dazu kaufen, haben Sie zu viel, dann verkaufen Sie eben etwas davon. Fragt sich nur, was Sie kaufen oder verkaufen sollen? Na, Aktien natürlich, könnten Sie sagen. Liegt auch nahe, diese Vermutung. Sie ist aber leider nicht richtig. Das klingt freundlicher als falsch, ist aber dasselbe. Also bleiben wir dabei, es ist falsch, denn Aktien müssen Sie nicht kaufen. Sie benötigen nur Bezugsrechte und ebenso verkaufen Sie keine überflüssigen Aktien, sondern Bezugsrechte. Klingt vielleicht merkwürdig, ist aber logisch, wie Sie gleich sehen werden. Sie haben soeben gesehen, Sie haben für fünf alte Aktien ein Bezugsrecht. Dieses Bezugsrecht hat einen Wert. Und dieser Wert ergibt sich wieder einmal rein rechnerisch dadurch, indem Sie den neuen Kurs der Aktie vom alten Kurs der Aktie abziehen.

Nehmen wir an, Sie besitzen genau sieben Aktien, wollen aber mehr.

Für fünf alte Aktien können Sie sofort eine junge Aktien beziehen. Nehmen wir aber an, Sie wollen zwei junge Aktien beziehen. Dann fehlen Ihnen genau drei alte Aktien zu Ihrem Glück. Also kaufen Sie einfach drei Bezugsrechte dazu und schon können Sie die zweite junge Aktie in Ihre Arme nehmen. Sie bezahlen dafür 3 × 1 Euro = 3 Euro.

Und jetzt wandern wir wieder einmal gemeinsam durch den Zaubergarten der Aktien-Mathematik:

Ihre sieben alten Aktien zu einem Kurs von 16 Euro je Aktie hatten vorher einen Wert von = 112 Euro

Nach Abschluss der Bezugsfrist beträgt der Kurs 15 Euro je Aktie. Das ergibt für Ihre sieben Aktien einen Wert von = 105 Euro

Dazu kommen Ihre zwei jungen Aktien = 30 Euro

Ergibt zunächst zusammen einen neuen Depotwert für neun Aktien von = 135 Euro

Soviel haben Sie dafür bezahlt:

Bezugskurs für zwei junge Aktien = 20 Euro

+ Preis für drei Bezugsrechte = 3 Euro

Ergibt zusammen = 23 Euro

Wenn Sie den Aufwand von 23 Euro zu dem alten Wert des Depots in Höhe von 112 Euro addieren, erhalten Sie genau den neuen Wert des Depots in Höhe von 135 Euro. Wenn Sie diesen durch die neue Anzahl von Aktien dividieren, dann erhalten Sie den neuen rechnerischen Kurs der Aktien, nämlich 15 Euro.

Sie haben jetzt sogar zwei Aktien mehr und damit einen zusätzlichen Anspruch bei Dividendenzahlungen.

Also, freuen Sie sich doch, dass Sie neue Aktien so günstig erwerben konnten.

Sie besitzen genau sieben Aktien, sind aber bescheiden und begnügen sich mit weniger.

Nehmen wir einfach an, Sie begnügen sich mit der direkt zu beziehenden möglichen Anzahl von jungen Aktien. Sie wissen ja schon, fünf alte Aktien brauchen Sie für eine junge. Jetzt haben Sie natürlich etwas übrig. Übrig haben Sie aber wieder keine Aktien, sondern Bezugsrechte. Nachdem Sie diese zwei Bezugsrechte nicht benötigen, verkaufen Sie diese eben. Sie erhalten dafür 2 Euro (2 × 1 Euro).

Nun folgt die letzte Etappe unseres Aktien-Jakobsweges, Sie sind ja bereits gut im Training.

Ihre sieben alten Aktien zu einem Kurs von 16 Euro je Aktie hatten vorher einen Wert von = 112 Euro
Nach Abschluss der Bezugsfrist beträgt der Kurs 15 Euro je Aktie.

Das ergibt für Ihre sieben Aktien einen Wert von = 105 Euro
Dazu kommet Ihre eine junge Aktie = 15 Euro
Ergibt zunächst zusammen einen neuen Depotwert für acht Aktien von = 120 Euro
Dafür haben Sie bezahlt:
Bezugskurs für eine junge Aktie = 10 Euro
– Erlös aus dem Verkauf der zwei Bezugsrechte = 2 Euro
Ergibt einen Aufwand von = 8 Euro

Wenn Sie den Aufwand von 8 Euro zu dem alten Wert des Depots in Höhe von 112 Euro addieren, erhalten Sie genau den neuen Wert des Depots in Höhe von 120 Euro. Wenn Sie diesen durch die neue Anzahl von Aktien (7+1) dividieren, dann erhalten Sie genau den neuen rechnerischen Kurs der Aktien, nämlich 15 Euro.

Sie haben jetzt eine Aktie mehr und damit einen zusätzlichen Anspruch bei Dividendenzahlungen.

> ☞ *Achtung:*
> Eine kleine Unsicherheit bleibt natürlich bei dieser ganzen Rechnung schon, nämlich die Frage, zu welchem Kurs die Bezugsrechte tatsächlich an der Börse gehandelt werden. Liegt der Börsenkurs unter diesem rechnerischen und doch etwas theoretischen Wert, dann kaufen Sie günstig dazu, liegt er aber höher, müssen Sie mehr dafür bezahlen. Im Falle des Verkaufs ist es umgekehrt. Liegt der Börsenkurs höher, können Sie sich freuen, liegt er aber darunter«, zahlen Sie leider etwas drauf. Doch damit müssen Sie leben, die Börse ist eben kein unbeweglicher Betonklotz, sondern ein äußerst aktiver Vulkan. Seine Ausbrüche überraschen oftmals sogar hartgesottene Finanzprofis.

Bezugsrechte kaufen oder verkaufen Sie an der Börse

Bezugsrechte sind in der Tat Wertpapiere und werden daher auch an den Börsen gehandelt. Daher haben sie nicht nur den rechnerischen Wert, sondern einen tatsächlichen Kurs. Dieser Kurs ergibt sich durch Angebot und Nachfrage. Das heißt, er kann durchaus etwas höher oder niedriger als der rechnerische Wert ausfallen. Wie hoch die Abweichung ist, das weiß niemand so genau. Die Erfahrung zeigt aber, dass die Differenzen nicht sehr groß sind. Wenn Sie Ihre Bezugsrechte nicht ausnutzen und sich nicht bei Ihrer Bank melden, dann verkauft Ihre Bank die Bezugsrechte automatisch kurz vor Ende der Bezugsfrist zum günstigsten Kurs dieses Handelstages. Sie erhalten anschließend die Gutschrift auf Ihrem Girokonto, wenn der Verkauf auch tatsächlich stattfinden konnte.

Dividende auch für junge Aktien?

Na klar, diese Frage muss ja kommen. Zunächst einmal haben Sie auf jeden Fall auch für die jungen Aktien eine Dividendenberechtigung laut Aktiengesetz. Ob Sie die Gesellschaft für Ihre jungen Aktien aber bereits im ersten Jahr mit der vollen Dividende der alten Aktien beglückt oder leichte Abstriche macht, das hängt von den Bedingungen ab, zu denen die jungen Aktien ausgegeben werden. Meist ist es jedoch so, dass Sie dieselbe Dividende dafür erhalten.

> *Tipp:*
> Lesen Sie deshalb genau die Bedingungen, zu denen junge Aktien angeboten werden. Wichtig sind auf jeden Fall das Bezugsverhältnis und die Dividendenberechtigung.

Belegschaftsaktie – ein Glücksfall für Beschäftigte

Gehören Sie auch zu den Glücklichen, die von ihrem Unternehmen von Zeit zu Zeit Aktien beziehen können? Wenn das der Fall ist, dann sind Sie tatsächlich ein Glückskind. Nein, sagen Sie nicht, die Aktien könnte ich auch über meine Bank an der Börse kaufen, denn damit liegen Sie falsch. Unternehmen geben diese Aktien zu einem Vorzugspreis aus, der meist deutlich unter dem aktuellen Börsenkurs liegt. Außerdem erhalten Sie diese Aktien ohne Gebühren. Es handelt sich um junge, also neue Aktien, für die Altaktionäre jedoch kein Bezugsrecht haben. Das Bezugsrecht ist in diesem Fall durch einen Beschluss der Hauptversammlung ausgeschlossen. Vorstände verfolgen damit das Ziel, Mitarbeiter und Mitarbeiterinnen am Unternehmenserfolg stärker zu beteiligen und dadurch eine höhere Identifikation mit dem Unternehmen herbeizuführen. Also, Sie erwerben diese Aktien gewissermaßen mit einem Rabatt, wenn es auch nicht so heißt. Der einzige Wermutstropfen dabei ist, dass diese Aktien meist mit einer Verkaufssperre von sieben Jahren verbunden sind. Ihre Depot führende Bank muss diese Sperre genau beachten. Sie müssen also in diesem Fall sieben Jahre warten, bevor Sie diese Aktien verkaufen können. Das ist natürlich die große Unbekannte bei diesem Spiel. Steigt der Kurs bis dahin an und sinkt im siebten Jahr wieder, haben Sie Pech gehabt. Fällt er aber und steigt am Ende an, können Sie sich freuen. Nachdem keiner weiß, was in sieben Jahren wirklich sein wird, aber dafür brauchen Sie sich während dieser Zeit auch nicht aufzuregen. Also, warten Sie einfach in aller Ruhe ab, trinken Sie den berühmten Tee und freuen Sie sich während dieser Zeit über die hoffentlich fließenden Dividenden. Wenn Ihnen diese Sperre nicht gefällt, lassen Sie es, Sie müssen diese Aktien ja nicht kaufen.

> *Tipp:*
> Klagen Sie nicht, wenn am Ende der Sperrfrist der Kurs eher ungünstig ist. Einen Verlust erleiden Sie erst, wenn der Kurs unter dem Kaufpreis liegt und wenn Sie die Aktien verkaufen müssen. Da Sie diese Aktien aber erheblich günstiger bekommen als normale Aktionäre, haben Sie ja immer einen gewissen Puffer, der einige Kursrückgänge auffängt.

Gratisaktie, klingt nach mehr – Berichtigungsaktie, klingt nach weniger

Sie kennen diese Rechnung »6+1« sicher aus dem Einzelhandel. Sie bezahlen sechs Flaschen Wein und erhalten eine siebte gratis dazu. Stimmt für den Handel, ist aber nicht so bei Aktien. Sie haben sich zu früh gefreut. Sie bekommen zwar etwas dazu, am Ende haben Sie aber doch nicht mehr. Was soll denn das wieder, werden Sie jetzt sagen, bestimmt wieder so ein Zaubertrick aus der magischen Finanzkiste. Nein, das ist es nicht. Daher ersetzt man diesen Begriff besser durch die bessere Bezeichnung Berichtigungsaktie. Wozu also das ganze Theater? Es ist ganz einfach. Eine Aktiengesellschaft hat ein Grundkapital, das nur durch einen Beschluss der Hauptversammlung verändert werden kann. Wie Sie schon wissen, ist das Grundkapital die Summe aller Nennwerte der ausgegebenen Aktien. Nun hat eine Aktie aber einen Preis, wenn sie ausgegeben wird. Man bezeichnet ihn als Ausgabekurs. Dieser ist immer höher als der Nennwert. Der Unterschiedsbetrag zwischen Ausgabekurs und Nennwert fließt in die Rücklagen und zählt auch zum Eigenkapital des Unternehmens. Zusätzlich fließen aber auch Gewinne, die nicht für Dividenden ausgeschüttet wurden, in die Rücklagen. So wird es sich bei gutem Geschäftsverlauf ergeben, dass die Rücklagen ständig zunehmen, wenn der Rest nicht völlig für Investitionen verwendet werden soll. Um dieses Missverhältnis zwischen Grundkapital und Rücklagen nicht zu groß werden zu lassen, verringert man die Rücklagen und erhöht genau um diesen Betrag das Grundkapital. Das Kapital bleibt also im Unternehmen, es wird nicht für Käufe, zum Beispiel von Maschinen, ausgegeben. Durch das steigende Grundkapital verändert sich jetzt aber der Nennwert der einzelnen

Aktie. Warum? Ganz einfach, weil sich das Grundkapital erhöht, die Anzahl der Aktien aber zunächst gleich bleibt. Um das Gleichgewicht wieder herzustellen, erhalten Sie als Aktionär zum Ausgleich zusätzliche Aktien. Der Kurs der einzelnen Aktie sinkt zwar dadurch, da Sie aber jetzt mehr Aktien besitzen, ändert sich an dem Wert Ihres Depots nichts.

Sie haben sogar den Vorteil, dass Sie jetzt mehr Aktien besitzen und dafür zusätzlich Dividende erhalten. Das Ganze ist im Prinzip eine bilanztechnische Kosmetik, die aber Niemandem schadet – und das ist entscheidend.

Nach allem, was Sie jetzt erfahren haben, sind folgende Kombinationen von Aktienarten möglich:

Inhaberaktie	mit Nennwert	als Stammaktie
Inhaberaktie	ohne Nennwert als Stückaktie	als Stammaktie
Inhaberaktie	mit Nennwert	als Vorzugsaktie
Inhaberaktie	ohne Nennwert als Stückaktie	als Vorzugsaktie
Namensaktie	mit Nennwert	als Stammaktie
Namensaktie	ohne Nennwert als Stückaktie	als Stammaktie
Namensaktie	mit Nennwert	als Vorzugsaktie
Namensaktie	ohne Nennwert als Stückaktie	als Vorzugsaktie

Jede dieser Kombinationen kann zusätzlich eine Belegschaftsaktie, eine junge Aktie oder eine Berichtigungsaktie sein. Ebenso ist jede Kombination mit einer Namensaktie auch mit einer vinkulierten Namensaktie möglich.

Dividende, der Lohn für Ihre Treue

Dividenden gibt es aber nur, wenn es Gewinne gibt

Wie Sie ja schon wissen, haben Sie mit Ihrer Aktie ein gesetzlich gesichertes Recht auf eine Dividende. Bei dieser Aussage muss man jedoch wissen, dass die Dividende aus dem Jahresgewinn des Unternehmens bezahlt wird. Das heißt aber auch, dass eine Dividende nur dann gezahlt werden kann, wenn das Unternehmen einen Gewinn erwirtschaftet hat. Die Höhe der Dividende schlägt der Vorstand der Aktiengesellschaft vor und die Hauptversammlung stimmt darüber ab. Also sind wieder Sie als Aktionär oder Aktionärin gefordert, Ihre Stimme abzugeben. Sie sehen schon, es gibt keine Garantie auf eine Dividende. Ebenso wenig gibt es natürlich auch keine Garantie auf eine gleichbleibende Dividende. Tendenziell kann man erwarten, dass in Zeiten mit wirtschaftlichem Wachstum die Gewinne zunehmen und damit auch die Dividenden. Das Ganze gilt natürlich auch umgekehrt bei einem wirtschaftlichen Abschwung.

 Tipp:
Wenn Sie keine bösen Überraschungen erleben möchten, dann sollten Sie sich während des Geschäftsjahres immer wieder einmal über die Entwicklung »Ihrer« Aktiengesellschaft informieren. Ja, Sie haben richtig gelesen, nicht über die Aktie, die bezahlt keine Dividende, sondern über das Unternehmen. Die Angaben der Dividenden bei den Aktien in den Kursblättern während des Jahres weisen immer die Dividende des Vorjahres auf. Aber das ist Vergangenheit und damit völlig uninteressant. Besonders im letzten Vierteljahr vor der Hauptversammlung ist meistens schon bekannt, ob und in welcher Höhe eine Dividende geplant ist. Das Internet lässt in verschiedenen Finanzportalen nahezu keine Wünsche nach Informationen offen. Wenn Sie hier nicht zum Ziel gelangen, fragen Sie doch einfach Ihren Berater oder Ihre Beraterin Ihrer Bank.

Wann kommt die Dividende bei Ihnen an?

Wie lange müssen Sie also warten, bis die Dividende auf Ihrem Konto ankommt? Das geht schnell. Einen Tag nach der Hauptversammlung können Sie sich schon über die Gutschrift freuen. Ja, und je früher die Hauptversammlung im Jahr stattfindet, umso eher können Sie sich freuen. Die ersten Hauptversammlungen finden bereits Ende Januar statt und dann geht es munter weiter bis etwa Ende Mai.

Wenn die Dividende für Sie eine wesentliche Anlageentscheidung für eine Aktie ist, dann sollten Sie sich tatsächlich immer aktuell informieren. Die Dividende erhalten Sie nämlich immer dann, wenn die Aktien zum Zeitpunkt der Hauptversammlung in Ihrem Depotkonto eingebucht sind. Wenn also in der Satzung nichts dagegen spricht, dann können Sie die Aktien auch noch kurz vor der Hauptversammlung kaufen und erhalten die volle Dividende. Wundern Sie sich aber nicht, wenn der Kurs der Aktie nach der Dividendenzahlung erst einmal nach unten purzelt. Er fällt in etwa um den Wert der

Dividende, wird sich aber bei positivem Marktverlauf schnell wieder erholen. Diese leichte Korrektur des Kurses bezeichnet man als Dividendenabschlag. Wenn Sie Aktien kurz nach der Hauptversammlung kaufen, erhalten Sie diese günstiger als vorher. Dafür ist Ihnen aber die Dividendenzahlung entgangen.

> *Tipp:*
> Informieren Sie sich genau, bevor Sie sich zum Kauf entscheiden. Es kann sein, dass die eine oder andere Gesellschaft die Dividendenberechtigung davon abhängig macht, wie lange Sie die Aktie bereits im Depot haben.

Betrag oder Prozent?

Dividende wird jeweils für eine Aktie bezahlt. Daher ist sie immer in einem Betrag angegeben. Sofern die Gesellschaft ihren Sitz in einem Euroland hat, ist die Dividende in Euro angegeben. Wenn also bei einer Aktie als Dividende 2,70 angegeben ist, dann erhalten Sie für jede Aktie dieser Unternehmung 2,70 Euro Dividende. Es handelt sich also nie um einen Prozentsatz.

Dividendenrendite, die reale Zahl

Wenn Sie meinen, eine Dividende von 2,70 Euro ist viel, dann haben Sie durchaus Recht, wenn Sie den absoluten Betrag meinen. Wenn Sie 1000 Stück Aktien besitzen, sind das immerhin 2700 Euro Dividende. Nicht schlecht. Es sagt aber überhaupt nichts darüber aus, wie sich Ihr angelegtes Geld tatsächlich verzinst oder, besser ausgedrückt, rentiert hat. Denn nur, wenn Sie die Rendite kennen, können Sie Ihre Geldanlage in dieser Aktie auch tatsächlich mit einer anderen Anlageform oder mit einer Anlage in einer anderen Aktie vergleichen.

Mit Rendite bezeichnet man einen Ertrag im Verhältnis zu dem angelegten Kapital, ausgedrückt in einem Prozentsatz und bezogen auf ein Jahr. Klingt zunächst vielleicht etwas kompliziert, ist aber sehr einfach. Setzen Sie Ihr angelegtes Kapital mit hundert Prozent an und beziehen Sie darauf die Dividende. Wenn Sie das Ganze jetzt mit hundert multiplizieren, dann haben Sie schon das Ergebnis. Als Kapital müssen Sie den Betrag ansetzen, den Sie für eine Aktie ausgegeben haben. Dabei bedenken Sie aber, dass Sie auch die Kosten für den Kauf mit berücksichtigen müssen. Alle Angaben können Sie sehr einfach Ihrer Kaufabrechnung entnehmen.

Wenn Sie zum Beispiel 100 Stück Aktien der Solar AG gekauft hätten, dann könnte Ihre Abrechnung so ausgesehen haben:

100 Stück Aktien zu 92,20 Euro = 9 220,00 Euro
+ 1,00 % Provision   =   92,20 Euro
+ 0,20 % Transaktionsentgelt =   18,44 Euro
Endbetrag = 9 330,64 Euro

Anschaffungskosten je Aktie = 93,31 Euro (9 330,64 : 100)

Diese Anschaffungskosten setzen Sie jetzt einfach in die folgende Formel ein, die sich ganz einfach und logisch aus dem oben angeführten Zusammenhang ergibt. Das Ergebnis bezeichnet man als Dividendenrendite. Sie wird oft mit »Div_e« abgekürzt.

$$\text{Dividendenrendite} = \frac{\text{Dividende in Euro} \times 100}{\text{Anschaffungskosten der Aktie in Euro}}$$

Wenn Sie die Werte des Beispiels einsetzen wollen, benötigen Sie die aktuelle Dividende. Sie beträgt für das vergangene Geschäftsjahr 2,70 Euro.

$$\frac{2{,}70 \text{ Euro} \times 100}{93{,}31 \text{ Euro}} = 2{,}893 \text{ Prozent Dividendenrendite}$$

Das bedeutet, dass sich Ihr angelegtes Geld in dieser Aktie mit 2,893 Prozent pro Jahr verzinst hat. Jetzt können Sie anfangen zu vergleichen.

> 💡 *Tipp:*
> Suchen Sie sich doch einfach unterschiedliche Aktien heraus und berechnen Sie die Dividendenrenditen. Sie werden sehen, dass es hierbei gewaltige Unterschiede gibt. Auf den ersten Blick sieht man schon, ein relativ niedriger Kurs und eine relativ hohe Dividende beschert eine höhere Rendite als ein relativ hoher Kurs und eine vergleichsweise geringe Dividende. Daher liefern Dividenden in Euro keine wirkliche Aussage über den Wert der Anlage unter dem Gesichtspunkt eines Dividendenertrages. Das kann nur die Dividendenrendite.

Der Beweis für diese Aussage am Beispiel der Aktie der Internet AG:

Anschaffungskosten je Aktie an einem Tag im aktuellen Jahr = 9,92 Euro

Dividende für das letzte Geschäftsjahr = 0,78 Euro

$$\frac{0{,}78 \text{ Euro} \times 100}{9{,}92 \text{ Euro}} = 7{,}862 \text{ Prozent Dividentenrendite}$$

Wenn Sie Angaben in Zeitschriften oder im Internet sehen, dann sind die Angaben für Dividendenrenditen immer ohne Nebenkosten berechnet. Das ist auch richtig so, da die Gebühren unterschiedlich sind. Ob Sie nun die eine oder andere Aktie kaufen, das hängt von Ihrer Vorliebe zu diesem oder einem anderen Unternehmen ab. Besser als eine Vorliebe wäre allerdings Ihre tatsächliche Überzeugung. Unter dem Gesichtspunkt der Dividendenrendite ist jedoch jeder Zweifel ausgeräumt, welche Aktie die günstigere Anlage darstellt. Unangefochtene Siegerin ist die Aktie der Internet AG, denn 7,862 Prozent sind eben mal deutlich mehr als 2,893 Prozent der Aktie der Solar AG.

Das KGV, die magische Zahl

Ob es sich bei dieser Zahl um Zauberei handelt oder Sie sich über diese Zahl einfach wundern, bleibt abzuwarten. Fest steht jedenfalls, es handelt sich um eine Kennzahl, die Sie bei allen Aktienanalysen finden werden. Wie bei den meisten Abkürzungen verbirgt sich nicht viel dahinter. Kennt man die Werte, die eingehen, dann ist das Problem meist schon gelöst, so auch hier:

- das K steht für Kurs der Aktie,
- das G steht für den erwarteten Gewinn je Aktie der entsprechenden Unternehmung im aktuellen Geschäftsjahr,
- das V steht für Verhältnis.

Damit ist das Rätsel schon gelöst, es handelt sich um das Kurs-Gewinn-Verhältnis.

Die Formel sieht dann so aus:

$$KGV = \frac{K}{G} \quad \text{oder} \quad \frac{\text{aktueller Tageskurs der Aktie}}{\text{Gewinn je Aktie}}[10]$$

Jetzt benötigen Sie nur noch die dazugehörigen Werte. Den Kurs können Sie ganz einfach den Meldungen in einem Finanzportal des Internets oder einer entsprechenden Fernsehsendung entnehmen. Wenn Sie es nicht ganz so aktuell benötigen, was vermutlich der Fall sein wird, werfen Sie einfach am nächsten Tag einen Blick in Ihre Zeitung. Mit dem Gewinn müssen Sie aber aufpassen. Gewinn je Aktie ist nicht Ihre herbeigesehnte Dividende, sondern der erwartete Gewinn der Aktiengesellschaft, bezogen auf eine Aktie.

> ☞ *Achtung:*
> Also, aufpassen, setzen Sie nie die Dividende als Gewinn je Aktie ein. Damit kommen Sie nie zu dem richtigen Ergebnis.

Nachdem Sie den erwarteten Gewinn nicht durch Zauberei oder Beschwörungen herausfinden werden und noch dazu auch die Anzahl der zurzeit im Umlauf befindlichen Aktien benötigen, wird es einfacher sein, wenn Sie diesen Wert aus einem Finanzportal im Internet entnehmen. Sie finden diese Werte meist unter Analyse, Kennzahlen oder Unternehmenszahlen bei der jeweiligen Aktiengesellschaft oder im Geschäftsbericht dieser Unternehmung.

Ermittlung des KGV am Beispiel der Aktie der Stahl AG an einem Tag im aktuellen Jahr:

$$\frac{\text{aktueller Tageskurs der Aktie}}{\text{erwarteter Gewinn je Aktie im aktuellen Geschäftsjahr}} = \frac{92{,}85 \text{ Euro}}{6{,}29 \text{ Euro}} = 14{,}76$$

Eine wunderschöne Zahl, aber was sagt sie aus? Sind es Euro oder Prozent? Nun, wenn Sie die Formel genau ansehen, dann dividieren Sie ja den Aktienkurs durch den erwarteten Gewinn dieses Geschäftsjahres. Wenn Sie den Aktienkurs als Ihr Investment oder einfacher ausgedrückt, als Ihr eingesetztes Kapital pro Aktie betrachten, dann ist schon alles sonnenklar. Die magische Zahl sagt nämlich aus,

---

[10] Die Ermittlung erfolgt nach den Regeln der »Deutschen Vereinigung für Finanzanalyse und Analgeberatung« (DVFA).

wie viele Jahre das Unternehmen bei diesem erwarteten Gewinn benötigen wird, Ihren Kapitaleinsatz zu erwirtschaften. Also, steht hinter dem KGV weder Euro noch Prozent, sondern ganz einfach Jahre. Leider steht das aber nie dabei.

Es würde demnach in diesem Beispiel aktuell 14,76 Jahre dauern, bis diese Unternehmung den aktuellen Kapitaleinsatz mit dem erwarteten Gewinn dieses Jahres erwirtschaftet haben wird.

Wenn Sie jetzt fragen sollten: Was soll das? Hier die Antwort: Erstens wird sich der Kurs während des Tages, spätestens aber am nächsten Tag, ändern. Zweitens wird sich die Gewinnprognose im nächsten Jahr ändern und drittens werden Sie diese Aktie vielleicht keine 14,76 Jahre behalten wollen. Also, wozu dieses ganze Theater? Sie haben Recht, Ihre Aussage ist nur schwer zu widerlegen.

Und trotzdem hat diese Kennzahl, und mehr ist es tatsächlich nicht, eine gewisse Bedeutung bei der Beurteilung von Aktien. Wenn Sie das KGV nur einer einzelnen Aktie an nur einem Tag ansehen, dann sehen Sie in der Tat nicht allzu viel. Ein Blick in die Zauberkugel bringt vielleicht genauso viel. Wenn Sie aber das KGV einer Aktie im Verlauf einer bestimmten Zeit und das KGV verschiedener Aktien miteinander vergleichen, dann werden Sie auffällige Unterschiede entdecken. Und das hat in der Tat nichts mehr mit einer Zauberkugel zu tun.

Der Beweis am Beispiel von drei Aktien deutscher Autohersteller:

Aktie	Unternehmen A	Unternehmen B	Unternehmen C
Kurs	111,78 Euro	54,78 Euro	55,70 Euro
Gewinn je Aktie	3,15 Euro	2,17 Euro	6,30 Euro
KGV	35,48	25,24	8,84

Analysten meinen dazu:

Je niedriger das KGV einer bestimmten Aktie im Vergleich zu anderen vergleichbaren Aktien ist, desto mehr Möglichkeiten hat der Kurs dieser Aktie, sich nach oben zu entwickeln. Sie ist noch relativ günstig zu erwerben. Die Aktie hat noch Luft nach oben. Das heißt, Kurssteigerungen sind durchaus noch möglich.

Je höher das KGV einer bestimmten Aktie im Vergleich zu anderen vergleichbaren Aktien ist, desto weniger Möglichkeiten hat der Kurs dieser Aktie, sich nach oben zu entwickeln. Sie ist bereits relativ teuer. Die Aktie hat nur noch wenig Luft nach oben. Das bedeutet, Kurssteigerungen sind eher unwahrscheinlich.

 Tipp:
Ob Sie nun diese Zahl als realistischen Vorhersagewert oder eher als Hexenwerk der Analysten einschätzen, sei Ihnen selbst überlassen. Eines ist aber sicher: Sollten Sie sich bei Ihrer Kaufentscheidung für eine Aktie alleine auf diese Zahl stützen, dann wandeln Sie voraussichtlich auf einem sehr schmalen Grat. Wenn Sie vielleicht schon einmal in den Bergen unterwegs waren und nicht nur Apfelstrudel auf einer Sonnenterrasse gegessen haben, dann kennen Sie das ja. Bei schmalen Graten ist die Absturzgefahr erheblich größer als auf einem breiten Rücken eines Berges. Also verbreitern Sie Ihre Entscheidungsgrundlage und betrachten das KGV als eine Kennzahl, die mit dazugehört, aber eben nur »mit dazu«. So wie der Apfelstrudel auf einer Hütte für echte Alpinisten.

Welche Rendite erzielt man mit Aktien?

Diese Frage gleicht der Frage nach dem Wetter. Warum ist das so? Um die geplante Rendite einer Aktienanlage zu ermitteln, brauchen Sie die Anschaffungskosten, das sind der Kaufkurs + die Kosten des Kaufs, die geplante Dauer der Anlage, also Tage, Wochen, Monate oder Jahre und den wahrscheinlichen Kurs, zu dem Sie die Aktien wieder verkaufen möchten. Hierbei müssen Sie aber auch wieder die Kosten des Verkaufs von einem erwarteten Kursgewinn abziehen.

Also, Sie sehen schon, ein Blick in die Zauberkugel bringt ähnliche Resultate, da Sie den geplanten Verkaufskurs nie realistisch ansetzen können, es sei denn Sie sind Hellseher oder Hellseherin auf dem Börsenparkett. Was uns bleibt, ist die Ermittlung einer Rendite zu einem bestimmten Zeitpunkt. Das ist zweifellos wichtig, da dieser Wert die Frage unterstützt, ob man verkaufen sollte oder besser doch nicht.

Ein kleines Beispiel für Sie:

Nehmen wir an, Sie hätten am 01.02.2010 eine Aktie der Brau AG gekauft und denken am 01.05.2012 darüber nach, diese zu verkaufen. Die Dividendenzahlung erfolgte jeweils am 25.04. des Jahres.

Kurs am Kauftag	Kosten	Anschaffungskosten	Dividende pro Jahr	Kurs am Verkaufstag	Kosten	Geamtertrag bis zum Verkaufstag	Rendite pro Jahr in Prozent
15,10 €	0,20 €	15,30 €	0,50 €	16,20	0,25 €	2,15 €	6,27

Angaben für Renditen beziehen sich immer auf ein Jahr, also auf zwölf Monate. Daher müssen Sie den Gesamtertrag auf zwölf Monate beziehen und in das Verhältnis zu den Anschaffungskosten setzen.

Kurs am Verkaufstag	16,20 Euro
– Kosten	0,25 Euro
+ Dividenden (2010, 2011, 2012)	1,50 Euro
– Anschaffungskosten	15,30 Euro
= Gesamtertrag 01.02.2010 – 01.05.2012	2,15 Euro
= Gesamtertrag in 27 Monaten	2,15 Euro
Gesamtertrag in zwölf Monaten	0,96 Euro

Wenn Sie jetzt diesen jährlichen Gesamtertrag auf die Anschaffungskosten beziehen und mit 100 multiplizieren, erhalten Sie die Rendite pro Jahr in Prozent.

$$\frac{0{,}96 \times 100}{15{,}30} = 6{,}27\,\%$$

Kommt Ihnen das Ganze vielleicht etwas komisch vor, nach dem Motto, wie kann man mit so einem geringen Betrag eine relativ hohe Rendite erzielen? Schauen Sie einfach die Erträge an. Eine relativ hohe Dividende und ein ansehnlicher Kursgewinn bei geringem Anlagekapital, das ist die Zauberformel. Das Ganze würde nicht so rosig aussehen, wenn die Dividende wesentlich geringer wäre oder überhaupt keine Dividende gezahlt würde.

Auf diese Art und Weise können Sie sehr einfach die aktuellen Renditen Ihrer Wunschaktien ermitteln. Was Sie aber unbedingt benötigen, ist der gesicherte Kurs am geplanten Verkaufstag. Alles andere ist Spekulation oder Wetterbericht für einen längeren Zeitraum.

Fundamentalanalyse oder Chartanalyse – welche hat Recht?

Die Antwort auf diese Frage läuft nach dem Muster: »Wer war zuerst da, Henne oder Ei?« Aber wem sollen Sie nun glauben, wenn Sie selbst relativ ahnungslos sind, aber doch nicht völlig danebengreifen möchten, wenn Sie Ihr liebes Geld in der einen oder anderen Aktie anzulegen gedenken. Eines muss Ihnen klar sein, jede Vorhersage in die Zukunft ist und bleibt eine Vorhersage und damit mit Unsicherheiten behaftet. Oder hat es jedes Mal geregnet, wenn die Wetterfrösche dies am Montag für das kommende Wochenende vorhergesagt haben?

Bei der Einschätzung der Aktien gibt es im Prinzip drei Gruppen von Personen, die sich mit der Güte und der Wertentwicklung beschäftigen:

Die »nur« Fundamentalanalysten	Sie stützen und konzentrieren sich auf die Bewertung der Substanz des Unternehmens und daher vorrangig auf die fundamentalen, das heißt die tatsächlichen Zahlen des Unternehmens.
Die »nur« Charttechniker	Sie konzentrieren sich auf die Analyse statistischer Auswertungen.
Die Ausgeglichenen	Sie versuchen, sowohl die Erkenntnisse der Substanzbefürworter als auch der Chartbefürworter zu verarbeiten.

Die dritte Gruppe hat wohl die meisten Anhänger, da sie versucht, einen Ausgleich bei Ihrer Einschätzung herbeizuführen. Welches Gewicht nun der Substanzgedanke oder der Chartgedanke dabei spielt, ist nicht so einfach festzustellen.

Tipp:
Eine Hilfe für Sie kann aber sein, wenn Sie den Hinweis lesen: »Die X-Bank hat eine eher konservative Einschätzung.« In diesem Fall überwiegen eindeutig die Substanzgedanken.

Die Fundamentalanalyse stützt sich auf die Marktdaten des Unternehmens

Anhänger dieser Analyse stellen die Annahme, dass der Aktienkurs vom künftigen Erfolg des Unternehmens abhängt, in den Vordergrund ihrer Betrachtung. Klingt ja auch logisch, oder? Eine Aktiengesellschaft mit guten Gewinnaussichten wird für uns als Kapitalanleger interessanter sein, als eine, die Verluste zu erwarten hat. Schließlich sind Sie Miteigentümer und wer ist schon gerne Miteigentümer an einem Unternehmen, dem es künftig vermutlich schlechter geht als anderen? Da es jedoch kaum möglich sein wird, den Gewinn der nächsten Jahre genau vorherzusagen, bleibt auch die Fundamentalanalyse mit einigen Unbekannten behaftet. Nun versucht man natürlich, die Unbekannten möglichst genau in den Griff zu bekommen und untersucht verschiedene Bereiche.

Die Entwicklung der gesamten Wirtschaft	Die Entwicklung der Branche, dem das Unternehmen angehört	Die Entwicklung des Unternehmens selbst
Wie wird sich die Konjunktur entwickeln?	Wie hoch sind die Auftragseingänge?	Welche Qualität hat das Management?
Wie werden sich die Preise entwickeln?	Gibt es auffällig viele Lagerbestände an fertigen Erzeugnissen, die nicht verkauft werden konnten?	Wie muss man die Konkurrenz beurteilen?
Werden die Zinsen steigen oder fallen?	Gibt es technologische Veränderungen, die einen Auftragsboom auslösen könnten?	Welche Marktstrategie verfolgt das Unternehmen?
		Wie sehen die Bilanzkennzahlen aus?

Zusätzliche Informationen liefern die beiden Kennzahlen Dividendenrendite und das Kurs-Gewinn-Verhältnis (KGV).

Aus diesen Erkenntnissen versucht man nun einen »inneren Wert eines Unternehmens« zu ermitteln. Teilt man diesen Wert durch die Anzahl aller ausgegebenen Aktien, erhält man einen Aktienkurs, von dem man vermutet, dass dieser für einen Zeitraum von einem Jahr bis zu zwei Jahren möglich sein könnte.

Meldungen lauten dann oft so: »Der Kurs der Internet Aktie hat heute 23,67 Euro erreicht. Analysten gehen bis zum Jahresende von einem Kursziel von 28 Euro aus.«

Die Chartanalyse ist keine Hexerei

Was sagt dieses Wort »Chart« überhaupt aus? Nun, wenn man dieses englische Wort übersetzt, dann heißt das einfach »Diagramm«. Genau darum geht es. Die Chartanalyse bezeichnet man auch als technische Analyse. Sie stellt den Verlauf von Aktienkursen dar. Die Zeiträume sind dabei unterschiedlich lang. So gibt es Wochencharts, Monatscharts, Dreimonatscharts und Charts über mehrere Jahre. Analysten versuchen in diesen Verläufen Entwicklungen des Aktienkurses zu erkennen. Man bezeichnet diese Entwicklungen als Trend. Wenn Sie jetzt sagen sollten, oh je, so ähnlich wie Handlesen, dann liegen Sie eindeutig daneben. Trendberechnungen sind alles andere als Hexerei oder statistische Sandkastenspielchen. Trendberechnungen sind vielmehr, zumindest für einen Laien, relativ komplizierte mathematische Berechnungen, die allesamt auf einer Sammlung vieler Daten beruhen. Bei der Auswertung dieser Verläufe setzen Analysten unterschiedliche Schwerpunkte und damit ergeben sich auch teilweise etwas unterschiedliche Einschätzungen über die möglichen Kursentwicklungen.

Alle Analysen gehen aber im Prinzip von folgenden Tatbeständen aus:

Kurse sind Marktpreise und diese ergeben sich durch Angebot und Nachfrage.	Übersteigt das Angebot die Nachfrage, steigen die Kurse. Hohe Nachfrage und geringeres Angebot lässt die Kurse fallen.
Angebot und Nachfrage ist wiederum eine Folge von wirtschaftlichen und politischen Entwicklungen.	Eine positive Entwicklung der Wirtschaft und gesicherte politische Entscheidungen verbreiten Zuversicht und damit die Bereitschaft zu Investitionen. Dies wiederum beflügelt die Kapitalanleger und lässt durch die erhöhte Nachfrage auch die Kurse steigen. Negative Entwicklungen und eine unsichere oder unentschlossene Politik verursachen das Gegenteil.

Kursverläufe in der Vergangenheit wiederholen sich immer wieder.	Diese Annahme basiert auf langfristigen Beobachtungen und man kennt sie auch von den sogenannten Zyklen in der Wirtschaft. Kurz ausgedrückt heißt das: Nach einem Abschwung folgt auch wieder ein Aufschwung und umgekehrt.
Ein großer Teil der Aktionäre und Aktionärinnen ist einer gewissen Psychologie unterworfen.	Steigende Kurse nähren die Hoffnung auf mehr oder noch mehr Gewinn und lösen eine erhöhte Nachfrage aus. Fallende Kurse bewirken genau das Gegenteil und führen oft zu Panikverkäufen, was die Kurse fallen lässt. Man bezeichnet dieses Phänomen an der Börse auch als Bullenmarkt oder Bärenmarkt. Der Bulle steht mit gesenktem Kopf für eine pessimistische Einschätzung der Lage, während der Bär mit erhobenem Kopf ein positives Signal sendet. In der Kunstsprache der Börsianer heißt das »bullish« oder »bearish«.

Ein anderer Teil der Anleger geht dagegen anders vor. Sie warten bis die Kurse bei pessimistischen Einschätzungen soweit gefallen sind, dass sich der »Einstieg« lohnt und sie die Aktien zu einem Schnäppchenpreis kaufen können. Ebenso verkaufen die Anhänger dieser Vorgehensweise einen Teil ihrer Aktien genau dann, wenn die Kurse hoch sind und sie dadurch Gewinne erzielen. Diese Gewinnmitnahmen lassen dann wieder, meist aber nur kurz, die Kurse fallen, da das Angebot die Nachfrage übersteigt.

Die Beobachtung und Verarbeitung all dieser Phänomene führen dann zu einer Einschätzung und einer entsprechenden Aussage. In den Charts sieht man dann verschiedene Bezeichnungen, wie Spitze oder Boden, Unterstützungslinien oder Widerstandslinien, Aufwärtstrend oder Abwärtstrend. So kann man dann zum Beispiel lesen: »Der Kurs der Wunderland Aktie hat die Widerstandslinie von 17,56 Euro gebrochen und verspricht weiteren Aufwärtstrend.«

Charts finden Sie in nahezu allen Internetportalen, die sich mit Wertpapieren befassen.

Aktien im Check

☒ Sicherheit – Liquidität – Rendite?

Sicherheit	Es bestehen die Risiken des Kursrückgangs und der Insolvenz des Unternehmens (Emittentenrisiko).
Liquidität	Bei Standardwerten ist ein Verkauf mit sehr hoher Wahrscheinlichkeit jederzeit möglich, da entsprechende Nachfrage vorhanden sein wird. Bei Exoten des Aktienmarktes kann es schon passieren, dass an bestimmten Tagen kein Handel stattfindet. Das ist aber eher die große Ausnahme. Die große Unbekannte bleibt selbstverständlich der Kurs.
Rendite	Sie ist abhängig von der Dividende, den Anschaffungskosten und der Kursentwicklung.

☒ Ziele und Beweggründe für diese Geldanlage
- Nicht benötigtes Geld längerfristig anlegen.
- Investition in ein Unternehmen vornehmen.
- Wertsteigerung des Anlagebetrages in Abhängigkeit von der wirtschaftlichen Entwicklung erzielen.
- Schutz vor Geldentwertung.
- Teilnahme am Gewinn des Unternehmens.
- Mitspracherechte im Unternehmen wahrnehmen.
- Nicht benötigtes Geld kurzfristig anlegen, um Kursgewinne zu erzielen.

☒ Kauf und Verkauf

Bei Aktien stellt der Weg über Ihre Bank an einer Börse den absoluten Normalfall dar. In den wenigsten aller Fälle wird man Ihnen bei Ihrer Bank Aktien aus dem Eigenbestand anbieten, zumindest nicht als »Otto-Normal-Kunde«. Also wird Ihre Bank als Kommissionär auftreten und Ihre Wünsche hinsichtlich Börsenplatz und Kursvorgabe genau beachten. Kauf und Verkauf im Direkthandel ist möglich, wenn sich Ihre Bank daran beteiligt.

☒ Kosten

Die An- und Verkaufskosten sind nicht einheitlich, betragen aber durchschnittlich etwas mehr als ein Prozent des Wertes Ihres Kauf- oder Verkaufsauftrages. Meist berechnen die Banken eine Mindestgebühr, wenn die Gebühr, die sich aus dem Prozentsatz ergibt, nicht erreicht wird. Die Kosten setzen sich aus der Provision der Bank für Ihre Tätigkeit als Kommissionär und der Transaktionsgebühr der Börse zusammen. Günstiger ist der Kauf und Verkauf im Direkthandel. Hierbei sollten Sie aber den Kurs mit dem Börsenkurs vergleichen. Wenn Ihre Bank eine Gebühr für die Depotverwaltung berechnet, müssen Sie ungefähr ein Prozent des Depotwertes einplanen.

☒ Steuer

Dividenden werden mit der Kapitalertragsteuer (Abgeltungsteuer) von 25 Prozent besteuert.

Bei Kursgewinnen muss man unterscheiden, ob Sie Ihre Aktien vor dem 1. Januar 2009 oder später erworben haben. Der Grund liegt in der Steuerreform, die zum 1. Januar 2009 in Kraft getreten ist. Vor diesem Datum galt die Regelung, dass Veräußerungsgewinne steuerfrei waren, wenn zwischen dem Kauf und dem Verkauf Ihrer Aktien mindestens zwölf Monate lagen. Veräußerungsgewinne werden meist als Kursgewinne bezeichnet, was aber nicht genau stimmt. Es werden nämlich die Anschaffungskosten, das ist der Kaufkurs zuzüglich der Kosten, und der Verkaufskurs abzüglich der Kosten, miteinander verglichen. Egal, ob Veräußerungs- oder Kursgewinn, mit der Steuerfreiheit ist es jetzt vorbei. Wenn Sie einen Gewinn dieser Art erzielen, behält Ihre Bank davon 25 Prozent Kapitalertragsteuer (Abgeltungsteuer) ein. Ein Lichtblick im Dunkel bleibt jedoch. Wenn Sie eine Aktie, die Sie vor dem 1. Januar 2009 gekauft haben, mit Gewinn verkaufen, dann gilt dafür die alte Regelung mit der Zwölfmonatsfrist. Das bedeutet, Sie können Ihre Gewinne ohne Steuerabzug in die Arme schließen. Wenn Sie Aktien mit Verlust verkaufen, was ja auch schon mal vorkommen kann, dann verrechnet Ihre Bank diesen Verlust mit einem eventuell erzielten Gewinn aus Aktienverkäufen. Dadurch bezahlen Sie für Ihre Gewinne aus Aktienverkäufen weniger Steuern.

☞ *Achtung:*
Gewinne aus Aktienverkäufen verrechnet Ihre Bank mit allen eventuellen Verlusten, die aus dem Verkauf anderer Kapitalanlagen, zum Beispiel Investmentfonds, entstanden sind. Verluste aus Aktienverkäufen werden aber nur mit Gewinnen aus Aktienverkäufen verrechnet.

Wenn Sie sich jetzt fragen sollten, wie soll denn das Ganze funktionieren? Na ja, glücklich sind die Banken über diese Neuregelungen nicht gerade, denn sie müssen dafür sorgen, dass alles tatsächlich fehlerfrei abgewickelt wird. Einfach ausgedrückt, müssen sie ein Depotkonto für die Altbestände und ein Depotkonto für die Neubestände führen. Ab dem 1. Januar 2009 müssen die Banken daher die Anschaffungskosten je Aktie und das genaue Kaufdatum speichern. Zusätzlich gilt jetzt die sogenannte »FiFo-Methode«. Keine Angst, so schlimm, wie es klingt, ist es auch wieder nicht. Es ist die Abkürzung für »first in – first out«, was auf Deutsch bedeutet »was zuerst hineingeht, geht auch zuerst wieder hinaus«. Dabei handelt es sich um ein steuerrechtliches Bewertungsverfahren, das auch im Handel oder in der Industrie bei Lagerbeständen verwendet wird. Für Ihren Aktienbestand heißt das, dass Ihre Bank bei einem Verkauf immer erst die Aktien verkaufen muss, die bereits am längsten im Depot liegen. Wenn Sie jetzt sagen, ist mir doch völlig egal, was verkauft wird, Hauptsache, ich erziele einen Gewinn, dann liegen Sie nicht ganz richtig.

Warum das nicht egal ist, sehen Sie an diesem kleinen Beispiel:

Kauf/Verkauf	Datum	Stück	Anschaffungskosten Verkaufserlös	Bestand In Stück
Kauf	10.04.2009	150	23,36 Euro	150
Kauf	25.11.2010	200	25,41 Euro	350
Kauf	15.06.2011	100	27,58 Euro	450

Nehmen wir an, Sie müssten am 20.12.2011 hundert Stück Aktien verkaufen, weil Sie diesen Betrag benötigen und der Verkaufserlös je Aktie beträgt am 20.12.2011 25,50 Euro. Dann wäre es für Sie steuerlich am günstigsten, wenn Ihre Bank die Aktien verkaufen würde, die Sie am 15.06.2011 gekauft haben. In diesem Fall hätten Sie nämlich einen Verlust von genau 2,08 Euro je Aktie realisiert. Das würde zusammen 208 Euro ergeben. Wenn Sie vielleicht bereits Verkaufsgewinne aus Aktien erzielt haben, könnten Sie diesen Verlust mit den Gewinnen verrechnen. Geht aber nicht, weil Ihre Bank hundert Aktien aus dem Kauf vom 10.04.2009 entnehmen muss. Wenn Sie jetzt sagen, ist doch toll, das ist ein Gewinn von 2,14 Euro je Aktie und damit insgesamt 214 Euro, haben Sie zunächst Recht. Steuerlich gesehen ist es aber ein glatter Nachteil, da Sie diese 214 Euro versteuern müssen. Das heißt konkret, Sie erhalten als Gutschrift keine 2 550 Euro, sondern entsprechend weniger.

100 Stück Aktien zu 25,50 Euro	= 2 550 Euro
– 25 % Kapitalertragsteuer aus 214 Euro	= 53,50 Euro
– 5,5 % Solidaritätszuschlag aus 53,50 Euro	= 2,94 Euro
Gutschrift	= 2 493,56 Euro

☞ Achtung:
Der Solidaritätszuschlag fällt auch bei der Kapitalertragsteuer an.

Ihr Depotkonto sieht nach dieser Transaktion dann so aus:

Kauf/Verkauf	Datum	Stück	Anschaffungskosten Verkaufserlös	Bestand In Stück
Kauf	10.04.2009	150	23,36 Euro	+150
Kauf	25.11.2010	200	25,41 Euro	200
Kauf	15.06.2011	100	27,58 Euro	100
Verkauf	20.12.2011	100	25,50 Euro	–100
	20.12.2011			350

Wenn wir annehmen, Sie würden demnächst weitere 100 Stück Aktien verkaufen, dann würde Ihre Bank zunächst die restlichen 50 Stück aus dem Kauf am 10.04.2009 und dann 50 Stück aus dem Kauf vom 25.11.2010 entnehmen.

Rentenpapiere – nicht nur etwas für Ihre Rente

Dieses Wertpapier hört auf mehrere Namen

»Rentenpapiere gehören in jedes Depot«, »Rentenpapiere überstehen jede Finanzkrise«, »Rentenpapiere sichern Ihnen garantiert feste Erträge«, »Rentenpapiere lassen Rentner lächeln«, und so weiter, und so weiter. Aussagen dieser Art können Sie überall lesen und hören. Na also, dann nichts wie los und kaufen, kann ja nicht so schlecht sein. Sie greifen gleich in der Früh zum Hörer und rufen Ihre Lieblingsbank an. Der morgendliche Dialog beginnt: » Guten Morgen, hier ist Ihre Bank, Sie sprechen mit Silvia Westenberg, was kann ich für Sie tun?« »Guten Morgen, ach, Ich hätte gerne ein paar Rentenpapiere.« »Ja, mal sehn, was wir da haben. Sehr schön, Sie haben Glück, ich habe hier ein wunderschönes ›Ihaess‹.« So oder so ähnlich könnte sich das durchaus anhören. Ihre Gehirnwindungen beginnen zu arbeiten. Otto Waalkes hätte gesagt: »Kleinhirn an Großhirn: Was ist ein ›Ihaess‹? Großhirn an Kleinhirn: Offenbar etwas zum Essen, vielleicht ein spezieller Bank-Burger.« Weit gefehlt. Erst, wenn man dieses furchterregende Kürzel auseinandernimmt, kommt man zu einer Lösung, die jeder Normalbürger versteht. IHS ist die Abkürzung für Inhaberschuldverschreibung. So einfach kann die Kommunikation in der Finanzwelt sein, wenn man Fachbegriffe nicht verunstaltet oder verstümmelt. Bleibt nur noch die entscheidende Frage zu klären, was hat das alles mit einem Rentenpapier zu tun? Sehen Sie, da haben wir schon das Problem. Ein wahrer Wildwuchs von Begriffen rankt sich um dieses Wort »Rente«. Rente bedeutet nichts anderes als ein gleichbleibender Ertrag, in diesem Fall sind es Zinsen. Da blühen Begriffe, wie eben Schuldverschreibung, Inhaberschuldverschreibung, Obligation, Anleihe, Pfandbrief oder sogar Bond. Keine Sorge, Letzterer hat überhaupt nichts mit dem Geheimagenten James

Das 1x1 der Geldanlage Gerhard Clemenz
Copyright © 2012 WILEY-VCH Verlag GmbH & Co. KGaA, Weinheim

ihrer Majestät zu tun, also völlig ungefährlich und auch nicht sexy. Sie werden es nicht glauben, alles das sind tatsächlich Rentenpapiere. Nur nimmt diesen Begriff kaum ein Berater bei einer Bank in den Mund. Im Tagesgeschäft hat sich dafür der Begriff Anleihe weitgehend eingebürgert. Wenn also jemand von einer Anleihe spricht, meint er auf jeden Fall ein Rentenpapier. Ob es nun tatsächlich eine Anleihe ist oder etwa eine Schuldverschreibung, dazu müssen Sie erst einmal genauer hingucken. Wo? Einfach auf die Kurzbeschreibung des Wertpapiers. Wie immer, erhalten Sie diese im Internet auf verschiedenen Finanzportalen, in der Fachpresse oder einfach von Ihrer Bankberaterin oder Ihrem Bankberater. Und nun stehen Sie vielleicht da und fragen sich, was soll denn das alles, könnte man nicht einen einheitlichen Begriff für all diese Gewächse erfinden? Ganz Unrecht haben Sie nicht, aber man muss diese Wertpapiere schon unterscheidbar machen, da sie eben nicht alle völlig gleich sind. Man könnte sie einfach durchnummerieren, R1 für Rentenpapier 1, R2 für Rentenpapier 2 usw., so ähnlich wie die Berge im Karakorum mit K1, K2 usw. Aber würde das wirklich helfen, wüssten Sie dann, was R2 wirklich ist? Wohl kaum, daher lassen wir es doch bei den historischen Bezeichnungen, klingt doch auch etwas schöner. Also keine Angst vor diesen verschiedenen Bezeichnungen, wir werden dieses Geheimnis lüften. Obwohl es in der Europäischen Union eine Verordnung für die maximale Krümmung einer Gurke gibt und vielleicht einmal die Länge des Reißverschlusses an einer Gen-Banane festgeschrieben wird, gibt es bei Wertpapieren und so auch bei dieser Wertpapierart leider keine wirklich einheitliche Bezeichnung. Die einzigen, die uns hier etwas voraus sind, sind die Amerikaner und Engländer mit der einheitlichen Bezeichnung »Bond«. Wir müssen hier keine Diskussion führen, ob nun Anleihe, Schuldverschreibung oder Obligation der schönere Begriff ist, das wird wohl auch Ihnen völlig egal sein. Wichtig ist nur, dass Sie wissen, von was Ihr Bankberater redet, wenn er Ihnen ein derartiges Wertpapier anbietet.

Schuldverschreibung, Anleihe oder Obligation?

Diese drei Begriffe sind wie die Musketiere – unzertrennlich und alle drei wollen das Gleiche, nämliche Zinsen an Sie als Anleger zahlen. Eine Schuldverschreibung ist demnach eine Urkunde, die den Emittenten zur Zahlung von Zinsen verpflichtet. In diesem Fall ist die Urkunde ein Wertpapier und wird eben wahlweise auch als Anleihe oder Obligation bezeichnet. Manche Emittenten verwenden diese Begriffe in Abhängigkeit von der Laufzeit, wie zum Beispiel die Bundesrepublik Deutschland. Obligationen haben hier eine Laufzeit von fünf Jahren, während Anleihen zehn bis 30 Jahre laufen. Ändert aber auch nichts an der Tatsache, dass sie rechtlich gesehen völlig gleich sind und es sich um Schuldverschreibungen handelt.

Inhaber- und Orderschuldverschreibung

Die Begriffe Inhaberpapier und Orderpapier kennen Sie bereits von den Sparkonten oder Sparbriefen. Sie haben auch hier dieselbe Bedeutung. Inhaberpapiere werden einfach formlos durch Einigung und Übergabe übertragen und sind somit problemlos handelbar. Orderpapiere können dagegen nur mit einem Indossament übertragen werden. Auch das wäre für den Handel kein Hindernis, wenn Sie sich an die Namensaktien erinnern. Da es aber bei Schuldverschreibungen keine Gründe gegen eine formlose Übertragung gibt, kommt die Mehrzahl dieser Wertpapiere als Inhaberschuldverschreibungen vor. Erinnern Sie sich noch an das schöne Wort »Ihaess«? Wenn Sie also die Abkürzung »IHS« sehen, dann wissen Sie jetzt, um was es sich handelt. Dabei ist es völlig egal, ob das Ding zum Beispiel »Anleihe der Nordbank«, »Frühlingszinstraum« oder »Nikolausanleihe« heißt und IHS in Klammer dabei steht. Es ist und bleibt eine Schuldverschreibung und in diesem Fall eine Inhaberschuldverschreibung. Wenn Sie das Gesetz dazu lesen wollen, dann brauchen Sie nur das Bürgerliche Gesetzbuch (BGB) zu bemühen. Schlagen Sie die Paragrafen 793 und Folgende auf und Sie können alles nachlesen. Zu Ihrer Beruhigung, Sie müssen es nicht unbedingt tun.

Pfandbrief

Nun, hier haben wir tatsächlich einen Sonderfall. In Kurzform erläutert, geht es hier um Schuldverschreibungen, die aber gedeckt sind. Gedeckt heißt in diesem Fall, sie sind gedeckt durch ein Vermögen des Emittenten. Aus diesem Vermögen werden im Falle des Falles Ihre Ansprüche, die Sie aus Ihrem Wertpapier haben, bezahlt. Also ist die Rückzahlung Ihres angelegten Geldes weitgehend gesichert. Aber, Sie haben schon richtig gelesen, es sind ebenfalls Schuldverschreibungen. Nur verwendet man bei diesen Rentenpapieren zum Glück nie den Begriff Schuldverschreibung, Anleihe oder Obligation.

Rentenpapiere – eine sichere Anlage?

Nun, allgemein geht man ja davon aus, dass mit dem Eintritt in das Rentenalter eine eher sicherheitsorientierte Anlagestrategie empfehlenswert sei. Warum das so sein sollte, ist schnell erklärt. Gehen wir von einem normalen Rentenalter aus, was das auch immer für den Einzelnen heißt, dann wird man tendenziell weniger Lust auf Kapitalverluste haben als in jüngeren Jahren. Das ist auch ganz normal, da die Rente im Normalfall geringer sein wird als das bisherige Einkommen. Vielleicht sind Rentner auch manchmal wesentlich mobiler als vorher und haben gar keine Lust mehr, sich laufend um ihre Finanzanlagen zu kümmern. Also gut, Rentenpapiere sollten schon einen bestimmten Anteil der Anlagen in Wertpapieren ausmachen, um einen regelmäßigen Ertrag zu sichern. Genau das ist aber der alles entscheidende Punkt. Anleihen & Co. müssen nicht nur gute Zinsen bringen, sondern ebenso wichtig ist die gesicherte Rückzahlung am Ende Laufzeit. Aber wer gibt Ihnen die Sicherheit, dass das Unternehmen, von dem Sie eine Anleihe gekauft haben, am Ende der Laufzeit, vielleicht nach zehn Jahren, auch tatsächlich noch besteht? Wenn das nicht der Fall ist oder wenn es zahlungsunfähig wurde, dann können Sie sich allenfalls damit trösten, dass Sie nach wie vor Gläubiger sind. Ein ehrenvoller, aber wahrlich schwacher Trost. Also gilt als zentrale Aussage: »Ein Wertpapier dieser Art ist nur so sicher wie der Emittent, nicht mehr und nicht weniger.« Bleibt Ihnen demnach nur die Möglichkeit, sich an die Einschätzung der Ratingagenturen hinsichtlich des Unternehmens zu halten und darauf zu vertrauen. Im Prinzip haben Sie hier dasselbe Problem wie mit den Aktien.

> ☞ *Achtung:*
> Es ist völlig falsch zu glauben, dass eine Anleihe, eine Inhaberschuldverschreibung und Ähnliches sicherer wären als eine Aktie. Auch diese festverzinslichen Wertpapiere unterliegen Kursschwankungen und der Emittent kann ebenso insolvent, also zahlungsunfähig, werden.

Sie sind Gläubiger

Klingt doch gut, oder? Gläubiger ist man, wenn man von jemandem etwas fordern kann. Dazu muss dieser jemand aber irgendwann auch etwas von einem anderen erhalten haben. Genau das ist der Fall, wenn Sie sich zur Geldanlage in Rentenpapieren entscheiden. Das Wort Papier kommt natürlich wieder von Wertpapier. Da es handelbare Wertpapiere sind, handelt es sich selbstverständlich wieder um Effekten. Daher bezeichnet man diese Wertpapiere auch als Gläubigereffekten oder Gläubigerpapiere. Sie sehen, es scheint nicht aufzuhören mit den Namen für dieses Wertpapier. Aber keine Panik, es ist ganz einfach.

Wenn Sie ein Wertpapier dieser Art kaufen, dann geben Sie Ihr Geld einem Emittenten, vielleicht einem Unternehmen. Dieses Unternehmen kann, wie bei einer Aktie, zum Beispiel ein Industrieunternehmen, ein Handelsunternehmen, eine Versicherung oder eine Bank sein. Anders als bei einer Aktie werden Sie jetzt aber nicht Miteigentümer, sondern Gläubiger. Daher müssen Emittenten dieser Wertpapiere auch keine Aktiengesellschaften sein. Deswegen kann auch die »öffentliche Hand«, das sind die Bundesrepublik Deutschland, die Bundesländer oder große Städte, Wertpapiere dieser Art emittieren. Zum Nachweis, dass Sie diesem Emittenten Ihr Geld gegeben haben, erhalten Sie jetzt dieses Wertpapier. Wenn Sie sich jetzt etwa freuen, dass Sie ein echtes, schönes, buntes Blatt Papier, das noch dazu eine Urkunde darstellt, erhalten, werden Sie vielleicht wieder enttäuscht sein. In der weit überwiegenden Anzahl der Fälle werden auch Anleihen & Co. nicht mehr gedruckt. Ebenso wie Aktien werden diese Wertpapiere nur noch in Sammelurkunden verbrieft und völlig papierlos auf Ihrem Depotkonto ein- oder ausgebucht. Aber egal, ob Papier oder nicht Papier. Sie geben jedenfalls Ihr Geld einem Emittenten nicht als Eigenkapital, wie das bei einer Aktie der Fall ist, sondern als Fremdkapital. Man kann auch sagen, Sie geben diesem Unternehmen oder zum Beispiel der Bundesrepublik Deutschland durch den Kauf dieses Wertpapiers ein Darlehen. Das kennen Sie vielleicht bereits von einem Darlehen, das Sie bei Ihrer Bank für Ihr Haus, Ihre Eigentumswohnung, Ihr Auto oder Ihre Wohnungseinrichtung in Anspruch genommen haben. In diesem Fall haben wir die gleiche Situation, nur seitenverkehrt. Ihre Bank ist in diesem Fall Gläubiger, verlangt von Ihnen Zinsen und am Ende die pünktliche Rückzahlung der Darlehenssumme. Man bezeichnet die Rückzahlung auch als Tilgung. Jetzt sind aber Sie Darlehensgeber. Daher haben Sie einen Anspruch auf Zinsen und auf die pünktliche Rückzahlung des Darlehens in Form Ihrer Geldanlage in diesem Wertpapier. Sie sind Gläubiger und dürfen erwarten, dass die Rückzahlung Ihres Geldes entsprechend den Bedingungen abläuft. Der Nachweis für Ihre Ansprüche ist die Urkunde in Form des Wertpapiers, auch wenn Sie es nicht direkt in den Händen halten werden. Diese Urkunde besteht aus dem Wertpapier selbst, man bezeichnet dies als »Mantel«, und den Zinsscheinen oder Kupons. Die Zinsscheine befinden sich in einem »Bogen«. Demnach besteht ein Rentenpapier aus einem Mantel und einem Bogen (siehe auch vorn im Kapitel allgemein zu Wertpapieren).

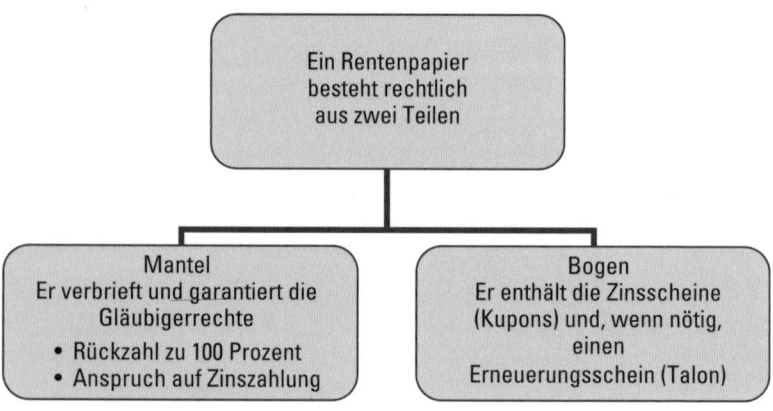

Nichts dauert ewig – die Laufzeit ist meistens begrenzt

Die Mehrzahl der Rentenpapiere hat eine feste Laufzeit, die sich natürlich von Wertpapier zu Wertpapier unterscheidet. Die Laufzeiten der heutigen Rentenpapiere betragen meist zwischen fünf und 15 Jahren. Längere Laufzeiten kommen selbstverständlich vor. Sie können also mit einem klar vorgegebenen Zeitraum für Ihre Geldanlage rechnen, dürfen aber auch nicht jammern, wenn das Ende Ihrer hoffentlich schönen Zinserträge naht und schließlich endet. Das ist eben anders als bei Aktien, die mit keiner Laufzeitbegrenzung ausgestattet sind. Eine Ausnahme stellen Rentenpapiere dar, deren Laufzeit durch kein Ablaufdatum begrenzt ist. Bei solchen Rentenpapieren behält sich der Emittent in der Regel ein Kündigungsrecht vor. Er wird es dann ausnutzen, wenn die Zinsen für Geldanlagen allgemein stark sinken. Damit vermeidet der Emittent die Zahlung zu hoher Zinsen für die Anleihen.

Kurzfristig, mittelfristig oder langfristig? – das ist hier die Frage

Ob nun die Laufzeit einer Anleihe kurzfristig, mittelfristig oder langfristig ist, kann man nicht mit völliger Klarheit sagen. Vor allem gibt es hierzu keine gesetzlichen Vorschriften. Es ist für Sie als Anle-

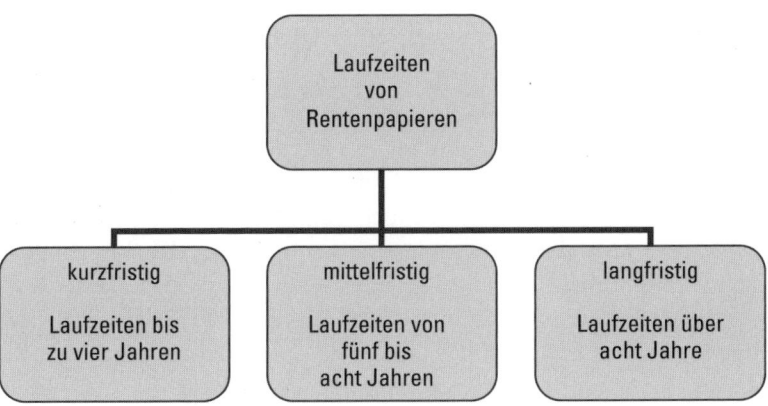

ger oder Anlegerin auch völlig unwesentlich, ob nun fünf Jahre Laufzeit kurz-, mittel- oder langfristig ist. Wichtig sind für Sie nur zwei Dinge. Erstens wollen Sie pünktlich Ihre Zinsen und zweitens 100 Prozent Ihres Kapitals zum Zeitpunkt der Rückzahlung. Da aber bei Angeboten dieser Papiere oft ein Zusatz dabeisteht – wie zum Beispiel »bei dieser Anlage sollten Sie langfristig orientiert sein« –, hier eine kleine Hilfe für Sie. Diese Einteilung ist weitgehend üblich. Sie können aber beruhigt sein, ein Hinweis auf die Fristigkeit alleine genügt nicht, die Laufzeit in Jahren muss immer genau angegeben sein.

Eine Besonderheit – der Kurs in Prozent

Der Kurs von Rentenpapieren ist nicht in Euro, wie bei Aktien, sondern in Prozent angegeben. Wenn wir annehmen, Sie wollen 1000 Euro in ein solches Wertpapier investieren und der Kurs beträgt genau 100 Prozent, dann müssen Sie genau 1000 Euro anlegen. Beträgt er nur 99,23 Prozent, dann müssen Sie eben nur 992,30 Euro anlegen. Beträgt er 101,25 Prozent, dann müssen Sie etwas mehr berappen, nämlich 1012,50 Euro, um das Wunschpapier zu erhalten. Warum Kurse unter oder über 100 Prozent vorkommen, das erfahren Sie etwas später.

Der Nennwert und die Stückelung – zwei feste Größen

Anleihen & Co. haben immer einen Nennwert, den man auch als Nominalwert bezeichnet. Dieser Nennwert entspricht genau dem Wert, auf den Sie am Ende der Laufzeit einen Anspruch auf Rückzahlung haben. Da der aktuelle Wert von Rentenpapieren nicht in Euro, wie bei Aktien, sondern immer in einem Prozentsatz angegeben ist, entspricht der Nennwert genau 100 Prozent. Die Mindesthöhe dieses Nennwertes legt der Emittent fest. So kann es sein, dass als Mindestnennwert für eine Anleihe 1000 Euro festgelegt wurden. Dieser Mindestnennwert ist zugleich die Stückelung. Das heißt für Sie als Anleger, dass Sie mindestens 1000 Euro anlegen müssen, wenn Sie dieses Wertpapier erwerben wollen. Sie können auch immer nur in diesen Betragsgrößen weitere Anleihen kaufen. Wenn Sie also planen, 6 500 Euro darin anzulegen, dann müssen Sie sich entscheiden. Möchten Sie etwas mehr oder lieber etwas weniger? Wie Sie sehen, ist das Ganze vergleichbar mit dem Einkauf an der Wursttheke, wenn 100 Gramm Schinken nicht genau aufgehen. Auch hier fragt Sie die freundliche Verkäuferin: »Darf es etwas mehr sein oder eher etwas weniger?« Also, legen Sie entweder genau 6 000 Euro an oder eben »etwas mehr«, nämlich 7 000 Euro. Sie können sich natürlich auch eine vergleichbare Anleihe suchen, die schon ab einer Stückelung von 100 Euro zu haben ist. Eine zu finden, ist allerdings schwierig. Es gibt natürlich Anleihen mit anderen Stückelungen, ob sie aber dann tatsächlich mit Ihrer ehemaligen Wunschanleihe vergleichbar sind, ist natürlich die große Frage. Fest steht, Sie müssen diese vorgegebenen Stückelungen akzeptieren. Ablesen können Sie diese aus den Informationsquellen im Internet oder Sie fragen einfach bei Ihrer Bank nach. Sie wissen ja, es gibt den Beipackzettel, das bekannte Produktinformationsblatt.

Die Rückzahlung beträgt 100 Prozent

Das beruhigt doch, oder? Zunächst schon, denn der Emittent ist verpflichtet das Wertpapier zu 100 Prozent zurückzuzahlen. Sie kennen das schon, es ist der Nennwert. Die Rückzahlung bezeichnet man auch als Tilgung, ebenso wie die Rückzahlung eines Darlehens. Wenn Sie jetzt vielleicht etwas ungläubig grübeln, es ist schon so richtig. Sie befinden sich in der Rolle eines Darlehensgebers, also stimmt das mit diesem Begriff. Nicht genug damit, denn wir müssen uns mit einem weiteren gängigen Begriff anfreunden. Diese 100 Prozent nennt man in der Fachsprache auch »pari«. In den Angeboten der Emittenten, die Ihnen Ihr Bankberater aushändigen muss und die Sie immer gut lesen sollten, kann es nämlich zum Beispiel heißen: »Die Rückzahlung erfolgt am 30.06.2015 zu pari.« Zum Glück vermeidet man inzwischen oft diese Fachausdrücke und gibt stattdessen »zu 100 Prozent« oder »zum Nennwert« an. Aber es kommt eben doch vor und das sollten Sie wissen. Wenn Sie also ein solches Wertpapier zu einem Kurs unter 100 Prozent gekauft haben, dann erhalten Sie ebenfalls 100 Prozent Ihres angelegten Kapitals zurück. Freuen Sie sich nicht zu früh, denn wenn

Sie dafür mehr als 100 Prozent bezahlt haben, bekommen Sie auch nur 100 Prozent zurück. Die Frage, warum ein Rentenpapier einen Kurs von mehr als 100 Prozent haben kann, klären wir später. Wichtig ist zunächst, Sie erhalten auf jeden Fall den Nennwert am Tag der Fälligkeit. Diese Rückzahlung erfolgt direkt durch den Emittenten an Ihre Bank, bei der Sie Ihr Depotkonto führen und ist für Sie eigentlich gebührenfrei. Wenn der Nennwert zum Beispiel 5 000 Euro beträgt, dann erhalten Sie auch 5 000 Euro zurück.

> ☞ Achtung:
> Passen Sie genau auf die Bedingungen Ihrer Bank auf. Es kann nämlich durchaus sein, dass man Ihnen bei der Rückzahlung eine Provision berechnet, wenn Ihre Bank das Wertpapier nicht selbst ausgegeben hat, sie also nicht der Emittent ist. Hier ist Ihr persönliches Verhandlungsgeschick gefragt.

Bonität des Emittenten und Rang des Wertpapiers – zwei wichtige Dinge

Eine kleine Gefahr lauert doch und die könnte Ihnen die Freude auf die zu erwartende Rückzahlung des Nennwertes kräftig verderben. Sie werden sich nämlich über die Rückzahlung nur freuen können, wenn der Emittent zu diesem Zeitpunkt auch tatsächlich zahlungsfähig ist. Auch das ist nicht anders als bei jedem Darlehen, das jemand bei einer Bank aufnimmt. Nicht selten kommt es vor, dass Personen ihre Schulden nicht zurückzahlen können. In Deutschland gelten alle Wertpapiere der öffentlichen Hand, vor allem aber die Bundeswertpapiere, als erste Sahne. Sie sind zum Beispiel nach Standard & Poors, eine der großen amerikanischen Ratinggesellschaften, mit »AAA« (gesprochen: dreifach A oder englisch »triple A«) einsortiert. Das bedeutet, dass es praktisch kein Ausfallrisiko gibt. Das absolute Gegenteil wäre ein Rating mit dem Buchstaben »D«. »D« steht für das englische Wort »default«, was mit Nichterfüllung oder Ausfall übersetzt werden kann. Eines ist natürlich klar, große Zinserträge können Sie bei Papieren mit einem dreifachen A nicht ernten. Dafür schlafen Sie aber ruhig. Beachten Sie immer, ein festverzinsliches Wertpapier, dessen Zinssatz sich deutlich vom allgemeinen Marktzins nach oben abhebt, ist tendenziell unsicherer als eines, das sich eher am Marktzinssatz orientiert. Sie ernten in diesem Fall Ihre Früchte mit einem Risikoaufschlag, das muss man wissen. Das heißt natürlich noch lange nicht, dass eine Anleihe eines führenden deutschen Großunternehmens mit einem Zinssatz von drei Prozent über dem Zinssatz einer Bundesanleihe ein Zitterpapier mit Herzschrittmacher als Beigabe sein muss. Wohl kaum, aber trotzdem weisen Anleihen von Unternehmen dieser Art immer ein ungünstigeres Rating auf als deutsche Staatspapiere. Das ist in der einfachen Tatsache begründet, dass eben ein Ausfallrisiko besteht, wenn auch nur theoretisch. Ganz anders sieht das dann schon mit Anleihen von Staaten aus, deren Anleihen vielleicht das Vierfache oder noch mehr des üblichen Zinssatzes gewähren. Wenn Sie Ihr Geld in so etwas anlegen, dann müssen Sie wissen, was Sie getan haben. Freuen Sie sich über die Zinsen, aber jammern Sie nicht, wenn am Ende der Laufzeit nur ein Briefchen kommt und kein Geld. Aber, wohl gemerkt, auch das muss nicht eintreten. Grundsätzlich gilt also, je ungünstiger das Rating für einen Emittenten ausfällt, desto höhere Zinsen muss er anbieten, damit seine Anleihen gekauft werden. Und dieses Mehr an Zinsen stellt eine Art Risikoprämie für Sie als Anleger dar. Entscheidend ist auch noch die Frage des Ranges oder, anders ausgedrückt, der Rangfolge. Es gibt sogenannte nachrangige Anleihen. Das Wort Rang hat etwas mit der Abwicklung im Rahmen einer Insolvenz zu tun. Wenn Sie nachrangiger Gläubiger sind, dann brauchen Sie sich im Falle der Insolvenz, das heißt der Zahlungsunfähigkeit des Emittenten, mit größter Wahrscheinlichkeit keine Gedanken mehr über die Verwendung Ihres Rückzahlungsbetrages machen. Sie werden vermutlich nichts bekommen. Das ist so, weil erst alle Gläubiger vor Ihnen, nämlich die mit den vorderen Rängen, befriedigt werden. Dieses höhere Risiko ist der Preis für höhere Zinsen. Nachrangige Rentenpapiere sind immer mit einem höheren Nominalzins ausgestattet als erstrangige.

 Tipp:
Informieren Sie sich sehr genau über die Bonität, das ist die Güte des Emittenten und den Rang des Wertpapiers, bevor Sie Ihr Geld in einem Rentenpapier anlegen. Die Güte eines Emittenten erkennt man am Rating, sofern es von zuverlässigen Ratingagenturen vorgenommen wurde. Eine eventuelle Nachrangigkeit muss eindeutig angegeben sein. Diese Arbeit können Sie aber getrost auf Ihren Bankberater übertragen, sofern Sie kein Direktdepot ohne Beratung unterhalten.

Meistens läuft bei der Rückzahlung alles nach Plan

Wieso auch nicht, könnten Sie fragen. In der Regel ist das auch so. Die Mehrzahl aller Rentenpapiere hat ein fest vereinbartes Datum, zu dem die Papiere fällig werden. Planmäßig kann auch sein, dass die Rückzahlung in Häppchen vorgenommen wird. Wenn das der Fall ist, werden entsprechende Teile eines Rentenpapiers zu bestimmten Terminen ausgelost. Die Losnummer ist im Prinzip die Seriennummer des Wertpapiers. Wenn Ihr Wertpapier sehr frühzeitig ausgelost werden sollte und Sie es gerne länger behalten hätten, dann haben Sie leider Pech gehabt. Das ist natürlich dann der Fall, wenn der Nominalzinssatz höher als der Zinssatz für andere Anlagen ist. Das alles ist aber bekannt, denn es steht in den Emissionsbedingungen, die Sie in Kurzform im Produktinformationsblatt nachlesen können. Also, nicht ärgern sondern vorher lesen. Wenn Sie das ungeliebte Ding ohnehin loswerden wollten, dann können Sie sich freuen. Freuen werden Sie sich vermutlich dann, wenn der Zinssatz des Wertpapiers deutlich unter dem Zinssatz vergleichbarer Anlagen liegt. Das kann passieren, wenn sich das allgemeine Zinsniveau inzwischen nach oben bewegt hat. Es gibt aber auch viele Fälle, in denen sich der Emittent eine vorzeitige Rückzahlung vorbehält. Was soll denn das wieder, könnten Sie vielleicht fragen. Die Antwort ist wieder einfach. Wenn Sie der Emittent mit einem Zinssatz verwöhnt haben sollte, der eigentlich höher als der momentan übliche ist und die Zinsen allgemein eher sinken, dann wird er sich etwas überlegen. Er wird dieses für ihn eher teure Darlehen vorzeitig zurückzahlen. Wenn Sie vielleicht ein Haus oder eine Eigentumswohnung mit einem Darlehen finanziert haben sollten, dann müssten Sie dieses Spielchen eigentlich kennen. Der Darlehensvertrag kann eine vorzeitige Tilgung vorsehen. Auch das werden Sie als Schuldner nur ausnutzen, wenn die Zinsen inzwischen gesunken sind und Sie mit einem neuen Vertrag günstigere Bedingungen erhalten. Es muss also im Vertrag ausdrücklich vereinbart sein. Bei einem Wertpapier dieser Art steht es in den Emissionsbedingungen. Der Wortlaut könnte sein: »Der Emittent behält sich vor, die Anleihe zum Ende des zweiten Laufzeitjahres, am 15.03.2014, vorzeitig zu tilgen.« Dagegen können Sie nichts machen, das war alles bekannt und Sie haben ja auch mehr Zinsen erhalten als bei vergleichbaren anderen Anlagen. Also, nicht meckern und lieber Zinsen genießen. Auch wenn der Genuss nur von kurzer Dauer war.

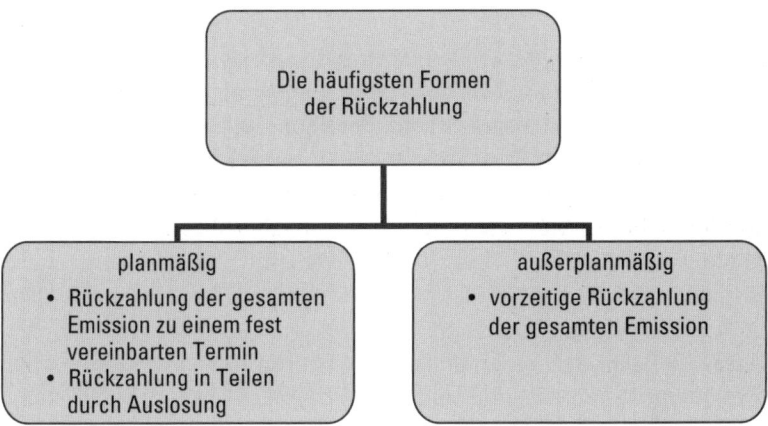

Der Zinsertrag – damit können Sie rechnen

Diese Wertpapiere sind mit einem Zinssatz ausgestattet. Der Zinsanspruch ist rechtlich durch Zinsscheine gesichert. Zinsscheine bezeichnet man auch als Kupons. Die Mehrzahl dieser Wertpapiere weist einen festen Zinssatz auf. Daneben gibt es aber auch noch zwei Sonderlinge, nämlich solche mit einem variablen Zinssatz und sogar welche ohne Zinssatz. Nichts ist unmöglich, aber in den meisten Fällen wird dieser Zins jährlich zu einem vorher festgelegten Termin ausbezahlt. Es ist also alles klar festgelegt und damit entscheidend anders als bei Dividenden von Aktien.

Zwei Sonderlinge beim Zinsertrag

Es gibt tatsächlich Rentenpapiere mit variablem Zinssatz und sogar welche ohne Zinssatz. Nun, der erste Fall ist ja noch akzeptabel, aber der zweite? Eine Geldanlage ohne Zinsertrag? Nachdem das vermutlich nicht funktionieren kann, wird hier wohl eine weiße Taube aus dem Zauberhut flattern, die das Ganze wieder gut werden lässt.

Floating Rate Notes

Rentenpapiere mit variablem Zinssatz bezeichnet man in der Fachsprache als »Floating Rate Notes« oder »Floater«. Dieser Begriff lässt sich sinnvoll kaum übersetzen, denn floaten heißt schwimmen oder treiben. Bei »rate« und »note« ist es schon klarer, denn »rate« ist der Zinssatz und »note« eben das Wertpapier. Einigen wir uns darauf, dass der Begriff »Anleihe mit treibendem Zinssatz« oder »Anleihe mit schwimmendem Zinssatz« etwas komisch klingt. Also, akzeptieren wir den englischen Begriff. Wenn er Ihnen nicht so recht gefällt, dann verwenden Sie doch einfach die deutsche Bezeichnung, variabel verzinsliche Anleihe. Diese Wertpapiere sind meistens mit einem kombinierten Zinssatz ausgestattet. Er besteht aus einem variablen und einem festen Teil.

Ein Beispiel, wie es heute sehr oft vorkommt. Eine Kombination aus einem festen Zinssatz und dem EURIBOR als variabler Teil:

Fester Teil des Zinssatzes	Variabler Teil des Zinssatzes	Angabe des Zinssatzes bei diesem Wertpapier
3,25	EURIBOR	3,25 + EURIBOR
Diesen Zinssatz in Höhe von 3,25 Prozent erhalten Sie auf jeden Fall.	Dieser Teil des Zinssatzes ist abhängig von der Entwicklung des EURIBOR. EURIBOR ist ein Zinssatz, den 48 Banken in Europa für Anlagen bis zu höchstens zwölf Monaten täglich ermitteln. Es handelt sich also um einen Zinssatz für relativ kurzfristige Geldanlagen, der sich täglich verändern kann. 2011 betrug der durchschnittliche EURIBOR ein Prozent. EURIBOR ist die Abkürzung für European Interbank Offered Rate. Übersetzt heißt das in etwa »das Zinsangebot europäischer Banken«.	Das heißt, wenn wir einen EURIBOR von 1,03 Prozent annehmen, dann würde sich Ihre Geldanlage aktuell mit 3,25 + 1,03 = 4,28 Prozent verzinsen. Da Sie für diese Anleihen in der Regel vierteljährlich Zinsen erhalten, kann es durchaus sein, dass Sie am nächsten Zinstermin mehr oder weniger Zinsen erhalten. Weniger als 3,25 Prozent werden es aber nie, denn die sind Ihnen garantiert.

Wenn Sie jetzt fragen, was soll das, warum sollte man ein derartiges Wertpapier kaufen, dann gibt es eine klare Antwort. Es ist dann sinnvoll, wenn Sie meinen, dass der Zinssatz für vorwiegend kurzfristige Geldanlagen in der nächsten Zeit steigen wird und dann insgesamt höher ist als vergleichbare Anleihen mit einem festen Zinssatz. Wenn Sie aber an fallende Zinsen glauben, dann lassen Sie lieber die Finger von diesem Produkt. Sie würden sich nur ärgern, aber hoffentlich nur über Ihre falsche Anlagestrategie.

> ☞ *Achtung:*
> Anleihen dieser Art werden auch unter dem Begriff Gleitzinsanleihen angeboten.

Null-Kupon-Anleihen

Diese Anleihe schießt wahrlich den Vogel ab. Sie geben Ihr liebes Geld einem Emittenten und erhalten dafür ein Wertpapier. Bei dem Wertpapier handelt es sich um eine Anleihe, also ein Rentenpapier, wofür Sie eigentlich Zinsen erhalten. Nicht so bei diesem Sonderling. Es gibt keine Zinsen. Dieses Wertpapier enthält auch keinen Zinsschein, weil es eben keine Zinsen gewährt. Und weil es keine Zinsen gewährt, heißt es auch »Zero Bond«. Nun, dieser englische Ausdruck ist schnell zerpflückt – »zero« ist die Null und »bond« die Anleihe. Eigentlich müsste sie ja »Zero Rate Bond« heißen. Nein, es bleibt bei »Zero Bond« und damit basta. Aber so sind sie eben, die Schöpfer dieser für den Normalverbraucher oftmals rätselhaften Begriffe von Finanzprodukten. Auf den ersten Blick betrachtet müssten Sie allenfalls ein Gönner sein, wenn Sie ein derartiges Wertpapier kaufen. Vielleicht für ein Unternehmen oder für den Bundesfinanzminister, wenn es sich um eine Anleihe der Bundesrepublik Deutschland handeln würde. Nun, gehen wir davon aus, Sie haben andere Motive, als einem Unternehmen oder dem Staat unter die Arme zu greifen. Es muss also irgendwo anders die Gegenleistung zu finden sein. Das ist auch so. Anleihen dieser Art werden immer mit einem Abschlag vom Kaufpreis ausgegeben. Diesen Abschlag bezeichnet man in der Fachsprache auch als Disagio[11]. Sie erwerben also solche Anleihen unter 100 Prozent und erhalten 100 Prozent Ihres angelegten Geldes zurück. Statt fester Zinsen können Sie einen Rückzahlungsgewinn verbuchen. Genau das ist die »weiße Taube« aus dem Zauberhut.

---

[11] Agio ist das Gegenteil und bedeutet Aufschlag.

Ein Beispiel:

Aktueller Kurs in Prozent	Abschlag in Prozent	Kaufkurs in Prozent	Rückzahlungs-kurs in Prozent	Kursgewinn in Prozent	Zinsertrag in Prozent
100	4	96	100	4	0

Anlagebetrag zum Nennwert in Euro	Abschlag in Prozent	Kaufpreis in Euro	Rückzahlung in Euro	Kursgewinn in Euro	Zinsertrag in Euro
5000	4	4800	5000	200	0

Vor dem 1. Januar 2009, als man sich über steuerfreie Kursgewinne und Rückzahlungsgewinne nach zwölf Monaten Haltedauer der Wertpapiere freuen konnte, waren diese Anleihen sehr begehrt. Inzwischen ist ihre Bedeutung gesunken, da Kursgewinne und Rückzahlungsgewinne immer versteuert werden müssen. Interessant kann eine Anlage in solchen Papieren dennoch sein, wenn man die Besteuerung der Erträge um einige Jahre verschieben möchte. Das kann der Fall sein, wenn man zum Zeitpunkt der Fälligkeit mit geringeren Einkünften und einem Einkommensteuersatz unter 25 Prozent rechnet. Dann kann es zu einer Steuergutschrift kommen, da 25 Prozent Kapitalertragsteuer (Abgeltungsteuer) die Höchstgrenze darstellt und die Differenz zu einem geringerem Steuersatz durch das Finanzamt vergütet wird.

Auch Rentenpapiere haben einen Kurs

Wenn Sie bisher glaubten, Anleihen & Co. seien etwas für Langweiler und Sie könnten sich beruhigt zurücklegen, dann stimmt das nur zum Teil. Langweilig sind sie auf keinen Fall, denn sie bewegen sich und das manchmal ganz schön. Wenn Sie sich nach dem Kauf einer Anleihe, einer Schuldverschreibung oder eines anderen Rentenpapiers gemütlich zurücklehnen wollen, dann müssen Sie dieses Wertpapier bis zum Tag der Fälligkeit behalten. An diesem Tag erhalten Sie bekanntlich Ihr eingesetztes Kapital zu 100 Prozent zurück. Aber es könnte ja durchaus sein, dass Sie das Wertpapier vor seiner Fälligkeit verkaufen wollen oder sogar müssen. Es wird also möglicherweise unruhig im vermeintlich sicheren Finanzhafen, denn auch diese festverzinslichen Wertpapiere haben einen Börsenkurs. Bei aufziehenden Stürmen in der Finanzwelt kann es sogar sehr ungemütlich werden. Diese Aussage beschränkt sich aber auf Rentenpapiere mit einem tatsächlich festen Zinssatz. Unsere Sonderlinge, die Floater und Zerobonds, haben damit nur sehr wenig zu tun. Sie liegen relativ sturmfest und gut vertäut im Hafenbecken.

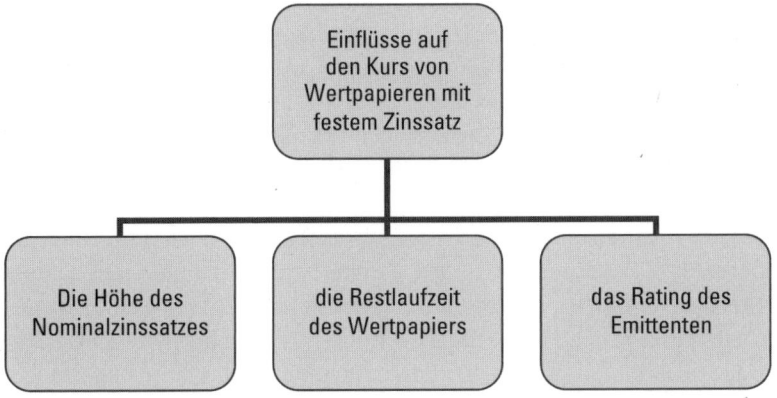

Der Nominalzins des Wertpapiers beeinflusst den Kurs

Also diese Wertpapiere, um die es jetzt geht, haben einen festen Zinssatz. Nun überlegen Sie doch mal. Wie interessant ist ein derartiges Wertpapier für Sie, wenn sich der allgemeine Marktzinssatz bewegt? Ist es für Sie wirklich noch prickelnd, wenn Sie eine Anleihe besitzen, die vielleicht noch vier Jahre läuft und Sie dafür Zinsen erhalten, die auffällig niedriger sind als bei anderen, vergleichbaren Geldanlagen? Gehen wir davon aus, dass Sie Realist sind und das eher als ungünstig empfinden. Also werden Sie versuchen, Ihre Anleihe am Markt zu verkaufen. Da diese Anleihe aber vermutlich zu dem Preis, zu dem Sie sie erworben haben, niemand haben will, müssen Sie sie günstiger anbieten. Und jetzt schlägt das alte Marktgesetz zu. Übersteigt das Angebot die Nachfrage, dann sinkt der Preis, in diesem Falle der Kurs. Der Kurs wird soweit sinken, bis sich endlich andere Käufer entschließen, diese Dinger zu kaufen. Warum sie das machen, kann viele Gründe haben. Einer davon ist auf jeden Fall die Lust auf Spekulation, verbunden mit der Hoffnung, dass die

Kurse wieder steigen. Ein anderer ist aber die Tatsache, dass man zum Zeitpunkt der Fälligkeit, also in diesem Fall nach vier Jahren, den Nennwert der Anleihe erhält und somit einen entsprechenden Kursgewinn verbuchen kann. Dieser eventuelle Kursgewinn zieht an Ihnen natürlich lautlos vorüber, wenn Sie die Anleihe bei der Emission erworben und den Nennwert bezahlt haben. 2000 Euro bei der Emission bezahlt, 2000 Euro am Ende zurück, macht einen stattlichen Gewinn von 0 Euro. Dumm gelaufen. Aber dafür haben Sie die Zinsen kassiert und Ihr Einsatzkapital zurück erhalten.

Ganz anders, wenn der allgemeine Marktzinssatz auffällig niedriger als der Zinssatz der Anleihe ist. Ist doch sonnenklar, dass sich dann Ihr Gesicht aufhellt, kassieren Sie doch mehr Zinsen mit Ihrer Anleihe als mit anderen vergleichbaren Geldanlagen. Sie werden als Realist nicht einmal einen Gedanken dafür verschwenden, Ihr wunderbares Wertpapier mit seinen wunderbaren hohen Zinsen zu dem Preis zu verkaufen, zu dem Sie es gekauft haben. Aber jetzt kommen die Nachfrager, die keine dieser schönen Papiere besitzen. Die Nachfrage überflügelt das vorhandene Angebot und schon beginnt der Preis für das Objekt der Begierde zu steigen. Der Kurs klettert nach oben. Genau dann tritt der Effekt ein, dass Kurse für festverzinsliche Wertpapiere die Hundertprozentmarke übersteigen. Je höher die Differenz vom Zinssatz dieser Papiere zum allgemeinen Marktzins ist, desto mehr entfernt sich der Kurs von 100 Prozent nach oben. Es gibt also durchaus festverzinsliche Wertpapiere mit Kursen, die bei 105 Prozent, 110 Prozent und auch darüber liegen, wenn der allgemeine Marktzins im Vergleich zum Nominalzins der Anleihe entsprechend gering ist.

> 💡 *Tipp:*
> Überlegen Sie in so einem Fall ganz genau, was Sie machen und bemühen Sie den Taschenrechner. Sie müssen nur Ihren Zinsertrag für die Jahre bis zur Rückzahlung mit dem Kursgewinn, den Sie bei einem Verkauf erzielen werden, vergleichen. Ist der Kursgewinn höher als der gesamte restliche Zinsertrag, dann ist der Verkauf schon eine Überlegung wert. Beachten Sie aber dabei, der Verkauf an einer Börse verursacht Verkaufskosten und verringert dadurch Ihren Kursgewinn. Ist der Zinsertrag dagegen höher, dann behalten Sie doch einfach das Wertpapier.

Ein Beispiel:

Ausgabekurs der Anleihe	Nominalzins der Anleihe	allgemeiner Marktzins für andere Geldanlagen mit vergleichbarer Laufzeit	voraussichtliche Kursentwicklung der Anleihe
100 Prozent	3,5 Prozent	3,5 Prozent	Der Kurs wird sich um die 100 Prozent bewegen, da es keinen Grund gibt, die Anleihe unter diesen Bedingungen zu verkaufen oder nachzufragen
100 Prozent	3,5 Prozent	2 Prozent	Der Kurs wird über 100 Prozent steigen ↗, da die Anleihe wegen ihres höheren Zinssatzes für andere Anleger interessant wird. Die Nachfrage steigt. Der Kurs wird deutlich zulegen. Ob er nun 105 Prozent, 107,45 Prozent oder mehr betragen wird, hängt vom Verhältnis von Angebot und Nachfrage ab.
100 Prozent	3,5 Prozent	4,5 Prozent	Der Kurs wird unter 100 Prozent fallen ↘, da die Anleihe wegen ihres niedrigeren Zinssatzes für die Inhaber der Anleihe und andere Anleger uninteressanter wird. Die Verkaufsangebote übersteigen die Nachfrage. Der Kurs wird deutlich abnehmen. Ob er nun 95 Prozent, 93,45 Prozent oder weniger betragen wird, hängt vom Verhältnis von Angebot und Nachfrage ab.

Die Restlaufzeit beeinflusst den Kurs zusätzlich

Je näher das Ende eines festverzinslichen Wertpapiers naht, desto mehr wird sich der Kurs an die magische Marke von 100 Prozent herantasten. Das hängt einfach damit zusammen, dass das Wertpapier für die Masse der kaufwütigen Anleger immer uninteressanter wird. Dieses Desinteresse hängt damit zusammen, dass die Kosten des Ankaufs zu diesem Zeitpunkt den nur noch geringen Restzinsertrag voraussichtlich übersteigen würden. Auch Angebot und Nachfrage tragen ihren Teil zu dieser Entwicklung bei. Notiert eine Anleihe unter 100 Prozent wird sie niemand mehr verkaufen, da sonst der schöne Rückzahlungsgewinn verloren wäre. Notiert sie über 100 Prozent, will sie vielleicht keiner haben, da ein Rückzahlungsverlust entsteht. Er verteilt sich zwar auf die Restlaufzeit, knabbert aber trotzdem an der Rendite, da man ihn vom Zinsertrag abziehen muss.

Das Rating des Emittenten sorgt für Aufwind und Abwind

Emittenten mit ungünstigem Rating und der Gefahr, dass sie den Nennwert des Wertpapiers am Fälligkeitstag nicht zurückzahlen, sind immer Kursbremser. Oder wären Sie etwa bereit, für eine hohe Unsicherheit auch noch einen hohen Preis zu bezahlen? Wohl kaum. Umgekehrt beflügelt ein günstiges Rating natürlich die Kurslaune. Ist doch nicht ungewöhnlich, dass für ein Produkt mit höherer Qualität auch die Bereitschaft steigt, dafür etwas mehr zu bezahlen. Eier ohne Schadstoffe von glücklichen Hühnern erzielen eben einen höheren Preis als ihre Konkurrenten aus der Legebatterie. Diese Entwicklung konnte und kann man deutlich an der Kursentwicklung von Staatsanleihen hochverschuldeter Euroländer beobachten. Trotz extrem hoher Nominalzinsen sanken die Kurse nach der Abstufung durch die Ratingagenturen. Also Sie sehen schon, so ein Wertpapier ist nicht weit von einem Ei entfernt. Es gibt nicht nur faule Eier, sondern auch faule Wertpapiere.

Hohe Zinsen und hoher Kurs = hohes Risiko – diese Gleichung stimmt nicht immer

Zinsen spiegeln das Risiko des entsprechenden Wertpapiers wieder. Gehören Sie zu den Zinsjägern, dann müssen Sie teilweise erhebliche Abstriche bei der Sicherheit des jeweiligen Wertpapiers in Kauf nehmen. Bedenken Sie immer, dass Emittenten mit ungünstigem oder gar schlechtem Rating erheblich mehr Zinsen anbieten müssen, damit Anleger auf diese Wertpapiere zugreifen. Die höheren Zinsen stellen den ganz normalen Risikoausgleich dar. Es ist so etwas wie der Lohn der Angst oder die Prämie für das Zittern. Derartige Zitteranleihen bezeichnet man auch als »Junk-Bonds«. Keine Angst, Sie müssen kein Kokain schnupfen, wenn Sie sich für solche Wertpapiere interessieren. Aber etwas süchtig scheinen solche Anleger schon zu sein. Süchtig nach verführerisch hohen Ertragschancen und dem Risiko des Totalverlustes im Falle der Zahlungsunfähigkeit des Emittenten. Genau aus dieser Ecke kommt dieser Begriff. Er ist abgeleitet von Junkie, dem Süchtigen. Zugegeben, ein nicht gerade verlockender Begriff für eine Geldanlage.

Jetzt müssen Sie aber aufpassen, dass Sie nicht Äpfel mit Birnen verwechseln. Man kann solche Wertpapiere nicht mit jenen vergleichen, deren Emittenten ein gutes oder sogar sehr gutes Rating aufweisen. Nach dem Marktgesetz müssten ja eigentlich solche Zitteranleihen mit hohen Zinsen auch einen hohen Kurs aufweisen, da ihr Nominalzins weit über dem Marktzins liegt. Das ist aber nicht der Fall, da diese Emittenten nicht gerade erste Sahne sind. Wie bereits erwähnt, ist auch noch die Restlaufzeit entscheidend. Also kann zum Beispiel eine Anleihe der Bundesrepublik Deutschland, bekanntlich mit »AAA« einsortiert, einen Kurs von 108,75 Prozent aufweisen. Warum? Ganz einfach, weil sie vielleicht schon einige Jahre auf dem Buckel hat und zu einer Zeit ausgegeben wurde, in der der allgemeine Marktzins wesentlich höher war als heute. Damit hat sie einen wesentlichen höheren Nominalzinssatz als Anleihen, die aktuell ausgegeben werden. Und schon haben wir den Effekt, dass die Kurse solcher Ruhe ausstrahlenden Anleihen weit über 100 Prozent notieren. Kein Zittern, kein Herzklopfen, nur die Rentabilität sinkt erheblich, wenn Sie diese Anleihe aktuell kaufen würden. Die Rückzahlung beträgt eben nur 100 Prozent und Sie würden 6,75 Prozent einbüßen. Wenn die Laufzeit noch einige Jahre beträgt, dann verteilt sich dieser Kursverlust aber auf diese Jahre und Sie ernten vielleicht immer noch ganz gut.

Ein kleines Szenario mit möglichen Kursen:

Rating des Emittenten	Risiko des Wertpapiers wegen möglichem Ausfall der Rückzahlung	Nominalzins des Wertpapiers	voraussichtlicher Kurs
sehr ungünstig	sehr hoch	erheblich über dem Marktzins	vermutlich unter 100 Prozent
ungünstig	hoch	deutlich über dem Marktzins	vermutlich bei 100 Prozent
mittelmäßig	Mittelmäßig	höher als der Marktzins	vermutlich etwas mehr als 100 Prozent
gut	gering	etwas höher als der Marktzins	etwas höher als 100 Prozent
sehr gut	ohne	wesentlich höher als der Marktzins	erheblich über 100 Prozent

Ihre Zinsen erhalten Sie am Zinstermin

Der angegebene Zinssatz ist immer ein Jahreszinssatz. Das heißt, wenn ein Rentenpapier mit einem Zinssatz von 3 Prozent ausgestattet ist, dann erhalten Sie 3 Prozent Zinsen vom Nennwert. Da man den Nennwert auch als Nominalwert bezeichnet, heißt dieser Zinssatz Nominalzins.

> ☞ *Achtung:*
> Nicht der momentane Kurswert ist für die Zinsberechnung entscheidend, sondern der Nennwert, der bekanntlich 100 Prozent beträgt. Wenn Sie also 1 000 Euro in einem Wertpapier mit einem Festzinssatz von 3 Prozent angelegt haben und der Kurs beträgt zum Zeitpunkt der Zinszahlung 102,35 Prozent, dann erhalten Sie trotzdem nur 3 Prozent von 1 000 Euro und das sind eben 30 Euro. Wenn Sie meinen, das wäre ungerecht, dann drehen wir den Spieß einfach um. Was würden Sie sagen, wenn Sie Ihre 3 Prozent vom Kurswert bekämen und der Kurs stünde gerade mal bei 95 Euro? Also in diesem Fall bekommen Sie ebenfalls Ihre 30 Euro, nämlich 3 Prozent vom Nennwert.

Diese Tatsache macht diese Geldanlage berechenbar und übersichtlich. Die Zinsen erhalten Sie pünktlich zum angegebenen Zinstermin. Bei festverzinslichen Papieren erfolgt die Zinszahlung meist einmal pro Jahr. Das ist dann auch gleichzeitig das Fälligkeitsdatum im Jahr der Fälligkeit. Dabei ist fast jedes Datum des Jahres denkbar. Der Emittent legt dieses Datum fest.

Ein Beispiel:

Ausgabedatum	Fälligkeit	Zinstermin	letzte Zinszahlung
17.02.2011	17.02.2021	17.02. jährlich	17.02.2021

Es gibt auch Fälle mit mehrmaliger Zinszahlung während des Jahres, sie sind aber eher die Ausnahme oder es handelt sich um variabel verzinsliche Anleihen.

> *Achtung:*
> Bei variabel verzinslichen Anleihen, den Floating Rate Notes, erfolgen die Zinszahlungen in der Regel immer am Ende eines Dreimonatsabschnitts. Das ist notwendig, da die Zinsen an die aktuelle Marktentwicklung angepasst werden müssen.

Wenn Ihre Wertpapiere auf einem Depotkonto bei Ihrer Bank eingebucht sind, können Sie sich entspannt zurücklehnen. Ihre Bank erledigt den Vorgang der Zinsscheineinlösung für Sie und Sie erhalten Ihre heißersehnten Zinsen zum Zinstermin auf Ihrem Girokonto gutgeschrieben. Sind Sie jedoch Anhänger alter Wertpapierrituale und verwahren ein Wertpapier selbst, sofern es dieses überhaupt noch in Papierform als effektives Stück gibt, dann müssen Sie sich schon bewegen. Sie müssen nämlich tatsächlich den fälligen Zinsschein des Zinsscheinbogens abtrennen und bei Ihrer Bank einreichen. Die löst ihn dann ein und Sie erhalten ebenfalls die Gutschrift, wenn auch etwas später. Wenn die Zinsscheine aufgebraucht sind, müssen Sie einen neuen Bogen beantragen.

> *Tipp:*
> Gehen Sie mit der Zeit und lassen Sie die Finger von derart altertümlichen Bräuchen. Sie haben nur Ärger damit. Sie müssen die Zinstermine und die Fälligkeit überwachen, Ihr Wertpapier kann unfreiwillig den Besitzer wechseln oder vernichtet werden. Gut, notfalls sperren Sie es im Schließfach Ihrer Bank ein. Dann kann es sein, dass die Schließfachkosten höher sind als Ihr Zinsertrag. Keine gute Rechnung. Also, bezahlen Sie lieber ein Prozent Depotgebühr, sofern Ihre Bank überhaupt eine berechnet. Nichts stört so Ihre Ruhe. Während Sie auf einem Kreuzfahrtschiff die Sonne der Karibik genießen, bucht Ihre Bank die Zinsen Ihrer Wertpapiere auf Ihr Girokonto.

Stückzinsen – die ausgleichende Gerechtigkeit

Wenn Sie Ihr Wertpapier zum Zeitpunkt der Erstausgabe kaufen und dieses bis zur Fälligkeit behalten, betrifft Sie das Thema Stückzinsen in keiner Weise. Warum, könnten Sie jetzt fragen, muss es Stückzinsen dann überhaupt geben? Wie alle Fragen ist auch diese mehr als berechtigt und Sie werden es kaum glauben, es gibt auch eine logische Antwort darauf.

Gehen wir von folgendem festverzinslichen Wertpapier aus:

Stückelung	1 000 Euro
Nominalzins	4 %
Zinstermin	20. September
Laufzeit	20.09.2000 bis 20.09.2015

Nehmen wir an, Sie haben genau diese Anleihe mit einem Nennwert von 5 000 Euro seit zwei Jahren in Ihrem Depot. Ob Sie dieses Wertpapier nun zwei Jahre im Depot haben oder noch länger, spielt dabei aber keine Rolle. Nehmen wir weiterhin an, Sie beabsichtigen dieses Wertpapier zu verkaufen und zwar am 3. Juni des laufenden Jahres. Der Verkauf erfolgt selbstverständlich durch Ihre Bank an einer Börse.

Nun passiert Folgendes:
- Ihre Bank »übergibt« die Anleihe und die vorhandenen Zinsscheine an den Käufer. Wie immer erfolgt die Übergabe nicht durch effektive Stücke, sondern durch eine Umbuchung. Man bezeichnet das auch als »Lieferung«.
- Sie verkaufen Ihre Anleihe also am 3. Juni. Die Zahlung der Zinsen erfolgt aber erst am Zinstermin und das ist der 20. September.
- Wenn der neue Inhaber Ihrer Anleihe, den Sie natürlich nicht kennen, am 20. September die Anleihe noch hat, bekommt er zwangsläufig die Zinsen für das ganze Jahr. Das muss so sein, weil ein Zinsschein immer die Zinsen für die gesamte Zinsperiode verbrieft.
- Also, wären Sie ganz schön angeschmiert, da Ihnen Ihre wohlverdienten Zinsen vom 20. September letzten Jahres bis zum Zeitpunkt des Verkaufs Ihrer Anleihe entgingen. Was tun?

- Ganz einfach, der Käufer und neue Inhaber Ihrer Anleihe muss Ihnen die Zinsen für diesen Zeitraum, auf die er gar keinen Anspruch hat, natürlich vergüten. Der Zeitraum umfasst die Tage vom Beginn der Verzinsung bis zum Verkaufstag.
- Aber wie soll das funktionieren, wenn man sich doch gar nicht kennt? Hier brauchen wir wieder unsere Banken, die das ganze vermitteln. Die Bank des Käufers belastet das Konto des Käufers nicht nur mit dem Kaufbetrag für die Anleihe, sondern zusätzlich mit den Zinsen, die Ihnen als Verkäufer zustehen. Sie erhalten von Ihrer Bank die Gutschrift aus dem Verkauf Ihrer Anleihe und zusätzlich die Ihnen zustehenden Zinsen. Der Käufer bezahlt natürlich die Zinsen, die er Ihnen als Verkäufer vergüten musste, im Voraus. Dafür erhält er aber zum Zinstermin die gesamten Jahreszinsen und damit gleicht sich seine Vorauszahlung wieder aus.

Sie sehen also, eine an sich einfache Angelegenheit und auch die einzige Möglichkeit, damit Verkäufer und Käufer von Rentenpapieren zu den Zinsen kommen, auf die sie einen Anspruch haben.

> ☞ *Achtung:*
> Stückzinsen sind keine Nominalzinsen.

Nur tatsächliche Zinserträge sind steuerpflichtig

Da es sich um Zinserträge handelt, müssen Sie als Verkäufer diese Erträge selbstverständlich versteuern. Das erledigt wieder Ihre Bank, indem sie die bekannten 25 Prozent Kapitalertragsteuer davon abzieht und einbehält. Für den Käufer der Anleihe bedeutet das, dass er am Zinstermin eigentlich die gesamten Zinsen versteuern müsste. Wäre aber ungerecht, da er ja tatsächlich nur vom Tag des Kaufs bis zum Zinstermin Zinsen erhalten hat. Daher zieht seine Bank vom Gesamtbetrag der Zinsen, das sind genau 200 Euro (4 Prozent von 5 000 Euro), die an den Verkäufer bezahlten Stückzinsen ab und besteuert nur den Rest mit der Kapitalertragsteuer. Also Sie sehen, auch hier herrscht Gerechtigkeit.

Die Ausgabe muss nicht zu 100 Prozent erfolgen

Wenn Sie Rentenpapiere zum Zeitpunkt der Erstausgabe erwerben, dann ist die Frage, ob Sie diese genau zu 100 Prozent erhalten oder ob der Emittent einen Ausgabeaufschlag verlangt. Diesen Aufschlag bezeichnet man auch als Aufgeld oder Agio. Diese Aufschläge, wenn sie überhaupt vorhanden sind, bewegen sich meist in einem Bereich von 0,50 bis durchschnittlich 2 Prozent. Wozu, könnten Sie fragen. Na ja, das alte Spielchen eben. Geht ein Emittent mit gutem Rating von der berechtigten Annahme aus, dass sein Wertpapier heiß begehrt sein könnte, dann gönnt er sich eben diesen kleinen zusätzlichen Schluck. Sie bezahlen bei einem Ausgabekurs von 101,50 Prozent dann für eine Anleihe mit einem Nennwert von 1000 Euro natürlich keine 1000 Euro, sondern 1015 Euro, also 15 Euro mehr. Das ist das Eintrittsgeld, das Sie auch nie mehr vom Emittenten zurückbekommen. Am Ende der Laufzeit erhalten Sie als Rückzahlung genau den Nennwert, also 1000 Euro. Wenn Sie das Wertpapier natürlich während der Laufzeit zu einem Kurs von über 101,50 Euro mit Kursgewinn verkaufen, haben Sie Ihr Eintrittsgeld wieder zurückerhalten. Aber nicht vom Emittenten, sondern dem Käufer des Wertpapiers.

Eine Ausgabe festverzinslicher Papiere unter 100 Prozent, also unterhalb des Nennwertes, ist eher selten. Sollte dies vorkommen, dann müsste es ein Wertpapier sein, das mit irgendeinem Makel behaftet ist. So etwas wäre denkbar, wenn ein Emittent mit ungünstigem Rating eine Anleihe mit marktüblichem Zinssatz anbietet. Der geringere Einstiegskurs würde Ihnen bei der Rückzahlung, so sie denn auch tatsächlich eintritt, einen Kursgewinn bescheren. Ausnahmen sind wieder die Zero-Bonds, die immer unter 100 Prozent ausgegeben werden.

Die Auswahl ist groß

Rentenpapiere sind Wertpapiere mit großer Artenvielfalt. Keine Sorge, wir sind hier nicht in der Welt der Pflanzen oder der Tiere. Wir bleiben auf dem Finanzparkett. Um hier eine gewisse Ordnung zu erzeugen, stellt man sich am einfachsten folgende Frage: »Wer gibt solche Wertpapiere aus?« In der Fachsprache heißt das bekanntlich: »Wer ist der Emittent solcher Wertpapiere?« Selbstverständlich gibt es dabei auch Überschneidungen, indem der eine offenbar das Gleiche anbietet wie ein anderer. Es gibt aber auch Rentenpapiere, die eben nur ein spezieller Emittent anbietet und das ist wichtig, wenn Sie sich für Wertpapiere dieser Art interessieren. Also schauen Sie sich einfach die folgende Zusammenstellung in Ruhe an. Sie beschränkt sich aber auf die wesentlichen Arten und verzichtet auf Sonderfälle, die für eine normale Geldanlage kaum in Frage kommen.

Emittentengruppe	Emittenten im Einzelnen	Arten der Rentenpapiere
Öffentliche Hand	Bundesrepublik Deutschland	Bundeswertpapiere • Bundesanleihen • Tagesanleihen • Bundesobligationen • Bundesschatzbriefe • Finanzierungsschätze • Schatzanweisungen
	Bundesländer	Länderanleihen
	Städte	Kommunalanleihen
Kreditinstitute in Deutschland	Geschäftsbanken	Inhaberschuldverschreibungen
	Genossenschaftsbanken und ihre Zentralinstitute	Inhaberschuldverschreibungen Sparobligationen
	Sparkassen	Inhaberschuldverschreibungen Sparkassenobligationen
		Inhaberschuldverschreibungen
	Landesbanken	Kommunalobligationen
	Realkreditinstitute (Hypothekenbanken)	Kommunalschuldverschreibungen Pfandbriefe Hypothekenpfandbriefe Öffentliche Pfandbriefe
Unternehmen in Deutschland (ohne Kreditinstitute)	Industrieunternehmen (Produktionsbetriebe)	Anleihen Schuldverschreibungen
	Handelsunternehmen	Anleihen Schuldverschreibungen
	Dienstleistungsunternehmen (zum Beispiel Energieversorger)	Anleihen Schuldverschreibungen
Verschiedene Emittenten im Ausland	Europäische Staaten	Anleihen in Euro
	Außereuropäische Staaten Kreditinstitute Industrieunternehmen Handelsunternehmen Dienstleistungsunternehmen	Anleihen in ausländischer Währung, zum Beispiel US-Dollar oder englischem Pfund

Anleihen müssen nicht auf Euro lauten

Achten Sie genau darauf, in welcher Währung das entsprechende Wertpapier ausgegeben wurde. Ausländische Emittenten in Europa, die dem Euroraum angehören, geben ihre Anleihen meist in Euro aus. Europäische Emittenten aus einem Land, das den Euro nicht als gesetzliches Zahlungsmittel hat, geben ihre Anleihen aber eventuell in der Landeswährung aus. Das ist nichts Schlimmes, man muss es nur wissen, wenn man eine Anleihe erwirbt. Eine ungarische Staatsanleihe kann auf die Landeswährung Forinth lauten. Ungarn ist Mitgliedsstaat der Europäischen Union, aber kein Euroland. Ebenso können Anleihen auf außereuropäische Währungen, wie zum Beispiel US-Dollar oder den japanischen Yen lauten. Auch nicht weiter tragisch, nur müssen Sie dabei mit Kursschwankungen der Währung zum Euro rechnen, denn mit Dollar oder Yen werden Sie in Deutschland wenig Erfolg beim Einkaufen haben. Das heißt, dass sowohl die Zinszahlung als auch die endgültige Rückzahlung oder ein vorzeitiger Verkauf in dieser Währung erfolgt. Die Umrechnung in Euro hängt vom momentanen Wert des Euro zu der entsprechenden Währung ab und kann für Sie zusätzliche Gewinne, aber auch Verluste bedeuten. Also Vorsicht!

Welche Rendite können Sie mit Rentenpapieren erzielen?

Bei diesen Wertpapieren ist die Frage sehr einfach zu beantworten, wenn man davon ausgeht, dass Sie Ihr Wertpapier bis zum Ende der Laufzeit behalten und nicht vorher verkaufen. Daher sind alle Renditen, die bei festverzinslichen Wertpapieren angegeben sind, immer bis zum Laufzeitende berechnet.
Ein kleines Beispiel:
Angenommen, Sie hätten am 01.02.2010 eine Anleihe der Bundesrepublik Deutschland erworben. Die Restlaufzeit beträgt sieben Jahre, der Nominalzins 2,50 Prozent, Zinstermin ist jeweils der 01.02.

Kurs am Kauftag	Kosten	Anschaffungskosten	Zinsen pro Jahr bei 100,00 € Nennwert	Rücknahme am Fälligkeitstag zu 100%	Kosten	Gesamtertrag bis zum Verkaufstag	Rendite pro Jahr in Prozent
98,60 €	0,60 €	99,20 €	2,50 €	100 €	0 €	18,30 €	2,61

Angaben für Renditen beziehen sich immer auf ein Jahr, also auf zwölf Monate. Dazu müssen Sie den Gesamtertrag auf zwölf Monate umrechnen und in das Verhältnis zu den Anschaffungskosten setzen.

Rückzahlungsbetrag	100,00 Euro
– Kosten	0,00 Euro
+ Zinsen 2010 – 2017	17,50 Euro
– Anschaffungskosten	99,20 Euro
= Gesamtertrag 01.02.2010 – 01.02.2017	18,30 Euro
= Gesamtertrag in 7 Jahren	18,30 Euro
Gesamtertrag in zwölf Monaten	2,61 Euro

Wenn Sie jetzt diesen jährlichen Gesamtertrag auf die Anschaffungskosten beziehen und mit 100 multiplizieren, erhalten Sie die Rendite pro Jahr in Prozent.

$$\frac{2{,}61 \times 100}{99{,}20} = 2{,}63 \text{ Prozent}$$

Kein Wunder, sondern nackte Wirklichkeit, die Rendite ist tatsächlich um 0,13 Prozent höher als der angegebene Nominalzins. Das ist auch logisch und richtig, da Sie in diesem Fall die Anleihe zu einem Kurs unter 100 Prozent erworben hätten, am Fälligkeitstag aber 100 Prozent zurückerhalten. Damit erzielen Sie einen Kursgewinn, der die Rendite erhöht.

Umgekehrt würde bei einem Kaufkurs über 100 Prozent die Renditemaus natürlich an der Rendite nagen und einen Teil des schönen Nominalzinses einfach auffuttern, weil Sie nur 100 Prozent zurückerhalten. Durch einen Kursverlust büßen Sie also Rendite ein.

Auch hierzu ein kleines Beispiel:

Nehmen wir an, Sie hätten am 01.02.2008 eine Anleihe der Bundesrepublik Deutschland erworben. Die Restlaufzeit beträgt 6 Jahre, der Nominalzins 4,50 Prozent, Zinstermin ist jeweils der 01.02.

Welche Rendite können Sie mit Rentenpapieren erzielen?

Kurs am Kauftag	Kosten	Anschaffungskosten	Zinsen pro Jahr bei 100,00 € Nennwert	Rücknahme am Fälligkeitstag zu 100%	Kosten	Geamtertrag bis zum Verkaufstag	Rendite pro Jahr in Prozent
102,50 €	0,70 €	103,20 €	4,50 €	100 €	0 €	23,80 €	3,85

Angaben für Renditen beziehen sich immer auf ein Jahr, also auf zwölf Monate. Also müssen Sie den Gesamtertrag auf zwölf Monate beziehen und in das Verhältnis zu den Anschaffungskosten setzen.

Rückzahlungsbetrag	100,00 Euro
− Kosten	0,00 Euro
+ Zinsen 2008 − 2014	27,00 Euro
− Anschaffungskosten	103,20 Euro
= Gesamtertrag 01.02.2008 − 01.02.2014	23,80 Euro
= Gesamtertrag in 6 Jahren	23,80 Euro
Gesamtertrag in zwölf Monaten	3,97 Euro

Wenn Sie jetzt diesen jährlichen Gesamtertrag auf die Anschaffungskosten beziehen und mit 100 multiplizieren, erhalten Sie die Rendite pro Jahr in Prozent.

$$\frac{3{,}97 \times 100}{103{,}20} = 3{,}85 \text{ Prozent}$$

Ja, so ist das eben, wenn man Anleihen mit einem Nominalzins, der über dem momentanen Marktzins liegt, erwirbt. Das Renditemäuschen knabbert in diesen Fällen schon mal 0,65 Prozent der Zinsen ab.

Auf diese Art und Weise können Sie sehr einfach die aktuellen Renditen aller Rentenpapiere mit festem Zinssatz ermitteln, sofern Sie diese bis zu ihrer Fälligkeit behalten möchten. Bei einem vorzeitigen Verkauf müssten Sie wie bei den Aktien den aktuellen Verkaufskurs beachten. Den kennen Sie aber nur an diesem bestimmten Tag, an dem Sie verkaufen wollen.

Drei Möglichkeiten für Kauf und Verkauf

Ihre Bank – die klassische Vermittlerin

Rentenpapiere können Sie, wie jedes handelbare Wertpapier, bei der Erstausgabe bei Ihrer Bank erwerben. Die Ausgabe erfolgt zu 100 Prozent oder eventuell mit einem geringen Ausgabeaufschlag. Da die meisten Wertpapiere dieser Art an Börsen gehandelt werden, können Sie diese selbstverständlich jederzeit über Ihre Bank an einer Börse zum aktuellen Tageskurs kaufen. Ebenso können Sie Rentenpapiere über Ihre Bank an der Börse verkaufen. Rentenpapiere werden am Rentenmarkt an den Wertpapierbörsen gehandelt. Dabei handelt es sich um einen speziellen Teilmarkt, der sich eben nur mit dem Handel dieser Wertpapierart beschäftigt. Da nicht alle Rentenpapiere für jede Börse interessant sind, haben sich manche Börsen auf den Handel mit Rentenwerten spezialisiert. Wenn Ihre Bank am Direkthandel teilnimmt, ist ein Kauf oder Verkauf auch auf diesem eventuell kostengünstigeren Wege möglich.

Ein Beispiel:

Sie beauftragen Ihre Bank 5000 Euro Nennwert einer Anleihe eines deutschen Automobilzulieferers am 23.09.2011 zu kaufen. Die Anleihe ist mit einem Nominalzins von 7,25 Prozent ausgestattet, der aktuelle Kurs beträgt 107,05 Prozent, Laufzeitende ist der 28. September 2015, Zinstermin ist der 20. Juni jährlich. Die Anleihe wird in der Girosammelverwahrung verwahrt, daher erfolgt keine Übergabe effektiver Stücke.

Abrechnung	
Kurswert (5000 × 107,05 : 100)	5352,50 Euro
+ Provision 0,50 Prozent vom Kurswert	26,76 Euro
+ Maklergebühr 0,075 Prozent vom Nennwert	3,75 Euro
+ Stückzinsen für 97 Tage	96,34 Euro
ausmachender Betrag	5479,35 Euro

Als »ausmachenden Betrag« bezeichnen die Banken den Betrag, den man Ihnen bei einem Kauf auf Ihrem Girokonto belastet und bei einem Verkauf auf Ihrem Girokonto gutschreibt. Auch hier gilt wieder, wenn Ihre Bank am Direkthandel teilnimmt, ist ein Kauf oder Verkauf auch auf diesem eventuell kostengünstigeren Wege möglich.

Direkt vom Emittenten – über den Ladentisch

Verschiedene Emittenten bieten ihre festverzinslichen Wertpapiere direkt einem Kreis von potenziellen Interessenten an. Dieser direkte Vertriebsweg, wie man das auch bezeichnet, funktioniert ohne Einschaltung von Banken. In der Fachsprache wird dieser Verkaufsweg auch als »OTC-Handel« bezeichnet. OTC ist die Abkürzung des englischen Kunstwortes »over the counter«, was mit Wertpapieren eigentlich wenig zu tun hat. Es heißt einfach »über den Ladentisch«. Na ja, so weit weg wären wir dann eigentlich gar nicht vom Direktvermarkter mit Gemüse, Eiern oder Brot aus dem Backofen. Wertpapiere dieser Art sind aber auch nicht zum Börsenhandel zugelassen. Das heißt für Sie, dass Sie sich beim Kauf solcher Papiere bewusst sein müssen, dass ein vorzeitiger Verkauf vor Endfälligkeit sehr schwer oder sogar unmöglich sein wird. Es muss Ihnen ebenfalls bewusst sein, dass Sie mit dem wirtschaftlichen Werdegang dieses Unternehmens »auf Gedeih und Verderb« verbunden sind und bis zum Ende der Laufzeit des Wertpapiers auf die Rückzahlung Ihres Kapitals warten müssen. Es sei denn, der Emittent nimmt das Wertpapier zu einem »Hauskurs« zurück. Ob solche Anleihen nun besser oder schlechter als börsennotierte sein müssen, das weiß niemand so genau. Alles entscheidend ist hier, wie bei all diesen Wertpapieren, die zentrale Frage nach der Güte des Unternehmens, also der Bonität des Emittenten. Einen Vorteil haben diese Wertpapiere auf jeden Fall, denn sie weisen meist einen höheren Zins als vergleichbare börsennotierte auf. Wenn Sie jetzt fragen sollten, muss man so eine »VIP« oder so ein »Promi« sein, um hier in den Genuss des Angebots zu kommen? Nein, nicht notwendig. Kein Roter Teppich, kein Blitzlichtgewitter, kein Smoking oder ein Kleid von Lagerfeld. Informieren Sie sich einfach im Internet oder in Zeitschriften und Sie werden sehen, was es da für eine Fülle von Angeboten gibt. Diese Emittenten nehmen Sie sehr gerne in ihre Arme auf, denn sie sind auf Sie angewiesen.

Direkt bei der Finanzagentur GmbH

Einen Sonderfall stellt der Erwerb bestimmter Bundeswertpapiere dar. Sie können diese Papiere direkt bei der Finanzagentur GmbH kaufen und wieder an sie zurückgeben. Einzelheiten erfahren Sie unter dem Punkt Bundeswertpapiere.

Rentenpapiere im Check

☒ Sicherheit – Liquidität – Rendite?

Sicherheit	Es bestehen die Risiken des Kursrückgangs durch einen Anstieg des allgemeinen Marktzinses (= Zinsänderungsrisiko) und der Veränderung der Bonität des Emittenten (= Emittentenrisiko) mit Ausnahme bei Wertpapieren der öffentlichen Hand. Risikolos ist die Anlage in Bundeswertpapieren.
Liquidität	Sofern die Wertpapiere zum Börsenhandel zugelassen sind, können sie täglich verkauft werden.
Rendite	Abhängig vom Zinssatz und vom Kurs zum Kauf- oder Verkaufszeitpunkt des Wertpapiers. Bei Renditeangaben geht man immer davon aus, dass man die Wertpapiere bis zur Fälligkeit behält.

☒ Ziele und Beweggründe für diese Geldanlage
- Mittelfristig oder längerfristige Geldanlage mit feststehender Laufzeitbegrenzung.
- Feste oder variable Zinserträge erzielen.
- Planung mit einem festen Rückzahlungsbetrag am Laufzeitende.
- Anlage in Wertpapieren mit verhältnismäßig geringer Kursschwankung.
- Anlage in Wertpapieren mit der Möglichkeit verschiedene Risikostufen zu wählen.

☒ Kosten der Geldanlage

Wenn Sie Rentenpapiere bei der Erstausgabe über Ihre Bank erwerben, dann fallen in der Regel keine Kosten an. Eventuell müssen Sie mit einem geringen Ausgabeaufschlag rechnen, der aber meist nicht mehr als ein halbes Prozent beträgt. Es kommen Aufschläge bis 2 Prozent vor, sie sind aber eher die Ausnahme. Die Rückgabe bei Fälligkeit ist ebenfalls kostenfrei. Es kann aber sein, dass Ihre Bank eine Einlösungsprovision für festverzinsliche Wertpapiere, die sie nicht selbst emittiert hat, berechnet.

 Tipp:
Hier ist Ihr Verhandlungsgeschick gefragt.

Beim Kauf oder Verkauf während der Laufzeit fallen An- oder Verkaufskosten an. Diese sind, wie immer, nicht einheitlich und bestehen aus einer Provision und einer Maklergebühr. Wenn Sie eine Abrechnung genau anschauen, dann wird Ihnen auffallen, dass die Provision immer vom Kurswert und die Maklergebühr immer vom Nennwert berechnet wird. Die Provision beträgt meistens 0,50 Prozent und die Maklergebühr meist 0,075 Prozent, also eher bescheidene Gebühren. Wenn die Bank am Direkthandel teilnimmt, ist ein Kauf oder Verkauf auch auf diesem eventuell kostengünstigeren Wege möglich. Zusätzlich müssen Sie mit einer Gebühr für die Depotverwaltung Ihrer Bank rechnen, wenn Ihre Bank diese Gebühr berechnet. Einen Sonderfall bilden Bundeswertpapiere. Sie können kostenfrei direkt bei der Finanzagentur GmbH verwahrt werden.

☒ Zinsberechnung

Die Zinsen eines Rentenpapiers werden immer vom Nennwert berechnet. Sie können diese Zinsen ganz einfach mit der bekannten Zinsformel berechnen:

$$\text{Zinsen pro Jahr} = \frac{\text{Kapital} \times \text{Zinssatz} \times \text{Anlagedauer in Tagen}}{100 \times \text{Tage eines Jahres}}$$

Nur haben die Mehrzahl dieser Wertpapiere eben so ihre Besonderheiten. Während man bei Anlagen in Sparprodukten die sogenannte standardisierte Formel verwendet, bei der ein Monat 30 Tage und ein Jahr 360 Tage hat, geht es hier genauer und meistens sogar sehr genau zu. Gesetzliche Bestimmungen gibt es hierzu nicht. Es haben sich aber zwei Methoden entwickelt, die weitgehend einheitlich bei den entsprechenden Arten der Rentenpapiere angewandt werden.

- Die Methode »act/act«:
  Hier werden die Tage der Monate und des Jahres ganz genau, also aktuell gezählt. Daher heißt diese Methode »act/act«, abgeleitet vom englischen Wort »actual«. Bei den Tagen müssen Sie genau aufpassen, welche Monate 30 oder 31 Tage haben und zusätzlich auf den Ausreißer Februar mit 28 oder 29 Tagen im Schaltjahr achten. Das Jahr hat dann ebenfalls 365 oder 366 Tage im Schaltjahr. Nach dieser Methode werden die meisten Anleihen, Schuldverschreibungen, Obligationen und Pfandbriefe verzinst.
- Die Euromethode:
  Wäre ja zu schön, wenn alles so einfach wäre. Für manche Rentenpapiere hat man sich für die Zinsberechnung anders entschieden. Man berechnet die Tage ebenso wie bei der Methode »act/act«, also ganz genau. Das Jahr setzt man aber mit 360 Tagen ein. Auf diese Art und Weise werden zum Beispiel Tagesanleihen der Bundesrepublik Deutschland verzinst.

☒ Rechenbeispiel

Nehmen wir an, Sie haben zwei Anleihen unterschiedlicher Emittenten in Ihrem Depot. Der Nennwert beträgt jeweils 5 000 Euro. Zinstermin 01.07. jährlich. Die Zinszahlung erfolgt in keinem Schaltjahr. Sie erhalten am 01.07. die Zinsen vom 1. Juli des vorherigen Jahres bis zum 30. Juni dieses Jahres.

Nominalzins	Nominalzins	Zinsmethode	Berechnung
3 Prozent	3 Prozent	act/act tagegenau	$Zins = \dfrac{5\,000 \times 3 \times 365}{100 \times 365}$
			Zinsen = 150 Euro
3 Prozent	3 Prozent	30/act Euromethode	$Zins = \dfrac{5\,000 \times 3 \times 365}{100 \times 360}$
			Zinsen = 152,08 Euro

Die Tage können Sie ganz einfach selbst nachrechnen, indem Sie die Tage der entsprechenden Monate aufaddieren:

Kalendermonat	Anzahl der Tage
07 Juli	31
08 August	31
09 September	30
10 Oktober	31
11 November	30
12 Dezember	31
01 Januar	31
02 Februar	28
03 März	31
04 April	30
05 Mai	31
06 Juni	30
Summe	365

☒ **Steuer**

Die Zinserträge und Kursgewinne von Rentenpapieren werden mit der Kapitalertragsteuer (Abgeltungsteuer) von 25 Prozent besteuert. Eine Ausnahme bilden Kursgewinne, sofern Sie diese mit Wertpapieren erzielen, die Sie vor dem 1. Januar 2009 erworben haben. Diese Kursgewinne sind nach alter Rechtsvorschrift steuerfrei. Wenn Sie Rentenpapiere mit Verlust verkaufen oder einen Verlust durch die Rücknahme zu 100 Prozent erleiden, dann verrechnet Ihre Bank diesen Verlust mit erzielten Kursgewinnen oder Kapitalerträgen anderer Wertpapiere, auch von Aktien. Bezahlte Stückzinsen werden ebenfalls auf diese Art und Weise verrechnet. Für Rentenpapiere gilt dieselbe Vorschrift wie für Aktien. Ihr Depotkonto führen die Banken nach dem FiFo-Prinzip und Altbestände aus der Anschaffung vor dem 1. Januar 2009 werden ebenfalls so geführt, wie das bei den Aktien der Fall ist[12].

---

12 Vgl. Aktienanlage

Bundeswertpapiere – eine sichere Bank, aber nichts für Zinsgierige

Die Bundesrepublik Deutschland gibt eine breit gestreute Palette von Wertpapieren für fast jeden Geschmack aus. Geschmacklos sind diese Papiere für Sie nur, wenn Sie einen überdurchschnittlichen Ertrag erwarten und Ihren Körper damit durch laufendes Zittern dauerhaft in Bewegung halten wollen. Vielleicht gut für den Fettabbau, aber nicht für die Psyche. Alle Bundeswertpapiere bescheren Ihnen regelmäßige Zinserträge und führen zu keinen Überraschungen, weder durch einen höllischen Verlust noch durch himmlische Gewinne. Das können sie auch nicht, denn sie gelten als absolut sicher und orientieren sich am aktuellen Zinsmarkt. Die Bundesrepublik Deutschland gibt zwar keine gesetzliche Garantie, dass Sie Ihr eingesetztes Geld auch tatsächlich zurückerhalten, das kann sie nicht. Sie können aber davon ausgehen, dass dies der Fall sein wird, denn alle Wertpapiere der Bundesrepublik Deutschland sind mit der Traumnote »AAA« auf der internationalen Ratingskala zu finden. Dieses Gütesiegel hat nicht jeder Staat. Gerade im Zuge der zunehmenden Staatsverschuldung wurden Staaten bereits herabgestuft. Mit deutschen Bundeswertpapieren können Sie also ruhig schlafen. Vielleicht werden Sie jetzt fragen, was macht der liebe Staat denn mit dem schönen Geld? Nun, das ist sehr einfach. Sein Geldhunger erscheint oft nahezu grenzenlos. Durch die Ausgabe dieser Wertpapiere versucht das Finanzministerium laufende Ausgaben zu finanzieren. Wenn Sie also Bundeswertpapiere kaufen, dann sind Sie sogar Gläubiger Ihres eigenen Staates. Das ist doch was, oder?

Wo können Sie Bundeswertpapiere kaufen, verkaufen und verwahren?

Diese Wertpapiere können oder müssen Sie, direkt bei der Finanzagentur GmbH oder über Ihre Bank kaufen und verkaufen. Sie haben richtig gelesen, Sie »können oder müssen«. Ob Sie nun »können« oder »müssen« hängt vom jeweiligen Wertpapier ab. Das erfahren Sie aber ganz genau, wenn Sie sich das Informationsblatt der Finanzagentur GmbH *Bundeswertpapiere auf einen Blick* in aller Ruhe ansehen[13]. Wertpapiere, die Sie direkt bei der Finanzagentur GmbH kaufen oder verkaufen können, stehen natürlich nicht auf der Wunschliste Ihrer Bank. Wenn Sie diese nämlich direkt bei der Finanzagentur GmbH erwerben, dann ist das kostenlos. Sie haben sich nicht verlesen oder verhört, es kostet nichts. Bei einem Auftrag bei Ihrer Bank bezahlen Sie dagegen die üblichen Gebühren, wie Provision und Maklergebühr.

Für den Direktverkehr mit der Finanzagentur GmbH benötigen Sie dort ein Konto. Dieses Konto wird als Schuldbuchkonto bezeichnet. Die Eröffnung ist völlig problemlos und kann per Internet, schriftlich, telefonisch oder persönlich in der Agentur in Frankfurt am Main erfolgen. Die Kontoführung kostet Sie keinen Cent. Dieses Schuldbuchkonto übernimmt die Funktion eines Depotkontos bei Ihrer Bank. Sie können mit Ausnahme der US-Dollar-Anleihe jedes Wertpapier auf diesem Schuldbuchkonto kostenfrei verwahren lassen. Wenn Sie Bundeswertpapiere, die zum Börsenhandel zugelassen sind, über Ihre Bank kaufen und verkaufen, benötigen Sie ein Depotkonto bei Ihrer Bank. Wenn Sie dort bereits ein Depotkonto besitzen, dann müssen Sie nichts weiter unternehmen, denn Ihre Bank bucht Ihre Bundeswertpapiere einfach in das bestehende Depot ein. Sie müssen sich nur darüber im Klaren sein, dass Sie jetzt Depotgebühren bezahlen, sofern Ihre Bank welche berechnet. Sie können aber Ihre Bank auch anweisen, dass sie die Wertpapiere sofort nach dem Kauf auf Ihr Schuldbuchkonto bei der Finanzagentur GmbH übertragen soll.

---

[13] Sie können diese Unterlagen im Internet problemlos unter www.deutsche-finanzagentur.de herunterladen und ausdrucken.

Das Angebot ist breit gefächert

Obwohl die Finanzagentur GmbH das Angebot von Zeit zu Zeit geringfügig an die Markterfordernisse anpasst, gibt es gewissermaßen so etwas wie ein Standardangebot, das aus folgenden sieben Wertpapieren besteht:
1. Tagesanleihen,
2. Bundesanleihen,
3. US-Dollar-Anleihe,
4. Bundesobligationen,
5. Inflationsindexierte Anleihen und Obligationen,
6. Bundesschatzbriefe,
7. Finanzierungsschätze.

Die Tagesanleihe – eine Art Tagesgeld in Wertpapierformat

Diese Anleihe können Sie schon ab 50 Euro Nennwert kaufen und das sogar in Stückelungen zu 0,01 Euro. Sie können also zum Beispiel auch 54,05 Euro anlegen und erhalten dafür eine Anleihe mit diesem Nennwert. Wenn Sie aber mehr als 250 000 Euro anlegen möchten, dann müssten Sie sich etwas anderes aussuchen, denn das ist die Höchstgrenze. Na ja, da werden Sie schon etwas Passendes finden, das Ihren Geschmack trifft. Die Laufzeit ist unbefristet, Sie können die Anleihe aber jederzeit täglich zum Tagespreis zurückgeben.

> ☞ *Achtung:*
> Kaufen und verkaufen können Sie die Tagesanleihe aber nur direkt bei der Finanzagentur GmbH, da dieses Wertpapier nicht für den Börsenhandel zugelassen ist.

Der Zinssatz kann natürlich kein Höhenflug sein, da Sie täglich über Ihr Geld verfügen können und das sogar ohne Kündigung. Der Zinssatz hängt von einem Zinssatz für Tagesgelder der Europäischen Zentralbank in Frankfurt (EZB) ab. Nicht erschrecken, er heißt EONIA. Wieder einmal eine der vielen Abkürzungen aus irgendeinem englischen Begriff. EONIA stammt von »Euro Overnight Index Average«. Wenn man das Ganze übersetzt, dann kommt so etwas dabei heraus, wie »durchschnittlicher Vergleichswert im Euroraum, der während der Nachtzeit festgelegt wurde«. Also, halten wir fest: Die Zinsen sind eher niedrig. Sie sind am ehesten mit den Tagesgeldern bei Banken vergleichbar, etwas höher als die der unteren Kategorie, aber niedriger als die Traumzinsen in diesem Bereich.

Bundesanleihen – Wertpapiere für einen eher langen Atem

Nichts für Sie, wenn Sie nur kurzfristig denken müssen oder wollen. Bundesanleihen haben eine Laufzeit von zehn oder 30 Jahren. Die Mehrzahl der Anleihen hat jedoch eine Laufzeit von zehn Jahren. Die Stückelung beträgt ebenfalls 0,01 Euro, der Nennwert kann also beliebig gewählt werden. Auch in diesem Fall könnten Sie zum Beispiel eine 1550 Euro Anleihe erwerben. Der Bund gibt Anleihen nach Bedarf in unterschiedlichen Zeitabständen aus. Natürlich müssen Sie nicht durchhalten bis zum Rückzahlungszeitpunkt, wenn Ihnen der Atem unterwegs ausgehen sollte. Aber aufpassen, Bundesanleihen können Sie nur über Ihre Bank erwerben. Verkaufen können Sie diese Anleihen während der Laufzeit über Ihre Bank an der Börse zum aktuellen Börsenkurs oder direkt über die Finanzagentur GmbH. Diese berechnet dann einen Einheitspreis der Frankfurter Wertpapierbörse als Festpreis. Die große Unbekannte bleibt eben immer der aktuelle Kurs, den Sie so nehmen müssen, wie er eben gerade ist.

Bundesobligationen – eine Anlage mit mittlerer Laufzeit

Suchen Sie ein Bundeswertpapier mit einer eher mittleren Laufzeit, das auch zum Börsenhandel zugelassen ist, dann können Sie sich für eine Obligation entscheiden. Auch bei ihr beträgt die Mindeststückelung nur 0,01 Euro. Wenn Sie die Papiere bei der Finanzagentur GmbH erwerben, müssen Sie aber einen Mindestauftragswert von 110 Euro einplanen. Beim Kauf über Ihre Bank an der Börse gibt es keine Vorgabe für einen Mindestauftrag. Denken Sie an Mindestnennwerte von Schuldverschreibungen der Privatwirtschaft, die in vielen Fällen erst bei 1000 Euro beginnen. Verkaufen können Sie

Ihre Obligationen während der Laufzeit über Ihre Bank an einer Börse oder direkt über die Finanzagentur GmbH zum Einheitspreis der Frankfurter Wertpapierbörse als Festpreis. Im Gegensatz zu den Anleihen sind Bundesobligationen sogenannte Daueremissionen. Das heißt, die Bundesregierung gibt solche Obligationen laufend aus. Daher gibt es zu jeder Zeit ein relativ großes Angebot dieser Wertpapiere zu aktuellen Konditionen.

US-Dollar-Anleihe – etwas für Währungsliebhaber

Sie suchen etwas Abwechslung von unserem Euro und haben kein Problem mit der amerikanischen Währung? Dann sollten Sie sich doch einmal dieses Angebot ansehen. Mit der angenehmen niedrigen Stückelung der Wertpapiere, die auf Euro lauten, ist es aber jetzt vorbei. Sie müssen schon mindestens 1000 US-Dollar anlegen, um in den Besitz dieser Anleihe zu kommen. Da Sie aber wohl keine Dollar auf Ihrem Konto haben, werden Sie die Anleihe in Euro bezahlen. Jetzt kommt es natürlich auf den aktuellen Kurs des Dollar zum Euro an.

Ein Beispiel:
Nehmen wir an, der Kurs lautet aktuell: Ein Euro = 1,3449 US-Dollar.

Um den Eurobetrag zu ermitteln, müssen Sie nur den Dollarbetrag, in diesem Fall 1000 durch den aktuellen Kurs, in diesem Fall 1,3449, teilen. Wenn Sie das getan haben, dann lautet das Ergebnis 743,5497. Sie müssten also in diesem Fall für eine US-Dollar-Anleihe mit einem Nennwert von 1000 US-Dollar genau 743,55[14] Euro bezahlen.

Aber was ist nun das Besondere bei solchen Anleihen? Sie unterscheiden sich von einer normalen Bundesanleihe durch drei wesentliche Merkmale:

---

14 Das Ergebnis wurde auf zwei Stellen kaufmännisch gerundet.

Durch ihre Währung	Sie lautet auf US-Dollar.
Durch ihre Stückelung	Sie beträgt mindestens 1000 US-Dollar.
Durch ihre Verwahrung	Sie müssen diese Anleihe in ein Depotkonto bei Ihrer Bank einbuchen lassen, was eventuell Kosten verursacht. Eine Verwahrung bei der Finanzagentur GmbH ist ausgeschlossen.

☞ *Achtung:*
Diese Anleihen haben ein Währungsrisiko.

Sie werden ja wohl davon ausgehen, dass Sie zum Zeitpunkt der Fälligkeit keine US-Dollar erwarten, sondern Euro. Das heißt, dass Ihre angelegten 1000 US-Dollar, oder ein Vielfaches davon, in Euro umgerechnet werden. Das geschieht natürlich wieder zum aktuellen Tageskurs der beiden Währungen US-Dollar und Euro. Und genau das ist die große Unbekannte.

Ein Beispiel:

Wir haben soeben festgestellt, dass Sie bei einem Kurs des US-Dollar von 1,3449 genau 743,55 Euro 1000 US-Dollar Nennwert dieser Anleihe bezahlt hätten. Selbstverständlich erwarten Sie, dass Sie diesen Betrag auch wieder zurückerhalten.

Nehmen wir drei unterschiedliche Kurse am Tag der Rückzahlung an:

Aktueller Kurs des US-Dollar zum Euro	Umrechnung des Nennwertes von 1000 US-Dollar in Euro	Rückzahlungsbetrag in Euro	Gewinn oder Verlust durch den Kurs des US-Dollar
Ein Euro = 1,3449 US-Dollar	1000 : 1,3449	743,55 Euro	Weder Gewinn noch Verlust, da der Kurs dem Kurs beim Kauf entspricht.
Ein Euro = 1,3250 US-Dollar	1000 : 1,3250	754,72 Euro	☺ Sie können sich freuen, denn Sie würden einen Kursgewinn von 11,17 Euro erzielen, da der Wert des US-Dollar zum Euro gestiegen ist.
Ein Euro = 1,3910 US-Dollar	1000 : 1,3910	718,91 Euro	☹ Das sieht nicht gut aus, denn der Dollar hat an Wert verloren und Sie erhalten jetzt genau 24,64 Euro weniger zurück.

Dass am Tag der Fälligkeit der Kurs genau dem Kaufkurs entspricht, so wie es im ersten Beispiel dargestellt ist, entspringt jedoch allenfalls einem Märchenbuch. Kurse für Währungen verändern sich täglich, ebenso wie die der Wertpapiere. Wie der Kurs zum Zeitpunkt der Fälligkeit aussehen wird, weiß außer unseren berühmt berüchtigten Hellsehern der Finanzwelt niemand. Wenn Sie sich also für so eine Anleihe entscheiden sollten, dann müssen Sie an das Gute glauben und das ist ein Anstieg des US-Dollar gegenüber dem Euro.

Inflationsindexierte Anleihen und Obligationen

Inflation, das Schreckgespenst für alle Anleger, die auf Zinserträge scharf sind. Warum? Ganz einfach, Inflation bedeutet Geldentwertung. Wenn Sie vier Prozent Zinsen für die Geldanlage in einer Anleihe erhalten und die Inflationsrate beträgt zwei Prozent, dann bleiben eben nur noch zwei Prozent als tatsächlicher Ertrag übrig, da sich die Lebenshaltungskosten um zwei Prozent verteuert haben. Sie erhalten also auf dem Konsumparkett für Ihre 40 Euro Zinsen nur noch Waren im Wert von 20 Euro. Die Inflation hat 20 Euro Ihrer Zinsen aufgefuttert. Wenn Sie dem entgehen wollen, müssen Sie Aktien kaufen, weil diese Wertpapiere gewinnorientiert sind und keine festen Erträge aufweisen oder Sie entscheiden sich eben für inflationsindexierte Wertpapiere. Sie funktionieren auch sehr einfach. Ein eher geringer fester Zinsanteil ist verbunden mit einer Ausgleichszahlung bei Fälligkeit. Diese Ausgleichszahlung soll den Kaufkraftverlust während der Laufzeit ausgleichen. Die Ausgleichszahlung wird auf der Grundlage des Indexes für Verbraucherpreise im Euroraum berechnet. Die Laufzeiten der Anleihen betragen zehn Jahre, die der Obligationen fünf Jahre. Die Stückelung beträgt 0,01 Euro, es gibt keinen Mindestnennwert und sie sind zum Börsenhandel zugelassen. Also auch hier gilt, ein Kauf oder Verkauf ist jederzeit zum aktuellen Tageskurs möglich.

☞ *Achtung:*
Beachten müssen Sie, aber, dass ein Kauf oder Verkauf nur bei Ihrer Bank über die Börse möglich ist.

Bundesschatzbriefe – Gehen Sie auf Schatzsuche und wählen Sie Ihren Typ

Schätzchen werden sie auch liebevoll genannt. Aber keine Angst, hier handelt es sich nicht um Liebeserklärungen. Nein, dieser so liebevolle Kosename für ein Wertpapier ist eben irgendwann entstanden und in Banker-Kreisen durchaus üblich. Hand aufs Herz, ist doch auch einmal wohltuend, bei dieser oft so seelenlosen Materie etwas nahezu Menschliches zu entdecken. Aber, zurück zur Sache. Schatzbriefe haben nichts mit Menschlichkeit und auch nichts mit einer Schatzinsel zu tun. Nein, es ist ganz einfach eine Form der Geldanlage bei der Finanzagentur GmbH, die völlig frei von Kursbewegungen an den Börsen ist. Ja, Sie haben richtig gelesen, Bundesschatzbriefe haben keinen Kurs, da sie nicht zum Börsenhandel zugelassen sind. Es handelt sich dabei um sogenannte Daueremissionen, das heißt die Bundesrepublik Deutschland gibt diese Papiere laufend aus. Somit orientieren sie sich auch an den aktuellen Marktzinsen. Schatzbriefe sind reine Wertrechte, werden also nie als effektive Stücke geliefert. Wenn Sie also meinen, Sie könnten so ein Schätzchen in Ihre Arme nehmen oder in Glas rahmen und an die Wand hängen, liegen Sie völlig daneben. Das geht nicht.

Suchen Sie sich in aller Ruhe den für Sie richtigen »Typ«, also das für Sie passende Schätzchen aus.

Schatzbriefe gibt es in zwei verschiedenen Ausführungen. Sie können wählen zwischen Typ A und Typ B:

Typ A ist ein normalverzinsliches Wertpapier, während Typ B ein aufgezinstes Wertpapier ist. Wenn Sie sich an die Sparbriefe erinnern, dann hatten wir dort dieselbe Situation. Auch bei ihnen gab es diese beiden Möglichkeiten. Typ A ist daher geeignet, wenn Sie Ihre Zinserträge jedes Jahr regelmäßig erhalten wollen. Typ B beschert Ihnen dagegen den gesamten Zinsertrag erst nach sieben Jahren. Da dieser Typ die Zinsen einbehält, werden sie aber wieder mitverzinst. Dadurch entsteht der bekannte Zinseszinseffekt, weshalb Typ B auch eine etwas höhere Rendite als Typ A aufweist.

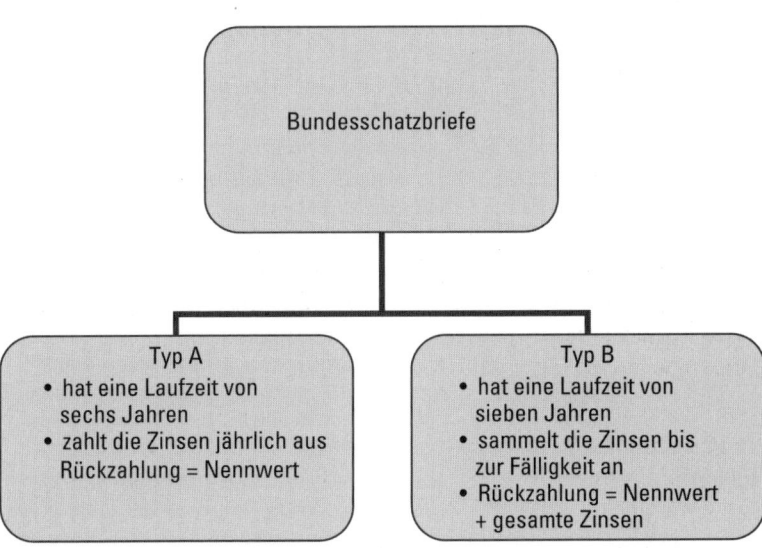

Ein Beispiel für Sie aus einer Emission im Jahr 2011[15]

Laufzeitjahr	Zinssatz	Rendite Typ A	Rendite Typ B
1	1,00 Prozent	1,00 Prozent	1,00 Prozent
2	1,50 Prozent	1,25 Prozent	1,25 Prozent
3	2,00 Prozent	1,50 Prozent	1,50 Prozent
4	2,75 Prozent	1,80 Prozent	1,81 Prozent
5	3,75 Prozent	2,17 Prozent	2,20 Prozent
6	4,50 Prozent	**2,53 Prozent**	2,58 Prozent
7	4,50 Prozent	xxxxxxxxxxxx	**2,85 Prozent**

Wenn Sie diese Tabelle genau ansehen, dann stellen Sie fest, dass der Zinssatz vom ersten bis zum sechsten Jahr ständig ansteigt. Solche Entwicklungen werden auch als Stufenzins oder als Zinstreppe bezeichnet. Im siebten Laufzeitjahr verändert sich der Zinssatz nicht mehr, das heißt der Schatzbrief Typ B wird noch ein letztes Jahr zum Zinssatz des sechsten Jahres verzinst.

So unterschiedlich sind diese beiden »Typen« gar nicht. Bis auf unterschiedliche Laufzeiten und Renditen haben sie doch das meiste gemeinsam:

---

15 Quelle: Bundesfinanzagentur GmbH, April 2011

Stückelung	0,01 Euro
Mindestanlagebetrag	50 Euro bei Banken und 52 Euro beim Direkterwerb bei der Finanzagentur GmbH.
Anlagebetrag	Keine Beschränkung
Erwerberkreis	Nur natürlichen Personen[16], Einrichtungen gemeinnütziger, kirchlicher oder mildtätiger Organisationen sowie Wohnungseigentümergemeinschaften.
Kosten bei Kauf und Verkauf	Kauf, Verkauf und Einlösung bei Fälligkeit bei der Finanzagentur GmbH oder bei Ihrer Bank sind völlig kostenlos.
Verwahrung	Kostenlose Verwahrung bei der Finanzagentur GmbH oder Verwahrung auf einem Depotkonto bei Ihrer Bank zu den üblichen Depotgebühren, falls die Bank welche berechnet.
Rückgabe	Nach dem ersten Laufzeitjahr können Sie pro Person bis zu 5 000 Euro innerhalb von 30 Zinstagen gebührenfrei an die Finanzagentur GmbH zurückgeben.

Tipp:
Wenn sie als Ehepartner oder als Lebenspartnergemeinschaft ein Gemeinschaftsdepotkonto haben, können Sie sogar zweimal 5 000 Euro, also insgesamt bis zu 10 000 Euro innerhalb von 30 Zinstagen an die Finanzagentur GmbH zurückgeben. Ein Gemeinschaftsdepotkonto lautet auf beider Namen. Eine gute Möglichkeit, wenn Sie kurzfristig etwas von Ihrem angelegten Geld benötigen sollten.

Finanzierungsschätze

Schon wieder Schätze und doch wieder kein versteckter Schatz in einer großen geheimnisvollen Truhe in einem verstaubten Zimmer einer Burg oder auf einer geheimnisvollen Insel. Nein, es handelt sich um kurzfristige Geldanlagen, natürlich wieder bei der Finanz-

16 »Natürliche Personen« ist ein rechtlicher Begriff. Er kennzeichnet Personen, die zum Beispiel keine Kapitalgesellschaften, eingetragene Vereine oder Körperschaften sind. Eine GmbH ist zum Beispiel keine natürliche Person, da sie im Handelsregister eingetragen ist. Sie ist eine sogenannte juristische Person. Die Geschäftsführung könnte also keine Schatzbriefe für das Unternehmen erwerben.

agentur GmbH. Kurzfristig deshalb, da die Laufzeiten nur ein oder zwei Jahre betragen. Da es sich um kurzfristige Anlagen mit bekannt hoher Sicherheit handelt, ist die Verzinsung relativ niedrig. Sie liegt in der Nähe der Zinssätze für Tagesgelder bei Banken. Die Stückelung beträgt, wie bei fast allen Bundeswertpapieren, 0,01 Euro. Wenn Sie sich dafür entscheiden sollten, müssen Sie jedoch mindestens 500 Euro anlegen. Bei einer Anlage von 250 000 Euro pro Tag müssten Sie aber auf die Bremse treten, denn mehr geht nicht. Aber, das soll Sie nicht abschrecken, denn in einer Arbeitswoche mit fünf Tagen könnten Sie immerhin 1 250 000 Euro anlegen. Also, Ihren Aktivitäten sind kaum Grenzen gesetzt. Auch diesen Schatz erhalten Sie kostenfrei direkt bei der Finanzagentur GmbH oder über Ihre Bank von der Finanzagentur GmbH. Für die Verwahrung gilt dasselbe wie bei den Schatzbriefen: kostenlos bei der Finanzagentur GmbH oder eventuell gebührenpflichtig auf dem Depotkonto bei Ihrer Bank.

Finanzierungsschätze sind abgezinste Papiere. Das kennen Sie schon vom Sparbrief. Sie legen also einen geringeren Betrag als den Nennwert an und erhalten am Ende der Laufzeit nach ein oder zwei Jahren den Nennwert als Rückzahlung. Der Unterschiedsbetrag sind die Zinsen.

Ein Beispiel für Sie aus einer Emission im Jahr 2011[17]

Daten	Laufzeit ein Jahr	Laufzeit zwei Jahre
Fälligkeit	20.04.2012	22.02.2013
Verkaufszinssatz	1,03 Prozent	1,53 Prozent
Rendite	1,04 Prozent	1,57 Prozent
Anlagebetrag	500 Euro	500 Euro
Kaufpreis	494,85 Euro	484,70 Euro
Zinsertrag gesamt	5,15 Euro	15,30 Euro

☞ *Achtung:*
Wenn Sie Ihr Geld in Finanzierungsschätzen anlegen sollten, dann beachten Sie, dass ein vorzeitiger Verkauf oder eine vorzeitige Rückgabe vollkommen ausgeschlossen ist. Diese Papiere können Sie auch nicht über die Börse verkaufen, da sie für den Börsenhandel nicht vorgesehen sind. Also: Abwarten und Teetrinken bis der Tag der Fälligkeit naht.

[17] Quelle: Bundesfinanzagentur GmbH, April 2011

Bundeswertpapiere auf einen Blick

Wertpapierart	Sicherheit	Liquidität	Rentabilität	Kauf und Verkauf	Laufzeit	Verwahrung
Tagesanleihe	hoch	tägliche Rückgabe ist möglich	vergleichbar mit Tagesgeldkonten	nur bei der Finanzagentur	unbefristet	bei der Finanzagentur oder bei Banken
Bundesanleihe	hoch	hoch, täglicher Verkauf ist möglich	im Vergleich zu anderen Anleihen geringer	nur über Banken	10 bis 30 Jahre, überwiegend 10 Jahre	bei der Finanzagentur oder bei Banken
US-Dollar-Anleihe	Rückzahlung ist gesichert, die Höhe hängt vom Dollarkurs ab	hoch, täglicher Verkauf ist möglich	hängt von der Kursentwicklung des US-Dollars ab	nur über Banken	5 Jahre	nur bei Banken
Inflationsindexierte Anleihen und Obligationen	hoch	hoch, täglicher Verkauf ist möglich	geringer Nominalzins, aber Ausgleichszahlung bei steigender Inflation	nur über Banken	Anleihen 10 Jahre, Obligationen 5 Jahre	bei der Finanzagentur oder bei Banken
Bundesschatzbriefe	hoch	nach einem Jahr Rückgabe von 5 000 Euro innerhalb von 30 Zinstagen	vergleichbar mit Sparbriefen, aber eher etwas geringer. Typ B hat eine höhere Rendite als Typ A	bei der Finanzagentur oder bei Banken	Typ A 6 Jahre, Typ B 7 Jahre	bei der Finanzagentur oder bei Banken
Finanzierungsschätze	hoch	keine Rückgabe möglich	eher gering, vergleichbar mit Anlagen auf Tagesgeldkonten	bei der Finanzagentur oder bei Banken	ein Jahr oder zwei Jahre	bei der Finanzagentur oder bei Banken

Bundeswertpapiere – eine sichere Bank, aber nichts für Zinsgierige

Nicht alle Bundeswertpapiere sind zum Börsenhandel zugelassen

Von den Bundeswertpapieren, welche die Finanzagentur GmbH anbietet, sind nur einige davon zum Börsenhandel zugelassen. Das heißt, dass Sie alle Papiere, die nicht dazu gehören, während ihrer Laufzeit entweder gar nicht oder nur an die Finanzagentur GmbH zurückgeben können. Wenn eine Rückgabe ausgeschlossen ist, dann schränkt das natürlich die Liquidität entscheidend ein. Sie kommen während der Laufzeit nicht oder nur in Häppchen an Ihr Geld heran. Das ist aber nichts Besonderes, denn das kennen Sie bereits von den Sparbriefen. Wenn eine Rückgabe direkt an die Finanzagentur GmbH möglich ist, dann sind die Bedingungen beim Kauf bekannt, also wieder einmal kein Überraschungseffekt.

> ☞ *Achtung:*
> Rückgabe und Verkauf sind zwei verschiedene Dinge. Rückgabe ist immer ein Vorgang ohne Einschaltung der Börse. Man bezeichnet damit den Vorgang, indem Wertpapiere direkt an den Emittenten »zurückgegeben« werden. Diese Rückgabe erfolgt entweder zu vorher festgesetzten Bedingungen oder zu einem internen Preis, einem »Hauskurs«.
> Verkauf bezeichnet dagegen einen Vorgang, bei dem eine Börse eingeschaltet wird. Ob dieser Verkauf nun an eine völlig unbekannte Person oder an den Emittenten erfolgt, ist dabei unbeachtlich. Erfolgt ein Verkauf an den Emittenten, in diesem Fall an die Finanzagentur GmbH, wird auch sie einen Börsenpreis mit einer entsprechenden Gebühr zugrunde legen.

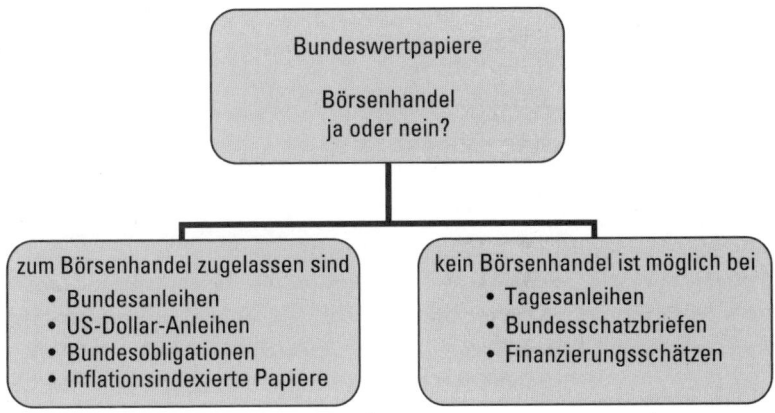

Bei der Zinsberechnung erleben Sie das volle Programm

Bei diesen Wertpapieren zieht man tatsächlich alle Register der Zinsorgel. Alle drei möglichen Berechnungsmethoden[18] werden angewandt:

deutsche Standardmethode	Monate zu 30 Zinstagen und das Jahr mit 360 Zinstagen (30/360)
Euromethode	Monate zu 30 Zinstagen und das Jahr mit den aktuellen Tagen, 365 oder 366 (30/act)
tagegenaue Methode	Monate und das Jahr zu den jeweils aktuellen Tagen (act/act), also Monate mit 28, 30 oder 31 Tagen und das Jahr mit 365 oder 366 Tagen.

Bundeswertpapiere im Check

☒ Sicherheit – Liquidität – Rendite?

Sicherheit	Diese Wertpapiere sind mit der höchsten Ratingstufe »AAA« bewertet. Ein Ausfall der Rückzahlung ist damit höchst unwahrscheinlich. Es besteht jedoch bei börsennotierten Papieren die Gefahr des Kursrückgangs durch einen Anstieg des allgemeinen Marktzinses (= Zinsänderungsrisiko). Das betrifft Sie aber nur, wenn Sie die Wertpapiere vor Fälligkeit verkaufen wollen, sofern das überhaupt möglich ist.
Liquidität	Bei einigen dieser Wertpapiere ist eine Rückgabe vor Fälligkeit ausgeschlossen. Schatzbriefe können regelmäßig in Teilbeträgen zurückgegeben werden. Bei den börsennotierten Papieren hängt der Verkauf von der Nachfrage an den Börsen ab.
Rendite	Aufgrund der sehr hohen Sicherheit ist die Rendite der Bundeswertpapiere im Vergleich zu anderen festverzinslichen Wertpapieren eher gering.

☒ Ziele und Beweggründe für diese Geldanlage
- Sehr sichere Geldanlage mit unterschiedlicher Anlagedauer, marktgerechter fester Verzinsung und unterschiedlicher Verfügbarkeit.
- Gesicherte Zinszahlungen auf der Grundlage des allgemeinen Marktzinssatzes und Ausschluss des Rückzahlungsrisikos.

---

18 Vgl. Hinweis im Kapitel zu den Rentenpapieren.

- Teilweise kostenfreier Erwerb und kostenlose Rückgabe sowie kostenlose Verwahrung bei der Finanzagentur GmbH.
- Ausgleich von Preissteigerungen durch inflationsindexierte Wertpapiere.
- Möglichkeit der Anlage in US-Dollar mit der Chance auf einen Währungsgewinn ohne Emittentenrisiko.
- Sie benötigen eine mündelsichere Geldanlage.

⊠ Kosten der Geldanlage

Wenn Sie diese Wertpapiere über eine Bank an der Börse erwerben und verkaufen müssen, entstehen die normalen Gebühren für den Wertpapierkauf. Ebenso entstehen Ihnen die Depotgebühren, wenn Sie die Verwahrung in einem Bankdepot wählen oder wählen müssen, sofern Ihre Bank Gebühren berechnet. Einige dieser Wertpapiere können bei der Finanzagentur GmbH kostenfrei direkt erworben und zurückgegeben werden sowie auf dem Schuldbuchkonto kostenlos verwahrt werden.

⊠ Steuer

Die Besteuerung erfolgt mit 25 Prozent Kapitalertragsteuer, wie sie bei den Rentenpapieren erläutert ist. Davon betroffen sind Zinserträge, Kursgewinne und vereinnahmte Stückzinsen bei einem Verkauf vor Fälligkeit und vor dem Zinstermin. Kursverluste bei einem Verkauf vor Fälligkeit und bezahlte Stückzinsen bei einem Kauf vor Fälligkeit außerhalb des Zinstermins werden ebenfalls nach den Vorschriften der Rentenpapiere behandelt.

Bei dem Bundesschatzbrief Typ B erfolgt die Besteuerung des gesamten Zinstrages am Ende der Laufzeit, also nach sieben Jahren. Das kann für Sie wieder günstig sein, wenn Sie zu diesem Zeitpunkt einen Einkommensteuersatz unter 25 Prozent haben sollten. In diesem Fall würden Sie den Unterschied von Ihrem persönlichen Steuersatz zu pauschal 25 Prozent Kapitalertragssteuer (Abgeltungsteuer) als Steuerrückzahlung durch das Finanzamt erhalten.

Ebenso verhält es sich mit dem zweijährigen Finanzierungsschatz, da er als Abzinsungspapier die Zinsen für ein oder zwei Jahre im Rahmen der Rückzahlung vergütet. Ein steuerlicher Nachteil kann für Sie nicht entstehen, da die Kapitalertragsteuer (Abgeltungsteuer) auf 25 Prozent beschränkt ist. Kursgewinne oder Kursverluste können nur bei jenen Bundeswertpapieren entstehen, die zum Börsenhandel zugelassen sind. Daher ist die Besteuerung von Kursgewinnen und die Steuergutschrift bei Kursverlusten nur bei einem Teil dieser Papiere ein Thema.

⊠ Mündelsicherheit

Sämtliche Bundeswertpapiere sind mündelsicher. Sie können daher Gelder, für die eine Mündelsicherheit gefordert ist, in solchen Wertpapieren anlegen.

⊠ Kosten der Geldanlage

Wenn Sie börsennotierte Bundeswertpapiere bei der Erstausgabe erwerben, dann fallen in der Regel keine Kosten an. Beim Kauf oder Verkauf während der Laufzeit fallen An- oder Verkaufskosten für Rentenpapiere an. Die Provision beträgt meistens 0,50 Prozent und die Maklergebühr 0,075 Prozent. Alle Wertpapiere, die für den Börsenhandel nicht zugelassen sind, können Sie kostenlos erwerben und zurückgeben. Die Verwahrung bei der Finanzagentur GmbH ist kostenlos. Eine Ausnahme stellt die Währungsanleihe dar, die auf einem Depotkonto bei einer Bank verwahrt werden muss. Wenn Sie die anderen Bundeswertpapiere bei einer Bank verwahren, müssen Sie mit den üblichen Depotgebühren rechnen, sofern Ihre Bank welche berechnet.

☒ Zinsberechnung

Die Zinsen werden nach der tagegenaue Methode »act/act« berechnet.

Pfandbriefe bekommen Sie nicht im Pfandhaus

Was hat das Wort Pfand mit Wertpapieren zu tun? Diese Frage drängt sich einem fast von alleine auf. Kennt man doch dieses Wort aus den eher unerfreulichen Lebenslagen. Pfandhäuser beleihen Gegenstände und zahlen den Schätzwert unter Abzug von Gebühren aus. Die goldene Uhr oder was auch immer dient als Sicherheit und geht in das Eigentum des Pfandhauses über, sofern Pfandgeber den entsprechenden Betrag nicht zurückzahlen. Pfandhäuser versuchen dann diese Gegenstände direkt zu verkaufen oder zu versteigern. Wenn Sie diese Tatsache bei Ihrer Entscheidung für eine Geldanlage abschreckt, dann können Sie beruhigt sein. Ihr liebes Geld wird nicht verpfändet und auch nicht versteigert.

Pfandbriefe – Rentenpapiere mit Zusatzsicherung

Pfandbriefe sind Schuldverschreibungen und haben damit alle Eigenschaften eines Rentenpapiers, also einen Anspruch auf Zinszahlung, auf Rückzahlung, einen Nennwert, einen festen Zinssatz und ein Fälligkeitsdatum. Das Besondere an diesen Papieren ist aber, dass sie nur von besonderen Banken ausgegeben werden. Sie werden als Pfandbriefbanken bezeichnet und benötigen für ihre Tätigkeit die Zulassung der Bundesanstalt für Finanzdienstleistungsaufsicht mit dem Sitz in Frankfurt am Main. Diese Behörde untersteht unmittelbar der Aufsicht des Bundesministeriums der Finanzen und wird kurz als BaFin bezeichnet.

Hohe Sicherheit durch reale Gegenwerte

Pfandbriefbanken emittieren diese Wertpapiere nicht zur Finanzierung von Investitionen, wie das bei Wirtschaftsunternehmen der Fall ist, oder zur Finanzierung von Ausgaben, wie das die Finanzagentur GmbH für den Staat vornimmt. Pfandbriefe werden ausgegeben, wenn diese Banken selbst langfristige Darlehen an staatliche Stellen oder an Kreditnehmer aus der Privatwirtschaft gewähren. Solche Darlehen können der Finanzierung von Immobilien, also Gebäuden, aber auch von Flugzeugen oder Schiffen dienen. Um solche Darlehen gewähren zu können, geben Pfandbriefbanken eben Pfandbriefe aus. Die hohe Sicherheit ergibt sich nun aus der Tatsache, dass diese Darlehen durch Hypotheken oder Grundschulden oder durch die Finanzkraft des Staates, der Bundesländer oder von Städten (Kommunen) gedeckt sind. Hypotheken und Grundschulden sind Grundpfandrechte. Fällt Ihnen etwas auf? Jetzt haben wir die Erklärung für das Wort »Pfandbrief«. Grundpfandrechte müssten Sie kennen, wenn Sie selbst ein Haus oder eine Eigentumswohnung mit einem Darlehen Ihrer Bank finanziert haben. Ihre Bank verlangt zur Sicherung des Darlehens den Eintrag eines Grundpfandrechtes in Ihrem Grundbuch. Das ist heute im Normalfall keine Hypothek, sondern eine Grundschuld, auch wenn die meisten Leute von Hypotheken sprechen[19]. Ihre Bank hat dadurch ein Pfandrecht an Ihrem Grundstück und Ihrem Haus oder Ihrer Wohnung, wenn Sie das Darlehen nicht oder nicht rechtzeitig zurückzahlen oder die Zinsen nicht bezahlen sollten. Ihre Bank wird auch nie Ihr gesamtes Gebäude mit einem Darlehen finanzieren. Den Teil, den sie finanziert, bezeichnet man als Beleihungswert. Hierbei ist eine Art Sicherheitspuffer eingebaut. Er soll im Falle einer Zwangsversteigerung voraussichtlich mindestens die noch ausstehende Darlehenssumme erbringen. Genauso funktioniert das mit einem Pfandbrief. Die Pfandbriefbank darf nur einen Teil der Immobilie oder eines anderen Objektes mit einem Darlehen finanzieren. Die Bestimmungen hat die BaFin in der Verordnung für die Beleihungswertermittlung festgelegt.

---

[19] Auf eine Unterscheidung dieser beiden Arten der Sicherung kann hier nicht eingegangen werden. Sie hat für den Pfandbrief auch keine Bedeutung.

Wenn der Darlehensnehmer seinen Verpflichtungen nicht nachkommt, kann die Pfandbriefbank das finanzierte Objekt pfänden und wird mit hoher Wahrscheinlichkeit den gesicherten Betrag erhalten. Das Recht zur Pfändung ergibt sich durch den Eintrag des Pfandrechtes in den entsprechenden öffentlichen Registern. Für Grundstücke ist es das Grundbuch, für Schiffe das Schiffsregister und für Flugzeuge das Flugzeugregister. Aus diesem Grunde bezeichnet man diese Art von Schuldverschreibungen auch als gedeckte Schuldverschreibungen. Dadurch ist gesichert, dass auch Sie Ihr Geld für den Pfandbrief mit hoher Wahrscheinlichkeit wieder zurückerhalten. Wenn Sie jetzt sagen, was ist, wenn doch etwas passiert? Ein Gebäude kann einfallen, ein Flugzeug kann abstürzen und ein Schiff kann untergehen, was dann? Entspannen Sie sich, diese Objekte müssen

> ☞ *Achtung:*
> Diese Sicherheit ist aber erst gegeben, wenn die Gelder auch tatsächlich in ein reales Objekt angelegt wurden. Wenn Sie im Rahmen einer Erstemission Anteile zeichnen, ist es in der Regel so, dass Ihr Geld noch nicht durch Grundpfandrechte gesichert ist. Die Gelder werden zwar durch eine Treuhandgesellschaft verwaltet, grundpfandrechtlich gesichert sind sie aber erst, wenn das Objekt auch tatsächlich erworben wurde. Das bedeutet jetzt keine übermäßige Gefahr, denn das ist der übliche Weg. Aber wissen sollte man es doch. Diese Unsicherheit umgehen Sie ganz einfach, indem Sie Pfandbriefe erwerben, die bereits an den Börsen gehandelt werden. Sie werden sie dann jedoch nicht zum günstigeren Ausgabekurs erhalten. Das ist der Preis für die höhere Sicherheit.

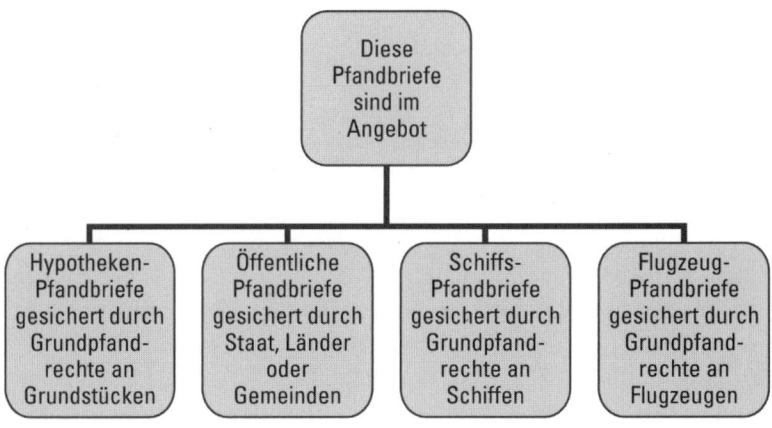

alle ausreichend versichert sein. Außerdem haben Sie keine Verbindung zu diesem Objekt, da Sie einen Pfandbrief eines Emittenten und kein Objekt erwerben. Emittent ist immer eine Pfandbriefbank und nie eine Immobiliengesellschaft, eine Reederei oder der Staat. Diese Wirtschaftsunternehmen oder die öffentliche Hand sind Kreditnehmer bei der Pfandbriefbank und das berührt Sie nicht.

Ein Rest Unsicherheit bleibt natürlich immer

Eines muss Ihnen immer bewusst sein, eine vollkommene Sicherheit gibt es auch hier nicht. Es bleibt das Emittentenrisiko, also die Insolvenzgefahr der Pfandbriefbank, welche die Wertpapiere ausgegeben hat. Aufgrund der strengen staatlichen Überwachung kann man diese Gefahr aber als relativ gering einstufen. Zusätzlich ist Ihnen durch das Pfandbriefgesetz ein Vorrecht im Falle einer Insolvenz der Pfandbriefbank zugesichert. Womit Sie jedoch immer rechnen müssen, ist das allgemeine Zinsänderungsrisiko und damit ein möglicher Kursrückgang des Wertpapiers. Sie kennen das bereits. Es tritt dann ein, wenn der allgemeine Marktzins über den Nominalzins des Wertpapiers steigt. Erstens ist dies aber nur ein Problem für Sie, wenn Sie den Pfandbrief vor Endfälligkeit verkaufen müssen oder wollen und zweitens hat das nichts mit einem Pfandbrief zu tun. Dieses Risiko haben alle Rentenpapiere mit einem festen Zinssatz. Also entspannen Sie sich. Diese Rentenpapiere sind weitgehend frei von Zittern und Frösteln.

Wo können Sie Pfandbriefe kaufen, verkaufen und verwahren?

Ein Pfandbrief ist ein normales festverzinsliches Wertpapier. Also können Sie es über Ihre Bank im Rahmen einer Erstemission oder später an einer Börse kaufen oder verkaufen. Ein Direkterwerb bei einer Pfandbriefbank ist bei Erstemissionen auch möglich. Verwahren müssen Sie die Pfandbriefe aber bei Ihrer Bank auf einem Depotkonto. Bei Pfandbriefen kann es aber durchaus vorkommen, dass sie als effektive Stücke vorhanden sind, wenn auch nur in Ausnahmefällen. Wenn Sie also ein Fan von Wertpapieren sind, die man in der Hand halten und selbst aufbewahren kann, dann haben Sie vielleicht hier die größten Chancen auf Ihr Glück. Passen Sie aber auf, dass Sie den Pfandbrief sicher verwahren und nicht vergessen, die Zinsscheine rechtzeitig vorzulegen. Wenn Sie es auch vielleicht nicht glauben, aber Wertpapiere wurden von Erben schon in Gefriertruhen und Vogelhäusern gefunden.

Geduld ist angesagt – Pfandbriefe haben lange Laufzeiten

Diese Wertpapiere sind nichts für nervöse Zocker am Börsenparkett, nach dem Motto »heute schnell kaufen, beobachten und übermorgen wieder weg damit«. Dazu sind Rentenpapiere natürlich vom Grundsatz her schon völlig ungeeignet. Aber Pfandbriefe sind noch einen Tick ruhiger, vielleicht sogar mit Bundeswertpapieren vergleichbar. Der Grund für ihre Ausgabe zeigt schon deutlich, dass sie von vornherein langfristig ausgelegt sind. Wenn Sie sich also von Kursschwankungen nicht beeindrucken lassen möchten, dann müssen Sie schon zehn, zwanzig und eventuell noch mehrere Jahre warten, bis Sie Ihr Geld zurückerhalten. Die Laufzeiten sind eben länger als bei normalen Anleihen. Der Nominalzins von Pfandbriefen orientiert sich wohl in etwa am aktuellen Marktzins, ändert sich dieser aber, wirkt sich das natürlich auf die Kurse aus. Sie steigen, wenn der Marktzins unter den Nominalzins des Pfandbriefes sinkt und fallen, wenn der Marktzins über den Pfandbriefzins steigt. Eben das alte Marktgesetz für Rentenwerte. Das stört Sie nicht, wenn Sie bis zur Fälligkeit durchhalten. Auffällige Kurssteigerungen sind aber eher selten und sie beschränken sich auf solche Papiere, deren Nominalzins tatsächlich deutlich über dem Marktzins liegt.

Eine kleine Zusammenstellung für Sie mit einigen Pfandbriefen aus dem Jahre 2011 zum Vergleich von Nominalzins, Kurs und Rendite:

Emittent	Kupon = Nominalzins	Restlaufzeit	Kurs	Rendite
Deutsche Genossenschafts-Hypothekenbank	4,394 %	6,21 Jahre	102,40 %	4,00 %
HSH Nordbank AG	4,600 %	8,32 Jahre	104,44 %	3,98 %
Aareal Bank AG	3,400 %	9,82 Jahre	95,65 %	3,94 %
Bayerische Landesbank	4,450 %	6,75 Jahre	103,50 %	3,88 %
Deutsche Pfandbriefbank AG	3,765 %	8,8 Jahre	99,31 %	3,87 %

Pfandbriefe im Check

☒ Sicherheit – Liquidität – Rendite?

Sicherheit	Hohe Sicherheit, durch die Besicherung mit Grundpfandrechten oder Forderungen gegen Staat, Länder und Gemeinden.
Liquidität	Kauf und Verkauf hängt von Angebot und Nachfrage an den Börsen ab. Der Handel von Pfandbriefen ist im Vergleich zu anderen Rentenpapieren eher gering.
Rendite	Durch die hohe Sicherheit sind die Zinssätze geringer als bei Unternehmensanleihen, aber höher als bei Bundeswertpapieren.

☒ Ziele und Beweggründe für diese Geldanlage
- Anlage in einem börsengehandelten Rentenpapier mit zusätzlichen Sicherheiten.
- Langfristige Sicherung der momentanen Zinsen mit der Chance auf eine Kurssteigerung.

☒ Kosten der Geldanlage

Wenn Sie die Pfandbriefe nicht im Rahmen einer Erstemission erwerben, entstehen Ihnen die normalen Transaktionsgebühren für den Kauf oder Verkauf über Ihre Bank an einer Börse sowie die Depotgebühren, sofern Ihre Bank diese berechnet. Günstiger wird es eventuell wieder, wenn ein Direkthandel möglich sein sollte.

☒ Zinsen

Die Zinstermine sind im Normalfall jährlich. Die Zinsen erhalten Sie, wie bei jedem Rentenpapier, auf den Nennwert Ihres Pfandbriefes. Wie alle börsennotierten Schuldverschreibungen, werden die Zinsen auch bei Pfandbriefen nach der tagegenauen Methode »act/act« berechnet.

☒ Steuer

Die Besteuerung erfolgt mit 25 Prozent Kapitalertragsteuer, wie sie bei den Rentenpapieren erläutert ist. Davon betroffen sind Zinserträge, Kursgewinne und vereinnahmte Stückzinsen bei einem Verkauf vor Fälligkeit und vor dem Zinstermin. Kursverluste bei einem Verkauf vor Fälligkeit und bezahlte Stückzinsen bei einem Kauf vor Fälligkeit außerhalb des Zinstermins werden ebenfalls nach den Vorschriften der Rentenpapiere behandelt.

Fantasie ohne Grenzen – besondere Formen von Anleihen

Sie haben zwar nicht die freie Auswahl wie bei vielen Gewinnspielen, aber auf jeden Fall gibt es bei Anleihen eine ganze Reihe von besonderen Formen, wenn Sie eher etwas Besonderes statt einer Standardanleihe möchten. Die Angebote blühen ständig auf wie die Knospen der Blumen im Frühjahr. Einige gehören schon seit Jahren zum Pflichtprogramm, andere wieder entstehen und verabschieden sich auch wieder von der Bildfläche, genauso wie sie gekommen sind.

> *Achtung:*
> Bei diesen Anleihen müssen Sie sehr genau hinschauen und die Beschreibung aufmerksam lesen. Natürlich handelt es sich dabei nicht mehr um »normale« Anleihen mit einem Nennwert, einem Nominalzins und einer festen Fälligkeit. Hier sind zusätzliche Varianten eingebaut, die dieses Produkt eben interessant machen sollen. Keine Angst, das muss nichts Schlimmes sein. Ob diese Papiere aber tatsächlich für Ihre Zielvorstellungen passen und ob sie Ihr Anlageproblem lösen helfen, das sollten Sie sehr genau prüfen. Wenn das nämlich nicht der Fall sein sollte, dann haben Sie Ihr liebes Geld in einem Finanzprodukt angelegt, das Sie vielleicht gar nicht so recht wollten.

Schauen wir uns im Folgenden mal einige dieser besonderen Anleihen genauer an:

Stufenzinsanleihen – der Zinssatz klettert nach oben

Sie sind schon beinahe ein Klassiker. Stufenzinsanleihen sind Inhaberschuldverschreibungen, die von Banken ausgegeben werden. Ihre staatlichen Brüder und Schwestern sind die Bundesschatzbriefe. Auch ihr Zinssatz steigt ja bekanntlich von Jahr zu Jahr an. Mit Stufenzinsanleihen sind Sie gut beraten, wenn Sie einen eher moderaten Anstieg der Marktzinsen während der Laufzeit vermuten. Falsch lagen Sie natürlich mit Ihrer Entscheidung, wenn die Zinsen deutlich über dem Durchschnittszinssatz einer solchen Anleihe steigen. Das Problem ist jedoch nicht zementiert, denn es handelt sich um eine Anleihe, die Sie auch während der Laufzeit wieder vollständig verkaufen können. Das ist ein wesentlicher Vorzug gegenüber den Bundesschatzbriefen, die Sie ja nur häppchenweise zurückgeben können. Ob Sie dann auch den gewünschten Preis bei Ihrer Bank oder an der Börse erzielen, hängt natürlich wie immer vom momentanen Kurs ab. Das wissen Sie ja schon, Kurse von Zinspapieren hängen eben vom allgemeinen Marktzins ab. Sie steigen mit fallenden Marktzinsen und fallen mit steigenden Marktzinsen. Beruhigend ist aber, dass die Gefahr großer Kursschwankungen bei diesen Papieren eher nicht gegeben ist, da sie sich mit ihren Zinssätzen meistens in etwa am Marktzins orientieren. Ihr Zinssatz liegt natürlich etwas darüber, da sonst der Anreiz zum Kauf nicht gegeben wäre und Sie Ihr schönes Geld in anderen Finanzprodukten anlegen würden.

Der durchschnittliche Zinssatz ist entscheidend

Anleihen dieser Art haben meist eine mittlere Laufzeit von ungefähr fünf bis sieben Jahren. Der Zinssatz steigt in einer vorher festgelegten Reihenfolge an. Da der Emittent diese Bedingungen festlegt, sind wieder einmal mehrere Möglichkeiten denkbar. So kann es bei einer fünfjährigen Anleihe sein, dass der Zins die ersten zwei Jahre gleich bleibt, für die nächsten beiden Jahre um einen bestimmten Prozentsatz ansteigt und im letzten Laufzeitjahr nochmals nach oben klettert. Um den durchschnittlichen Zinssatz zu berechnen, braucht man kein Mathematikstudium. Bilden Sie den einfachen Durchschnitt und schon haben Sie Ihren durchschnittlichen Zinssatz.

Um den durchschnittlichen Zinssatz zu berechnen, müssen Sie nur die Zinssätze der Zinsstufen addieren und durch die Anzahl der Jahre teilen. Das Ergebnis ist dann 3,107 Prozent. Mit diesem Ergebnis können sie jetzt diese Geldanlage mit anderen Anlagen und vor allem mit dem allgemeinen Marktzins vergleichen. Was Sie aber nicht wissen, ist die Tatsache, wie wird sich der Marktzins in den nächsten sieben Jahren entwickeln? Die Richtung ist wohl meist absehbar, der Zeitraum der Änderung ist jedoch nur schwer zu bestimmen.

Ein Beispiel für eine Stufenzinsanleihe:

Wertpapiertyp	Anleihe/Inhaberschuldverschreibung
Laufzeit	sieben Jahre
Zinstermin	jährlich zum 16. Februar
Nennwert	1 000 Euro
Verkaufskurs	100 Prozent
Zinsstufen	1. Jahr: 2,625 Prozent
	2. Jahr: 2,750 Prozent
	3. Jahr: 2,875 Prozent
	4. Jahr: 3,000 Prozent
	5. Jahr: 3,250 Prozent
	6. Jahr: 3,500 Prozent
	7. Jahr: 3,750 Prozent
Kündigungsrecht des Emittenten	jährlich fünf Tage vor dem Zinstermin zum aktuellen Zinstermin
Rücknahmepreis	100 Prozent

Der Emittent kann die Lust verlieren

Wenn Sie die Angaben genau ansehen, werden Sie entdecken, dass da so ein kleines Stolpersteinchen eingebaut ist. Der Emittent behält sich nämlich eventuell vor, diese Anleihe bei Bedarf zu kündigen. Nun, dieses Recht kann er sich sichern, denn er gibt die Anleihe aus und es steht in den Anleihebedingungen. Es ist also keine Überraschung. Aber warum das? Nun, das ist sehr einfach zu erklären. Ebenso wenig wie wir sind auch Banken als Emittenten solcher Wertpapiere keine Hellseher mit klarem Zukunftsblick in die große Zinszauberkugel. Wenn die Zinsen vergleichbarer Geldanlagen auffällig nach unten marschieren, verliert der Emittent zusehends die Lust an seinen vergleichsweise höheren Zinszahlungen. Dann ist es eventuell soweit. Er zieht die berühmte Reißleine und kündigt die Anleihe zum kommenden Zinstermin. Er kann sich ja Zeit lassen, denn fünf Tage vorher genügt seine Ankündigung. Damit müssen Sie leben. Es passiert aber nichts, außer dass Ihnen die erwartete Steigerung der Zinsen im folgenden Jahr entgeht. Ihr angelegtes Geld erhalten Sie auf jeden Fall vollständig zurück. Ein kleiner Wermutstropfen bleibt natürlich. Der Kurs dieser Anleihe wird bei so einer Marktgegebenheit vermutlich über hundert Prozent notieren und der Kursgewinn weht an Ihnen vorbei wie ein warmer Sommerwind. Dafür haben Sie aber eine Kapitalgarantie von hundert Prozent. Garantie ist eben nicht umsonst zu haben.

Ein Beispiel:

Nehmen wir an, der Emittent kündigt die »Beispiel-Anleihe« am Ende des vierten Laufzeitjahres. Dann verändert sich der durchschnittliche Zinssatz natürlich entsprechend und beträgt nur noch (2,625+2,750+2,875+3,000) : 4 = 2,813 Prozent.

> *Tipp:*
> Beobachten Sie solche Anleihen in regelmäßigen Abständen. Wenn sich der Kurs nach oben bewegt, dann kann das ein Signal für eine eventuelle Kündigung zum nächsten Termin sein. In diesem Fall kann es günstiger sein, wenn Sie die Anleihe mit Kursgewinn verkaufen. Sie müssen dazu einfach Ihre zu erwartenden Zinsen und Verkaufskosten vom Kursgewinn abziehen. Wenn dann noch etwas übrig bleibt und Sie eine Kündigung vermuten, dann kann sich ein vorzeitiger Verkauf lohnen.

Stufen können auch nach unten führen

Wenn Sie eine Vorliebe für festgesetzte fallende Zinssätze haben, dann sollten Sie sich nach Stufenzinsanleihen umsehen, deren Zinssätze während der Laufzeit regelmäßig abnehmen. Es gibt sie tatsächlich. Sinnvoll sind sie dann, wenn Sie momentan einen Einkommensteuersatz unter 25 Prozent (= Höchstsatz für die Kapitalbesteuerung) haben sollten, der aber in den nächsten Jahren ansteigt. Wenn das der Fall sein sollte, dann werden momentan Ihre höheren Zinsen im Rahmen der Steuererklärung mit Ihrem geringeren persönlichen Steuersatz besteuert, während später geringere Zinsen mit 25 Prozent besteuert werden. Es wird nicht ganz einfach sein, das genau vorherzusagen, die Tendenz kann man aber abschätzen. Dieser Fall kann sehr einfach eintreten, wenn Sie momentan Berufseinsteiger sind und in einigen Jahren ein wesentlich höheres Gehalt erwarten. Ein anderer, sehr einfacher Grund wäre, wenn Sie momentan höhere Zinseinnahmen Ihrer Geldanlage benötigen und in den Folgejahren eher weniger. Entscheidend ist aber auch bei dieser Variante die Durchschnittsverzinsung. Sie errechnet sich nach dem gleichen Muster, wie bei der Stufenzinsanleihe mit steigenden Zinsen.

Wo können Sie Stufenzinsanleihen kaufen, verkaufen und verwahren?

Sie können diese Wertpapiere wie üblich über Ihre Bank kaufen oder verkaufen. Entweder Sie erwerben sie zum Zeitpunkt der Ausgabe oder während der Laufzeit über Ihre Bank an einer Börse oder im Direkthandel. Bei diesen Anleihen kommt es auch häufig vor, dass sie Banken aus dem eigenen Bestand verkaufen und in diesen wieder zurückkaufen. In diesem Fall erfolgt das zu einem Hauskurs, also ohne Einschaltung einer Börse. Verwahren müssen Sie sie ebenfalls bei Ihrer Bank auf einem Depotkonto.

Stufenzinsanleihen im Check

☒ Sicherheit – Liquidität – Rendite?

Sicherheit	Stufenzinsanleihen sind so sicher wie ihr Emittent. Bei guten Bonitäten ist das Risiko eher gering, bei schlechten Bonitäten entsprechend hoch. Ebenfalls vorhanden ist das Zinsänderungsrisiko, mit der Folge eines Kursrückganges.
Liquidität	Wenn die Anleihen zum Börsenhandel zugelassen sind, entscheidet die Nachfrage, ob ein Verkauf möglich ist. Bei einem Rückkauf der ausgebenden Bank ist im Normalfall die Liquidität gesichert.
Rendite	Der durchschnittliche Zinssatz dieser Anleihen befindet sich meist in der Nähe des Marktzinses. Beeinflusst wird er, wie bei allen Rentenpapieren, auch durch die Bonität des Emittenten.

☒ Ziele und Beweggründe für diese Geldanlage
- Eine Geldanlage in einem Rentenpapier mit steigenden oder fallenden Zinsen.
- Mittelfristige Sicherung eines durchschnittlichen Zinssatzes, der etwas über dem allgemeinen Marktzins liegt.
- Sicherung der Liquidität durch den Börsenhandel oder die Rückgabe an die ausgebende Bank.

☒ Kosten der Geldanlage

Wenn Sie diese Anleihen bei der Erstausgabe erwerben und bis zur Fälligkeit warten, dann ist die Aktion kostenfrei. Bei einem Kauf oder Verkauf während der Laufzeit entstehen Ihnen die normalen Transaktionsgebühren Ihrer Bank an der Börse oder im Direkthandel. Da es sich um eine Anleihe handelt, wird sie auf einem Depotkonto Ihrer Bank verwahrt und es entstehen Depotgebühren, sofern Ihre Bank diese berechnet.

☒ Zinsen

Die Zinstermine sind im Normalfall jährlich. Die Zinsen erhalten Sie, wie bei jedem Rentenpapier auf den Nennwert. Die Zinsen werden entweder nach der tagegenauen Methode, oder nach der Euromethode berechnet. Diese Information können Sie der Produktinformation entnehmen.

☒ Steuer

Die Besteuerung erfolgt mit 25 Prozent Kapitalertragsteuer, wie sie bei den Rentenpapieren erläutert ist. Davon betroffen sind Zinserträge, Kursgewinne und vereinnahmte Stückzinsen bei einem Verkauf vor Fälligkeit und vor dem Zinstermin. Kursverluste bei einem Verkauf vor Fälligkeit und bezahlte Stückzinsen bei einem Kauf vor Fälligkeit außerhalb des Zinstermins werden ebenfalls nach den Vorschriften der Rentenpapiere behandelt.

☒ Andere Bezeichnungen für dieses Wertpapier

Die Bezeichnungen sind leider nicht einheitlich. Dieser Anleihetyp kommt auch unter dem Begriff Staffelanleihe vor. Steigen die Zinsen ständig an, verwendet man auch den englischen Begriff Step-up-Bond oder auch als kleinen Sprachmix Step-up-Anleihe. Fallen die Zinsen, kommt der Begriff Step-down-Bond oder wieder als kleine Mischung aus englischer und deutscher Sprache Step-down-Anleihe vor.

Aktienanleihen – attraktive Zinsen, aber vor Aktien dürfen Sie sich nicht fürchten

Ein Schock für jeden Anleger, der bisher glaubte, Aktien und Rentenpapiere sind einander so fremd, dass sie kein Wort miteinander wechseln. Es ist eben so wie in der großen Politik. Man kommt alleine nicht weiter und schon gibt es eine Koalition, manchmal auch mit ganz andersfarbigen Partnern. Genauso haben die Zauberer der Finanzwelt gedacht: Wenn Geldanleger gegen eine Aktie eigentlich nichts einzuwenden haben, aber eigentlich doch nicht so recht wollen und ihnen eine klassische Anleihe doch etwas zu langweilig erscheint, dann zaubern wir eben ein neues Wertpapier. Es muss eines sein, das beide Möglichkeiten offen hält. Es durfte aber keine Mischung aus beiden werden, denn eine Aktie bleibt eine Aktie und eine Anleihe bleibt eine Anleihe. Gentechnische Tricks, wie Fische ohne Gräten, oder Züchtungen, wie Weintrauben ohne Kerne, scheiden hier zum Glück aus. Aus einem Wertpapier mit Beteiligungsrechten kann eben kein Gläubigerpapier oder umgekehrt werden. Und von jedem etwas und kräftig durchgemixt, das geht auch nicht. Also ist das Ganze sehr einfach. Ein Gartenstuhl ist und bleibt ein Stuhl, daran wird wohl kein Zweifel bestehen, und eine Aktienanleihe ist und bleibt eine Anleihe. Emittenten dieser Wertpapiere sind Banken. Die Laufzeiten solcher Anleihen sind überwiegend kurz, meistens ein Jahr. Laufzeiten von sechs Monaten sind eher die Untergrenze, zwei Jahre eher die Obergrenze.

Aktienanleihen sind strukturierte Finanzprodukte

Dieses Wertpapier führt zwar das Wort »Anleihe« in seiner Bezeichnung, weicht aber von der Grundstruktur einer Anleihe ab. Die Wertentwicklung hängt von einer Aktie ab, die man als Basiswert bezeichnet. Zusätzlich sind an dieses Produkt Bedingungen geknüpft, die für das Endergebnis entscheidend sind. Das Endergebnis lautet: Sie erhalten die Zinszahlung oder Aktien. Wenn zu einem Wertpapier derartige Bedingungen gehören, spricht man von strukturierten Finanzprodukten.

> ☞ *Achtung:*
> Aus diesem Grunde werden Aktienanleihen in den Prospekten der Banken auch meistens unter der Rubrik Zertifikate[20] aufgeführt. Zertifikate sind der Grundtyp strukturierter Produkte, die oft mit mehreren Bedingungen ausgestattet sind.

Hohe Zinsen haben ihren Preis

Aktienanleihen sind also Anleihen und als solche Inhaberschuldverschreibungen. Ausgestattet sind sie mit einem festen Zinssatz, der auf jeden Fall deutlich über dem normaler Anleihen liegt. Bei hohem Risikoprofil einer Aktienanleihe liegt er sogar erheblich darüber. Schön, könnten Sie sagen, das ganze Leben ist ein einziges Risiko,

---

[20] Näheres darüber erfahren Sie im Kapitel zu Zertifikaten.

also her mit diesen Anleihen. Wenn Sie so denken, dürfen Sie sich aber nicht blenden lassen, denn umsonst werden Sie diese Zinsen natürlich nicht ernten. Der Preis dafür ist das Risiko, dass Sie am Fälligkeitsdatum statt des Nennwertes Ihrer Anleihe eine Portion Aktien erhalten.

Rückzahlung des Nennwertes + Zinsen oder Aktien + Zinsen

Bedenken Sie immer, dass sich auch Banken als Schöpfer solcher Anleihen etwas ausrechnen, wenn sie derartige Produkte zum Kauf anbieten. Damit soll nicht gesagt sein, dass Banken nur die Gewinner sind und Sie als Anleger oder Anlegerin von vorneherein auf der Verliererstraße wandeln. Aber dass ein Emittent die Strategie verfolgt, am Ende planmäßig mit leeren Händen dazustehen, wird wohl niemand so richtig vermuten. Diese Anleihe gewährt Ihnen einen attraktiven festen Zinsertrag unter einer bestimmten Bedingung. Und diese Bedingung ist, dass der Kurs einer bestimmten Aktie am Fälligkeitstag nicht unterhalb eines festgesetzten Kurses notiert. Diese Aktie ist der erwähnte Basiswert. Wenn nämlich das eintritt, dann müssen Sie der erhofften Rückzahlung des Anleihenennwertes in Euro leise Adieu oder Tschüss sagen und eine bestimmte Anzahl der vereinbarten Aktien in Ihre Arme schließen. Ihre Zinsen erhalten Sie natürlich trotzdem. Also, Sie erhalten am Tag X relativ hohe Zinsen und die Rückzahlung des Nennwertes oder relativ hohe Zinsen und Aktien. So einfach ist das. Freuen sollten Sie sich über beide Ergebnisse, sonst war diese Anlage nicht das Richtige für Sie.

Ausstattung einer Aktienanleihe

Während normale Anleihen mit ihrer Grundausstattung, Nennwert, Nominalzins, Zinstermin und Fälligkeitstermin leben können, benötigt eine Aktienanleihe noch etwas mehr, um zu atmen. Zu dieser Grundausstattung kommt hier eine bestimmte Aktie, man bezeichnet sie als Basiswert, ein Bezugsverhältnis für diese Aktie und ein Basispreis für diese Aktie.

So könnte eine Aktienanleihe zum Beispiel aussehen:

Ausstattungs-merkmale	Daten und Werte	Erläuterungen und Berechnungen
Emittentin	Süddeutsche Bank AG	Diese Bank gibt die Aktienleihe aus.
WKN/ISIN	SBK008/DE000SBK0087	Deutsche Wertpapierkennnummer bzw. internationale Wertpapierkennnummer
Zeichnungsfrist	25.11.2011 bis 09.12.2011 (12:00 Uhr), vorbehaltlich einer vorzeitigen Schließung	Während dieser Zeitspanne können Sie die Anleihe bei Ihrer Bank zeichnen, das heißt Ihren Kaufauftrag abgeben. Es kann aber passieren, dass Sie am 08.12. nicht mehr zum Zuge kommen, da die Emission wegen überaus großer Nachfrage vorzeitig geschlossen wurde.
Nennwert	1 000 Euro	Kleinste Stückelung. Das heißt, Sie müssen mindestens 1 000 Euro anlegen.
Zinstermin	22.12.2012	Zu diesem Termin erfolgt die Zinszahlung oder die »Lieferung« der Aktien.
Beginn Zinslauf	21.12.2011 (einschließlich)	Ab diesem Tag erhalten Sie 6,90 Prozent Zinsen auf Ihren in der Anleihe angelegten Betrag. Dieser Tag wird auch als Valuta bezeichnet.
Ende Zinslauf	31.12.2012 (ausschließlich)	Dieser Tag entspricht dem Rückzahlungstermin. Die Zinsen werden aber nur bis zum 30.12.2012 berechnet. Das ist richtig, da Sie schon am 21.12.2011 Zinsen erhalten haben, obwohl die Anleihe erst am 22.12.2011 zu laufen begann. Ein reiner Rechentrick beim Vorgang der Zinsberechnung. Keine Sorge, es hat alles seine Richtigkeit.
Zinsvereinbarung	act/360	Das ist die bekannte Euro-Zinsmethode, bei der die Monate mit genauen Tagen und das Jahr standardisiert mit 360 Tagen angesetzt werden. Diese Methode wird bei diesen Anleihen verwendet.[21] Sie müssen aber beachten, dass 2012 ein Schaltjahr ist und der Februar 29 Tage hat.

21 Die Tagerermittlung und Zinsberechnung finden Sie unter dem Thema Rentenpapiere.

Ausstattungs-merkmale	Daten und Werte	Erläuterungen und Berechnungen
Startkurs (Fixing)	12.12.2011	Der Aktienkurs dieses Tages ist entscheidend für die Berechnung des Basispreises. Annahme: 50 Euro
Basispreis	80% des Startkurses	Der Basispreis ist die Grundlage für die Berechnung der Anzahl von Aktien, die Sie vielleicht statt der Rückzahlung des Nennwertes erhalten. 80 Prozent von 50 Euro sind 40 Euro. Sie haben also eine Art Sicherheitspuffer von 20 Prozent für die Rückzahlung des Nennwertes.
Feststellungstag	22.12.2012	An diesem Tag wird der aktuelle Kurs der Aktie mit dem Basispreis verglichen. Aktienkurs > Basispreis oder Aktienkurs = Basispreis, dann erhalten Sie die Rückzahlung des Nennwertes + 6,90 Prozent Zinsen. Aktienkurs < Basispreis, dann erhalten Sie die festgelegte Anzahl Aktien + 6,90 Prozent Zinsen.
Rückzahlung	31.12.2012	Dieser Termin liegt in der Regel immer einige Tage hinter dem Feststellungstag. Diesen Zeitraum benötigt die ausgebende Bank (Emittentin), um die Abrechnung vorzunehmen. Die Zinsen für Ihre Anleihe erhalten Sie natürlich weiter bis zum 31.12.2012.
Basiswert	Aktien der Solar AG	Mit den Aktien dieser Unternehmung müssen Sie sich anfreunden, wenn der Aktienkurs am 22.12.2012 unterhalb des Basispreises liegen sollte.
Anzahl der Aktien	25 Aktien der Solar AG	So viele Aktien erhalten Sie für je 1000 Euro Nennwert der Anleihe, wenn der Aktienkurs am 22.12.2012 unterhalb des Basispreises liegen sollte. Die Anzahl berechnen Sie, indem Sie den Nennwert durch den Basispreis dividieren: 1 000 : 40 = 25

Fantasie ohne Grenzen – besondere Formen von Anleihen

Wie sie sehen, ist in so einer Produktbeschreibung, die Sie von Ihrer Bank erhalten, alles Wichtige aufgeführt. Entscheidend ist aber, dass Sie mit den darin enthaltenen Begriffen umgehen können und bei einem Beratungsgespräch nicht nur wohlgefällig nicken. Nur dann sind Sie auch vor Überraschungen am Tag X sicher.

Der Feststellungstag – der Tag der Abrechnung

Der alles entscheidende Tag ist der Feststellungstag. Jetzt wird auf sehr einfache Weise überprüft, ob Sie den Nennwert der Anleihe in Euro oder eben die Aktien erhalten.

Hier die Möglichkeiten am Beispiel einiger Kurse der Aktie der Solar AG:

Kurs der Aktie am 22.12.2012	Das Ergebnis dieses Kurses
45 Euro	Da der Kurs der Aktie höher als der Basispreis von 40 Euro ist, erhalten Sie den Nennwert der Anleihe als Rückzahlung + Zinsen als Gutschrift: Nennwert: 1 000 Euro + Zinsen 6,90 % von 1 000 Euro für 376 Tage = 72,07 Euro Gutschrift: 1 072,07 Euro
40 Euro	Der Kurs der Aktie entspricht genau dem Basispreis von 40 Euro. Sie erhalten deshalb den Nennwert der Anleihe als Rückzahlung + Zinsen als Gutschrift: Nennwert: 1 000 Euro + Zinsen 6,90 % von 1 000 Euro für 376 Tage = 72,07 Euro Gutschrift: 1 072,07 Euro
37 Euro	Da der Kurs der Aktie geringer als der Basispreis von 40 Euro ist, erhalten Sie 25 Aktien der Solar AG + 72,07 Euro Zinsen für Ihre Anleihe.

Der Kurs der Aktie fällt – nur keine Panik

Solange der Kurs nur fällt, ist nichts passiert. Kritisch wird es nur, wenn er sich immer mehr an den Basispreis heranschleicht und ihn zu berühren beginnt. Auch das soll Sie noch nicht weiter belasten. Zu diesem Zeitpunkt erhalten Sie immer noch die Rückzahlung des

Nennwertes Ihrer Anleihe. Was passiert aber, wenn der Kurs unter den Basispreis fällt? Wenn Sie beachtet haben, dass Sie bei einer derartigen Anleihe kein Aktienhasser sein dürfen, dann ist zunächst nicht sehr viel passiert. Sie sind eben jetzt Aktionär oder Aktionärin. Ist ja nicht weiter schlimm. Da Sie aber jetzt Aktien besitzen, die weniger wert sind als der festgelegte Basiswert mit 40 Euro, müssen Sie mit einem momentanen Kursverlust leben.

So sieht das momentane Ergebnis aus:

Sie erhalten 25 Aktien der Solar AG	
Der Kurs je Aktie beträgt aktuell 37 Euro. Damit haben Sie einen Wert auf Ihrem Depotkonto von 925 Euro.	25 Aktien × 37,00 Euro = 925,00 Euro
Ihr aktueller Verlust durch den Aktienbezug beträgt also 75 Euro.	Anlagebetrag der Anleihe: 1 000,00 Euro – Kurswert der Aktien: 925,00 Euro Momentaner Verlust: 75,00 Euro
Da Sie aber die relativ hohen Zinsen der Anleihe erhalten haben, reduziert sich Ihr Verlust aus dem Aktienbezug auf 2,93 Euro.	Verlust aus dem Aktienbezug: 75,00 Euro – Zinsertrag aus der Anleihe: 72,07 Euro Aktueller Restverlust: 2,93 Euro

Sie sehen hier deutlich, dass das Risiko im Kursverlauf der Aktie am Feststellungstag liegt. Je mehr sich der Kurs vom Basispreis nach unten verabschiedet, desto höher ist ihr momentaner Verlust. Wenn Sie dieses Geld momentan nicht benötigen, dann ist das Ganze zwar ärgerlich, aber der Ärger hält sich in Grenzen. Dies auch deswegen, weil ein Kursverlust durch die hohen Zinsen vermindert oder sogar ausgeglichen wird. Kurse von Aktien schwanken und dieser Kurs kann auch wieder steigen. Es ist Ihnen natürlich längst klar, dass er auch weiter fallen kann.

Da Sie jetzt Aktionär oder Aktionärin sind, müssen Sie auch so denken.

Ruhe bewahren und positiv denken	Abwarten und Teetrinken, der Kurs wird sich schon wieder erholen und dann schnell mit Gewinn verkaufen.
Lieber ein Ende mit Schrecken als ein Schrecken ohne Ende	Weg damit und zwar ganz schnell, damit der Verlust nicht noch größer wird.
Dividenden sind bares Geld	Aktien im Depot liegen lassen und Dividende kassieren, in der Hoffnung, dass diese Gesellschaft in diesem Jahr eine Dividende bezahlt.

Wo liegt die Schmerzgrenze?

Sie liegt natürlich dort, wo der Kurs des Basiswertes, also der Aktie, unter die Marke fällt, wo der Zinsertrag den Verlust gerade noch ausgleicht.
Das können Sie ganz einfach ausrechnen:

Rechenvorgang	Zahlen am Beispiel der Solar Aktie	
$\dfrac{\text{Nennwert} - \text{Zinsertrag}}{\text{Anzahl der Aktie}}$ = Kursgrenze	$\dfrac{1\,000\ \text{Euro} - 72{,}07\ \text{Euro}}{25}$	= 37,1172 Euro
Den Beweis für dieses Ergebnis können Sie leicht nachvollziehen.	Sie erhalten	
	25 Aktien zu 37,1172 Euro	= 927,93 Euro
	+ Zinsen der Anleihe	= 72,07 Euro
	Gesamtwert	= 1 000 Euro

Diese Kursgrenze bezeichnet man auch als kritischen Kurs oder Schwelle. Egal, wie dieser Kurs bezeichnet wird, er ist der alles entscheidende Punkt. Bis dahin ist noch nichts passiert. Erst wenn der Kurs unter diese Marke fällt, erleiden Sie momentan tatsächlich einen Verlust.

Aktien gibt es nur im Ganzen

Eine Aktie kann man nicht zerstückeln. Ist doch klar, könnten Sie vielleicht sagen, was denn sonst? Aber so klar ist das gar nicht. Nehmen wir nur den Fall an, dass der Startkurs nicht 50 Euro sondern 51 Euro beträgt und der Basispreis 75 Prozent ausmacht. Dann lautet der Basispreis auf 38,25 Euro. Wenn Sie jetzt den Nennwert der Anleihe von 1 000 Euro durch den Basispreis von 38,25 Euro dividieren, dann kommen Sie auf einen Wert von 26,14379 – und das sind Aktien. Es gibt aber keine 0,14379 Stück Aktien, sondern nur ganze Stücke. Also erhalten Sie genau 26 Aktien für 1 000 Euro Nennwert Anleihe. Keine Angst, der Rest ist nicht verloren, denn Sie haben ja einen Anspruch darauf. Den Gegenwert für 0,14379 Aktien erhalten Sie als Gutschrift in Euro. Der Wert wird auf der Grundlage des aktuellen Aktienkurses ermittelt. Wenn der Kurs also 37 Euro betragen sollte, dann erhalten Sie 37 × 0,14379 = 5,32 Euro als Gutschrift.

Die wichtigsten Daten der Zauberformel

Fluch und Segen dieser Geldanlage liegen also nur soweit auseinander, wie die zentralen Daten vereinbart wurden. Und diese liegen buchstäblich auf der Hand.

Es sind der Nominalzins, den man für die Anleihe erhält, und die Höhe des Basispreises, der letztlich den Puffer bei einem Kursrückgang bildet.

> Je höher der Nominalzins der Anleihe und je niedriger der Basispreis ist, desto mehr Reserve ist für Sie bei einem Kursrückgang unterhalb des Basispreises vorhanden.

Kursgewinne der Aktien und Dividenden ziehen an Ihnen vorbei

Das muss klar sein, Sie besitzen eine Anleihe und Anleihen ergeben keine Kursgewinne von Aktien. Wenn also die Aktie, die dieser Anleihe als Basiswert zugrunde liegt, über den Startkurs steigt, dann schleicht sich der Kursgewinn an Ihnen vorbei. Sie sollten aber trotzdem nicht traurig in die Börsenlandschaft blicken. Sie haben sich für eine Anleihe entschieden und durch den Kursanstieg vergrößern sich Ihre Chancen auf die Rückzahlung des Nennwertes. Das heißt natürlich, dass sich Ihre Rendite auf die Höhe der Zinsen beschränkt. Hätten Sie an steigende Aktienmärkte geglaubt, dann hätten Sie eben die Aktie direkt kaufen müssen. Also sagen Sie nicht, Sie hätten verloren. Sagen Sie allenfalls, Sie hätten noch mehr Ertrag als 6,90 Prozent erzielen können. Vielleicht haben Sie aber mit der Aktienanleihe etwas ruhiger und nervenschonender geschlafen, das ist doch auch etwas wert. Im Normalfall werden Aktienanleihen nach den Dividendenterminen fällig. Wenn Sie also Aktien erhalten, dann zieht auch der Dividendenertrag im aktuellen Jahr an Ihnen vorbei wie ein warmer Sommerwind. Sie sind also allenfalls im nächsten Jahr dabei. Wenn Sie jetzt eine Aktie mit erwartungsgemäß hoher Dividende haben, können Sie sich zumindest im kommenden Jahr freuen.

Wo können Sie Aktienanleihen kaufen, verkaufen und verwahren?

Sie können diese Wertpapiere, wie üblich, über Ihre Bank kaufen oder verkaufen. Entweder Sie erwerben sie zum Zeitpunkt der Ausgabe oder während der Laufzeit über Ihre Bank an einer Börse oder im Direkthandel. Verwahren müssen Sie sie ebenfalls bei Ihrer Bank auf einem Depotkonto.

Aktienanleihen im Check

☒ Sicherheit – Liquidität – Rendite?

Sicherheit	Wenn Sie Aktienanleihen von Emittenten mit guter oder sehr guter Bonität kaufen, ist das Emittentenrisiko eher gering. Basispreis und Nominalzins bilden als eine Art Puffer für die Situation am Feststellungstag. Aktienanleihen werden als Papiere mit hohem Risiko eingestuft, da im Extremfall ein Totalausfall des eingesetzten Geldes droht. Das ist der Fall, wenn Sie Aktien erhalten und der Aktienkurs gegen Null wandert.
Liquidität	Die Anleihen sind zum Börsenhandel zugelassen und können daher täglich zu marktgerechten Kursen verkauft werden. Entscheidend ist die Nachfragesituation am entsprechenden Tag.
Rendite	Der Nominalzins liegt immer über dem anderer Anleihen mit vergleichbarer Bonität der Emittenten. Verläuft alles nach Plan, ist die Rendite relativ hoch. Einbußen bei der Rendite sind vorhanden, wenn der Kurs des Basiswertes unter den Wert fällt, bei dem der Zinsertrag den Kursverlust nicht mehr ausgleicht (kritischer Kurs oder Schwelle). In diesen Fällen können Verluste entstehen.

☒ Ziele und Beweggründe für diese Geldanlage
- Höhere Zinserträge als mit »normalen« Anleihen von Emittenten vergleichbarer Bonität.
- Kurzfristige Geldanlage mit der Möglichkeit des täglichen Verkaufs vor Fälligkeit zu marktgerechten Kursen.

☒ Kosten der Geldanlage

Wenn Sie Anleihen bei der Erstausgabe erwerben und bis zur Fälligkeit behalten, dann ist die Aktion kostenfrei. Bei einem Kauf oder Verkauf während der Laufzeit entstehen Ihnen die normalen Transaktionsgebühren Ihrer Bank an der Börse oder im Direkthandel. Da es sich um eine Anleihe handelt, wird sie auf einem Depotkonto Ihrer Bank verwahrt und es entstehen Depotgebühren, sofern Ihre Bank diese berechnet.

☒ Zinsen

Die Zinsen erhalten Sie, wie bei jeder Anleihe auf den Nennwert. Die Berechnung erfolgt in der Regel nach der Euromethode »act/360«.

☒ Steuer

Die Besteuerung erfolgt mit 25 Prozent Kapitalertragsteuer, wie sie bei den Rentenpapieren erläutert ist. Davon betroffen sind Zinserträge, Kursgewinne und vereinnahmte Stückzinsen bei einem Verkauf vor Fälligkeit und vor dem Zinstermin. Kursverluste bei einem Verkauf vor Fälligkeit und bezahlte Stückzinsen bei einem Kauf vor Fälligkeit außerhalb des Zinstermins werden ebenfalls nach den Vorschriften der Rentenpapiere behandelt.

☒ Andere Bezeichnungen für diese Wertpapiere

Diese Wertpapiere werden auch mit dem englischen Begriff »Reverse Convertible Bonds« oder »Equity Bonds« bezeichnet. Wenn man diese Begriffe übersetzen möchte, dann ergibt das im ersten Fall in etwa »Umkehranleihe mit Wandlung«. Eigentlich nicht falsch, da sich die Anleihe eventuell in Aktien wandelt und das Ganze von vorneherein eigentlich nicht vorgesehen ist. Im zweiten Fall wird es noch komplizierter, denn eigentlich ist »Equity Capital« gemeint und das heißt übersetzt Eigenkapital. Das trifft natürlich ziemlich genau zu, denn Aktienanleihen sind ja tatsächlich eine Kombination einer Anleihe (Bond) und der Möglichkeit später Aktien zu erhalten und damit erfolgt eine Beteiligung am Eigenkapital der Aktiengesellschaft. Nichts gegen die englische Sprache, aber Sie werden vermutlich zustimmen, dass das deutsche Wort »Aktienanleihe« schon die verständlichere Bezeichnung ist und zum Glück in Deutschland auch verwendet wird.

Wandelanleihe und Optionsanleihe – ähnlich, aber nicht gleich

In der Tat ein Zwillingspärchen, denn auf dem ersten Blick gleichen sie sich wie ein Ei dem anderen. Aber eben nur auf dem ersten Blick. Wenn Sie genauer hinsehen, dann werden Sie einen entscheidenden Unterschied entdecken, der für Ihre Anlageentscheidung wesentlich sein kann. Aber so ist es eben mit Zwillingen, gleich und doch verschieden.

Wandelanleihe – erst Anleihe, dann Aktie

Schon wieder so ein Tausch, könnte man meinen. Schon wieder muss man Aktien beziehen, obwohl man gar nicht damit rechnet und sie eigentlich auch nicht so richtig will. Das kennt man doch schon von der Aktienanleihe. Aber so stimmt es eben nicht. Bei einer Aktienanleihe bestimmt der Basispreis, den der Emittent festgelegt hat, und der aktuelle Aktienkurs, ob Sie Aktien beziehen werden oder den Nennwert der Anleihe als Rückzahlung erhalten. Dafür werden Sie mit einem hohen Zinssatz fürstlich entlohnt. Hier ist es ganz anders.

Der Zinssatz ist niedrig – dafür entscheiden aber Sie

Wandelanleihen sind Anleihen und damit wieder Schuldverschreibungen, jedoch mit besonderen Rechten versehen. Diese Wertpapiere sind mit einem vergleichsweise niedrigen Nominalzins ausgestattet. Er liegt deutlich unter dem Nominalzins von Anleihen mit vergleichbarer Bonität des Emittenten. Die Rendite ist also ebenfalls eher gering. Dafür sitzen jetzt aber Sie am längeren Hebel. Der Emittent ist Stillhalter. Als Stillhalter bezeichnet man im Wertpapiergeschäft mit Wahlmöglichkeiten immer denjenigen Partner, der abwarten muss, wie der andere entscheidet.

Sie alleine entscheiden nämlich ab einem festgelegten Tag, was geschehen soll:

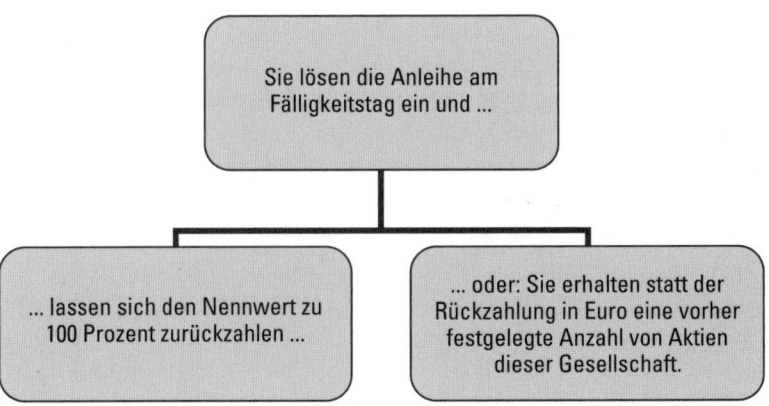

Der Emittent einer Wandelanleihe muss also genau das tun, was Sie von ihm verlangen. Er muss den Nennwert in Euro zurückzahlen, also die Anleihe tilgen, oder Aktien »liefern«. Die noch ausstehenden Jahreszinsen erhalten Sie selbstverständlich in jedem Fall, egal wie Sie sich entscheiden. Den Tag, ab wann Sie sich zur Wandlung entscheiden können, legt der Emittent in den Emissionsbedingungen fest. Diese Frist kann durchaus ein bis zwei Jahre umfassen. Sie endet aber auf jeden Fall spätestens am Tag der Fälligkeit der Anleihe.

Die Wandelanleihe geht unter

Keine Angst, sie kentert nicht, kein Sturm und keine Monsterwelle bringt sie zum Wanken. In der Fachsprache heißt das eben so. Das soll heißen, sie besteht spätestens dann nicht mehr, wenn ihre Fälligkeit erreicht ist und Sie und alle anderen Anleiheinhaber die Rückzahlung oder die Lieferung von Aktien gewählt haben. Das Ende der Anleihe ist aber auch bereits früher besiegelt, wenn Sie während der Wandlungsfrist das Wandlungsangebot in Aktien in Anspruch nehmen sollten. In diesem Fall betrifft das aber nicht alle Anleihen, sondern eben nur die Menge, die auf Wunsch der Anleiheinhaber bereits vor Laufzeitende gewandelt werden soll.

Woher bekommen Sie diese Anleihe und warum?

Nun, zunächst ist es ein börsengehandeltes Wertpapier und das können Sie über Ihre Bank an den Börsen oder im Direkthandel erwerben, sofern ein entsprechendes Angebot vorhanden ist. Ebenso ist natürlich auch ein Verkauf auf diesem Wege möglich. Das ist aber hier nicht die eigentliche Frage. Normale Anleihen oder Schuldverschreibungen können Sie bei ihrer Erstausgabe bekanntlich über Ihre Bank beziehen. Hier ist es anders. Eine Wandelanleihe bieten Unternehmen in der Form einer Aktiengesellschaft ihren Aktionären an. Sie haben richtig gelesen, keine jungen oder neue Aktien, sondern eine Anleihe. Wozu? Die Strategie ist einfach zu verstehen. Wenn ein Unternehmen eine Anleihe ausgibt, erhält es von den Anlegern Geld in der Form von Fremdkapital, also eine Art Darlehen. Dafür bezahlt das Unternehmen als Schuldner Zinsen. Nichts wirklich Neues, wie Sie bereits wissen. Da der Nominalzins einer Wandelanleihe aber vergleichsweise gering ist, muss das Unternehmen auch nur geringe Zinsen für dieses Darlehen bezahlen. Als Ausgleich für dieses Glück bietet man Ihnen eben die Möglichkeit des Aktienbezugs an. Das ist natürlich nur dann günstig, wenn sich der Aktienkurs positiv entwickelt hat und weitere Steigerungen zu erwarten sind. Die Entscheidung treffen aber Sie. Sie haben die freie Wahl. Wenn Sie keine Aktien beziehen möchten, dann warten Sie bis zur Fälligkeit der Anleihe und Sie erhalten den Nennwert zu den bekannten 100 Prozent zurück. Das einzige Problem, das Sie jetzt vielleicht haben, ist, dass Sie Zinsen verschenkt haben, da Sie bei anderen Anleihen höhere Zinsen erhalten hätten. Geht der Plan des Unternehmens aber auf, dann beziehen Sie Aktien und verzichten auf Ihre Rückzahlung der Anleihe in Euro. Dadurch zahlt das Unternehmen das Darlehen an Sie zurück und bekommt noch zusätzlich neues Geld, aber jetzt in der Form von Eigenkapital. Wenn Sie mit den Aktien auch glücklich leben können, weil sie entsprechend viel wert sind, dann gibt es zwei Glückliche – Sie und die Aktiengesellschaft. Mit einem englischen Ausdruck bezeichnet man derartige Situationen als »Win-Win-Situation«, da es zwei Gewinner gibt. Sie sehen, so etwas gibt es tatsächlich in der oft seelenlos anmutenden Finanzwelt.

Entscheidend sind Bezugsverhältnis und Wandlungsverhältnis

Das Bezugsverhältnis ist Ihre Eintrittskarte in das Reich der Wandelanleihe. Es gibt an, wie viele Aktien Sie von dieser Unternehmung benötigen, um einen bestimmten Nennwert der Wandelanleihe zu beziehen. Nennwerte von Wandelanleihen lauten meist auf 100 Euro. Nehmen wir an, das Bezugsverhältnis beträgt 4 : 1. Dann benötigen Sie genau vier Aktien, um eine Wandelanleihe mit 100 Euro Nennwert zu beziehen. Im Prinzip funktioniert das Ganze wie bei dem Bezug junger oder neuer Aktien.

Ein kleines Beispiel:

Ihr Aktienbesitz	40 Stück Aktien der Euro Medical AG
Sie nutzen Ihr Bezugsrecht vollständig aus	Sie haben also das Recht, für je vier Aktien eine Wandelanleihe mit 100 Euro Nennwert zu beziehen. Das sind insgesamt 10 Wandelanleihen mit einem Nennwert von insgesamt 1 000 Euro Nennwert.
Nominalzins der Anleihe	2,75 Prozent
Laufzeit der Anleihe	fünf Jahre
Wandlungsfrist	Sie beginnt mit dem fünften Laufzeitjahr und endet mit der Fälligkeit der Anleihe.

Das Wandlungsverhältnis sagt Ihnen, wie viele Aktien Sie für jeweils 100 Euro Nennwert Anleihe beziehen können. Entscheidend ist dabei aber auch, ob Sie eine Zuzahlung für diese Aktien leisten müssen, wie hoch diese ist oder ob Sie die Aktien ohne Zuzahlung erhalten. Gehen wir davon aus, Sie können für je 100 Euro Nennwert fünf Aktien beziehen, die Zuzahlung je Aktie beträgt 0,50 Euro. Da Sie 1000 Euro Nennwert der Anleihen besitzen, können Sie insgesamt 50 Aktien beziehen. Alles entscheidend für Ihre Handlung ist jetzt der aktuelle Aktienkurs und seine zu erwartende Entwicklung. Da dieser Blick in die Zukunft wie immer etwas vernebelt ist, beschränken Sie sich am besten auf die nackten Zahlen und das ist eben der momentane Kurs der Aktie. Nehmen wir an, der Kurs der Aktie der Euro Medical AG bewegt sich überwiegend zwischen 21 Euro und 23 Euro.

So sieht dann das Ergebnis aus:

Sie können für 1000 Euro Nennwert der Anleihe 50 Aktien der Euro Medical AG unter einer Zuzahlung von 0,50 Euro je Aktie beziehen.	Wert einer Aktie (1000 Euro : 50 Aktien) = 20 Euro + Zuzahlung je Aktie = 0,50 Euro Preis für eine Aktie = 20,50 Euro Preis für 50 Aktien = 1025 Euro
angenommener Kurs der Aktie der Euro Medical AG	Entscheidung
20,50 Euro	Bei diesem Kurs würden Sie weder Gewinn noch Verlust erzielen, da der aktuelle Börsenkurs genau dem Preis entspräche, den Sie für eine Aktie an die Euro Medical AG bezahlen. Der Bezug über das Wandlungsangebot ist aber günstiger als der Kauf über Ihre Bank, da dabei keine Gebühren anfallen.
22 Euro	Bei diesem Kurs würden Sie einen Gewinn von 1,50 Euro je Aktie erzielen, da Sie die Aktie um 20,50 Euro aus dem Wandlungsangebot erhalten und Sie diese, wenn Sie möchten, über Ihre Bank an einer Börse für 22,00 Euro verkaufen könnten. Selbstverständlich können Sie die Aktien auch in Ihrem Depot liegen lassen und auf noch bessere Zeiten warten. Dann ist Ihre Freude noch größer. Momentaner Gesamtwert der 50 Aktien: 1100 Euro – Kaufpreis bei der Wandlung 1025 Euro Gewinn: 75 Euro

19 Euro	Bei diesem Kurs kaufen Sie die Aktie besser über Ihre Bank an einer Börse oder im Direkthandel, da Sie im Zuge der Wandlung 1,50 Euro je Aktie mehr aufwenden müssten, um diese zu beziehen.
	Momentaner Gesamtwert der 50 Aktien: 950 Euro – Kaufpreis bei der Wandlung 1 025 Euro
	Verlust: 75 Euro
	Fordern Sie also lieber die Rückzahlung der Anleihe zum Nennwert.

☞ *Achtung:*
Die Art der Angabe für das Bezugsverhältnis und für das Wandlungsverhältnis ist nicht einheitlich. Achten Sie genau auf den Wortlaut im Text des Angebotes, das Sie erhalten. Wenn Sie fünf Aktien für eine Anleihe mit 100 Euro Nennwert beziehen können, dann kann sowohl 5 : 1 als auch 1 : 5 angegeben sein. In der Beschreibung muss aber ausdrücklich und eindeutig stehen wie viele Aktien Sie für wie viel Nennwert Anleihe erhalten.

Der Zinsertrag ist Ihnen sicher

Eine Wandelanleihe ist und bleibt eine Anleihe, auch wenn Sie mit einem Sonderrecht ausgestattet ist. Daher haben Sie den vollen Anspruch auf die Zahlung der Zinsen, auch wenn diese nicht allzu üppig ausfallen. Die Zinszahlung erfolgt zum festgelegten Zinstermin, unabhängig davon, ob Sie die Rückzahlung der Anleihe fordern oder das Wandlungsangebot und damit den Bezug von Aktien in Anspruch nehmen.

Zwei Arten von Wandelanleihen sind auf dem Markt

Wie heißt es auf Plakaten mancher Banken so schön: »Wir verkaufen keine Produkte, sondern wir suchen eine Lösung für Ihre Probleme.« Schaut ganz danach aus, denn schon gibt es neben der klassischen Wandelanleihe eine neue Idee, die Umtauschanleihe. Auf den ersten Blick ein und dasselbe. Sie kaufen eine Anleihe und können später wählen: »Geld oder Aktien?« Umtauschanleihen sind Finanzprodukte, die auf der Grundlage der Wandelanleihen-Philosophie geschaffen werden. Bei einer klassischen Wandelanleihe erhalten Sie genau die Aktien der Unternehmung, welche die Wandelanleihe ausgegeben hat. Emittent können im Prinzip Unternehmen jeder Branche sein, also Industrie, Handel, Versicherungen, Banken oder andere. Umtauschanleihen werden dagegen ausschließlich von Banken ausgegeben und verbriefen das Recht, später Aktien einer anderen Unternehmung zu beziehen. Wie immer jedoch keine Überraschung, denn die Aktien sind in der Produktinformation genau genannt. Daher stammt auch der Begriff Umtauschanleihe. Unabhängig davon bleibt selbstverständlich das Recht erhalten, die Rückzahlung des Nennwertes zu fordern. Auch Ihr Anspruch auf die Zinszahlung ist in vollem Umfang vorhanden.

> Umtauschanleihen sind aus der ursprünglichen Wandelanleihe abgewandelt. Sie werden daher oft auch als Derivate bezeichnet. Dieser Kunstbegriff ist aus dem Lateinischen entnommen. »Derivare« heißt übersetzt »ableiten«. Dieses Wort wird in der Finanzwelt heute vielfältig, aber leider nicht einheitlich verwendet. Derivate sind eigentlich Finanzprodukte, die von Wertpapieren abgeleitet sind, also nicht mehr die klassischen Eigenschaften handelbarer Wertpapiere aufweisen. Insofern ist dieser Begriff eigentlich für Optionen oder Futures reserviert.

Die beiden Begriffe Wandelanleihe und Umtauschanleihe werden leider nicht immer sauber getrennt. Deshalb hier eine kleine Gegenüberstellung zur Unterscheidung:

Merkmale	Wandelanleihe	Umtauschanleihe
Wer sind Emittenten dieser Anleihen?	Jedes Wirtschaftsunternehmen kann Wandelanleihen ausgeben.	Nur Banken und meistens Spezialinstitute, die sich nur mit besonderen Finanzprodukten beschäftigen.
Welche Aktien können bezogen werden?	Ausschließlich Aktien des Emittenten der Wandelanleihe. Inhaber von Aktien der Euro Medical AG erhalten auf Wunsch eine Wandelanleihe der Euro Medical AG und später auf Wunsch Aktien der Euro Medical AG.	Aktien, die der Emittent im Verkaufsprospekt festgelegt hat. Wenn die Nordbank eine Umtauschanleihe ausgibt, dann kann sie bestimmen, dass statt der Rückzahlung der Anleihe der Bezug von Aktien der Solarwelt AG möglich ist.
Bezug bzw. Kauf der Anleihe zum Zeitpunkt der Emission (Ausgabe)	Direkt vom Emittenten.	Über eine Bank.

Merkmale	Wandelanleihe	Umtauschanleihe
Bezugsverhältnis für die Anleihe	Legt der Emittent fest.	Gibt es nicht, da die Umtauschanleihe nicht auf der Grundlage von Aktien des Emittenten ausgegeben wird. Sie erwerben die Anleihe ohne vorherigen Aktienbesitz.
Wandlungsverhältnis	Gibt der Emittent vor.	Gibt der Emittent vor.
Nominalzins	Niedriger als Anleihen mit vergleichbarer Bonität.	Niedriger als Anleihen mit vergleichbarer Bonität, aber etwas höher als klassische Wandelanleihen.
Laufzeiten	Mittlere Laufzeiten, meist im Bereich von fünf Jahren.	Vorwiegend kurze Laufzeiten, meist ein bis zwei Jahre.
Entscheidung: Einlösung der Anleihe und Erhalt des Nennwertes in Euro oder Bezug der Aktien?	Die Entscheidung liegt alleine bei den Anleiheinhabern.	Die Entscheidung liegt alleine bei den Anleiheinhabern.
Was geschieht mit der Anleihe nach dem Tag ihrer Fälligkeit?	Die Wandelanleihe besteht nicht mehr, unabhängig davon, ob Sie die Umwandlung in Aktien oder die Rückzahlung in Euro gefordert haben.	Die Umtauschanleihe besteht nicht mehr, unabhängig davon, ob Sie die Umwandlung in Aktien oder die Rückzahlung in Euro gefordert haben.
Börsenhandel?	Ja, wenn die Zulassung beantragt wurde, was dem Normalfall entspricht.	Ja, immer.
Englische Bezeichnung	Convertibles oder Convertible Bonds	Exchangeables oder Exchangeable Bonds
Weitere Bezeichnungen	Wandelobligation Wandelschuldverschreibung	keine

Wandelanleihen im Check

☒ Sicherheit – Liquidität – Rendite?

Sicherheit	Diese Anleihen haben das ganz normale Emittentenrisiko. Wenn Sie Wandelanleihen oder Umtauschanleihen von Emittenten mit guter oder sehr guter Bonität beziehen oder kaufen, ist das Risiko gering. Was bleibt, ist das Zinsänderungsrisiko mit möglichen Kursrückgängen, das alle Rentenpapiere aufweisen. Da aber Sie selbst über den Aktienbezug entscheiden und nicht der Emittent, ist das Risiko mit Aktien von vorneherein nicht gegeben.
Liquidität	Die Mehrzahl der auf dem Markt befindlichen Wandelanleihen sind Umtauschanleihen. Sie sind immer zum Börsenhandel zugelassen und können daher täglich zu marktgerechten Kursen verkauft werden. Umtauschanleihen sind eher spekulativ, weshalb die täglich an der Börse gehandelte Menge in der Regel höher ist als bei Wandelanleihen.
Rendite	Der Nominalzins liegt immer unterhalb des Nominalzinses anderer Anleihen mit vergleichbarer Bonität der Emittenten.

☺ ☺

Verläuft alles nach Plan und beziehen Sie Aktien zu einem Vorzugspreis, steigert sich die Rendite durch Kursgewinne auf dem Aktienmarkt.

☒ Ziele und Beweggründe für diese Geldanlage
- Mittlere Ertragschance mit einer Anleihe guter Bonität des Emittenten.
- Günstiger Bezug von Aktien bei gleichzeitiger Absicherung durch die Rückzahlung des Nennwertes der Anleihe.
- Anlage in einem börsengehandelten festverzinslichen Wertpapier mit der Möglichkeit des täglichen Verkaufs.

☒ Kosten der Geldanlage

Wenn Sie diese Anleihen bei der Erstausgabe erwerben und bis zur Fälligkeit behalten, dann ist die Aktion kostenfrei. Bei einem Kauf oder Verkauf während der Laufzeit entstehen Ihnen die normalen Transaktionsgebühren Ihrer Bank an der Börse oder im Direkthandel. Da es sich um eine Anleihe handelt, wird sie auf einem Depotkonto Ihrer Bank verwahrt und es entstehen Depotgebühren, sofern Ihre Bank diese berechnet.

☒ Zinsen

Die Zinsen erhalten Sie, wie bei jeder Anleihe auf den Nennwert. Die Berechnung erfolgt nach der tagegenauen Methode »act/act«.

☒ Steuer

Die Besteuerung erfolgt mit 25 Prozent Kapitalertragsteuer, wie sie bei den Rentenpapieren erläutert ist. Davon betroffen sind Zinserträge, Kursgewinne und vereinnahmte Stückzinsen bei einem Verkauf vor Fälligkeit und vor dem Zinstermin. Kursverluste bei einem Verkauf vor Fälligkeit und bezahlte Stückzinsen bei einem Kauf vor Fälligkeit außerhalb des Zinstermins werden ebenfalls nach den Vorschriften der Rentenpapiere behandelt.

☒ Andere Bezeichnungen für diese Wertpapiere

Wandelanleihen werden auch als Wandelobligationen oder Wandelschuldverschreibungen und mit dem englischen Begriff »Convertibles« oder »Convertible Bonds« bezeichnet. Umtauschanleihen kennzeichnet man auch mit dem englischen Begriff »Exchangeables« oder »Exchangeable Bonds«.

Optionsanleihe – eine Anleihe mit Optionsschein

Erschrecken Sie nicht, wenn Sie das Wort Option lesen. Es wäre jedoch nicht verwunderlich, wenn dieser Begriff auch bei Ihnen ein leichtes Schaudern auslösen würde. Der Grund liegt nicht in dem Wort selbst, sondern in den oftmals völlig falsch verbreiteten Schreckensmeldungen, wie »mit Optionen verlieren Sie ihr ganzes Geld« oder »Optionen sind etwas für gnadenlose Zocker« und Ähnliches. Sie können sich beruhigen, denn erstens stimmt das so nicht und zweitens haben Optionsanleihen und Optionsscheine nichts mit Optionen zu tun. Optionen sind keine Wertpapiere, sondern Derivate und werden nicht an Wertpapierbörsen gehandelt. Eine Optionsanleihe ist und bleibt eine Anleihe. Was soll es auch sonst sein? Denken Sie an den berühmten Gartenstuhl. Als Stuhl steht er im Garten und nicht im Wohnzimmer. Eine Anleihe ist ein handelbares Wertpapier und damit ist auch die Optionsanleihe ein solches. Sie hat eine deutsche Wertpapierkennnummer (WKN) und eine internationale Kennnummer (ISIN[22]). Gehandelt wird sie als Wertpapier an den Wertpapierbörsen. Eine Option dagegen ist etwas ganz anderes. Es handelt sich um ein Termingeschäft. Gehandelt werden Optionen natürlich auch, aber an eigens dafür geschaffenen Terminbörsen. In Deutsch-

[22] Abkürzung für International Securities Identification Number.

land befindet sich diese Spezialbörse in Frankfurt am Main und trägt die Bezeichnung EUREX[23].

> *Tipp:*
> Lassen Sie sich also nicht durch falsche Propheten verwirren – Optionsanleihen sind keine Optionen und werden das auch nie werden.

Diese Anleihe besteht aus drei Teilen

Alle anderen Anleihen bestehen rechtlich gesehen immer aus zwei Teilen, dem Mantel und dem Bogen mit den Zinsscheinen. Die Optionsanleihe ist scheinbar etwas ganz Besonderes, denn sie besteht aus drei Teilen. Neben Mantel und Bogen enthält sie noch einen Optionsschein. Sie haben richtig gelesen, einen Schein. Und dieser Schein berechtigt zu einer Option. Wenn Sie das Wort Option einfach so nehmen, wie es im Alltag gebraucht wird, dann heißt das nichts anderes als Wahlrecht. Wenn Sie sich einen Gegenstand, dessen Kauf Sie erst einmal überdenken wollen, zwei Tage zurücklegen lassen, dann haben Sie eine Option. Sie können zwischen Kauf oder Verzicht wählen. Bei einem Optionsschein ist das genauso. Sie haben das Wahlrecht, mit diesem Schein etwas zu fordern. Wieder sind es Aktien, die Sie hier fordern können.

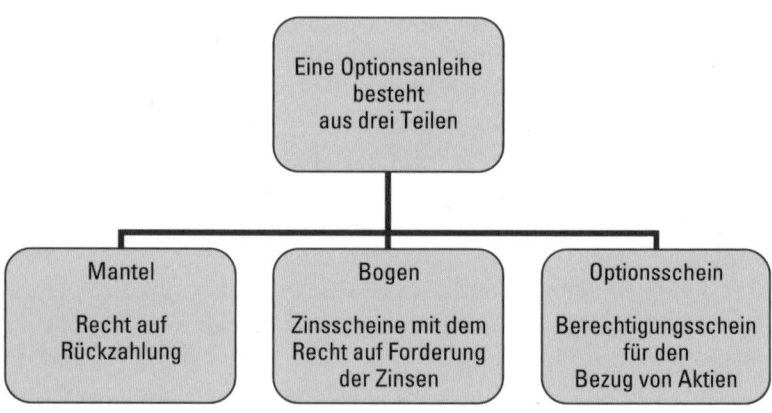

[23] EUREX ist die Abkürzung für European Exchange. Gehandelt werden dort ausschließlich Optionen und Futures.

Woher bekommen Sie diese Anleihe und warum?

Die Antwort auf diese Frage ist absolut dieselbe wie bei der Wandelanleihe. Es ist ein börsengehandeltes Wertpapier und daher können Sie es über Ihre Bank an den Börsen oder im Direkthandel erwerben, sofern ein entsprechendes Angebot vorhanden ist. Ebenso ist natürlich auch ein Verkauf auf diesem Wege möglich. Die Ausgabe einer Optionsanleihe hat aus der Sicht des Emittenten fast dieselben Gründe wie die Ausgabe einer Wandelanleihe. Das Unternehmen, das diese Anleihe ausgibt, erhält von den Anlegern Geld und bezahlt dafür Zinsen. Auch der Nominalzins einer Optionsanleihe ist vergleichsweise gering. Das heißt, auch hier muss das Unternehmen nur geringe Zinsen für das erhaltene Kapital bezahlen. Als Ausgleich für diese niedrigen Zinsen haben Sie auch bei dieser Anleihe die Möglichkeit, ab einem bestimmten Zeitpunkt während der Laufzeit für Ihre Anleihe eine bestimmte Menge Aktien zu beziehen. Die Entscheidung, ob Sie dieses Angebot annehmen oder nicht, hängt auch bei der Optionsanleihe einzig und allein von der Frage ab, ob sich der Aktienkurs positiv entwickelt und weitere Steigerungen zu erwarten sind. Auch hier treffen allein Sie die Entscheidung, auch hier haben Sie die freie Wahl. Wenn Sie keine Aktien beziehen möchten, dann verkaufen Sie Ihren Optionsschein oder warten einfach bis zur Fälligkeit der Anleihe. Dann verfällt der Optionsschein zwar und Sie gehen in der Regel leer aus. Verloren haben Sie dadurch aber nichts. Der einzige Nachteil ist, dass Sie auch bei dieser Anleihe Zinsen verschenkt haben, da Sie bei anderen Anleihen höhere Zinsen erhalten hätten. Geht der Plan des Unternehmens aber auf, dann beziehen Sie Aktien aus dem Optionsschein und erhalten zusätzlich Zinsen bis zur Fälligkeit der Anleihe. Der Unternehmung fließt durch die Aktien neues Geld in der Form von Eigenkapital zu, ohne dass es die Anleihe zu diesem Zeitpunkt bereits tilgen muss. Die Tilgung bzw. Rückzahlung der Anleihe erfolgt erst einige Zeit später zum Zeitpunkt der Fälligkeit. Wenn alles nach Plan verläuft, dann gibt es auch hier wieder zwei Glückliche, die Aktiengesellschaft und Sie als Anleger oder Anlegerin. Nahezu unglaublich, aber schon wieder eine »Win-Win-Situation«.

Der Zinssatz ist niedrig – dafür entscheiden aber Sie

Optionsanleihen sind mit besonderen Rechten ausgestattete Anleihen und damit wieder Schuldverschreibungen. Vom Nominalzinssatz her betrachtet haben sie dasselbe Schicksal wie die Wandelanleihen, denn dieser ist nicht gerade üppig. Wenn Sie also auf Zinsjagd gehen möchten, dann sollten Sie sich besser an ein anderes festverzinsliches Wertpapier heranpirschen. Auch diese Anleihen sind mit einem vergleichsweise niedrigen Nominalzins ausgestattet. Er liegt deutlich unter dem Nominalzins von Anleihen mit vergleichbarer Sicherheit der Emittenten. Die Rendite ist also ebenfalls eher gering. Dafür sitzen Sie aber auch hier wieder am längeren Hebel. Sie entscheiden, ob Sie das Bezugsangebot über den Optionsschein ausnutzen wollen oder nicht. Der Emittent ist in der Position des Stillhalters.

Ihre Rechte aus dem Optionsschein	Bezeichnung
Sie können eine bestimmte Anzahl von Aktien beziehen.	Bezugsverhältnis
Sie können diese Aktien innerhalb einer bestimmten Frist beziehen.	Bezugsfrist oder Optionsfrist
Sie können diese Aktien zu einem bestimmten Preis beziehen.	Basispreis

Der Optionsschein erwacht und wird ein eigenes Wertpapier
Ja, er führt in der Tat vorerst so eine Art Schlummerdasein. Das ändert sich aber schlagartig ab dem Tag, an dem er von seiner Familie, der Anleihe und den Zinsscheinen, getrennt wird. Ab diesem Zeitpunkt wird er ein eigenes, richtiges Wertpapier. Wertpapiere verbriefen bestimmte Rechte, das ist längst bekannt. Der Optionsschein verbrieft aber nur ein Recht, nämlich das Recht auf den Bezug von Aktien. In diesem Fall berechtigt er zum Bezug von Aktien des Emittenten der Optionsanleihe.

> ☞ *Achtung:*
> Optionsscheine können auch künstlich, das heißt ohne Optionsanleihe, erzeugt werden. Sie verbriefen dasselbe Recht, werden aber aus anderen Beweggründen ausgegeben

Optionsscheine haben als Wertpapiere eine eigene deutsche Wertpapierkennnummer (WKN) und eine internationale Kennnummer (ISIN). Damit sind sie an den Börsen handelbar.

Anleihe und Optionsschein haben eigene Kurse

Solange der Optionsschein von der Anleihe nicht getrennt wurde, gibt es nur einen einzigen Kurs, nämlich den der Anleihe. In den Kursmitteilungen der Börsen weist der Zusatz »cum« darauf hin. Dieses Wort ist aus dem Lateinischen entnommen und heißt »mit«. Nach seiner Trennung hat der Optionsschein jetzt auch einen eigenen Kurs. Da die Optionsanleihe durch die Trennung dieses Bezugsrechts jetzt einen geringeren Wert hat, sinkt auch ihr Kurs. Um diesen Vorgang zu kennzeichnen, notieren diese Anleihen nach der Trennung vom Optionsschein mit dem Zusatz »ex«, das heißt »ohne«. Der Kurs für Optionsscheine hängt wie jeder Wertpapierkurs zunächst einmal von Angebot und Nachfrage an den Börsen ab. Wenn Anleiheinhaber Ihre Bezugsrechte nicht ausüben wollen, werden Sie natürlich versuchen, ihre Optionsscheine an der Börse zu verkaufen. Wenn der Bezug der Aktien über diese Optionsscheine für andere interessanter erscheint als der Direktbezug ohne diese Optionsscheine, dann wird sich der Kurs positiv entwickeln. Ist der Bezug aber über diesen Weg nicht interessant, dann wird sich auch der Kurs des Optionsscheins nicht gerade in schwindelerregende Höhen erheben.

Die Optionsanleihe geht nicht unter

Wie Sie gesehen haben, ist das Ende einer Wandelanleihe besiegelt, sobald die Anleiheinhaber während der Wandlungsfrist das Wandlungsangebot in Aktien in Anspruch genommen haben. Nicht so bei der Optionsanleihe. Sie überlebt diese Trennung vom Optionsschein und existiert weiter wie bisher. Ihr Ende ist erst besiegelt, wenn der festgesetzte Fälligkeitstag erreicht ist. In der Zwischenzeit hat sie aber eventuell schon Früchte getragen, nämlich dann, wenn Sie mit dem Optionsschein das Bezugsrecht für Aktien genutzt haben sollten. Dann führen Sie für eine gewisse Zeit eine Art Doppelleben. Sie haben nach wie vor Gläubigerrechte durch die Anleihe, aber zusätzlich Eigentümerrechte durch die Aktien. Als Gläubiger erhalten Sie Zinsen und bei der Fälligkeit den Nennwert der Anleihe zu 100 Prozent zurück. Als Aktionär haben Sie unter anderem einen Anspruch auf eine Dividende, wenn eine ausgeschüttet wird. Also eine durchaus interessante Strategie. Wenn die Aktie auch noch einen Kursgewinn erzielt, können Sie sich noch mehr freuen. Aber das ist natürlich wieder reine Spekulation.

Entscheidend sind Bezugs- und Optionsverhältnis

> ☞ *Achtung:*
> Die Begriffe Bezugsverhältnis und Optionsverhältnis werden oft für ein und denselben Vorgang verwendet. Bei der Frage, wie viele Optionsanleihen man für eine bestimmte Menge Aktien beziehen kann, verwendet man immer das Wort Bezugsverhältnis. Geht es um die Frage, wie viele Aktien man für einen Optionsschein beziehen kann, wird sowohl die Bezeichnung Bezugsverhältnis als auch Optionsverhältnis verwendet. Lassen Sie sich also nicht verwirren.

Das Bezugsverhältnis ist Ihre Eintrittskarte in das Reich dieser Anleihen. Es gibt an, wie viele Aktien Sie von dieser Unternehmung benötigen, um einen bestimmten Nennwert einer Optionsanleihe zu beziehen. Nehmen wir an, der Mindestnennwert einer Optionsanleihe beträgt 100 Euro und das Bezugsverhältnis beträgt 4:1. Dann benötigen Sie genau vier Aktien, um eine Optionsanleihe mit 100 Euro Nennwert zu beziehen.

Ein kleines Beispiel:

Ihr Aktienbesitz	40 Stück Aktien der Euro Medical AG
Sie nutzen Ihr Bezugsrecht vollständig aus.	Sie haben also das Recht, für je vier Aktien eine Optionsanleihe mit 100 Euro Nennwert zu beziehen. Das sind insgesamt 10 Optionsanleihen mit einem Nennwert von insgesamt 1 000 Euro Nennwert.
Nominalzins der Anleihe	2,75 Prozent
Laufzeit der Anleihe	zehn Jahre
Bezugs- oder Optionsfrist	Sie beginnt mit Beginn des fünften Laufzeitjahres und endet mit der Fälligkeit der Anleihe.
Anzahl der Optionsscheine	Jede Anleihe ist mit einem Optionsschein ausgestattet.
Basispreis je Aktie	20,50 Euro
Bezugs- oder Optionsverhältnis	Ein Optionsschein berechtigt zum Bezug von fünf Aktien.

Da Sie für je einen Optionsschein fünf Aktien beziehen können und 1 000 Euro Nennwert der Anleihen besitzen, haben Sie 10 Optionsscheine. Damit können Sie insgesamt 50 Aktien beziehen. Alles entscheidend für Ihre Handlung ist wieder der aktuelle Aktienkurs und seine zu erwartende Entwicklung. Nehmen wir an, der Kurs der Aktie der Euro Medical AG bewegt sich überwiegend zwischen 21 und 23 Euro.

Das Ergebnis sieht dann so aus:

Sie besitzen für je 100 Euro Nennwert der Optionsanleihe einen Optionsschein. Er berechtigt Sie zum Bezug von fünf Aktien zu einem Basispreis von 20,50 Euro je Aktie.

Wert der Aktien bei einem Optionsscheinen:
5 × 20,50 = 102,50 Euro
bei 50 Optionsscheinen:
50 × 20,50 = 1 025 Euro

Sie haben für 1 000 Euro Nennwert der Anleihe zehn Optionsscheine. Diese berechtigen Sie zum Bezug von insgesamt 50 Aktien der Euro Medical AG.

angenommener Kurs der Aktie der Euro Medical AG	Entscheidung
20,50 Euro	Bei diesem Kurs erzielen Sie weder Gewinn noch Verlust, da der aktuelle Börsenkurs genau dem Preis entspricht, den Sie für eine Aktie an die Euro Medical AG bezahlen. Der Bezug über die Optionsscheine ist aber günstiger als der Kauf über Ihre Bank, da dabei keine Gebühren anfallen.
22,00 Euro	Bei diesem Kurs erzielen Sie einen Gewinn von 1,50 Euro je Aktie, da Sie die Aktie um 20,50 Euro über die Optionsscheine erhalten und Sie diese, wenn Sie möchten, über Ihre Bank an einer Börse für 22 Euro verkaufen könnten. Selbstverständlich können sie die Aktien auch in Ihrem Depot liegen lassen und auf noch bessere Zeiten warten. Dann ist Ihre Freude noch größer.

Momentaner Gesamtwert der 50 Aktien:	1 100 Euro
− Kaufpreis über die Optionsscheine:	1 025 Euro
Gewinn:	75 Euro

Bei diesem Kurs kaufen Sie die Aktie besser über Ihre Bank an einer Börse, da Sie beim Bezug über den Optionsschein 1,50 Euro je Aktie mehr aufwenden müssen.

Momentaner Gesamtwert der 50 Aktien:	950 Euro
– Kaufpreis über den Optionsschein:	1 025 Euro
Verlust:	75 Euro

19 Euro

In diesem Fall verzichten Sie besser auf Ihr Optionsrecht und versuchen die Optionsscheine zu verkaufen. Ob der Verkauf tatsächlich erfolgreich ist, hängt von der Nachfrage an den Börsen ab. Je näher das Verfallsdatum des Optionsscheins naht, desto unwahrscheinlicher wird ein Verkaufserfolg, da der Optionsschein bei einem derartigen Kurs eher uninteressant wird.

☞ *Achtung:*
Die Angaben für das Verhältnis, sowohl für den Bezug der Optionsanleihe als auch für den Bezug der Aktie, sind nicht einheitlich. Achten Sie daher genau auf den Wortlaut im Text des Angebotes, das Sie erhalten. Wenn Sie fünf Aktien für eine Anleihe mit 100 Euro Nennwert beziehen können, dann kann sowohl 5:1 als auch 1:5 angegeben sein. In der Beschreibung muss aber ausdrücklich und eindeutig stehen wie viele Aktien Sie für wie viel Nennwert der Anleihe beziehen können. Ebenso ist das bei den Optionsscheinen. Es kann sein, dass Sie für je einen Optionsschein mehrere Aktien beziehen können, es kann aber auch sein, dass Sie für den Bezug einer Aktie zwei oder mehrere Optionsscheine benötigen. Ein Optionsverhältnis von 2:5 oder 5:2 sagt auf den ersten Blick nichts aus. Auch hier müssen sie sehr genau auf die Formulierung des Textes achten. Dieser könnte zum Beispiel lauten: »Jeder Optionsanleihe im Nennwert von 100 Euro sind zwei Optionsscheine mit der Berechtigung zum Bezug von jeweils einer und vier, also insgesamt fünf Aktien der Euro Medical AG beigefügt.«

Der Zinsertrag ist Ihnen bis zur Fälligkeit sicher
Eine Optionsanleihe ist und bleibt eine Anleihe, auch wenn Sie mit einem Sonderrecht ausgestattet ist. Sie bleibt es auch noch für die vereinbarte Laufzeit bis zur Fälligkeit. Daher haben Sie für diese restlichen Jahre auch den vollen Anspruch auf die Zahlung der Zinsen.

Am Ende der Laufzeit erhalten Sie selbstverständlich auch den vollen Nennwert der Anleihe als Rückzahlung.

Optionsanleihen im Check

☒ Sicherheit – Liquidität – Rendite?

Sicherheit	Sicherheit und Risiko hängen, wie bei allen Rentenpapieren, von der Bonität des Emittenten ab. Wenn Sie auf Nummer sicher gehen wollen, dann müssen Sie Optionsanleihen von Emittenten mit guter oder sehr guter Bonität beziehen. Das Zinsänderungsrisiko ist auch bei diesen Anleihen vorhanden. Kursrückgänge sind möglich, wenn der Marktzins die ohnehin bereits relativ niedrigen Nominalzinssätze übersteigt. Im Extremfall droht ein Totalverlust, wenn Sie Aktien bezogen haben und der Kurs anschließend gegen Null fällt.
Liquidität	Optionsanleihen sind meist zum Börsenhandel zugelassen und können daher täglich zu marktgerechten Kursen verkauft werden, sofern eine entsprechende Nachfrage vorhanden ist. Im Vergleich zu normalen Anleihen ist die gehandelte Menge aber meist gering.
Rendite	Der Nominalzins liegt immer unterhalb des Nominalzinses anderer Anleihen mit vergleichbarer Bonität der Emittenten. Verläuft alles nach Plan und beziehen Sie Aktien zu einem Vorzugspreis, steigert sich die Rendite durch Kursgewinne auf dem Aktienmarkt.

☒ Ziele und Beweggründe für diese Geldanlage
- Chance auf einen günstigen Bezug von Aktien bei gleichzeitiger Absicherung durch die Rückzahlung des Nennwertes der Anleihe.
- Bezugsmöglichkeit von Aktien bei gleichzeitigem Zinsertrag durch den Behalt der Anleihe bis zur Fälligkeit.
- Gewinnmitnahme bei steigenden Kursen durch den Verkauf des Optionsscheins.
- Anlage in einem börsengehandelten Rentenpapier, mit der Möglichkeit des täglichen Verkaufs.

☒ Kosten der Geldanlage

Wenn Sie diese Anleihen bei der Erstausgabe erwerben und bis zur Fälligkeit behalten, dann ist die Aktion kostenfrei. Bei einem Kauf oder Verkauf während der Laufzeit entstehen die normalen Transaktionsgebühren. Gleiches gilt für den Optionsschein. Da es sich um eine Anleihe handelt, wird sie auf einem Depotkonto Ihrer Bank verwahrt und es entstehen Depotgebühren, sofern Ihre Bank diese berechnet.

> ☞ *Achtung:*
> Informieren Sie sich vor einem Verkauf der Optionsscheine genau über die Höhe der anfallenden Gebühren. Meist sind Mindestgebühren fällig, die den Verkaufserlös aus den Optionsscheinen durchaus übersteigen können. Wenn das der Fall ist, dann lassen Sie besser die Finger von einem vorzeitigen Verkauf. Ihre Bank versucht dann den Optionsschein am Ende der Optionsfrist an der Börse »bestens« zu verkaufen. Wenn das nicht gelingt, dann wird er wertlos ausgebucht. In letzterem Fall entstehen Ihnen keine Gebühren.

☒ Zinsen

Die Zinsen erhalten Sie, wie bei jeder Anleihe auf den Nennwert. Die Berechnung erfolgt nach der tagegenauen Methode »act/act«.

☒ Steuer

Die Besteuerung erfolgt mit 25 Prozent Kapitalertragsteuer, wie sie bei den Rentenpapieren erläutert ist. Davon betroffen sind Zinserträge, Kursgewinne und vereinnahmte Stückzinsen bei einem Verkauf vor Fälligkeit und vor dem Zinstermin. Kursverluste bei einem Verkauf vor Fälligkeit und bezahlte Stückzinsen bei einem Kauf vor Fälligkeit außerhalb des Zinstermins werden ebenfalls nach den Vorschriften der Rentenpapiere behandelt. Erträge aus dem Verkauf von Optionsscheinen sind ebenfalls im gleichen Umfang steuerpflichtig.

☒ Andere Bezeichnungen für diese Wertpapiere

Für die Optionsanleihe gibt es keinen englischen Begriff, welcher der deutschen Bezeichnung Konkurrenz machen könnte. Sehr wohl aber für den Optionsschein. Optionsscheine können als eigenständige Wertpapiere auch ohne eine Anleihe ausgegeben werden. Da dieser spezielle Vorgang nicht in Deutschland entstand, sondern eher ein Exportschlager aus dem US-amerikanischen Markt ist, ist auch die Bezeichnung dafür englisch. Der Optionsschein heißt in der englischen Sprache »Warrant«.

Was vereint und was unterscheidet Aktienanleihen, Wandelanleihen und Optionsanleihen?

Auf den ersten Blick sehen diese drei Kameraden gar nicht so unterschiedlich aus. Auf den »Zweiten (Blick) sieht man nicht nur besser«, sondern er bringt Klarheit. Und diese Klarheit ist hier sehr wichtig, damit Sie keinen Fehler bei Ihrer Geldanlage machen. Damit ist nicht gemeint, dass Sie nicht trotzdem einen Fehlgriff machen können, weil die Entwicklung anders läuft als vermutet. Aber, wenn

Sie von vorneherein schief gelegen haben, weil Sie etwas verwechselt oder Sie vielleicht Ihre Beraterin oder Ihren Berater nicht so richtig verstanden haben, dann wäre das schon ärgerlich. Deshalb hier die wichtigsten Eigenschaften kurz zusammengefasst.

Merkmal/ Eigenschaft	Aktienanleihe	Wandelanleihe	Optionsanleihe
Wertpapierart	Wertpapier mit festem Nominalzins	Wertpapier mit festem Nominalzins	Wertpapier mit festem Nominalzins
Emittenten	Banken	Bei traditionellen Wandelanleihen können das alle Wirtschaftsunternehmen sein. Bei Umtauschanleihen sind es nur Banken.	Jedes Wirtschaftsunternehmen kann solche Anleihen ausgeben.
Nominalzins	Er ist deutlich höher als der durchschnittliche Zins von Anleihen.	Er ist niedriger als der durchschnittliche Zins von Anleihen.	Er ist niedriger als der durchschnittliche Zins von Anleihen.
Laufzeit	Kurz, meistens ein Jahr.	Mittel- und längerfristig, zwischen fünf und zehn Jahren.	Meist längerfristig, zehn Jahre bis 15 Jahre.
Besondere Rechte der Emittenten	Entscheidung am Tag der Fälligkeit über Rückzahlung oder Lieferung von Aktien	keine	keine
Rechte der Anleiheinhaber	Erhalt der Zinszahlung und Rückzahlung des Nennwertes oder Zinszahlung und Bezug der vereinbarten Menge Aktien.	Erhalt der Zinszahlung und Erhalt der Rückzahlung des Nennwertes oder Bezug der Aktien laut Wandlungsverhältnis.	Erhalt der Zinszahlung und Erhalt der Rückzahlung des Nennwertes und Bezug der Aktien laut Optionsverhältnis (Bezugsverhältnis).
Wer entscheidet bei Fälligkeit?	Der Emittent entscheidet. Anleiheinhaber sind in der Stillhalterposition.	Die Anleiheinhaber entscheiden. Der Emittent ist in der Stillhalterposition.	Die Anleiheinhaber entscheiden. Der Emittent ist in der Stillhalterposition.

Merkmal/ Eigenschaft	Aktienanleihe	Wandelanleihe	Optionsanleihe
Fälligkeitstag oder Zeitraum?	Fester Tag, an dem die Bewertung erfolgt, sowie fester Fälligkeitstag.	Meist ein Zeitraum, die sogenannte Wandlungsfrist.	Meist ein Zeitraum, die sogenannte Options- oder Bezugsfrist.
Teile des Wertpapiers	Mantel und Bogen	Mantel und Bogen	Mantel, Bogen und Optionsschein
Was passiert mit der Anleihe nach Ausübung des Rechts?	Die Anleihe »geht unter«, sie besteht nicht mehr.	Die Anleihe »geht unter«, sie besteht nicht mehr.	Die Anleihe läuft auch nach Trennung des Optionsscheins weiter bis zur vereinbarten Fälligkeit.
Steuerpflicht	Zinserträge und Kursgewinne unterliegen der Kapitalertragsteuer.	Zinserträge und Kursgewinne unterliegen der Kapitalertragsteuer.	Zinserträge und Kursgewinne unterliegen der Kapitalertragsteuer.

Wie Sie sehen, haben diese »Drei« nur wenig gemeinsam. Am ähnlichsten sind sich noch Wandelanleihe und Optionsanleihe, aber eben auch nur zum Teil. Volle Einigkeit herrscht dagegen bei der Steuerpflicht. Ist doch wenigstens etwas.

Indexanleihen – Unsicherheit bei Zinssatz oder Rückzahlungshöhe

Wie wäre es einmal mit einer »Europa Kupon Garant Anleihe«? Oder hätten Sie mehr Lust auf eine »EURO STOXX 50 Index-Anleihe«? Wenn Ihnen das nicht genügt, servieren Ihnen die Banken jederzeit weitere dieser Produkte mit verführerischen Bezeichnungen. Etwas Fantasie und Spürsinn benötigen Sie aber schon, um herauszufinden, um welches Gewächs aus dem Zaubergarten der Anleihenschöpfer es sich tatsächlich handelt. Keine Angst, es geht alles mit rechten Dingen zu. Kein weißer Hase aus dem Hut, alles steht Schwarz auf Weiß in dem Produktinformationsblatt des jeweiligen Wertpapiers. Schöpfer und Emittenten solcher Anleihen sind ausschließlich Banken.

So funktionieren Indexanleihen

Im Prinzip funktionieren diese Anleihen sehr einfach. Es sind Inhaberschuldverschreibungen, womit Sie als Anleger oder Anlegerin Ihre grundlegenden Rechte eines Rentenpapiers haben. Das sind der Zinsanspruch und der Anspruch auf Rückzahlung des Nennwertes. Das Zauberhafte dabei ist jetzt nur, dass diese Anleihen mit einem Aktienindex verbunden sind. Dieser Index ist nun das Zünglein an der Waage und bringt die Entscheidung. Grundsätzlich kommen zwei Varianten dieser Indexanleihen vor. Entweder der Index entscheidet, welchen Zinssatz Sie erhalten oder er entscheidet, in welcher Höhe die Rückzahlung der Anleihe zum Zeitpunkt der Fälligkeit erfolgt. Im ersten Fall ist also der Zinssatz variabel, im zweiten Fall die Rückzahlung. Variabel heißt: Die Höhe des Zinssatzes oder die Höhe der Rückzahlung ist nicht festgelegt. Sie nehmen also mit so einer Anleihe indirekt an der Entwicklung des Aktienmarktes teil. Aber, bedenken Sie immer, der Aktienmarkt ist keine Einbahnstraße und kennt grundsätzlich zwei Richtungen.

Aktienindex – die magische Größe

Ein Index ist ein Begriff mit sehr vielen Bedeutungen. Im einfachsten Fall ist es ein Inhaltsverzeichnis, also eine Art Register. Das hat aber nichts mit dem Aktienmarkt zu tun. In der Mathematik ist ein Index eine Verhältniszahl. Dabei legt man zu einem bestimmten Zeitpunkt eine Basiszahl fest. Diesen Ausgangswert betrachtet man als 100 Prozent und beobachtet die jeweiligen Veränderungen. So ist es im Grunde genommen auch bei einem Aktienindex. Solche Aktienindizes gibt es weltweit, wobei in Deutschland bei der Mehrzahl der Normalanleger und Normalanlegerinnen wohl der DAX und der EURO STOXX 50 bekannte Größen sein werden. Daneben gibt es natürlich eine ganze Reihe deutscher Indizes, die meist nur von den Spezialisten täglich beobachtet werden. Die Mehrzahl der deutschen Aktienindizes hat als Basisjahr den 30. Dezember 1987 gewählt.

☞ *Achtung:*
Ein weit verbreiteter Irrtum ist, dass jedes in einem Index vertretene Unternehmen dasselbe Gewicht hat. Obwohl man zum Beispiel von DAX-Schwergewichten spricht, geht es hier um keine Kilogramm oder Muskelprotze im Boxring, sondern um den prozentualen Anteil eines Unternehmens am Gesamtindex. Daher kann es sein, dass der Indexstand an einem Tag insgesamt steigt, obwohl einige Aktien im Kurs gefallen sind. Das hängt dann damit zusammen, dass wohl ausgerechnet ein solches Schwergewicht oder sogar mehrere davon im Kurs zugelegt haben, während die Kurse anderer Unternehmen nach unten gerutscht sind. Wenn von Umsatzstärke die Rede ist, dann ist damit nicht der Umsatz des entsprechenden Unternehmens gemeint, sondern der Umsatz von Aktien dieses Unternehmens an der Börse. Also lassen Sie nicht blenden von einem Index.

Hier eine kleine Übersicht über sechs ausgewählte Indizes:

Aktienindex Abkürzung	Genauer Wortlaut	Zusammensetzung
DAX	Deutscher Aktienindex	Er enthält die 30 umsatzstärksten an der Frankfurter Wertpapierbörse gelisteten Unternehmen. Sie werden auch als »Blue Chips« bezeichnet.
MDAX	Mid Cap DAX	»Mid Cap« ist die Abkürzung für den englischen Ausdruck »middle capitalization«. Das heißt, es betrifft 50 Unternehmen mit mittlerer Marktkapitalisierung, also mittelgroße deutsche Unternehmen, die an der Börse vertreten sein wollen, deren Aktien im Handel aber nur einen mittleren Umsatz erreichen. Es handelt sich um klassische Branchen, wie zum Beispiel Bauunternehmen, Drogeriemärkte, Baumärkte oder Fluggesellschaften. Nicht enthalten sind reine Technologieunternehmen.
SDAX	Small Cap DAX	»Small Cap« ist die Abkürzung für den englischen Ausdruck »small capitalization«. Das heißt, es betrifft 50 Unternehmen mit geringer Marktkapitalisierung, also eher kleinere deutsche Unternehmen, die an der Börse vertreten sein wollen, deren Aktien im Handel aber vergleichsweise nur geringere Umsätze erreichen. Die Zusammensetzung der Unternehmen entspricht in etwa dem MDAX.

Fantasie ohne Grenzen – besondere Formen von Anleihen

Aktienindex Abkürzung	Genauer Wortlaut	Zusammensetzung
TecDAX	Technology DAX	Dieser Index enthält die 30 umsatzstärksten Unternehmen der Technologiebranche. Darin enthalten sind zum Beispiel Unternehmen der Solarbranche, der IT-Branche oder Netzbetreiber.
CDAX	Composite DAX	»Composite« heißt übersetzt »gemischt« und genau das spiegelt dieser Index wieder. Er enthält die Aktien kleinerer und mittlerer deutscher Unternehmen, die aber international bekannt sind. Diese Aktiengesellschaften sind alle im General Standard und im Prime Standard der Frankfurter Wertpapierbörse gelistet. • Prime Standard ist gewissermaßen die Premiumklasse, die sehr hohe Anforderungen an die darin vertretenen Unternehmen stellt. • General Standard ist ein Börsensegment, das für kleinere und mittlere Unternehmen geschaffen wurde, welche die hohen Anforderungen der Premiumklasse nicht erfüllen können, aber trotzdem an der Börse vertreten sein wollen. ☞ *Achtung:* Diese Unterteilung ist kein Hinweis auf die Qualität und den Erfolg eines Unternehmens und schon gar nicht auf den Kurs der Aktien. Im CDAX sind alle Unternehmen des DAX, des MDAX, des SDAX und des TecDAX vereint, also eine große und bunte Mischung.
EURO STOXX 50	EURO STOXX 50	Stoxx ist ein künstlicher Begriff des US-amerikanischen Unternehmens Dow Jones, das diesen Index schuf. Der spezielle EURO STOXX 50-Index umfasst die 50 Aktiengesellschaften der Eurozone mit der höchsten Marktkapitalisierung. Man bezeichnet sie auch als »Blue Chips der Eurozone«. Darin sind auch deutsche DAX-Unternehmen enthalten. ☞ *Achtung:* Eurozone ist nicht gleich Europa, da nicht alle europäischen Staaten den Euro als gesetzliches Zahlungsmittel eingeführt haben oder einführen konnten. Unternehmen dieser Länder sind in diesem Index nicht vertreten.

EURO STOXX 50 – der Lieblingsindex für Indexanleihen

Die Mehrzahl der Emittenten solcher Anleihen wählt genau diesen Index als Grundlage für die Berechnungen. Der Grund liegt in der sehr breiten Streuung der darin vorhandenen Unternehmen. Genau dieser Umstand ist auch positiv zu sehen, weil dadurch nicht nur ein Land, sondern mehrere vertreten sind und ein gewisser Ausgleich in der Entwicklung wahrscheinlich ist. Es gibt natürlich auch Indexanleihen mit dem DAX 30 als Grundlage. Auch das kann günstig sein, und zwar dann, wenn sich der Deutsche Aktienindex DAX besser entwickelt als der EURO STOXX. Wenn Sie die Qual der Wahl haben sollten, dann hilft es vielleicht zu würfeln, denn gesicherte Indexvorhersagen sind ebenso unwahrscheinlich wie das Wassersuchen mit einer Wünschelrute. Indexanleihen auf andere Indizes kommen wohl vor, aber kaum in den Standardangeboten der Banken.

Der Index beeinflusst den Zinsertrag oder die Rückzahlung

Beide Arten von Indexanleihen werden angeboten. Im ersten Fall ist die Zinszahlung vom aktuellen Indexstand abhängig, im zweiten Fall die Höhe der Rückzahlung.

Ein Beispiel für eine Indexanleihe mit *variablem Zinsschein* (Kupon):

Merkmale der Anleihe	Erklärung
Laufzeit sechs Jahre Der Kupon errechnet sich vom Stand des EURO STOXX 50 zum jährlichen Feststellungstag (Bewertungsstichtag) geteilt durch 1000.	Die Anleihe hat damit eine mittlere Laufzeit. Kupon ist der Fachausdruck für den Zinsschein. Wenn der Index zum Beispiel 3100 beträgt, dann erhalten Sie an diesem Stichtag für die letzte Zinsperiode, in der Regel ein Jahr, 3,10 Prozent Zinsen auf den Nennwert der Anleihe. Wenn Sie also 1000 Euro Nennwert besitzen, dann erhalten Sie vor Abzug der Steuer 31 Euro Zinsen. ☞ *Achtung:* Wie Sie sehen, das ist ein Glücksfall, wenn der Index ausgerechnet an diesem Tag gestiegen ist. Pech für Sie aber, wenn er ausgerechnet an diesem Tag gefallen sein sollte. Was dieser Zauberberg am Tag vorher oder in den nächsten Tagen macht, kann Ihnen egal sein, denn vorbei ist vorbei. Tschüss schöner Zinssatz bis zum nächsten Termin.
Unbegrenzte Kuponchancen (kein Cap) und unbegrenztes Kuponrisiko	Der Zinssatz ist variabel und durch keine Marke begrenzt, weder nach unten noch nach oben. ☞ *Achtung:* *Wortakrobatik:* Wenn eine Grenze nach oben vorhanden wäre, würde man diese als »Cap« bezeichnen. Das englische Wort Cap heißt bekanntlich Mütze oder Kappe, aber auch Deckel. Daher sagt man auf Deutsch auch: »Die Zinsen sind gedeckelt«. Einige Wortakrobaten sagen allerdings auch: »Der Zinssatz ist gecapt«. Dadurch haben Sie alle Chancen auf hohe Zinsen bei einem steigenden Index. Sie müssen sich aber auch mit geringen und vielleicht sogar sehr geringen Zinsen zufriedengeben, wenn sich diese magische Zahl dramatisch nach unten bewegt.
Kapitalschutz	Durch die garantierte Rückzahlung des Nennwertes am Fälligkeitstag ist Ihr eingesetztes Geld garantiert. Natürlich wie immer nur, wenn der Emittent dann noch existiert.

Ein Beispiel für eine Indexanleihe mit variabler Rückzahlung:

Merkmale der Anleihe	Erklärung
Laufzeit vier Jahre	Die Anleihe hat eine mittlere Laufzeit.
Kupon 2,50 %	Sie erhalten, unabhängig vom Stand des Index, jedes Jahr 2,50 Prozent Zinsen auf den Nennwert. Bei einem Nennwert von 1 000 Euro sind das magere 25 Euro pro Jahr.
Die Rückzahlung hängt vom Stand des EURO STOXX 50 zum jährlichen Feststellungstag (Bewertungsstichtag) ab. Der Aufschlag errechnet sich: Indexstand geteilt durch 1 000.	Sie erhalten am Fälligkeitstag einen Zuschlag zu Ihrem Nennwert. Die Höhe des Zuschlages hängt vom Indexstand am letzten Feststellungstag ab. Bei einem Punktestand des EURO STOXX 50 von 3 600 erhalten Sie eine Rückzahlung von 103,60 Prozent. Bei 1 000 Euro Nennwert sind das 1 036 Euro. Sie haben also einen Rückzahlungsgewinn von 36 Euro. Dadurch verbessert sich der relativ niedrige Nominalzins.
	Für wahre Freudentänze ist aber nicht immer Anlass, denn Sie müssen diesen Rückzahlungsgewinn auf die Jahre verteilen. Das sind aber in diesem Fall 0,90 Prozent pro Jahr und ergibt schließlich einen Ertrag von 2,50 + 0,90 = 3,40 Prozent.
Kapitalschutz	Durch die garantierte Rückzahlung des Nennwertes am Fälligkeitstag ist Ihr eingesetztes Geld garantiert. Natürlich wie immer nur, wenn der Emittent dann noch existiert.

Bulle oder Bär – Achtung, jetzt wird es tierisch

Wenn Sie sich mit diesem Standardprogramm nicht zufrieden geben, dann können Sie hier zugreifen. Emittenten solcher Anleihen sind nahezu grenzenlos kreativ, um den Geschmack der Anlegerschar zu treffen. So gibt es auch bei Indexanleihen zwei besondere Formen, Bullen-Indexanleihe und eine Bären-Indexanleihe. Sie haben vollkommen richtig gelesen, wir befinden uns jetzt in der Welt der Tiere. Aber keine Angst, Sie benötigen keine eigene Weidefläche oder einen Käfig, um diese Wertpapiere zu erwerben.

Der Bulle, englisch Bull, steht als Symbol an den Börsen mit dem Kopf nach oben ↑ gerichtet.	Er ist der Vertreter mit optimistischer Einschätzung der Marktentwicklung. Daher bezeichnen Börsianer ihre positive Einstellung und Erwartung auch als »bullish« oder auf Deutsch als Bullenmarkt. Eine Indexanleihe, die bei steigendem Index Gewinne verbrieft, bezeichnet man daher als »Bull-Anleihe«.
Der Bär, englisch Bear, steht an den Börsen mit dem Kopf nach unten ↓ gerichtet.	Er ist der Vertreter mit pessimistischer Markteinschätzung. Börsianer mit pessimistischer Einstellung bezeichnen den Markt als »bearish« oder als Bärenmarkt. Eine Indexanleihe, die bei fallendem Index Gewinne verbrieft, bezeichnet man daher als »Bären-Anleihe«.

Ein Beispiel für eine Bull-Indexanleihe

Merkmal der Anleihe	Erklärung
Laufzeit zwei Jahre	Die Anleihe hat damit eine kurze Laufzeit.
Mindestnennwert 1 000 Euro	Sie müssen mindestens 1000 Euro anlegen.
Kupon 2,50 %	Sie erhalten jedes Jahr 2,50 Prozent Zinsen auf den Nennwert, unabhängig vom Stand des Index. Bei einem Nennwert von 1 000 Euro sind das magere 25 Euro pro Jahr.
Kapitalschutz	Durch die garantierte Rückzahlung des Nennwertes am Fälligkeitstag ist Ihr eingesetztes Geld garantiert. Natürlich wie immer nur, wenn der Emittent dann noch existiert.
Die Rückzahlung hängt vom Stand des EURO STOXX 50 am Feststellungstag (Bewertungsstichtag) ab. Entscheidend ist der Unterschied zwischen dem Indexstand am Stichtag vor der Fälligkeit und am Starttag. Je 10 Indexpunkte entsprechen 1 Euro Aufschlag bei der Rückzahlung.	Einige Tage vor dem Beginn der Laufzeit wird der aktuelle Indexstand festgeschrieben. Am Stichtag, also einige Tage vor der Fälligkeit der Anleihe wird dieser aktuelle Indexstand ebenfalls festgeschrieben. Der Punkteunterschied zwischen Startindex und Index am Ende bestimmt den möglichen Aufschlag bei der Rückzahlung. Beispiel: Der Index ist um 300 Punkte gestiegen. Je 10 Punkte entsprechen einem Euro, das sind also insgesamt 30 Euro Aufschlag auf den Nennwert. Nennwert: 1 000 Euro + Aufschlag: 30 Euro Rückzahlung: 1 030 Euro

Merkmal der Anleihe	Erklärung
	Liegt der Index am Ende unterhalb des Startindex, erfolgt die Rückzahlung ohne Aufschlag, also zu 100 Prozent. Sie erhalten in diesem Fall den Nennwert.
	Beispiel: Der Index ist um 50 Punkte gefallen. Pech für Sie, kein zusätzlicher Ertrag. Aber nichts ist passiert, denn Sie erhalten den Nennwert, also genau 1 000 Euro als Rückzahlung.

Ein Beispiel für eine Bear-Indexanleihe

Merkmal der Anleihe	Erklärung
Laufzeit zwei Jahre	Die Anleihe hat damit eine kurze Laufzeit.
Mindestnennwert 1 000 Euro	Sie müssen mindestens 1000 Euro anlegen.
Kupon 2,50%	Sie erhalten, unabhängig vom Stand des Index, jedes Jahr 2,50 Prozent Zinsen auf den Nennwert. Bei einem Nennwert von 1 000 Euro sind das magere 25 Euro pro Jahr.
Kapitalschutz	Durch die garantierte Rückzahlung des Nennwertes am Fälligkeitstag ist Ihr eingesetztes Geld garantiert. Natürlich wie immer nur, wenn der Emittent dann noch existiert.
Die Rückzahlung hängt vom Stand des EURO STOXX 50 am Feststellungstag (Bewertungsstichtag) ab. Entscheidend ist die Differenz zwischen dem Indexstand am Starttag und am Stichtag vor der Fälligkeit. Je 10 Indexpunkte entsprechen 1 Euro Aufschlag bei der Rückzahlung.	Einige Tage vor dem Beginn der Laufzeit wird der aktuelle Indexstand festgeschrieben. Am Stichtag, das heißt einige Tage vor der Fälligkeit der Anleihe, wird dieser aktuelle Indexstand ebenfalls festgeschrieben. Der Punkteunterschied zwischen Startindex und Index am Ende bestimmt den möglichen Aufschlag bei der Rückzahlung.
	Beispiel: Der Index ist um 300 Punkte gefallen. Je 10 Punkte entsprechen einem Euro, insgesamt also 30 Euro Aufschlag auf den Nennwert. Nennwert: 1 000 Euro + Aufschlag: 30 Euro
	Rückzahlung: 1 030 Euro Liegt der Index am Ende oberhalb des Startindex, erfolgt die Rückzahlung ohne Aufschlag, also zu 100 Prozent. Sie erhalten in diesem Fall den Nennwert.
	Beispiel: Der Index ist um 50 Punkte gestiegen. Pech für Sie, kein zusätzlicher Ertrag. Aber es ist nichts passiert, denn Sie erhalten den Nennwert, also genau 1 000 Euro als Rückzahlung.

Eine Bear-Indexanleihe kann Kursverluste abfedern

Mit fallenden Kursen Geld verdienen. Sie schütteln vielleicht den Kopf und wundern sich. Eine vielleicht ungewöhnliche Vorstellung, aber durchaus realistisch. Nun, Sie müssen solche Anleihen als eine Art Absicherung gegen fallende Kurse sehen. Wenn Sie überzeugt sind, dass sich die Aktienmärkte in nächster Zeit eher nach unten als nach oben bewegen werden, dann können Sie mit dem Gewinn einer solchen Anleihe eventuelle Kursverluste Ihrer Aktien teilweise oder ganz ausgleichen. Ob alles so kommt, werden auch Sie nicht wissen. Es ist aber nichts passiert. Wenn die Kurse doch steigen sollten, dann freuen Sie sich eben über den gestiegenen Wert Ihrer Aktien. Das angelegte Geld für Ihre Indexanleihe erhalten Sie ja vollständig zurück. Gehören Sie zu den »Hätte ich doch oder doch besser vielleicht nicht«-Jammerern, dann können Sie natürlich über entgangene höhere Erträge in anderen Anlagen jammern. Aber Sie wissen ja längst, die Börse ist keine Einbahnstraße und Jammern macht einsam.

Indexanleihen ohne Kapitalschutz – die Fremden

Es gibt auch Inhaberschuldverschreibungen, die im Produktinformationsblatt mit der Bezeichnung »Indexanleihen« angeboten werden, aber keinen Kapitalschutz aufweisen. Bei diesen Papieren kann es sein, dass Sie bei einem gefallenen Indexstand weniger als hundert Prozent Rückzahlung, also nicht Ihr gesamtes angelegtes Geld, zurückerhalten. Diese Art von Indexanleihen zählen aber nicht zu der vorher beschriebenen Art. Es handelt sich dabei meistens um Zertifikate[24]. Der wesentliche Unterschied für Sie als Kapitalanleger oder Anlegerin liegt in der Haftung der Bank[25]. Der zusätzliche Hin-

---

 Tipp:
Also lassen Sie sich nicht täuschen. Alle diese Anleihen hängen von einem Index ab. Das ist gar nichts Schlimmes. Ein Aktienindex spiegelt aber immer den Aktienmarkt wider und wenn dieser Markt bereits übermäßig hoch bewertet ist, besteht immer die Gefahr von Rückschlägen. Die müssen nicht schlimm und dauerhaft sein. Entscheidend ist aber, dass man dies weiß und sich darauf einstellt. Wenn Sie Ihr Geld nicht für den Zeitraum der Laufzeit entbehren können, dann hätten Sie Ihr liebes Geld bei dieser Anleihe ebenso falsch angelegt, also ebenso wie bei einer Aktie.

---

24 Näheres erfahren Sie im Kapitel zu Zertifikaten.
25 Einzelheiten lesen Sie bitte unter Haftung der Bank für Geldanlagen.

weis auf ein Zertifikat als Wertpapiertyp muss aber auf jeden Fall im Informationsblatt angegeben sein.

Indexanleihen im Check

☒ Sicherheit – Liquidität – Rendite?

Sicherheit	Die Rückzahlung, mindestens zum Nennwert, ist garantiert. Bedingung ist, dass Sie Indexanleihen von Emittenten mit guter oder sehr guter Bonität beziehen. Vorhanden ist auch das Zinsänderungsrisiko, das Kursrückgänge auslösen kann. Ein entscheidendes Risiko steckt aber in dem festen Bewertungsstichtag, der über Gewinn oder Verlust entscheidet. Weder die Tage vorher noch die Tage nachher sind dabei entscheidend, sondern nur der »Tag X«.
Liquidität	Indexanleihen sind meist zum Börsenhandel zugelassen und können daher täglich zu marktgerechten Kursen verkauft werden, sofern eine entsprechende Nachfrage vorhanden ist.
Rendite	Entweder der Nominalzins oder die Rückzahlung hängt vom Indexstand ab. Eine variable Rückzahlung mit der Chance auf einen Zuschlag zum Fälligkeitsdatum hat immer einen Nominalzins unterhalb anderer Anleihen mit vergleichbarer Bonität der Emittenten zur Folge. Verläuft alles nach Plan und steigt der Index kräftig an, können Sie einen satten Rückzahlungsgewinn verbuchen oder sich über einen relativ hohen Zinsertrag freuen.

☒ Ziele und Beweggründe für diese Geldanlage
- Teilnahme am Erfolg des Aktienmarktes mit einer Anleihe.
- Chance auf eine gute Verzinsung oder einen Rückzahlungsgewinn bei gleichzeitiger Absicherung durch die Rückzahlung des Nennwertes der Anleihe.
- Anlage in einem börsengehandelten Rentenpapier mit der Möglichkeit des täglichen Verkaufs vor Fälligkeit zu marktgerechten Kursen.
- Anlage in einem einfach strukturierten Wertpapier mit Zusatzfunktionen, die aber durch die Indexentwicklung problemlos zu verfolgen sind.
- Ausgleich von Kursverlusten von Aktien durch eine Bear-Indexanleihe.

☒ Kosten der Geldanlage

Wenn Sie diese Anleihen bei der Erstausgabe erwerben und bis zur Fälligkeit behalten, dann ist die Aktion meist kostenfrei. In Einzelfällen müssen Sie aber mit einem geringen Ausgabeaufschlag rechnen. Der Ausgabekurs beträgt dann eventuell 100,50 Prozent. Sie bezahlen dann für 1 000 Euro Nennwert 1 005 Euro. Es ist zwar nicht viel, aber trotzdem mindert dieser erhöhte Ausgabekurs Ihre Rendite. Bei einer Laufzeit von fünf Jahren büßen Sie also 0,10 Prozent pro Jahr ein.

> Damit kann man leben, aber man sollte es wissen. Bei einem Kauf oder Verkauf während der Laufzeit entstehen Ihnen die normalen Transaktionsgebühren Ihrer Bank an der Börse oder im Direkthandel. Da es sich um eine Anleihe handelt, wird sie auf einem Depotkonto Ihrer Bank verwahrt und es entstehen Depotgebühren, sofern Ihre Bank diese berechnet.
>
> ☒ Zinsen
>
> Die Zinsen erhalten Sie wie bei jeder Anleihe auf den Nennwert. Die Berechnung erfolgt nach der tagegenauen Methode act/act.
>
> ☒ Steuer
>
> Die Besteuerung erfolgt mit 25 Prozent Kapitalertragsteuer, wie sie bei den Rentenpapieren erläutert ist. Davon betroffen sind Zinserträge, Kursgewinne und vereinnahmte Stückzinsen bei einem Verkauf vor Fälligkeit und vor dem Zinstermin. Kursverluste bei einem Verkauf vor Fälligkeit und bezahlte Stückzinsen bei einem Kauf vor Fälligkeit außerhalb des Zinstermins werden ebenfalls nach den Vorschriften der Rentenpapiere behandelt. Ein Rückzahlungsgewinn ist ebenfalls im gleichen Umfang steuerpflichtig.
>
> ☒ Bezeichnungen für diese Wertpapiere
>
> Diese Wertpapiere werden im Normalfall nicht mit englischen Ausdrücken bezeichnet. Daher blüht aber die Fantasie oft mit deutschen Bezeichnungen. Geradezu genüsslich klingt ein Angebot, wie »Bergfest Anleihe« und wenn Sie Glück haben, bekommen Sie bei der Zeichnung als Belohnung noch einen Gutschein für ein Bier oder ein Brathähnchen auf diesem Fest obendrauf. Das ist doch was, oder? Prosit und Guten Appetit.

Was ist sonst noch im Angebot?

Es gibt schon noch einiges auf dieser Menükarte. Hier eine kleine Auswahl mit kurzer Erläuterung.

Gleitzinsanleihen – die Dynamischen

Wenn Sie diesem Anleihetyp irgendwo begegnen, müssen Sie aufpassen. Nicht weil er vielleicht gefährlich oder aufdringlich werden könnte, keine Angst. Er stellt sich nur gerne unter verschiedenen Namen vor. So kann es sein, dass er sich Stufenzinsanleihe, Staffelzinsanleihe oder sogar Floater nennt. Selbst die Fachliteratur ist sich über seine wahre Identität nicht so recht einig. Wie dieser Typ nun wirklich heißt, ist ja eigentlich auch egal. Entscheidend ist, dass sich in jedem Fall der Zinssatz während der Laufzeit ändert. Er kann sich in kürzeren Zeitabschnitten, zum Beispiel immer nach drei Monaten, an den aktuellen Marktzins anpassen oder sich von vorneherein mit festgelegten Zinssätzen verändern. Den Typ, dessen Zinsen jährlich nach oben klettern, kennen Sie bereits unter dem Namen Bundesschatzbrief. Solche Typen gibt es auch bei Banken, aber eben als Anleihe. Nichts ist unmöglich, die Zinsen können auch nach unten klettern. Es gibt also auch solche Anleihen, deren Zinssätze jährlich abnehmen. Wenn Sie genau wissen möchten, mit welchem Typ Sie es tatsächlich zu tun haben, dann lassen Sie sich einfach seinen Ausweis zeigen. In der Produktbeschreibung steht alles ganz genau drin.

Kombianleihen – schlagen zwei Fliegen mit einer Klappe

Anleihen dieser Art verbinden immer zwei Dinge miteinander. Im Normalfall garantieren Sie für eine bestimmte Anzahl von Jahren einen festen Zinssatz und gehen dann für die Restlaufzeit zu einer Art Floater über. Dieser dynamische Teil ihres Anleihelebens kann zum Beispiel von einem Index abhängen oder von der Entwicklung der Inflationsrate. Die Kombination Festzins und Inflationsrate ist immer dann am Markt zu finden, wenn die Inflationsrate tendenziell steigt.

Ein Beispiel:

Ausstattung der Anleihe	Erklärung
Laufzeit 5 Jahre	Die Anleihe hat eine feste Laufzeit.
Nominalzins in den ersten zwei Jahren 4 Prozent	Sie erhalten in den ersten zwei Jahren einen festen Zins in Höhe von vier Prozent vom Nennwert.
Die Verzinsung für das dritte bis fünfte Laufzeitjahr orientiert sich 1:1 an der europäischen Inflationsrate.	Jetzt wird es interessant, denn Ihr Zinsertrag hängt jetzt von der Höhe der Inflationsrate ab. Wenn Sie bisher sauer waren, dass Ihre Einkäufe immer teurer wurden, da die Inflation zunimmt, dann müssten Sie sich jetzt eigentlich freuen, wenn die Inflation weiter zunimmt. Nun, da Sie an der Inflationsrate ohnehin nichts ändern können, ob Sie nun sauer sind oder nicht, könnten Sie an so einer Anleihe natürlich Ihre wahre Freude

Ausstattung der Anleihe	Erklärung
	haben. Nur müssen Sie davon ausgehen, dass Inflationsraten in Europa kaum über zwei Prozent liegen. Wenn wir jetzt einfach annehmen, dass sie durchschnittlich zwei Prozent beträgt, dann kommen Sie auf eine Durchschnittsverzinsung von (4+4+2+2+2) : 5 = 2,80 Prozent. Na ja, vom Hocker reißt uns das wohl nicht, oder?
Der Emittent kann die Anleihe ab dem dritten Jahr jederzeit kündigen. Die Rückzahlung erfolgt dann zu 100 Prozent.	Das wird er natürlich sofort tun, wenn die Inflationsrate enorm zunehmen würde und ihm die Zinsen zu hoch werden. Wo nun seine wirkliche Schmerzgrenze liegt, das verrät er Ihnen natürlich nicht. Aber eines steht fest, zum Zinsjäger oder zur Zinsjägerin werden Sie mit so einer Anleihe nicht werden.

 Tipp:
Wenn Sie so eine Anleihe kaufen, dann beobachten Sie sehr genau die Entwicklung der Inflationsrate. Wenn Sie die Anleihe nach zwei Jahren verkaufen, haben Sie immerhin acht Prozent Zinsen kassiert. Verkaufsgebühren und ein eventueller Kursverlust schmälern natürlich wieder Ihre Rendite.

Währungsanleihen – wenn Sie den Euro satt haben

Natürlich können Sie den Euroraum verlassen, indem Sie Anleihen in anderen Währungen erwerben. Sie müssen nur aufpassen, dass Sie nicht in den falschen Topf greifen. Denn eines steht fest, Staaten mit unsicherer Währung müssen höhere Zinsen für ihr Staatsanleihen als Risikoausgleich anbieten. Ähnlich geht es Wirtschaftsunternehmen dieser Länder. Wenn Sie Glück haben, kassieren Sie hohe Zinsen und der Wert der Währung zum Euro hat sich nicht großartig verschlechtert. Ist das aber nicht der Fall und müssen Sie Währungsverluste hinnehmen, dann sind Ihre schönen Zinserträge sehr schnell verschwunden. Selbst innerhalb Europas müssen Sie aufpassen, da es auch hier Staaten gibt, die den Euro nicht als Währung haben und deren Währung nicht unbedingt stabil ist. Schauen

Sie immer sehr genau auf die angegebene Währung bei Anleihen, denn es gibt auch inländische Emittenten, die Anleihen in anderen Währungen ausgeben. Das sind keine faulen Tricks, dahinter steckt eine einfache Strategie. Der Emittent erwartet ebenso Währungsgewinne wie Sie. Nichts Schlimmes, man muss es nur wissen.

Euro-Anleihen ausländischer Emittenten

Diese Anleihen bilden geradezu das Gegenstück zu Währungsanleihen inländischer Emittenten. Meist sind es Wirtschaftsunternehmen aus Europa, aber auch aus den USA oder aus Asien, die solche Anleihen ausgeben. Um den Erwerb für eine breite Anlegerschar schmackhaft zu machen, scheiden Sie das Währungsrisiko aus. Diese Anleihen lauten dann auf Euro. Was bleibt ist das übliche Emittentenrisiko.

Zertifikate – die Alleskönner?

Ja, nach so etwas sehnt man sich natürlich. Frei von nervenzerreißendem Stress wegen der Kursrückschläge auf dem Aktienmarkt oder dem ständigen Gejammere über zu niedrige Zinsen sicherer Geldanlagen. Einfach Geld anlegen, zurücklehnen, sie werden es schon richten, diese Alleskönner. Einfach einmal eine Zeit lang keine Börsenkurse verfolgen und sogar die Börsennachrichten im Fernsehen lassen uns kalt. Nichts stört unseren spätabendlichen Genuss des verdienten Rotweins, der Blutdruck ist normal, der Body entspannt. So etwas wie eine »eierlegende Wollmilchsau«, die soll es ja tatsächlich auf oberbayrischen Almen geben, so hört man zumindest. Oft werden sie auch als die »jungen Wilden« der Geldanlage bezeichnet, diese Zertifikate. Halten wir es so wie ein bayerischer Fußball-Kaiser und »schau'n wir mal«.

Zertifikate sind strukturierte Finanzprodukte

Klingt ja abenteuerlich, könnten Sie vielleicht sagen. Was ist denn das schon wieder? Keine Angst, das Wort Finanzprodukt ist Ihnen ja inzwischen bekannt. Man hat diesen Begriff vor Jahren in Anlehnung an die Industrie oder den Handel geschaffen. Man könnte genauso Finanzanlagen dazu sagen. Aber, was heißt strukturiert? Also lüften wir das Geheimnis. Zertifikate sind rechtlich betrachtet Inhaberschuldverschreibungen in der Form einer Nullkuponanleihe. Schuldverschreibungen dieser Art sind einfach und absolut übersichtlich. Sie verbriefen keinen Zinsanspruch, dafür aber die Rückzahlung zum Nennwert. Bei strukturierten Finanzprodukten sind Bedingungen eingebaut, die beim Tag der Fälligkeit bestimmen, sehr fröhlich, weniger fröhlich oder eher unzufrieden sein werden. Klingt abenteuerlich, ist aber eigentlich sehr einfach. Eine Bedingung könnte lauten: »Die Rückzahlung erfolgt höchstens zu 115 Prozent, mindestens aber zum Nennwert.« In diesem Fall würde es sich um ein Zertifikat mit einer Garantie für die Rückzahlung Ihres angelegten Geldes handeln, bei der Sie aber im Falle einer höheren Wertentwicklung höchstens 115 Prozent als Rückzahlung erhalten.

Die Antwort auf die Frage nach dem Warum?

Warum macht eine Bank als Emittent so etwas, könnten Sie sich vielleicht wieder fragen. Die Antwort ist immer dieselbe: Banken als Schöpfer solcher Wertpapiere beabsichtigen damit Gewinne zu erzielen. Wenn Sie als Anleger oder Anlegerin mit dieser Form der Geldanlage auch Gewinne erzielen, was jederzeit sehr gut möglich ist, dann ist wieder einmal jeder zufrieden. Wieder einmal die berühmte »Win-Win-Situation«. Dass eine Bank versuchen wird, mehr Gewinn zu erzielen als Sie mit dem Zertifikat, ist auch klar. Diesen höheren Gewinn kann sie nur mit Anlageformen erzielen, die risikoreicher und komplizierter sind und zu denen Normalverbraucher kaum Zugang haben. Also kaufen Sie Ihr strukturiertes Produkt, das Ihren Bedürfnissen und Erwartungen möglichst gut entspricht und vertrauen auf die positive Entwicklung. Wenn Sie dieses Vertrauen nicht haben, dann umschiffen Sie diese Art der Geldanlage lieber großräumig, damit Sie bei einem eventuellen Finanzsturm nicht an den Klippen zerschellen. Aber, nicht jammern, wenn ein laues Lüftchen weht, das diese Art der Geldanlage in die Gewinnzone geblasen hätte.

> 💡 **Tipp:**
> Lesen Sie noch genauer als bisher jede einzelne Zeile der Produktinformation und achten Sie vor allem auf die Angaben mit den Beispielrechnungen. Sie werden meist als Szenario bzw. Szenarien bezeichnet und zeigen die Entwicklung in unterschiedlichen Marktsituationen auf. Setzen Sie eigene Zahlen ein und vergleichen das Ergebnis sehr genau mit dem Prospekt. Mehr können Sie nicht tun, aber das ist auf jeden Fall wichtig. Und, bedenken Sie immer, irgendeine Situation wird eintreffen, nur welche, das weiß niemand.

Der Basiswert – das Herz des Zertifikats

Ist nur noch die Frage, von wem oder was hängen diese Bedingungen nun eigentlich ab? Auch das ist wieder sehr einfach. Die Grundlage bildet immer ein Basiswert. Und dieser Basiswert können eine ganze Reihe einzelner Aktien, ein vollständiger Aktienindex, Rohstoffe, Edelmetalle, Zinsen, Währungen oder Immobilien sein. Den Hauptanteil nehmen dabei natürlich Aktien, Aktienindizes oder Zinsen ein. So eine Reihe von Aktien ist wie ein ganzer Korb voll von Aktien. Daher bezeichnet man so eine Zusammenstellung auch als Aktienkorb oder mit dem englischen Ausdruck »basket«.

Die Bewertungstage entscheiden über das Schicksal

Zertifikate haben mindestens immer zwei Bewertungstage. Sie werden auch als Stichtage bezeichnet. Am ersten Bewertungstag wird der Wert festgelegt, der für die weitere Entwicklung und damit für den Gewinn oder den Verlust dieser Geldanlage entscheidend sein wird. Hier wird zum Beispiel der Kurs einer Aktie festgeschrieben, der dann mit dem Kurs am Ende der Laufzeit verglichen wird. Genau dieser Bewertungstag am Ende der Laufzeit ist der zweite entscheidende. Es ist der Schicksalstag bei dieser Geldanlage. Er entscheidet, ob Sie sich später wirklich freuen können oder eher stöhnen werden: »Ach hätte ich doch besser nicht ...« Zertifikate haben also immer eine begrenzte Laufzeit und einen festen Termin, an dem sie enden.

Zertifikate funktionieren einfach

Inhalte	Funktionsweise
Basiswert	Jedes Zertifikat hat einen Basiswert, der für die Wertentwicklung des Zertifikats entscheidend ist. Basiswert kann eine einzelne Aktie, ein Aktienindex (meist DAX 30 oder EURO STOXX 50), ein Aktienkorb, Rohstoffpreise, Immobilien oder Zinssätze sein. Steigt der Basiswert, steigt der Wert des Zertifikats, fällt er, fällt auch der Wert des Zertifikats.

Inhalte	Funktionsweise
Laufzeit	Hier ist nahezu alles möglich, von kurzfristig bis langfristig. Die Mindestlaufzeit beträgt überwiegend ein Jahr, die längste Laufzeit zehn Jahre. Ausnahmen bilden Zertifikate mit variabler Laufzeit, das heißt ohne feste Fälligkeit.
Bewertungstage	Es beginnt immer mit einer Bewertung zu einem Start-Stichtag und endet mit einer Bewertung zu einem Ende-Stichtag. Am Starttag wird im Prinzip die Grundlage für den Gewinn oder Verlust gelegt, der sich dann durch den Vergleich mit der Bewertung am Ende-Stichtag ergibt. Manche Zertifikate sehen auch mehrere Bewertungstage während der Laufzeit vor. Das ist der Fall, wenn während der Laufzeit bestimmte Werte fixiert werden. Das kann zum Beispiel die Höhe des Zinssatzes für die aktuelle Zinszahlung in Abhängigkeit vom Wert eines Aktienindexes sein.
Risikostufen	Emittenten können Zertifikate mit nahezu allen Risikoklassen konstruieren. Diese Klassen reichen von absolut risikolos bis zur Gefahr des Kapitalverlustes.

Zertifikate gibt es fast für jeden Geschmack

Der Fantasie von Emittenten sind nahezu keine Grenzen gesetzt und Sie als Anleger oder Anlegerin können aus einem wahren Füllhorn von Arten und Möglichkeiten wählen. Es gibt sie mit Airbag, mit Vollkasko, mit Rabatt, mit Bonus sowie mit und ohne Stressfaktor. Ebenso können Sie den Zertifikatstyp nach Ihren persönlichen Einschätzungen der Marktentwicklung während der Laufzeit wählen. Zertifikate gibt es auch für nahezu alle Entwicklungen. Für einen zu erwartenden leichten oder starken Anstieg der Kurse, vermutlich stark oder leicht fallende Kurse oder eher seitwärts verlaufende Kurse. Als seitwärts verlaufende Kurse bezeichnet man eine Situation, bei der sich die Kurse nicht wesentlich verändern. Neben Zertifikaten mit einer sehr einfachen Struktur gibt es aber eine ganze Reihe mit wesentlich komplizierteren Konstruktionen. Es ist daher nicht immer einfach die Übersicht zu behalten, da laufend neue dieser Alleskönner aus den Produktionshallen der Banken auf den Markt katapultiert werden. Wir als Anleger haben hier wirklich die Qual der Wahl, aber auch die Möglichkeit, das Richtige für den persönlichen

Bedarf auszuwählen. Sie dürfen sich nur nicht von den oft wohlklingenden Bezeichnungen, wie zum Beispiel »Maxirendite Control Bonus Tracker«, »Doppelchance Select Vario« oder »Outperformance Commodities Top Star«, verwirren lassen.

Hier eine Übersicht für Sie über vier grundlegende Arten von Zertifikaten. Sie gehören inzwischen zum Standardangebot der Emittenten.

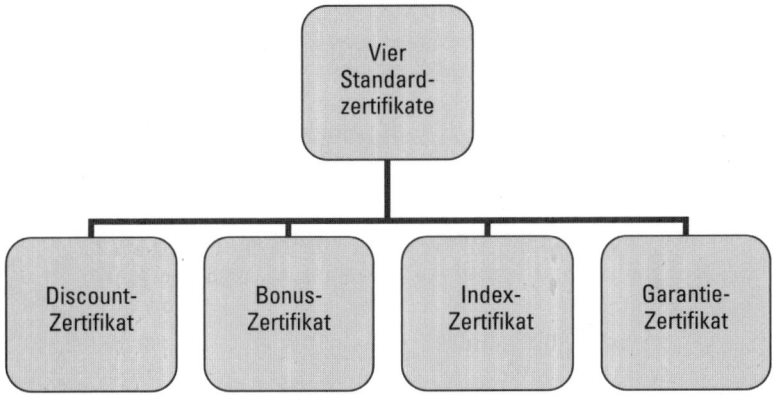

Discount-Zertifikat – Geldanlage mit Rabatt und einem Deckel

Gehen Sie mit auf Schnäppchenjagd. Damit kein Missverständnis aufkommt, es handelt sich bei diesen Zertifikaten nicht um irgendwelche verstaubten Restposten oder Produkte mit leichten optischen Fehlern zum Sonderpreis. Sie erhalten diese Zertifikate als einwandfreie »Ware« aber tatsächlich zu einem reduzierten Preis. Das englische Wort »Discount« könnte man auch durch Diskont ersetzen. Da Sie aber vermutlich auch nicht zum Lebensmittel-Diskonter einkaufen gehen, sondern zum Discounter, bleiben wir in diesem Fall besser bei diesem doch üblichen Begriff.

So funktioniert ein Discount-Zertifikat

Sie erhalten durch das Zertifikat einen bestimmten Basiswert günstiger als Sie ihn direkt kaufen würden. Diesen Vorteil erkaufen Sie sich aber durch den Verzicht auf eine unbegrenzte Chance auf

Gewinne bei einem Kursanstieg. Diese Begrenzung bestimmt der Cap. Cap ist so etwas wie die Obergrenze Ihres Glücksgefühls bei einem derartigen Wertpapier. Übersetzen kann man dieses Wort sinnvoll kaum, denn eine Kappe ist es nicht, sondern eher ein Deckel. Und so heißt es dann auch oft in Gesprächen »das Zertifikat ist gedeckelt« oder noch schlimmer im Fachkauderwelsch »es ist gecapt«.

Beispiele
Nehmen wir an, Sie interessieren sich für ein Discount-Zertifikat auf Aktien der Solar AG.
- Sie erhalten auf diese Aktie 10 Prozent Rabatt bzw. Discount, das Zertifikat ist aber mit einem Cap von 110 Prozent ausgestattet. Damit zahlen Sie ein Fünftel weniger.
- Wenn der Kurs des Zertifikats am Starttag 40 Euro beträgt, bezahlen Sie für das Zertifikat nur 90 Prozent davon und das sind genau 36 Euro.
- Wenn Sie jetzt aber glauben, dass Sie bei einem Kursanstieg der Aktie unbegrenzte Gewinne einsammeln können, dann haben sie den Cap vergessen. Ihr Glücksgefühl endet bei 110 Prozent von 40 Euro und das sind genau 44 Euro.

Bevor Sie sich für ein Zertifikat dieser oder ähnlicher Konstruktion entscheiden, sollten Sie sich folgende Punkte genau überlegen:
- Wenn Sie von vorneherein meinen, dass der Kurs sich deutlich weiter nach oben bewegen könnte, dann lassen Sie besser die Finger von dem Zertifikat und kaufen sich lieber gleich die Aktie. Der Kurs müsste dann aber zusätzlich zu den 48 Euro noch einmal um den Rabatt von 8 Euro zulegen. Also, erst wenn er 48 Euro überspringt, dann wären Sie mit der Direktanlage in die Aktie besser gefahren.
- Aber wenn Sie sich zur Aktie durchringen, dann dürfen Sie auch nicht jammern, wenn der Kurs nach unten rauscht.
- Der Discount bildet eine Art Risikopuffer, denn selbst wenn der Aktienkurs bis 36 Euro am Ende der Laufzeit des Zertifikats sinken würde, hätten Sie noch nichts verloren.
- Aber wir wissen ja, Aktienkurse können manchmal ganz schön zickig sein. Eines steht aber fest, der höchstmögliche Gewinn liegt bei 8 Euro je Zertifikat, mehr geht in diesem Fall einfach

nicht. Aber auch das entspricht einer ansehnlichen Rendite von 22,22 Prozent.
- Am Ende der Laufzeit wird abgerechnet. Sie erhalten für Ihr Zertifikat genau den Gegenwert in Euro, den der Kurs der Solar Aktie aktuell aufweist, jedoch nicht mehr als 44 Euro.

Ein Beispiel für ein Discount-Zertifikat auf den Deutschen Aktienindex DAX 30.

Discount-Zertifikat	Erklärung
Basiswert DAX 30	Grundlage für die Anlage ist der Deutsche Aktienindex der Frankfurter Wertpapierbörse.
Laufzeit 10.11.2011 – 10.11.2013	Das Zertifikat läuft zwei Jahre, es handelt sich also um eine kurzfristige Anlage.
Bewertungstag 08.11.	Der Stand des DAX am 08.11.2011 entscheidet über den genauen Preis für ein Zertifikat. Der Stand des DAX am 08.02.2013 entscheidet über die Rückzahlung.
Cap 78 Euro	Ihre höchste Rückzahlung beträgt 78 Euro je Zertifikat.
Bezugsverhältnis 1:100	Diese Angabe sagt nur aus, dass hundert DAX-Punkte einen Euro wert sind. Beziehen werden Sie also nichts.
Discount 10 Prozent	Sie bezahlen für ein Zertifikat 90 Prozent des eigentlichen Wertes am Stichtag zum Beginn der Laufzeit.
DAX-Stand am 08.11.2011: 7400 Punkte	Der Preis für ein Zertifikat ergibt sich durch die folgende Rechnung: Punkte des DAX: 7400 − Discount 10%: 740 Wert für den Bezug: 6660 100 DAX-Punkte kosten 66,60 Euro Ein Zertifikat kostet 66,60 Euro. Das heißt, der Sicherheitspuffer beträgt in diesem Fall 7400 − 6660 = 740 DAX-Punkte. Erst wenn der DAX am 08.02.2013 weniger als 6660 Punkte betragen sollte, biegen Sie in die Verliererstraße ein, »gehen nicht über Los« und werden sich nicht überaus freuen können.

Discount-Zertifikat	Erklärung
Rendite	Die Rendite kann man erst am Tag der Fälligkeit feststellen. Sie hängt vom tatsächlichen Rückzahlungsbetrag ab.
	Festlegen kann man aber die höchstmögliche Rendite. Sie beträgt $\frac{(78 - 66{,}60) \times 100}{66{,}60} = 17{,}12$ Prozent
Der DAX steht am 08.11.2013 auf 7 950 Punkten	Der Cap ist mit 7 800 Punkten bzw. 78 Euro vereinbart. Damit entgehen Ihnen 150 Punkte oder 1,50 Euro je Zertifikat. Ihre Rückzahlung beträgt 78 Euro je Zertifikat.
	Die Rendite beträgt in diesem Fall genau 17,12 Prozent.
	Berechnung: $\frac{(78 - 66{,}60) \times 100}{66{,}60} = 17{,}12$
Der DAX steht am 08.11.2013 auf 6 860 Punkten	Da wären Sie immer noch auf der Siegerstraße, wenn auch nur noch knapp. Sie erhalten aber immer noch 68,60 Euro als Rückzahlung.
	Die Rendite beträgt in diesem Fall immerhin 3 Prozent.
	Berechnung: $\frac{(68{,}60 - 66{,}60) \times 100}{66{,}60} = 3$
Der DAX steht am 08.11.2013 auf 6 200 Punkten	Ja, da gibt es keine Freude mehr, denn Sie erhalten nur 62 Euro je Zertifikat. Ihr Verlust beträgt pro Zertifikat 4,60 Euro. Das sind immerhin 6,91 Prozent.

Discount-Zertifikate sind nicht nachtragend

Es kann natürlich immer passieren, dass der Wert des Basiswertes während der Laufzeit kräftig sinkt und den Kaufpreis unterschreitet. In diesem Fall kann man nur Abwarten und Teetrinken. Wenn der Verfalltag naht und es hat sich nichts verbessert, dann ist der Verlust tatsächlich eingetreten. Der Kurs oder Wert des Basiswertes kann sich aber bis dahin auch wieder erholen und sogar den Höchststand annehmen. Alles was war, ist dann vergessen. Discountzertifikate sind also keine Elefanten, die bekanntlich nichts vergessen, was sie irgendwann einmal geärgert hat. Sie erhalten als Rückzahlung genau den aktuellen Wert, den Ihr Zertifikat am Stichtag vor der Fälligkeit erreicht hat.

Bonus-Zertifikate – die Schwelle als Stolperstein

Aufgepasst, hier gibt es etwas mit Rabatt und dazu noch etwas obendrauf. Bedingung ist nur, dass alles gut läuft. Laufen muss wie immer der Wert des Basiswertes, also wieder eine einzelne Aktie, ein Aktienkorb, ein Index, Rohstoffe oder andere Basiswerte. Insofern nichts Neues und nichts Besonderes, könnte man meinen. Stimmt aber nicht. Die Konstrukteure solcher Zertifikate bauen nämlich einen kleinen Stolperstein ein, der für Ihr Wohlbefinden entscheidend sein wird.

So funktioniert ein Bonus-Zertifikat

Auf den ersten Blick sieht dieses Zertifikat aus wie ein Discount-Zertifikat. Sie erhalten auch hier einen bestimmten Basiswert günstiger als Sie ihn direkt kaufen würden. Auf den zweiten Blick allerdings entdecken Sie den entscheidenden Unterschied. Sie verzichten hier nämlich nicht auf die unbegrenzte Gewinnchance bei einem Kursanstieg. Bonus-Zertifikate haben keinen Cap. Sie erhalten den Bonus, der in den Emissionsbedingungen angegeben ist, wenn alles nach Plan verläuft. Den Nachlass auf den aktuellen Kurs bezeichnet man hier auch als Discount. Daraus ergibt sich automatisch die Schwelle. Das ist nichts anderes als eine Untergrenze, die der Kurs nicht berühren oder unterschreiten darf. Sie wird auch als Bonusschwelle oder Barriere bezeichnet. Der Bonuslevel gibt dagegen an, welchen Betrag Sie zusätzlich erwarten können. Das englische Wort »level« kann man hier mit »Höhe« übersetzen. Diesen Betrag erhalten Sie auf jeden Fall als Rückzahlung, wenn alles nach Plan verläuft.

Den Discount können Sie leicht selbst ermitteln. Sie müssen dazu nur vom Startwert des Basispreises, also zum Beispiel dem Startkurs einer Aktie, die Bonusschwelle abziehen.

Ein Beispiel:

Startkurs der Aktie der Aktie der Medizingeräte AG = 80 Euro
– Bonusschwelle = 68 Euro
Discount = 12 Euro = 15 %
Den Bonus können sie ebenfalls leicht ermitteln. Sie müssen dazu nur den Startkurs vom Bonuslevel abziehen.
Bonuslevel = 96 Euro
– Startkurs der Aktie der Medizingeräte AG = 80 Euro
Bonus = 16 Euro = 20 %

Bonus-Zertifikate verzeihen nichts

Jetzt kommt es also nur noch darauf an, ob Ihr Zertifikat über die Schwelle stolpert oder nicht. Stolpert es nicht, erhalten Sie den vereinbarten Bonus. Hat der Kurs aber mit der Schwelle Kontakt aufgenommen oder sie unterschritten, dann brauchen Sie sich keine ernsthaften Gedanken mehr zu machen, wie Sie Ihren schönen Gewinn am besten ausgeben können. Diese Zertifikate vergessen nichts, sie sind wahre Dickhäuter. Der Bonus ist dann nämlich unwiderruflich weg. Was Ihnen bleibt ist die Hoffnung, dass sich der Kurs Ihres Zertifikats bis zur Fälligkeit wieder einigermaßen erholen wird und Sie zumindest ungeschoren und ohne Verlust aus dieser Geldanlage herauskommen. Ob das der Fall ist, können Ihnen nur Wahrsager der Finanzszene versprechen und auf die sollten Sie besser nicht vertrauen.

 Tipp:
Sollte Sie dieses Finanzschicksal ereilen, dann überlegen Sie ganz ruhig ob Sie nun Bulle oder eher Bär sind. Sie kennen diese beiden Tierchen ja schon von den Anleihen. Sind Sie ein Anhänger des Spruches »Lieber ein Ende mit Schrecken als ein Schrecken ohne Ende«, dann versuchen Sie eben das Zertifikat möglichst schnell mit Verlust zu verkaufen. Damit begrenzen Sie zumindest einen erwarteten noch höheren Verlust. Glauben Sie aber eher an eine Erholung der Marktsituation, dann lassen Sie doch das angekratzte Zertifikat im Depot liegen und beobachten seinen Kurs einigermaßen regelmäßig. Verkaufen können Sie es dann immer noch.

Beispiele
Ein Beispiel für ein Bonus-Zertifikat auf Aktien der Solar AG:
- Das Zertifikat ist mit einem Bonuslevel von 10 Prozent und einem Bonus von 20 Prozent ausgestattet. Damit zahlen Sie ein Fünftel weniger. Die Bonusschwelle darf nicht berührt werden.
- Wenn der Kurs am Starttag 40 Euro beträgt, bezahlen Sie für das Zertifikat nur 90 Prozent davon und das sind genau 36 Euro.
- Jetzt kommt es darauf an. Fällt der Kurs bis 36,01 Euro, passiert noch nichts, berührt er aber die magische Schwelle von 36 Euro, dann ist es vorbei mit dem schönen Bonus. Das Zertifikat läuft weiter bis zur Fälligkeit, aber ohne Bonuszahlung. Berührt der Kurs die Schwelle bis zur Fälligkeit nicht, dann können Sie sich auf jeden Fall schon einmal über den Bonus von 20 Prozent, also 8 Euro je Zertifikat freuen.
- Wie groß Ihr Glücksgefühl dann tatsächlich ist, hängt vom aktuellen Kurs der Aktie ab. Ihre Gewinne sind ja nicht durch diesen Bremsklotz, genannt Cap, begrenzt. Sie erhalten Ihre Rückzahlung in der Höhe des aktuellen Kurses. Daher kann man auch von vorneherein keine Angaben über die wirkliche Rendite solcher Geldanlagen machen.

Bevor Sie sich für ein Zertifikat dieser oder ähnlicher Konstruktion entscheiden, sollten Sie sich folgende Punkte genau überlegen:
- Wenn Sie von vorneherein meinen, dass sich der Kurs deutlich weiter nach unten bewegen könnte, dann lassen Sie auf jeden Fall die Finger von dem Zertifikat.
- Wenn Sie dagegen das Gefühl haben, dass sich der Kurs nur leicht nach unten bewegen, sich in etwa auf dem momentanen Stand halten oder sogar steigen könnte, dann liegen Sie mit diesem Zertifikat richtig.
- Am Ende der Laufzeit wird abgerechnet. Sie erhalten für Ihr Zertifikat genau den Gegenwert in Euro, den der Kurs der Solar Aktie aktuell aufweist, und, wenn Sie richtig gelegen haben, auch noch den Bonus.

Ein Beispiel für ein Bonus-Zertifikat auf den Deutschen Akteinindex DAX 30:

Bonus-Zertifikat	Erklärung
Basiswert DAX 30	Grundlage für die Anlage ist der Deutsche Aktienindex der Frankfurter Wertpapierbörse.
Laufzeit 10.11.2011 – 10.11.2013	Das Zertifikat läuft zwei Jahre, es handelt sich also um eine kurzfristige Anlage.
Bewertungstag 08.11.	Der Stand des DAX am 08.02.2011 entscheidet über den genauen Preis für ein Zertifikat. Der Stand des DAX am 08.11.2013 entscheidet über die Rückzahlung.
Bonuslevel 78 Euro	Sie erhalten eine garantierte Rückzahlung in Höhe von 78 Euro je Zertifikat, wenn der Index die Schwelle nicht berührt.
Bezugsverhältnis 1:100	Diese Angabe sagt nur aus, dass hundert DAX-Punkte einen Euro wert sind. Beziehen werden Sie also nichts.
Discount 10%	Sie bezahlen für ein Zertifikat 90 Prozent des eigentlichen Wertes am Stichtag zum Beginn der Laufzeit.
DAX-Stand am 08.11.2011: 7400 Punkte	Der Preis für ein Zertifikat ergibt sich durch folgende Rechnung:

Punkte des DAX: 7400
– Discount 10%: 740
Wert für den Bezug: 6660
100 DAX-Punkte kosten 66,60 Euro

Ein Zertifikat kostet 66,60 Euro.

Das heißt, der Sicherheitspuffer beträgt in diesem Fall 7400 – 6660 = 740 DAX-Punkte.

Erst wenn der DAX an irgendeinem Tag während der Laufzeit die magische Linie von 6660 Punkten berühren sollte, ist es vorbei mit dem Bonus.

Rendite — Die Rendite kann man erst am Tag der Fälligkeit feststellen. Sie hängt vom tatsächlichen Rückzahlungsbetrag ab.

Festlegen kann man nur die mögliche Rendite, wenn die Bonuszahlung erfolgt und der Kurs nicht höher als der Bonuslevel ist. Sie beträgt

$$\frac{(78 - 66{,}60) \times 100}{66{,}60} = 17{,}12 \text{ Prozent}$$

Bonus-Zertifikat	Erklärung
Der DAX steht am 08.11.2013 auf 7 950 Punkten	Sie erhalten den Bonus von 4 Euro und zusätzlich die Rückzahlung in Höhe 79,50 Euro je Zertifikat.
	Die Rendite beträgt in diesem Fall immerhin 25,38 Prozent.
	Berechnung: $$\frac{(79{,}50 - 66{,}60 + 4) \times 100}{66{,}60} = 25{,}375$$
Der DAX steht am 08.11.2013 auf 6 680 Punkten	Da wären Sie immer noch auf der Siegerstraße, wenn auch nur noch knapp. Sie erhalten aber immer noch den Bonus von 4 Euro und eine Rückzahlung von 66,80 Euro als Rückzahlung je Zertifikat.
	Die Rendite beträgt in diesem Fall immerhin 6,31 Prozent.
	Berechnung: $$\frac{(66{,}80 - 66{,}60 + 4) \times 100}{66{,}60} = 6{,}306$$
Der DAX steht am 08.11.2013 auf 6 200 Punkten	Ja, da gibt es keine Freude mehr, denn Sie erhalten als Rückzahlung nur 62 Euro je Zertifikat und zusätzlich ist der schöne Bonus einfach weg. Ihr Verlust beträgt pro Zertifikat 4,60 Euro. Das sind immerhin 6,91 Prozent.

Index-Zertifikate – der Zugriff auf Märkte

Wenn Sie sich sagen, es muss ja nicht immer alles kompliziert sein, dann ist das vielleicht genau das Richtige für Sie. Diese Produkte sind in der Tat einfach gestrickt. Wie alle ihre Artgenossen hängen sie von einem Basiswert ab und der ist in diesem Fall eben ein Index. In den meisten Fällen sind das Indizes von Aktien, Rentenpapieren oder Rohstoffen. Sie kennen keinen Discount, keinen Cap, keine Bonusschwelle und keinen Bonus. Sie sind deswegen so einfach, da sie sich unmittelbar mit dem entsprechenden Index entwickeln. Legt er zu, steigt ihr Wert, lässt er Federn, sinkt ihr Wert. Einfacher geht es wirklich nicht.

Ein Beispiel für ein Index-Zertifikat auf den Deutschen Aktienindex DAX 30:

Index-Zertifikat	Erklärung
Basiswert DAX 30	Grundlage für die Anlage ist der Deutsche Aktienindex der Frankfurter Wertpapierbörse
Laufzeit »open end«	Das Zertifikat hat keine Laufzeitbegrenzung.
Erster Bewertungstag 08.11.2011	Der Stand des DAX am 08.11.2011 entscheidet über den genauen Preis für ein Zertifikat.
Bezugsverhältnis 1:100	Diese Angabe sagt nur aus, dass hundert DAX-Punkte einen Euro wert sind. Beziehen werden Sie also nichts.
Börsentäglicher Verkauf	Sie können das Zertifikat täglich über Ihre Bank an der Börse, die dieses Zertifikat handelt, zum aktuellen Tageskurs verkaufen.
DAX-Stand am 08.11.2011: 7 400 Punkte	Der Preis für ein Zertifikat ergibt sich durch folgende Rechnung: Punkte des DAX: 7 400 100 DAX-Punkte kosten 74 Euro. Ein Zertifikat kostet 74 Euro.
Rendite	Die Rendite kann man erst am Tag der Fälligkeit feststellen. Sie hängt vom Indexstand und damit vom Rückzahlungsbetrag ab.
Der DAX steht am 08.11.2013 auf 7 950 Punkten	Sie erhalten 79,50 Euro je Zertifikat. Die Rendite beträgt in diesem Fall immerhin 7,43 Prozent. Berechnung: $$\frac{(79{,}50 - 74) \times 100}{74} = 7{,}432$$
Der DAX steht am 08.11.2013 auf 8 200 Punkten	Sie erhalten 82 Euro je Zertifikat. Die Rendite beträgt in diesem Fall immerhin 10,81 Prozent. Berechnung: $$\frac{(82 - 74) \times 100}{74} = 10{,}810$$
Der DAX steht am 08.11.2013 auf 6 200 Punkten	Ja, da gibt es keine Freude, wenn Sie Ihre Zertifikate tatsächlich verkaufen müssen. Das sollten Sie aber nur dann tun, wenn Sie das Geld auch tatsächlich benötigen. Sie müssen sich mit einem Verlust von 12 Euro je Zertifikat anfreunden. Das sind immerhin 16,22 Prozent.

Bevor Sie sich für ein Zertifikat dieser oder ähnlicher Konstruktion entscheiden, sollten Sie sich folgende Punkte genau überlegen:
- Wenn Sie von vorneherein meinen, dass sich der gesamte Markt deutlich nach unten bewegen könnte, dann lassen Sie auf jeden Fall die Finger von dem Zertifikat.
- Wenn Sie dagegen das Gefühl haben, dass die Situation eher günstig aussieht und sich die Märkte insgesamt nach oben bewegen, dann liegen Sie mit diesem Zertifikat richtig.
- Wenn Sie jedoch mit Schwankungen nicht leben können, dann ist das nichts für Sie, denn Indizes schwanken immer. Etwas mehr und etwas weniger. Wenn das Ihre Nerven nicht aushalten, dann gibt es ja genug andere Anlagemöglichkeiten. Wie wäre es einmal mit einer Garantie?

Garantie-Zertifikat – Vollkasko für Ihr angelegtes Geld

Ohne Risiko Geld in Aktienmärkten anlegen, das ist es doch wovon man träumt. Dieser Traum kann Wirklichkeit werden, nur nicht umsonst. Garantie ist wie Vollkasko für das schöne frisch polierte Auto. Wenn etwas passiert, egal warum und wo, gibt es umsonst ein neues Auto. Aber Vollkasko kostet um einiges mehr als Kasko, das ist hinreichend bekannt. Und so ist es eben auch mit der Garantie bei einer Geldanlage. Sie kostet zwar nicht direkt etwas, verringert aber die Rendite.

Ihre Gewinne sind begrenzt – die des Emittenten nicht

Das geht ganz einfach, denn Sie sind an möglichen Gewinnen des Basiswertes nur begrenzt beteiligt. Diesen Anteil bezeichnet man auch als Partizipationsrate. Ein Wort, mit dem Sie sich anfreunden müssen, denn es wird bei diesen Wertpapieren verwendet. Das Wort kommt von partizipieren, was nichts anderes heißt wie teilhaben. Der Emittent dagegen kann die Gewinne, die über eine bestimmte Grenze hinausgehen unbeschränkt für sich verbuchen. Dafür haben Sie aber auch die Sicherheit, dass Sie zumindest Ihr angelegtes Geld am Tag der Fälligkeit zurückerhalten. Mit geringen Verlusten müssen Sie nur rechnen, wenn Sie für das Zertifikat einen Ausgabeaufschlag beim Kauf bezahlen mussten und Ihr Zertifikat keinen Gewinn abgeworfen haben sollte. Ausgabeaufschläge sind bei diesen Zertifikaten durchaus üblich. Sie betragen aber meist nicht mehr als ein bis zwei Prozent. Die büßen Sie aber auf jeden Fall ein, wenn das Zertifikat nicht so gelaufen ist, wie Sie hofften und Sie eben nur Ihre Garantie-Rückzahlung von 100 Prozent erhalten.

Ein Beispiel

Nehmen wir an, Sie besitzen 1000 Euro Nennwert eines Garantiezertifikates auf den Deutschen Aktienindex DAX mit einer Partizipationsrate von 100 Prozent und 100-prozentiger Kapitalgarantie. Die Wertentwicklung ist auf eine Steigerung von 1000 Punkten begrenzt. Zehn DAX-Punkte entsprechen 0,20 Prozent Wertentwicklung des Zertifikates.

- Wenn der DAX also um 100 Punkte steigt, ist Ihr Zertifikat aktuell 102 Prozent wert.

  Ihr Kapital beträgt $\frac{1\,000 \times 102}{100} = 1\,020$ Euro.

- Bei 1000 DAX-Punkten wäre aber endgültig Schluss. Ihr Zertifikat wäre dann 120 Prozent wert.

  Ihr Kapital beträgt $\frac{1\,000 \times 120}{100} = 1\,200$ Euro.

Wenn die Partizipationsrate dagegen bei 50 Prozent läge, würden Sie nur zur Hälfte an der Wertsteigerung teilnehmen. In diesem Fall wäre Ihr Zertifikat bei einer Steigerung um 100 Punkte eben nur 101 Prozent wert und Ihr Kapital würde nur 1010 Euro betragen.

Selbstverständlich ist dieses kleine Beispiel etwas sehr theoretisch, denn würden Sie ein Zertifikat mit einer Partizipationsrate von 50 Prozent kaufen, wenn es auch eines mit 100 Prozent gibt? Wohl kaum. Daher ist es so, dass Zertifikate mit einer vergleichsweise geringeren Partizipationsrate andere Vorteile bieten müssen, zum Beispiel keine Begrenzung bei einer Steigerung.

Egal was mit dem DAX passiert, Sie erhalten auf jeden Fall ihre angelegten 1000 Euro zurück.

Wenn Sie Zertifikate während der Laufzeit über Ihre Bank an einer Börse verkaufen, haben Sie diesen Kapitalschutz natürlich nicht. Sollte der Kurs unter 100 Prozent notieren, dann müssen Sie den Verlust selbst tragen.

Zertifikate im Check

☒ Sicherheit – Liquidität – Rendite?

Sicherheit	Auf jeden Fall müssen Sie immer das Emittentenrisiko einkalkulieren. Im Falle einer Insolvenz der ausgebenden Bank sind Sie nicht abgesichert. Das Risiko des einzelnen Zertifikats hängt von seiner Konstruktion ab. Von den hier dargestellten hat das Garantiezertifikat die höchste und das Indexzertifikat die geringste Sicherheit.
Liquidität	Aufgrund des Börsenhandels ist ein täglicher Verkauf zwar nicht garantiert, aber mit sehr hoher Wahrscheinlichkeit möglich. Auch bei Zertifikaten kann ein Verkauf im Direkthandel möglich sein. In jedem Fall benötigen Sie aber Ihre Bank als Vermittlerin.
Rendite	Hier liegen Licht und Schatten knapp nebeneinander. Die Renditen hängen einzig und allein von der Konstruktion der Zertifikate in Verbindung mit der Marktentwicklung ab.

☒ Ziele und Beweggründe für diese Geldanlage
- Anlage in ein strukturiertes Produkt.
- Einfache Beobachtung der Wertentwicklung und keine intensive Auseinandersetzung mit Aktien-, Renten-, Rohstoff- oder anderen Märkten.
- Schutz vor Geldentwertung, wenn der Aktienmarkt als Basiswert gewählt wird. Erzielung von Kursgewinnen. Große Auswahlmöglichkeit unter den Zertifikatsarten, um das passende Produkt für die persönliche Strategie zu finden.
- Wertsteigerung des Anlagebetrages in Abhängigkeit von der wirtschaftlichen Entwicklung.

☒ kurze Gegenüberstellung des Quartetts der »Alleskönner«

	Discount-Zertifikat	Bonus-Zertifikat	Index-Zertifikat	Garantie-Zertifikat
Eigenschaften	Risikopuffer durch Discount mit Begrenzung nach oben durch Cap.	Risikopuffer durch Discount mit Bonusschwelle bzw. Barriere, Bonuslevel und ohne Begrenzung durch Cap.	Bildet einen Index direkt 1:1 ab. Ohne und mit Garantie möglich.	Die Rückzahlung des Anlagekapitals ist zu 100 Prozent garantiert.

	Discount-Zertifikat	Bonus-Zertifikat	Index-Zertifikat	Garantie-Zertifikat
Anlagestrategie	begrenzte Gewinne mit einer begrenzten Absicherung erzielen	unbegrenzte Gewinne mit einer begrenzten Absicherung erzielen	unbegrenzte Gewinne erzielen, aber auch unbegrenzte Verluste akzeptieren	begrenzte Gewinne mit voller Absicherung erzielen
Dieses Zertifikat ist günstig bei folgender Kursentwicklung:	leicht sinkend ↘ seitwärts → oder leicht aufwärts ↗	leicht sinkend ↘ seitwärts →, leicht ↗ oder stark aufwärts ↑	leicht ↗ oder stark aufwärts ↑	leicht sinkend ↘ seitwärts → oder leicht aufwärts ↗ abhängig jedoch von der Konstruktion der Garantie
☺ Gewinnschance	höchstens bis zur Grenze durch den Cap	unbegrenzt	unbegrenzt	meist begrenzt durch die Partizipationsrate
☹ Verlustrisiko	unbegrenzt, aber durch den Discount teilweise abgesichert	unbegrenzt, aber durch den Discount teilweise abgesichert	unbegrenzt	auf einen eventuellen Ausgabeaufschlag begrenzt, da die Rückzahlung zu 100 Prozent erfolgt

☒ Kosten der Geldanlage

Wenn Sie das Zertifikat bei der Erstausgabe erwerben, müssen Sie eventuell mit einem geringen Ausgabeaufschlag rechnen. Beim nachträglichen Kauf über Ihre Bank fallen die üblichen Transaktionsgebühren an. Da Zertifikate in einem Depotkonto verwahrt werden, fallen Depotgebühren an, sofern Ihre Bank diese berechnet.

☒ Steuer

Die Besteuerung von Zertifikaten ist durch die Steuerreform ab dem 1. Januar 2009 etwas komplizierter als bei anderen Geldanlagen. Man muss hier zwischen Garantie-Zertifikaten und anderen Zertifikaten unterscheiden.

Discount-Zertifikate Bonus-Zertifikate Index-Zertifikate	Wenn Sie diese Zertifikate vor dem 13.03.2007 gekauft und jetzt verkauft haben oder bei Fälligkeit planmäßig zurückgegeben haben, müssen Sie einen Kurs- oder Rückzahlungsgewinn nicht versteuern. Es gilt die ehemalige Spekulationsfrist von 12 Monaten. Danach mussten Kurs- oder Rückzahlungsgewinne nicht versteuert werden, wenn bei einem Wertpapier zwischen Kauf und Verkauf bzw. Fälligkeit mehr als 12 Monate vergangen waren. Alle Zertifikate, die Sie ab dem 01.01.2009 gekauft haben und für die Sie einen Kursgewinn oder einen Rückzahlungsgewinn erzielen, werden ganz »normal« mit der Kapitalertragsteuer von 25 Prozent besteuert. Laufende Erträge werden mit 25 Prozent Kapitalertragsteuer besteuert und zwar unabhängig von dem Anschaffungsdatum des Zertifikats.
Garantie-Zertifikate sind sogenannte Finanzinnovationen und werden steuerlich anders behandelt.	Für diese Finanzprodukte galt die sogenannte Spekulationsfrist von 12 Monaten schon vor der Steuerreform nicht. Wenn Sie also noch solche Zertifikate besitzen und irgendwann mit Gewinn verkaufen, dann wird dieser Gewinn mit der Kapitalertragsteuer besteuert. Das Datum der Anschaffung ist dabei unwesentlich.

Genussscheine können auch ungenießbar werden

Sie wissen also nicht so recht was Sie machen sollen mit Ihrem schönen Geld, das Sie momentan einfach nicht ausgeben wollen. Kein neues Auto, keine Kreuzfahrt, keine neue Küche. Ist in Ordnung, muss ja auch nicht unbedingt sofort sein. Ein Sparbuch bringt Ihnen zu wenig Zinsen, Sparbriefe sind Ihnen zu wenig flexibel, festverzinsliche Wertpapiere bringen auch zu geringe Zinsen oder sind zu riskant, Zertifikate sind zu kompliziert und Aktien mögen Sie ja ohnehin nicht. Na ja, ganz einfach sind Sie ja nicht gerade und nicht unbedingt der Wunsch- oder Traumkandidat für einen Vermögensberater oder eine Beraterin. Aber habe ich richtig gehört, Sie haben eigentlich gar keine richtige Abneigung gegen Aktien oder Anleihen? Wenn Sie sagen würden, eigentlich grundsätzlich nicht, aber am liebsten wäre Ihnen eine Art Mischung. Von jedem etwas und wenn möglich von jedem das Beste. Na, da kann Ihnen doch vielleicht geholfen werden. Lehnen Sie sich einfach zurück, gönnen Sie sich einen Cappuccino und genießen Sie ein Wertpapier, das tatsächlich so eine Art Mix aus Aktie und Anleihe ist. Kleiner Tipp aber: Schlafen Sie nicht dauerhaft darüber ein, sonst könnte es ein böses Erwachen geben. Genussscheine können nämlich auch ungenießbar werden und Ihnen den Appetit kräftig verderben. Denken Sie nur an Pilze – nicht jeder hochgiftig, aber ungenießbare können ganz schöne Bauchschmerzen verursachen. Also, gut aufpassen.

Genussschein – etwas Aktie und etwas Anleihe

Kenne ich schon, werden Sie vielleicht sagen. Die Aktienanleihe zum Beispiel ist doch so ein Ding. Erst ist sie eine Anleihe, am Ende eine Aktie – oder vielleicht doch eine Anleihe? Keiner weiß es so genau. Nein, so ist es eben nicht bei den Genussscheinen. Genussscheine verbriefen Genussrechte. Bei Aktien können Sie Ihre Dividendenzahlung genießen, sofern eine erfolgt und bei Rentenpapieren können Sie Ihre Zinserträge genießen. Und die Genüsse heißen auch so, nämlich Dividende und Nominalzins. Also müssen Genussrechte etwas anderes sein. Genussscheine sind eine Kombination aus den Eigenschaften einer Aktie und einem Rentenpapier, also zum Beispiel einer Anleihe. Das heißt, wenn Sie einen Genussschein besitzen, dann haben Sie meistens Rechte als Gläubiger und als Teilhaber. Ob Sie nun mehr Gläubiger oder mehr Teilhaber sind, hängt von der genauen Ausstattung des jeweiligen Genussscheins ab. Ein Anspruch auf eine Zinszahlung und eine Rückzahlung zum Nennwert macht Sie eher zum Gläubiger, wie bei einer Anleihe. Ein Anteil am Gewinn der Unternehmung macht Sie eher zum Teilhaber, wie bei einer Aktie. Jetzt könnten Sie natürlich sagen, dass dies doch eigentlich unerheblich ist, Hauptsache die Erträge fließen und am Ende erhalte ich das angelegte Geld als Rückzahlung. Genau das ist aber die große Unbekannte bei der ganzen Geschichte. Ihre Rechte sind in keinem Fall mit den gesetzlich geregelten Rechten bei einer Aktie oder einer Anleihe als Rentenpapier vergleichbar.

Fünf brennende Fragen

Vielleicht haben Sie genau folgende fünf Fragen dazu, die auf einen Blick nun beantwortet werden sollen.

Ihre Frage	die Antwort für die ☞ Aktie	die Antwort für die ☞ Anleihe	die Antwort für den ☞ Genussschein
Welche Rechte habe ich als Anleger oder Anlegerin?	Sie haben als Teilhaber/in und das Recht auf Dividendenanteil, das Recht auf Teilnahme und Stimmrecht auf der Hauptversammlung, das Bezugsrecht auf junge Aktien und das Recht auf Anteil am Liquidationserlös.	Sie haben als Gläubiger/in und das Recht auf Rückzahlung des Nennwertes (Nominalwert) zu 100 Prozent und das Recht auf den Nominalzins.	Sie sind etwas Teilhaber/in und etwas Gläubiger/in, aber insgesamt eigentlich eher Teilhaber/in. Trotzdem ist Ihnen keines der Rechte, die eine Aktie oder ein Rentenpapier aufweist, gesetzlich garantiert.

Ihre Frage	die Antwort für die ☞ Aktie	die Antwort für die ☞ Anleihe	die Antwort für den ☞ Genussschein
Welche Erträge kann ich erwarten?	Dividenden	Zinsen	Je nach Ausgestaltung des Genussscheins. Die Einzelheiten stehen im Beipackzettel, dem Produktinformationsblatt.
Habe ich einen Einfluss auf die Geschäftsleitung des Unternehmens?	Ja, durch Ihre Teilnahme und Ihr Stimmrecht auf der Hauptversammlung.	Nein, Sie sind eine Art Darlehensgeber/in und damit Gläubiger/in.	Nein, Genussscheine schließen eine Mitsprache aus, auch wenn der Genussschein eher einer Aktie als einer Anleihe ähneln sollte.
Ist die Laufzeit begrenzt?	Nein, Aktien haben keine Laufzeitbegrenzung.	Die absolute Mehrzahl aller Rentenpapiere haben feste Laufzeiten mit einer genau festgelegten Fälligkeit.	Die Mehrzahl der Genussscheine haben feste Laufzeiten. Es sind aber auch welche ohne Laufzeitbegrenzung im Angebot.
Bin ich an einem Verlust des Unternehmens direkt beteiligt?	Nein	Nein	Ja und Nein. Ja, wenn die Verlustbeteiligung in den Emissionsbedingungen vorgesehen ist.

Sie sehen, so ein Genussschein ist irgendwo nicht richtig Fisch und nicht richtig Fleisch. Aber so soll er ja auch sein. Eben ein Wertpapier, das für ein Unternehmen als Emittent vorteilhafter ist als eine Aktie oder eine Anleihe. Wenn es für Sie auch noch als Anlageform interessant ist, dann ist doch alles in Ordnung. Schon wieder eine »Win-Win-Situation«, man kann es kaum glauben. Aber Vorsicht, nur wenn alles glatt läuft, das sollten Sie bedenken und sehr genau beachten.

Genussscheine – die Gesetzlosen

Keine Angst, wir sind nicht im Wilden Westen oder bei irgendwelchen Räuberbanden. Sie müssen aber wissen, dass Genussscheine nicht im Aktiengesetz und auch nicht als Gläubigerpapiere auf der Grundlage des Bürgerlichen Gesetzbuches geregelt sind. Ihre Ausgestaltung ist also nahezu unbeschränkt frei möglich. Selbstverständlich müssen auch Genussscheine die Anforderungen der Bundesaufsicht für das Finanzwesen (BaFin) erfüllen, damit sie überhaupt für den Börsenhandel zugelassen werden können. Sie müssen also auf jeden Fall so konstruiert sein, dass sie den deutschen Vorschriften entsprechen. Daher können Sie die Merkmale eines Genussscheins ebenso einer Produktinformation entnehmen, wie bei jedem anderen Wertpapier.

Die besondere Ausstattung – fast nichts ist unmöglich

Wegen der fehlenden gesetzlichen Regelung können Genussscheine völlig unterschiedlich ausgestattet sein. Die möglichen Ausstattungsmerkmale schließen sich dabei nicht unbedingt aus, sondern können sogar kombiniert vorhanden sein.

Mögliche Ausstattungen/Merkmale	Erklärung
Zinsanspruch	Sie erhalten wie bei einem festverzinslichen Wertpapier einen bestimmten Zins vom Nennwert.
aber eben nur ein Anspruch	☞ *Achtung:* Ob Sie diese Zinszahlung aber tatsächlich erhalten, hängt vom Jahresgewinn des Emittenten des Genussscheins ab. Dieser Zinsanspruch ist daher nicht absolut mit dem Nominalzins bei einer Anleihe vergleichbar.
Anspruch auf einen Gewinnanteil	Hier ist der Fantasie der Emittenten keine Grenze gesetzt. Der Gewinnanteil wird sich aber überwiegend an der Dividende der Aktionäre orientieren.

Mögliche Ausstattungen/Merkmale	Erklärung
aber keine Dividende	☞ *Achtung:* Für nicht im Bilanzwesen versierte Anleger und Anlegerinnen kann es bei anderen Bezugsgrößen etwas komplizierter werden. Aber zum Glück sind Bezugsgrößen, wie der Jahresüberschuss, das ordentliche Betriebsergebnis oder der Bilanzgewinn eher die Ausnahme.
Rückzahlung zum Nennwert	Genussscheine haben einen Nennwert. Der Emittent kann die Rückzahlung bestimmen wie er möchte. Er kann die Rückzahlung zum Nennwert garantieren,
aber eventuell auch anders	aber auch nur in Aussicht stellen
☺ zum Nennwert zuzüglich eines Aufschlages	Ebenso kann er einen Aufschlag auf den Nennwert in Aussicht stellen, wenn zum Beispiel der Jahresgewinn entsprechend hoch ausfällt.
oder: unterhalb des Nennwertes.	Im ungünstigsten Fall müssen Sie mit einem Abschlag bei der Rückzahlung rechnen, der meistens mit der aktuellen Gewinnsituation zusammenhängt.
Die Laufzeit ist begrenzt	Der Emittent kann die Laufzeit wie bei einem Rentenpapier auf eine bestimmte Anzahl von Jahren oder Monate begrenzen. Damit ist der Genussschein an einem bestimmten Tag fällig.
aber auch unbegrenzt möglich	Es kommen aber auch Genussscheine ohne Laufzeitbegrenzung vor. Bei dieser Art können Sie Ihr angelegtes Geld nur zurückholen, wenn Sie die Genussscheine über Ihre Bank an einer Börse verkaufen. Wie immer wissen weder Sie noch sonst jemand, wie die aktuelle Kurssituation zu diesem Zeitpunkt sein wird.

Mögliche Ausstattungen/Merkmale	Erklärung
Vorzeitige Kündigung des Emittenten erhöht das Risiko erheblich	Dieses Recht kann sich ein Emittent sichern. Selbstverständlich muss auch das in der Produktbeschreibung aufgeführt sein. Wann er nun kündigt oder nicht, ist nicht vorher klar. Aber man kann es fast erahnen. Da Genussscheine immer mit einem Zinssatz oder einem Gewinnanteil ausgestattet sind, die deutlich über denen anderer Anlagen liegen, wird der Emittent das Wertpapier dann kündigen, wenn ihm die Zahlungen zu hoch erscheinen. Das ist wiederum dann der Fall, wenn er das benötigte Kapital aus anderen Quellen günstiger bekommt.
	☞ *Achtung:* Wenn das eintritt, dann schauen Sie als Anleger oder Anlegerin meist nicht besonders gut aus. Warum? Ganz einfach, Sie werden leichte Falten im Gesicht bekommen und die Zornesröte wird hochsteigen. Der Emittent wird nämlich im Normalfall mit einem Abschlag vom Nennwert oder zu einem ohnehin unter 100 Prozent notierenden Kurs zurückzahlen. Also, stellen Sie sich auf einen Verlust ein. Da solche Genussscheine immer mit einem noch höheren Zinssatz oder ähnlichen Ertrag ausgestattet sind, können Sie ja Ihre bisherigen guten Erträge dagegen rechnen. Vielleicht bleibt am Ende doch noch etwas übrig.

Mögliche Ausstattungen/Merkmale	Erklärung
Verlustbeteiligung	Das kann schon passieren. Weder bei Anleihen, noch bei einer Aktie sind Sie gefordert, wenn das jeweilige Unternehmen in die Verlustzone gerät.
Ihr kleiner Beitrag in schlechten Zeiten	Anders bei Genussscheinen: Wenn der Prospekt dies vorsieht, dann müssen Sie tatsächlich damit rechnen, dass Sie im Falle eines Verlustes des Unternehmens zur Kasse gebeten werden. Beruhigend ist für Sie vielleicht die Tatsache, dass sich Ihre eventuelle Beteiligung meistens auf Ihren Anlagebetrag beschränkt. Das heißt, Ihr angelegtes Geld ist weg.
Anteil am Liquidationserlös meistens nicht vorgesehen	Dieses Recht, das Ihnen als Aktionär oder Aktionärin durch das Aktiengesetz garantiert wird, kann der Emittent eines Genussscheins ebenfalls völlig frei bestimmen. Bei den meisten Genussscheinen ist dieses Recht ausgeschlossen. ☒ Eine kleine Erklärung hierzu. Aber nur, wenn Sie möchten: Der Grund liegt nicht darin, dass der Emittent Ihre Nerven über Gebühr strapazieren möchte. Es hat einen einfachen steuerlichen Grund. In seiner Bilanz zählt das Genussrechtskapital eventuell zum Fremdkapital. Dafür zahlt der Emittent Zinsen und diese Zinsen sind für ihn Aufwendungen, die seinen steuerlichen Gewinn und damit die zu bezahlende Steuer mindern. Aber Sie haben natürlich Recht, wenn Sie sagen, was interessiert das mich als Anleger oder Anlegerin? Das hilft Ihnen nur auch nicht weiter. Tatsache ist, Sie bekommen nichts im Falle des Falles.

Mögliche Ausstattungen/Merkmale	Erklärung
Nachrangigkeit ☹ Geduld ist angesagt, erst kommen alle anderen dran	Wenn dies vereinbart ist, dann können Sie nur hoffen, dass der Emittent nicht insolvent wird. Wenn das nämlich der Fall sein sollte, dann kommen Sie mit Ihrer Forderung aus einem Genussschein erst dann an die Reihe, wenn alle anderen Gläubiger, also zum Beispiel Lieferanten, etwas vom Rest abbekommen haben. Da in solchen Fällen meistens ohnehin nicht viel übrig bleibt, können Sie Ihren Genussschein vermutlich gleich einrahmen und als schreckliches Erinnerungsstück an die Wand hängen.
Sonderausstattungen • Wandelgenussscheine • Optionsgenussscheine	Es gibt fast nichts, was es nicht gibt. Wandelgenussscheine und Optionsgenussscheine sind zwar nicht im Standardprogramm der meisten Emittenten, kommen aber vor. Sie funktionieren genauso wie Wandelanleihen oder Obligationsanleihen. Sie können also während der Laufzeit ab einem bestimmten Termin Ihren Genussschein in Aktien wandeln oder durch den Optionsschein Aktien beziehen und Ihren Genussschein noch eine Weile weiter, hoffentlich, genießen.

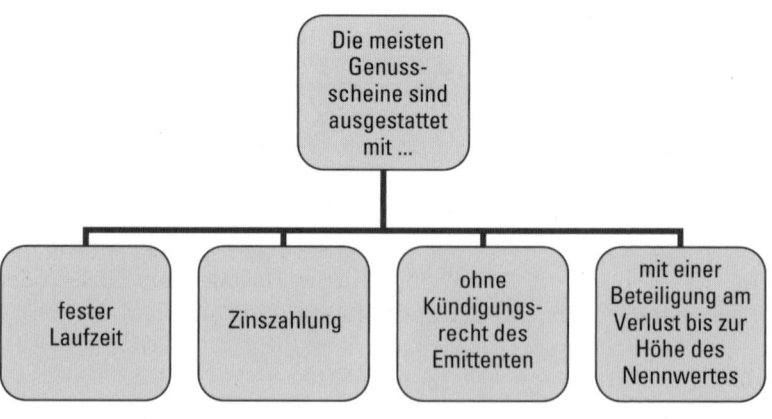

Genussscheine können auch ungenießbar werden

Woher bekommen Sie Genussscheine?

Genussscheine sind handelbare Wertpapiere, also haben sie die deutsche Kennnummer (WKN) und die internationale Kennung (ISIN). Sie werden an den Börsen gehandelt. Damit können Sie diese Wertpapiere jederzeit über Ihre Bank an einer Börse oder vielleicht im Direkthandel kaufen oder verkaufen. Wie immer eben eine Frage des Kurses. Sie müssen dabei natürlich die üblichen Transaktionsgebühren einplanen. Selbstverständlich ist es auch möglich, dass Sie Genussscheine bereits bei der Erstausgabe (Emission) beziehen, wenn Sie die entsprechende Information haben. In diesem Fall wird der Erwerb vermutlich kostenfrei sein. Es kann aber auch sein, dass Sie einen deutlichen Ausgabeaufschlag bezahlen müssen. Das passiert meistens dann, wenn der Genussschein einen relativ hohen Ertrag in Aussicht stellt, also zum Beispiel einen Zinssatz, der deutlich über dem Marktniveau liegt.

Der Kurs enthält die Erträge

Dies ist auch eine Spezialität dieser Sonderlinge. Die Fachleute sagen, Genussscheine notieren »flat«. Wenn man dieses englische Wort übersetzen will, hat man schon leichte Probleme, denn »flat« hat mindestens dreißig verschiedene Bedeutungen. Dabei sind »Fläche«, »Ebene« oder »Plattfuß« fast noch harmlos. Schlimmer sind dann eher »lustlos« oder »flach am Boden liegend«. Nein, damit hat es wahrlich nichts zu tun. Genussscheine sind nicht lustlos und liegen auch nicht am Boden herum. Näher kommt man dem Problem mit den Bezeichnungen »flat price« oder »flat rate«, die Sie bestimmt von Ihrem Vertrag mit einem Internet- oder Handybetreiber kennen. Ein »flat price« oder eine »flat rate« schließt etwas ein. Beim Internet oder Handy ist das die unbeschränkte Nutzung durch eine Pauschalgebühr. Und genauso ist es auch bei dem Kurs eines Genussscheins. Der Kurs schließt die aktuell aufgelaufenen Erträge, also Zinsen oder Gewinnanteile, ein. Das heißt, der Kurs nimmt während des Jahres ständig zu und man weiß nicht so genau warum. Ist es eine allgemeine Kurssteigerung an der Börse oder kommt die Zunahme durch laufende Erträge? Die »Antwort weiß nicht unbedingt der Wind«, wie im

Kultsong von Bob Dylan, aber zwei Dinge stehen jedenfalls fest. Erstens wird der Kurs genau um die enthaltenen Erträge sinken, wenn die Ausschüttung erfolgt ist und zweitens erhalten Sie keine Stückzinsen, wenn Sie den Genussschein vor der Ausschüttung der Erträge verkaufen sollten. Ihren Anteil an den bis dahin vorhandenen Erträgen erhalten Sie indirekt durch den höheren Kurs.

Emittenten haben ihre guten Gründe für die Emission

Man könnte sich ja durchaus einmal fragen, warum Wirtschaftsunternehmen bei der Kapitalbeschaffung zu diesen Wertpapieren greifen, anstatt zu einer Aktie oder zu einem festverzinslichen Wertpapier. Die Antwort darauf liegt nahe. Der wesentliche Vorteil für die Emittenten ist, dass sie ein Wertpapier ausgeben können, das nicht nach den Vorschriften des Aktiengesetzes und auch nicht nach den Vorschriften für ein Rentenpapier funktionieren muss. Sie können es dadurch individuell auf ihre Bedürfnisse zuschneiden. Dazu kommt, dass es für die Emission von Genussscheinen keine Vorgaben zu der Rechtsform der Unternehmung gibt. Damit kann jedes Unternehmen in beliebiger Rechtsform solche Wertpapiere auf den Markt bringen. Es muss dazu also keine Aktiengesellschaft sein, was bei der Ausgabe von Aktien Bedingung ist. Schließlich ist die Ausgabe von Genussscheinen auch wesentlich kostengünstiger als die Ausgabe von Aktien oder Anleihen. In den meisten Fällen ist es jedoch so, dass Unternehmen, die ohnehin bereits Aktien und Anleihen ausgegeben haben, zusätzlich Genussscheine emittieren. Dadurch beschaffen Sie sich auf unkomplizierte Weise weiteres Kapital für notwendige Investitionen.

Sparkonten im Check

☒ Sicherheit – Liquidität – Rendite?

Sicherheit	Verschiedene Merkmale, wie die Verlustbeteiligung, eine eventuelle einseitige Kündigung des Emittenten oder die Nachrangigkeit machen diese Wertpapiere sehr risikoreich. Wenn diese kleinen Fallstricke nicht vorhanden sind, verringert sich das Risiko erheblich. Was bleibt, ist das übliche Emittentenrisiko, also die Zahlungsunfähigkeit des Unternehmens.
Liquidität	Bei diesen Wertpapieren ist die momentane Situation an den Börsen wesentlich bedeutsamer als bei Aktien oder Anleihen, da die gehandelte Menge wesentlich geringer ist. Ein Verkauf zu einem bestimmten Zeitpunkt ist daher nicht unbedingt garantiert, was bei den anderen Wertpapieren überwiegend der Fall ist.
Rendite	Genussscheine haben meist einen höheren Zinsanspruch als Anleihen und ihr Gewinnanteil ist höher als die Dividende der Aktie. Ein vorzeitiger Rückkauf durch den Emittenten unterhalb des Nennwertes kann den höheren Ertrag jedoch sehr schnell reduzieren.

☒ Ziele und Beweggründe für diese Geldanlage

- Geld mit erhöhtem Risiko in einem Wertpapier anlegen, das Elemente einer Anleihe und einer Aktie hat.
- Wertsteigerung des Anlagebetrages in Abhängigkeit von der wirtschaftlichen Entwicklung. Erträge über dem Niveau von Anleihen oder Aktien erzielen.
- Schutz vor Geldentwertung und Chance auf Teilnahme am Gewinn des Unternehmens.

☒ Kosten der Geldanlage

Für An- und Verkaufsgebühren über Ihre Bank an einer Börse oder im Direkthandel müssen Sie wie immer bis zu ein Prozent einplanen. Da auch Genussscheine auf ein Depotkonto eingebucht werden, fallen auch hier die üblichen Gebühren an, sofern Ihre Bank welche berechnet.

☒ Zinsen oder Dividenden

Erhalten sie keine, da sich die Erträge im Kurs des Genussscheins ansammeln. Genussscheine notieren »flat«.

☒ Steuer

Erträge werden mit der Kapitalertragsteuer (Abgeltungsteuer) von 25 Prozent besteuert. Diese Erträge können Zinsen, andere Gewinnanteile oder Kursgewinne sein. Da jedoch Zinsen und andere Gewinnanteile ohnehin in den Kurs eingehen, ist die Trennung unerheblich. Wenn Sie den Genussschein vor dem Tag der Zins- oder Gewinnausschüttung verkaufen, müssen Sie den Unterschiedsbetrag zwischen Verkaufswert und Ankaufswert versteuern, egal ob nun Zinsertrag oder Kursgewinn aufgrund allgemeiner Kurssteigerungen. Wenn die Gesellschaft Erträge ausschüttet, werden diese ebenfalls mit der Kapitalertragsteuer besteuert.

Investmentfonds – Töpfe mit interessanten Mischungen

Offene Investmentfonds – die etwas anderen Wertpapiere

Sie sind so etwas wie die »Renner« in der großen Familie der Wertpapieranlagen und das nicht ohne Grund. Es dürfte wohl kaum ein Anlagewunsch unerfüllt bleiben, schaut man sich das nahezu unbegrenzte Angebot der Investmentgesellschaften an. Diese Gesellschaften sind im Prinzip die Produktionsstätten dieser Fonds. Ob Sie nun Fonds oder Investmentfonds sagen, das ist egal. Es ist so etwas wie ein großer Topf, in den das Geld von Anlegern hineinströmt, gut durchgerührt wird, drinnen bleibt oder teilweise wieder hinausfließt. Diese Anlageform hat eine Reihe Besonderheiten, die Ihnen andere Anlagen nicht bieten. So können Sie zum Beispiel Ihre Investmentanteile unter bestimmten Bedingungen täglich zum Rücknahmepreis an die Investmentgesellschaft zurückgeben, einen festen Betrag anlegen und damit Bruchteile oder eine bestimmte Stückzahl von Anteilen erwerben. Außerdem bleibt Ihr Anlagekapital durch besondere gesetzliche Bestimmungen von einer eventuellen Insolvenz der Investmentgesellschaft verschont.

Diese Investmentfonds sind »offen«

Um gleich am Anfang einem häufigen Fehler vorzubeugen, müssen Sie wissen, dass es sich bei dieser Art von Fonds immer um sogenannte offene Fonds handelt. Das bedeutet, dass die Investmentgesellschaften laufend neues Geld von Anlegern annehmen und dafür laufend neue Investmentanteile an diese ausgeben. Ebenso kann man Investmentanteile an die Investmentgesellschaft zurückgeben und erhält dafür den aktuellen Gegenwert. Der Umfang eines Fonds kann also zunehmen und abnehmen. Offene Fonds sind Wertpapiere im Sinne von Effekten. Sie sind daher mit einer eigenen Wertpapierkennnummer (WKN) und der internationalen Kennnummer (ISIN) ausgestattet. Krasser Gegensatz dazu sind »geschlossene« Fonds. Sie legen die Gelder der Anleger in ein ganz bestimmtes Objekt an. Dieses Objekt ist nie ein Wertpapier, also zum Beispiel eine Aktie oder eine Anleihe. Stattdessen ist es eine Immobilie[26], ein Flugzeug, ein Schiff oder Ähnliches. Wenn Sie sich an einen derartigen Fonds beteiligt haben, lautet das Urteil für Ihr Geld »lebenslänglich«. Es ist solange eingesperrt, solange der Investmentfonds läuft. Nicht für immer, aber bis zum Ende der Laufzeit, der Fonds ist eben geschlossen.[27] Geschlossene Fonds sind keine Wertpapiere, sie sind in keiner Weise handelbar.

> ☞ *Achtung:*
> Eine mögliche Falle. Auch bei den Investmentfonds kann der Hinweis erfolgen: »Der Fonds XY ist zunächst für eine Dauer von drei Monaten geschlossen.« Das heißt aber nur, dass Sie momentan keine Anteile an die Investmentgesellschaft zurückgeben können. Die Gesellschaft kann die Sperre verlängern, jedoch nur bis zu höchstens zwei Jahren. Der Fonds ist dann »wieder geöffnet«. Trotzdem handelt es sich nach wie vor um einen »offenen« Fonds, also um ein Wertpapier. Also denken Sie besser so, wenn dieser Fall eintreten sollte: »Ihr Geld ist momentan eingesperrt, wird aber wieder freigelassen.«

Investmentgesellschaften produzieren und verkaufen Investmentanteile

Eine Investmentgesellschaft heißt offiziell Kapitalanlagegesellschaft. Diese Gesellschaften sind in einem eigenen Gesetz, dem Investmentgesetz, geregelt. Sie sind weltweit vertreten und arbeiten alle nach demselben Prinzip. Sie konstruieren einen Fonds, indem sie verschiedene Wertpapiere oder Immobilien kaufen und diese in den

---

26 Als Immobilien bezeichnet man unbebaute oder bebaute Grundstücke, also Grundstücke mit Häusern.
27 Genaue Erklärungen erhalten Sie später im Abschnitt zu »Geschlossenen Fonds«.

bereits angesprochenen Topf hineingeben. Aus der Anzahl dieser Wertpapiere oder Immobilien und ihren aktuellen Kursen oder Immobilienwerten errechnet die Investmentgesellschaft dann den Gesamtwert für diesen Topf. In der Fachsprache heißt dieser Wert aber nicht Topfwert, sondern Inventarwert. Dieses Wort hat etwas mit Inventur zu tun. Bei der Inventur stellt man nämlich ebenfalls die aktuellen Werte für das gesamte Vermögen und ebenso die gesamten Schulden eines Unternehmens fest. Sie kennen das vermutlich von den Inventuren der Einzelhandelsgeschäfte, wo an einem Tag im Jahr unter anderem alle Waren im Verkaufsraum gezählt und mit den aktuellen Preisen multipliziert werden müssen. Das Ergebnis dieser Arbeit ist das Inventar. Genauso ist das bei einem Fonds. Jetzt fehlt nur noch die Anzahl der Anteile, in die der Gesamtwert zerlegt werden soll. Den legt zum Beginn des erstmaligen Verkaufs dieses Produkts natürlich ebenfalls die Investmentgesellschaft fest.

Ein Beispiel mit nicht ganz realistischen[28], aber dafür überschaubaren Werten in einer etwas vereinfachten Darstellung des Ablaufs:

Eine Investmentgesellschaft legt einen Fonds mit insgesamt zehn Aktien im Wert von 13 350 000 Euro auf und will den Fonds in 1 000 000 Stück Investmentanteile zerlegen. In der Fachsprache heißt das natürlich etwas anders. Man sagt, die Fondsgesellschaft gibt dafür eine Million Fondsanteile aus. Zunächst muss sie aber erst einmal das gesamte Kapital einsammeln. Jetzt sind Sie als Anleger oder Anlegerin an der Reihe. Sie geben der Fondsgesellschaft Ihr Geld, diese kauft die Aktien und Sie erhalten im Anschluss dafür Ihre entsprechenden Anteile.

---

[28] Für das Beispiel wurden vergleichsweise kleine Werte gewählt, um die Überschaubarkeit zu bewahren. Das Volumen eines Fonds ist in Wirklichkeit wesentlich größer.

	Aktie	Anzahl (Stück)	aktueller Kurs in Euro	Anzahl × Kurs = Gesamtwert (Inventarwert) in Euro
	Solar AG	100 000	15	1 500 000
	Laser AG	50 000	10	500 000
	Maschinenbau AG	70 000	20	1 400 000
	Internet AG	200 000	12	2 400 000
	Silicon AG	100 000	18	1 800 000
	Kunststoff AG	20 000	50	1 000 000
	Medical AG	120 000	20	2 400 000
	Messe AG	50 000	30	1 500 000
	Chemie AG	100 000	45	4 500 000
	Travel AG	10 000	40	400 000
	Windpark AG	180 000	10	1 800 000
Gesamte Stückzahl	⟶	1 000 000		
Gesamtwert			⟶	19 200 000
Wert eines Investment- anteils			⟶	19,20 Euro

Den Wert eines Investmentanteils kann man einfach ermitteln:

$$\frac{\text{Gesamtzahl der im Fonds enthaltenen Anteile}}{\text{Gesamtwert (Inventarwert) der Anteile}} = \frac{19\,200\,000}{1\,000\,000} = 19{,}20$$

Wenn alles nach Plan verläuft, fließt durch weitere Nachfrage neues Kapital in diesen Topf. Die Investmentgesellschaft kauft dafür weitere Wertpapiere und gibt dafür wieder Investmentanteile an die Anleger aus. Auf diese Art und Weise nimmt der Umfang dieses Topfes, also das Fondsvolumen, zu. Da die Anteile im selben Verhältnis zunehmen, bleibt dadurch auch der Anteil am Gesamtvolumen für jeden einzelnen Investmentanteil gleich hoch. Verändern wird sich jedoch der Wert jedes Anteils, da der Gesamtwert des Topfes schwankt. Diese Schwankung ist leicht nachzuvollziehen, sie ist durch die Kursentwicklung der im Fonds befindlichen Wertpapiere oder Immobilien begründet.

Ihr angelegtes Geld geht in ein Sondervermögen ein

Ob Sie nun von Fonds, Investmentanteilen oder Investmentzertifikaten sprechen, in jedem Fall beteiligen Sie sich mit Ihrem Geld am Sondervermögen einer Investmentgesellschaft. Wenn Sie jetzt sagen sollten, mit einer Aktie sind Sie ja auch an einem Unternehmen beteiligt, also ist das doch kein Unterschied, dann stimmt das so nicht. Während Sie mit einer Aktie direkt am Eigenkapital der entsprechenden Aktiengesellschaft beteiligt sind und die bekannten Rechte als Teilhaber oder Teilhaberin genießen, ist das bei Investmentanteilen ganz anders. Ihr Anlagebetrag fließt nämlich nicht in das eigene Vermögen der Investmentgesellschaft, sondern in das sogenannte Sondervermögen dieser Gesellschaft. Dadurch erwerben Sie einen Bruchteilsanteil an diesem besonderen Vermögen.

> Wenn wir vom vorhergehenden Beispiel ausgehen, dann erwerben Sie mit einem Investmentanteil genau einen Ein-Millionstel-Anteil am Sondervermögen dieses Fonds. In einer Dezimalzahl ausgedrückt sieht das so aus:
> 1:1 000 000 = 0,000001. Wenn Sie zehn Anteile kaufen, sind Sie mit zehn Ein-Millionstel-Anteilen beteiligt. In einer Dezimalzahl ausgedrückt sieht das dann so aus: 10:1 000 000 = 0,00001. In Euro ausgedrückt sind das genau 192,00 Euro, da ein Anteil einen aktuellen Wert von 19,20 Euro hat.

Und hier liegt der entscheidende Unterschied zu einer Aktie. Sollte die Investmentgesellschaft insolvent und in der Folge aufgelöst werden, dann ist das Sondervermögen davon nicht betroffen. Ihr Geld, das Sie hier angelegt und dafür Investmentanteile erhalten haben, wird nicht auf die Gläubiger der Gesellschaft verteilt. Dadurch haben Sie eine wesentlich höhere Sicherheit als bei einer Direktanlage in Aktien, Genussscheinen oder Rentenpapieren, denn bei diesen Wertpapieren geht Ihr Geld als Eigenkapital oder Fremdkapital direkt in das Vermögen der jeweiligen Aktiengesellschaft ein und ist nicht besonders geschützt.

Ein Investmentfonds streut das Risiko

Es muss Ihnen schon bewusst sein, Sie erwerben bei einem Aktienfonds keine einzige der Aktien, die in diesem Topf durchgerührt werden. Stattdessen erhalten Sie mit Ihrem Investmentanteil einen Bruchteilsanteil an dieser Mischung. Selbstverständlich erwerben Sie daher auch keine Aktionärsrechte, wie zum Beispiel den Anspruch auf Dividende oder das Stimmrecht bei der Hauptversammlung. Daher müssen Sie auch auf das schöne Essen bei diesem Event verzichten. Sie genießen aber einen Risikoausgleich, der sich aus der Mischung der einzelnen Wertpapiere ergibt. Je nachdem, wie der einzelne Fonds durch die Investmentgesellschaft zusammengestellt wurde, kann es sein, dass der Rückgang der einen oder anderen darin enthaltenen Aktie durch einen Kursanstieg anderer darin enthaltener Aktien gemildert oder sogar ganz ausgeglichen wird. Genau das sind das Entscheidende und die Philosophie dieser Geldanlage. Die Mischung macht es. Vergleichen Sie es ruhig mit einem Weinsortiment. Nicht jeder Wein schmeckt gleich und ein wohlschmeckender Tropfen gleicht vielleicht Ihren Frust wegen einer etwas weniger gut schmeckenden Flasche wieder aus. Am Ende sollten Sie aber mit Ihrem Weingenuss im Durchschnitt zufrieden sein. Sonst war es kein guter Kauf. Entscheidend ist natürlich, für welche Mischung Sie sich entscheiden. Ein Fonds mit hoher Chance auf einen Risikoausgleich wird nicht die Gewinne erwirtschaften können, wie ein Fonds mit geringer Chance auf Ausgleich. Je breiter ein Fonds also in verschiedene Wertpapiere investiert, desto größer ist die Chance auf einen Ausgleich bei Kursschwankungen. Umgekehrt werden in diesem Fall auch nicht alle darin enthaltenen Wertpapiere bei einem Kursanstieg den gleichen Gewinn erwirtschaften, also insgesamt etwas weniger als Fonds mit risikoreicheren Wertpapieren. Eines muss Ihnen aber klar sein, eine absolute Sicherheit gibt es auch bei dieser Geldanlage nicht. Keine Risikostreuung kann bei weltweiten massiven Einbußen an den Finanzmärkten Kursverluste völlig verhindern. Ein breiter Kursverfall am Aktienmarkt wird nur durch Zauberei zu einem Anstieg eines Fonds führen, in dem sich Aktien befinden. Sehr wohl kann aber ein guter Mixer versuchen, durch rechtzeitiges Reagieren und Gegensteuern negative Entwicklungen abzumildern und diese möglichst schnell wieder in Gewinne umzuwandeln. Dieser Mixer heißt übrigens offiziell Fondsmanager, aber dazu gleich mehr.

Gefordert sind Sie aber zunächst selbst, denn Sie haben auch hier wieder »die Qual der Wahl«. Investmentgesellschaften bieten ein Sortiment an Fonds an, die nahezu jedem Anspruch gerecht werden. Meist unterteilen sie ihr Angebot in drei Kategorien, entsprechend dem Risikoprofil und den Vorstellungen der Anleger und Anlegerinnen.

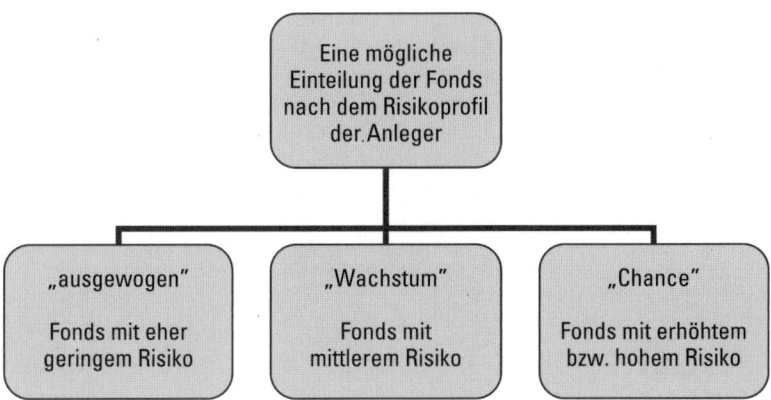

Hierzu eine kurze Erläuterung:

Risikoprofil	Erläuterung
ausgewogen	Ausgewogen bedeutet, dass möglichst ein Ausgleich zwischen Wertpapieren mit höherer Chance auf Ertrag, aber auch der Gefahr von erhöhtem Risiko und Wertpapieren mit geringem Risiko und daher auch geringeren Erträgen erreicht werden soll. Vorrangiges Ziel ist eine gleichmäßige Entwicklung der angelegten Gelder ohne große Schwankungen. Die Renditen sind daher eher gering bis mittelmäßig.
wachstumsorientiert	Das Wort drückt bereits alles aus, was sich dahinter verbirgt. Wenn Sie Ihr Geld in einem Fonds mit dieser Zielrichtung anlegen, dann erwarten Sie bestimmt, dass es beständig wächst. Wachsen kann es aber nur, wenn auch die im Topf enthaltenen Wertpapiere wachsen können. Also müssen solche Fonds einen großen Anteil an Aktien oder hochverzinslichen Anleihen enthalten. Beide Wertpapierarten sind mit erhöhtem Risiko behaftet. Daher müssen Sie auch mit Rückschlägen rechnen, wenn der Markt einmal nicht so läuft, wie Sie es eigentlich erwarten. Sie haben aber die Chance auf eine deutlich höhere Rendite als bei einem Fonds mit »ausgewogenem« Profil.

Risikoprofil	Erläuterung
chancenorientiert	Finanzmärkte sind bekanntlich keine Einbahnstraßen. Chancen bekommen Sie nicht so einfach umsonst. Ihr Einsatz ist eine erhöhte Risikobereitschaft, mehr nicht. Aber damit müssen Sie leben, wenn sich der Glücksstern am Finanzhimmel für kurze oder längere Zeit verabschiedet. Fonds dieser Zielrichtung müssen zwangsläufig Wertpapiere mit hoher Ertragschance und zusätzlich Finanzderivate[29] enthalten. Hohe Ertragschance heißt auch hier erhöhtes und sogar hohes Risiko. Also nichts für Anleger oder Anlegerinnen mit schwachen Nerven oder hohem Blutdruck. Das soll aber auch nicht heißen, es handelt sich ausnahmslos um irgendwelche teuflischen Zocker-Fonds. Wenn Sie bereit sind, Gewinne zu genießen, aber auch Verluste zu verdauen, dann liegen Sie hier schon richtig.

Fondsmanager – die verantwortlichen Mixer

Investmentgesellschaften verweisen in ihren Prospekten immer auf die professionelle Verwaltung der im Fonds angelegten Gelder. Das stimmt auch so, denn für jeden Fonds ist ein Fondsmanager oder eine Fondsmanagerin verantwortlich. Da eine Investmentgesellschaft meist mehrere verschiedene Fonds anbietet, sind in der Regel auch mehrere dieser Personen damit beauftragt, diese Fonds zu managen. Bei großen Investmentgesellschaften betreut ein Manager oder eine Managerin oft nur einen oder zwei Fonds. Sie sind die Verantwortlichen für das Erreichen der gesteckten Ziele des jeweiligen Fonds. Von ihrem Geschick und ihrem Fachwissen hängen Erfolg oder Misserfolg und damit die Entwicklung des Fonds entscheidend ab. Aber auch sie sind keine Zauberer. Sie können aber versuchen, durch Veränderungen in der Gewichtung der enthaltenen Wertpapiere negativen Entwicklungen gegenzusteuern.

[29] Finanzderivate sind Optionen und Futures. Es handelt sich um Terminkontrakte mit hohem und sehr hohem Risiko, aber auch mit hoher und sehr hoher Ertragschance. Es sind keine Wertpapiere und sie werden daher nicht an den Wertpapierbörsen, sondern nur an der speziellen Terminbörse in Frankfurt (EUREX) gehandelt.

Ein kleines Beispiel:

> Nehmen wir an, ein Fonds enthält 40 Prozent Aktien der Automobilbranche, 20 Prozent Aktien der Telekommunikationsbranche, 20 Prozent Aktien der Finanzbranche und 20 Prozent Aktien der Chemiebranche.
>
> Bei einem sich abzeichnenden rapidem Rückgang der Nachfrage im Automobilbereich ↘ und einem höherem Wachstum in der Chemiebranche ↗ müsste der Manager den Anteil der Branchen anders gewichten. Der Anteil der Automobilaktien müsste gesenkt ↘ und der Anteil der Chemieaktien müsste erhöht ↗ werden.

Natürlich ist dieses Beispiel sehr einfach gewählt und die Probleme sind in der oft rauen Wirklichkeit des Marktes nicht immer so einfach zu lösen. Zudem kann die grundsätzliche Zusammensetzung eines Fonds nicht ohne weiteres geändert werden. Die Bandbreite der möglichen Umschichtungen muss im Verkaufsprospekt genau angegeben sein. So gibt es natürlich auch Fonds, die den Managern eine weitgehende Freiheit gewähren. Diese Freiheit kann so weit gehen, dass Aktien zeitweise vollständig durch festverzinsliche Wertpapiere ersetzt werden können und umgekehrt. Manager versuchen in solchen Fällen sowohl Gewinne mitzunehmen, als auch sich abzeichnende Verluste zu verhindern und vielleicht sogar in Gewinne umzuwandeln. Fonds dieser Art bezeichnet man als »aktiv gemanagte« Fonds. Fondsmanager und Fondsmanagerinnen zeichnen sich nur durch Erfolge aus. Ein Erfolg kann auch schon ein nur vergleichsweise geringer Verlust sein, wenn Ereignisse wie weltweite Finanzkrisen, Zerstörungswahnsinn oder ökologische Katastrophen die Märkte in die Tiefe reißen. Diese Personen führen auch kein unkontrolliertes Eigenleben, sondern müssen der Leitung der Investmentgesellschaft regelmäßig Bericht erstatten. Sie verantworten oft

> *Tipp:*
> Wenn Sie zu einer Kundenveranstaltung Ihrer Bank eingeladen werden sollten, auf der ein Fondsmanager oder eine Fondsmanagerin die aktuelle Situation auf den Finanzmärkten aufzeigt und seinen oder ihren gemanagten Fonds erläutert, gehen Sie doch einfach einmal hin. Es lohnt sich immer. War er oder sie gut, dann wissen Sie Bescheid, was mit Ihrem Geld vermutlich passieren wird. War er oder sie schlecht, dann wissen Sie auch Bescheid, was Sie zu tun haben. Fonds und die Fondsgesellschaft kann man auch wechseln, und zwar täglich.

ein Finanzvolumen von mehreren hundert Millionen oder Milliarden Euro. Kein Job mit Cappuccino-Tasse in der rechten Hand, das Handy in der linken und auf den Knien ein Kätzchen zum streicheln. Beispiel für die Zusammensetzung eines Fonds[30]:

Strategie des Fonds	Der Fonds investiert weltweit in Industrieunternehmen sowie in Titel aus der Energie- und Rohstoffbranche. Bei der Aktienauswahl stehen weniger geografische Gesichtspunkte als vielmehr die einzelnen Aktien im Vordergrund. Wachstumsstärke und Innovationsfähigkeit stellen dabei genauso Kriterien dar wie eine hervorragende Wettbewerbsposition und attraktive Gewinnperspektiven.
Bestandteile	51,400 Prozent Rohstoffe 25,400 Prozent Industrie 15,900 Prozent Energieversorger 04,000 Prozent IT-Dienstleister 03,600 Prozent Sonstige Konsumgüter
Größte Positionen	04,900 Prozent BHP Billiton 04,400 Prozent Exxon Mobile 04,400 Prozent Anglo American 04,000 Prozent Aixtron 03,500 Prozent BASF 02,900 Prozent Potash Corp. Of SA. 02,800 Prozent Xstrata 02,600 Prozent Barrick Gold 02,400 Prozent Siemens 02,400 Prozent Rio Tinto 65,700 Prozent übrige Positionen
Aufteilung nach Ländern	26,900 Prozent USA 22,800 Prozent Deutschland 15,300 Prozent Großbritannien 09,200 Prozent Kanada 06,000 Prozent Japan 04,600 Prozent Österreich 04,100 Prozent Australien 03,100 Prozent Frankreich 02,800 Prozent Niederlande 02,500 Prozent Luxemburg 01,800 Prozent Schweiz 01,300 Prozent Belgien

30 Quelle: Unisector Basicindustries A, 15.04.2011

Investmentgesellschaft ist nicht gleich Depotbank

Erschrecken Sie nicht, wenn Sie lesen, dass eine Investmentgesellschaft mit einem deutschen Namen ihren Unternehmenssitz in einem anderen Land hat. Einige große Investmentgesellschaften haben ihre zweite Heimat zum Beispiel in Luxemburg. Nun ist Luxemburg ja nicht am anderen Ende der Welt, sondern seit 1957 Mitglied der heutigen Europäischen Union. Die Entscheidung einer Investmentgesellschaft, ein bestimmtes Land als Unternehmenssitz zu wählen, hat größtenteils steuerliche Gründe, die Sie als Anleger jedoch in keiner Weise beunruhigen müssen. Sie können ruhig schlafen. Sie werden durch den Erwerb eines Fonds einer solchen Gesellschaft nicht zum Steuerhinterzieher oder zur Steuerhinterzieherin. Auch müssen Sie sich nicht sorgen, dass jetzt alles unsicherer wird. Jede Investmentgesellschaft, die ihren Sitz nicht in Deutschland hat, ihre Anteile aber in Deutschland vertreiben will, muss die deutschen Rechtsvorschriften akzeptieren und einhalten. Damit ist sie einer Investmentgesellschaft mit dem Sitz in Deutschland gleichgestellt. Zudem sind diese Investmentgesellschaften oft Tochtergesellschaften deutscher Banken, meist in der Rechtsform einer GmbH. Um die Sicherheit Ihres angelegten Geldes weiter zu erhöhen, muss das Sondervermögen bei einer anderen Bank verwahrt werden. Diese Bank ist die Depotbank. Zwischen Depotbank und Investmentgesellschaft darf keine rechtliche Verbindung bestehen. Jede Investmentgesellschaft muss alle Gelder ihrer Kunden, also das gesamte Sondervermögen, bei einer anderen Bank deponieren. Damit ist sichergestellt, dass im Falle einer Insolvenz der Investmentgesellschaft das Sondervermögen nicht auf die Gläubiger der Investmentgesellschaft aufgeteilt wird. Es bleibt den Anlegern und Anlegerinnen dadurch vollständig erhalten. Als Depotbank darf in Deutschland eine Bank nur auftreten, wenn sie ihren Sitz in Deutschland und die Zulassung der Bundesanstalt für Finanzdienstleistungsaufsicht (BaFin) erhalten hat. Diese Depotbanken sind auch für die Ausgabe und Rücknahme der Investmentanteile zuständig. Investmentgesellschaften sind also gewissermaßen die Planungs- und Produktionsstätten der einzelnen Fonds, die Schatzmeister und Wächter des vielen Geldes sind dagegen die Depotbanken.

> ☞ *Achtung:*
> Diese Vorschrift gilt aber nur für Fonds, die in Deutschland durch Banken vermittelt werden. Wenn Sie sich zur Geldanlage in einen Fonds einer ausländischen Investmentgesellschaft entscheiden, die ihre Anteile nicht in Deutschland vertreibt, können Sie diese Anteile nur im Ausland erwerben. Damit verlassen Sie aber den Schutzraum der strengen deutschen Gesetzgebung für Investmentgesellschaften. Wie die Schutzräume der anderen Staaten aussehen, sollten Sie im Einzelfall unbedingt vorher prüfen.

> *Tipp:*
> Wenn Sie nicht wegen Hiobsbotschaften zweifelhafter Investmentgesellschaften aus irgendeinem Winkel der Erde in Ihrem Schlaf gestört werden wollen, dann bleiben Sie besser auf dem Teppich und legen Ihr schönes Geld in Fonds an, die durch inländische Banken vermittelt und nach deutschem Recht kontrolliert werden.

Sie haben ein Recht auf Information

Investmentgesellschaften müssen am Ende eines jeden Geschäftsjahres einen Bericht über den Stand und die Entwicklung des Sondervermögens erstellen und im elektronischen Bundesanzeiger veröffentlichen. Der elektronische Bundesanzeiger ist eine über das Internet abrufbare Informationsplattform des Justizministeriums für Abschlüsse von Unternehmen in Deutschland. Dieser Bericht enthält mindestens eine ausführliche Aufstellung des Sondervermögens, getätigte Käufe und Verkäufe der Wertpapiere, eine Übersicht über die Entwicklung des Fonds in den vergangenen drei Jahren und die Anzahl der zum Berichtsstichtag umlaufenden Anteile sowie deren Wert. Sie erhalten diese Information zum Halbjahr und am Ende eines Geschäftsjahres.

Zwei Wege um Investmentanteile zu erwerben

Die Qual der Wahl verfolgt Sie ständig. Sie können nämlich die auserwählten Anteile tatsächlich auf zwei völlig unterschiedlichen Wegen erwerben und auch wieder loswerden. Diese beiden Wege können sich kreuzen, müssen das aber nicht. Das ist wichtig zu wissen, sonst könnte es schnell ein Irrweg werden. Eines steht aber unverrückbar fest, Sie brauchen wieder einmal einen Vermittler für diese Handlung. Daran geht fast kein Weg vorbei. Das kann Ihre Bank oder ein anderer Finanzvermittler sein. Wenn die Investmentgesellschaft diese Möglichkeit anbietet, können Sie die Anteile auch direkt bei ihr erwerben. Die folgenden zwei Wegbeschreibungen führen über eine Bank.

Der Weg Nummer eins – über eine Bank zur Investmentgesellschaft

Ihre Bank beschafft die gewünschten Anteile für Sie direkt bei der Investmentgesellschaft. Fragt sich nur, zu welchem Preis? Die Antwort ist schnell gegeben, es ist der aktuelle Ausgabepreis. Dieser Preis enthält den Rücknahmepreis, das ist der Inventarwert je Anteil, und einen Ausgabeaufschlag. Wenn kein Ausgabeaufschlag berechnet wird, kann es sein, dass ein Rücknahmeabschlag vorgesehen ist. Diese Fonds werden als Classicfonds bezeichnet. Ein Sonderfall sind sogenannte Tradingfonds. Diese Fonds bieten Investmentgesellschaften ohne Ausgabeaufschlag oder Rücknahmeabschlag an, berechnen aber eine höhere Verwaltungsgebühr als bei Classicfonds.

Der Weg Nummer zwei – über eine Bank zur Börse

Ein großer Teil der Investmentfonds ist zum Börsenhandel zugelassen. Die Entscheidung über einen Zulassungsantrag trifft die Investmentgesellschaft. Es kann aber sein, dass ein Fonds nicht an jeder deutschen Börse gehandelt wird. Ein umfangreicher Handel findet an den Börsen in Frankfurt, Stuttgart und München statt. Die Börse Stuttgart hat sich zudem seit Jahren mit ihrer speziellen Handelsplattform EUWAX[31] auf den Handel besonderer Wertpapiere spezialisiert, wozu auch Investmentfonds gehören. Ihre Bank beschafft die gewünschten Anteile für Sie an einer Börse zum aktuellen Tageskurs. Wenn Sie diesen Weg gehen, vermeiden Sie den Ausgabeaufschlag, müssen aber die üblichen Transaktionskosten bezahlen.

---

31 EUWAX ist eines der vielen künstlichen Wörter in diesem Bereich und von »European Warrant Exchange« abgeleitet. Übersetzt heißt das: »europäische Börse für Optionsscheine«.

Trotzdem sind diese Kosten wesentlich geringer als die meisten Ausgabeaufschläge.

> *Tipp:*
> In diesem Fall müssen Sie einfach vergleichen, was günstiger ist. Den Ausgabeaufschlag kennen Sie, die Gebühren können sie bei Ihrer Bank erfragen.

Rückgabe oder Verkauf der Anteile

Wenn Sie Ihre Anteile über den Weg Nummer eins, also über Ihre Bank bei der Investmentgesellschaft, erworben haben, dann können Sie die Anteile täglich zum aktuellen Rücknahmepreis über Ihre Bank an die Investmentgesellschaft zurückgeben. Die einzige Unbekannte ist der tatsächliche Preis, da dieser erst abends nach Börsenschluss festgestellt werden kann. Wenn Sie Ihre Anteile aber über den Weg Nummer zwei an einer Börse gekauft haben, dann ist die Rückgabe an die Investmentgesellschaft im Normalfall ausgeschlossen. Sie müssen also Ihre Anteile über Ihre Bank an einer Börse zum aktuellen Kurs verkaufen. Ob der Verkauf tatsächlich erfolgen kann, hängt natürlich von der Nachfrage an diesem Tag ab. Bei Standardfonds wird das kein Problem sein. Bei sogenannten Nischenfonds kann schon der Fall eintreten, dass an einem Tag kein Handel erfolgt, da entsprechende Nachfrage fehlt. Aber keine Regel ohne Ausnahme: Wenn die Investmentgesellschaft die Rücknahme in diesem Fall gestattet, dann führt auch dieser Weg ohne Börse zum Ziel.

> *Tipp:*
> Erkundigen Sie sich daher vor Ihrer Wegentscheidung genau über die Möglichkeiten der Rückgabe der Anteile, sonst könnte Ihr gewählter Weg schnell zur Einbahnstraße werden.

Ausgabeaufschlag – der bekannteste Renditefresser

Und jetzt beginnen Sie sich vielleicht bereits zu wundern, kurz darauf vielleicht sogar zu ärgern. Das Ärgernis hat einen Namen, es heißt Ausgabeaufschlag. Investmentzertifikate werden in den meisten Fällen mit einem Ausgabeaufschlag angeboten. Dieser Aufschlag ist unterschiedlich hoch, richtet sich nach der Art des Fonds und schwankt in etwa zwischen 0,50 und 6 Prozent. Höhere Prozentsätze sind eher selten. Die Höhe kann von dem Vermittler des Fonds frei gewählt werden. Der Aufschlag ist der Unterschied zwischen Rücknahmepreis und Ausgabepreis und stellt das Entgelt für Beratung und Vertrieb dar. Ja, Sie haben sich nicht verlesen oder verhört. Der Aufschlag kann frei gewählt werden und fließt demjenigen zu, der die Investmentanteile vermittelt. Das kann eben in unserem Fall eine Bank, aber auch ein Finanzvermittler oder eine Investmentgesellschaft selbst sein. Er kann auch zwischen der Investmentgesellschaft und der Bank oder einem anderen Vermittler aufgeteilt werden. Wer was davon erhält, muss ausdrücklich im Verkaufsprospekt angegeben sein. Der Ausgabeaufschlag ist also durchaus verhandelbar. Ob Sie nun Lust und Laune zum Verhandeln haben oder nicht oder ob Ihre Bank überhaupt verhandlungswillig ist, steht auf einem ganz anderen Blatt. Man muss es nur wissen, denn es gibt eine ganze Reihe von Banken, die Fonds ohne Ausgabeaufschlag vermitteln und es gibt auch Banken, deren Berater und Beraterinnen sagen: »Der Ausgabeaufschlag ist fest und kann nicht gesenkt werden.« Hier sollten Ihre Alarmglocken läuten. Ein Renditefresser ist dieser Aufschlag deshalb, weil der Wert Ihrer Investmentzertifikate ihn erst einmal einholen muss. Erst wenn der Wertzuwachs den Ausgabeaufschlag tatsächlich überholt hat, sind Sie auf der Siegerstraße. Neben dem großen Fresser gibt es allerdings noch einen kleineren Mitesser. Er hat auch einen Namen und heißt Verwaltungsgebühr. Diese Gebühr berechnet die Investmentgesellschaft jährlich. Sie bemerken diese nur indirekt, da man sie in den Fonds einrechnet. Der Wert Ihres Anteils sinkt dadurch, wenn auch nur sehr gering.

Vom Ausgabepreis zum Rücknahmepreis und umgekehrt

Ein Investmentzertifikat hat also einen Ausgabepreis und einen Rücknahmepreis. Der Zusammenhang ist ganz einfach. Sie haben bereits gesehen wie der Wert für einen Anteil berechnet wird. Genau dieser Wert ist der Preis, zu dem die Investmentgesellschaft die Anteile täglich zurücknimmt. Richtig muss man sagen »zurücknehmen muss«, denn sie ist dazu verpflichtet. Den Rücknahmepreis erfahren Sie aber erst, wenn die Börsen geschlossen haben und die Wertpapiere des jeweiligen Fonds mit den aktuellen Kursen bewertet wurden. In der Regel werden Sie die Rücknahmepreise daher erst am nächsten Tag erfahren.

> *Tipp:*
> Beobachten Sie einfach die Entwicklung der Börsen an diesem Tag. Im Normalfall wird sich auch Ihr Fonds in etwa an dieser Entwicklung ausrichten. Wenn die Märkte allgemein nach unten tendieren, müssten Sie schon etwas ganz Besonderes besitzen, damit Sie mit einer Wertsteigerung rechnen können. Für einen allgemeinen Anstieg gilt tendenziell dasselbe.

Aber, wie kommt man nun vom Ausgabepreis zum Rücknahmepreis? Wenn Sie jetzt sagen, das ist doch ohnehin der verkehrte Weg, dann haben Sie eigentlich Recht, andererseits aber auch nicht. Es kommt auf die Sichtweise an. Ihr Vermittler oder Ihre Vermittlerin wird Ihnen nämlich einen Preis nennen, den Sie für einen Anteil bezahlen müssen. Aber in diesem Preis ist der Ausgabeaufschlag bereits enthalten. Richtig ist natürlich, dass man Sie ausdrücklich darauf hinweisen muss, wie hoch der Ausgabeaufschlag ist. Das ändert aber nichts daran. Also sehen wir uns die Rechnung an, sie ist denkbar einfach.

Ein Beispiel:

Ausgabeaufschlag	4 Prozent
Ausgabepreis	22,07 Euro
Rücknahmepreis	21,22 Euro

Vom Ausgabepreis → zum Rücknahmepreis	Vom Rücknahmepreis → zum Ausgabepreis
Der Ausgabepreis ist um 4 Prozent erhöht, 22,07 Euro entsprechen daher 104 Prozent.	Der Rücknahmepreis beträgt 21,22 Euro und entspricht genau 100 Prozent.
Der Rücknahmepreis beträgt 21,22 Euro je Anteil.	Der Ausgabepreis beträgt 22,07 Euro je Anteil.
Berechnung: $\frac{22{,}07 \times 100}{104{,}00} = 21{,}221$	Berechnung: $\frac{21{,}22 \times 104}{100} = 22{,}068$

> ☞ *Achtung:*
> Der Ausgabepreis ist kein Börsenkurs.

Der Rücknahmeabschlag – eine mögliche bittere Pille am Ende

Wenn Sie sich schon gefreut haben sollten, dass Sie keinen Ausgabeaufschlag zahlen mussten, dann haben Sie sich eventuell zu früh gefreut. Es kann nämlich jederzeit sein, dass man die Anteile bei der Rückgabe mit einem Rücknahmeabschlag belastet. Wie hoch dieser Abschlag ist, das liegt wieder im Ermessen der Investmentgesellschaft. Aber auch diese Pille ist im Produktinformationsblatt des Fonds ausdrücklich genannt, kommt also nicht überraschend wie ein Blitz aus heiterem Himmel. Rücknahmeabschläge sind meist etwas geringer als ihre Verwandten, die Ausgabeaufschläge. Auf jeden Fall sind sie nie höher.

Ein Beispiel:

Nehmen wir an, Sie haben einen Investmentfonds zu einem Ausgabepreis von 60 Euro ohne Ausgabeaufschlag erworben. Die Investmentgesellschaft berechnet einen Rücknahmeabschlag von vier Prozent. Der aktuelle Ausgabepreis beträgt 70 Euro, das heißt der Wert Ihres Anteils ist gestiegen. Sie erhalten bei der Rückgabe jedoch keine 70 Euro, sondern einen um vier Prozent reduzierten Wert.

aktueller Ausgabepreis:	70 Euro
– Rücknahmeabschlag 4,00 %:	2,80 Euro
Rücknahmepreis:	67,20 Euro

> ☞ *Achtung:*
> In diesem Fall entspricht der Ausgabepreis eines Anteils genau dem aktuellen Wert eines Anteils, den die Investmentgesellschaft täglich mit dem Inventarwert ermittelt. Der Rücknahmepreis ist hier niedriger als der Inventarwert. Sie müssen in diesem Fall bei einer Rückgabe darauf achten, ob es sich bei der Preisangabe bereits um den tatsächlichen Rücknahmepreis handelt oder ob Sie die Rücknahmegebühr vom angegebenen Preis noch abziehen müssen.

Auch diese Fonds zählen zu den Classicfonds und auch bei diesen Fonds fällt die jährliche Verwaltungsgebühr der Investmentgesellschaft an.

Tradingfonds – es geht auch ohne Aufschlag oder Abschlag

Schon wieder so ein wohlklingender Begriff, der eigentlich keine Klarheit schafft, denn »trading« heißt übersetzt »handeln« und was hat dieser Fonds mit »handeln« zu tun? Auf den ersten Blick nichts, aber warten wir ab. Er hat noch einen zweiten Rufnamen, nämlich »No-load-Fund«. Der bringt schon mehr Klarheit, wenn man es so bezeichnen will. »Load« heißt übersetzt »Last« oder »Belastung« und »no« bekanntlich auch »kein(e)«. Also ein Fonds »ohne Belastung« und mit Belastung ist eben ein Ausgabeaufschlag oder ein Rücknahmeabschlag gemeint. Das Ergebnis dieser kleinen Wortforschung ist, Tradingfonds erhalten Sie ohne Ausgabeaufschlag und ohne Rücknahmeabschlag. Klingt doch gut oder ist doch wieder eine Überraschung versteckt? Natürlich, und die ist auch schnell entdeckt. Und hier ist sie schon, denn Sie bezahlen für diese Fonds eine höhere laufende Verwaltungsgebühr als bei Classicfonds. Diese erhöhte Verwaltungsgebühr ist aber niedriger als Aufschläge oder Abschläge. Wo liegt nun der Vorteil? Sie müssen bedenken, dass diese höhere Gebühr laufend anfällt, also jedes Jahr. Einen Ausgabeaufschlag oder Rücknahmeabschlag bezahlen sie dagegen einmalig und zwar immer vom aktuellen Wert des Fonds zum Zeitpunkt des Erwerbs oder des Verkaufs. Wann ist also ein Tradingfonds sinnvoller als ein Classicfonds? Immer dann, wenn Sie den Fonds eher kurzfristig und nicht mehrere Jahre behalten wollen. Sehen Sie, jetzt macht der englische Begriff »Trading« auch einen Sinn. Es ist eben ein Fonds, der sich vorrangig für den Handel, das heißt auch für kurzfristige Gewinnmitnahmen eignet.

> ☞ *Achtung:*
> Behalten Sie einen Tradingfonds mehrere Jahre, dann kann es aber sein, dass die laufenden höheren Verwaltungsgebühren den einmaligen Ausgabeaufschlag erheblich übersteigen.

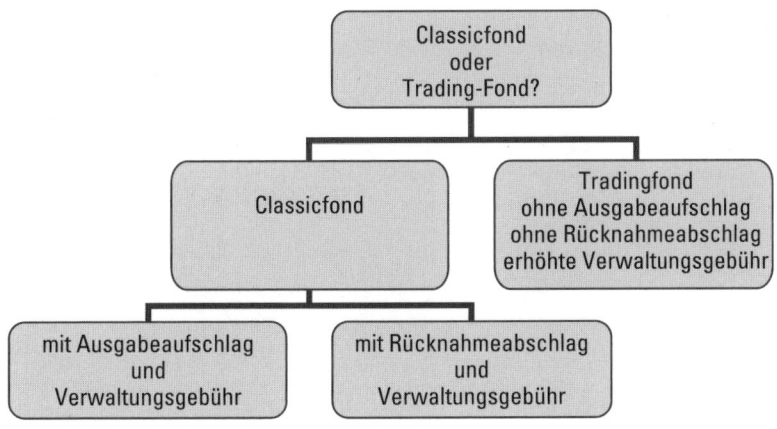

Fester Betrag oder feste Stückzahl – Sie können wählen

Die Qual der Wahl zieht sich wie ein Roter Faden durch diese Anlageform. Bei Aktien müssen Sie sich für eine bestimmte Stückzahl entscheiden, bei Rentenpapieren müssen Sie sich für einen bestimmten Nennwert entscheiden. Bei Investmentfonds haben Sie aber tatsächlich die Wahl, eine bestimmte Stückzahl an Investmentanteilen zu erwerben oder stattdessen einen bestimmten Eurobetrag anzulegen.

Sie wollen einen bestimmten Betrag in Euro anlegen

Warum soll das etwas Besonderes sein, könnten Sie sich fragen. Na ja, so einfach ist das ja nicht. Stellen Sie sich vor, ein Investmentanteil eines Fonds hat einen Ausgabepreis von 13,88 Euro, der Ausgabeaufschlag beträgt 4 Prozent. Sie wollen 500 Euro anlegen. Wenn Sie 500 durch 13,88 dividieren, dann kommt genau 36,023054 heraus. Wäre es eine Aktie, dann könnten Sie genau 36 Aktien kaufen, da Aktien immer ganze Stücke sind. Sie könnten also höchstens 499,68 Euro (36 × 13,88) anlegen. Was soll's, sind eben 0,32 Euro nicht angelegt, könnten Sie wieder sagen. Stimmt, wenn Sie aber beabsichtigen, monatlich eine bestimmte Summe in Aktien zu sparen, geht das eben nicht. Es geht aber mit Investmentfonds, da Sie diese Wertpapiere auch in Bruchteilen erwerben können. Das liegt an der Tatsache, dass Sie mit Ihrem Anlagebetrag einen Bruchteil des bekannten Topfes erwerben. Die Fondsgesellschaften ermitteln die Anteile meist mit fünf Stellen hinter dem Komma.

Die Abrechnung würde in diesem Fall so aussehen:

Anlage-betrag	Ausgabepreis je Anteil, einschließlich 4% Ausgabeaufschlag	Anteile	Rücknahmepreis je Anteil	Anlagebetrag zum Rücknahmepreis
500 Euro	13,88 Euro	36,02305 Stück	13,35 Euro	480,91 Euro

Sie wollen eine bestimmte Anzahl von Anteilen erwerben

Auch das geht natürlich. Wenn Sie sich zum Beispiel für 36 Stück entscheiden und der Ausgabepreis beträgt 13,88 Euro, dann müssen Sie dafür 499,68 Euro anlegen.

Die Abrechnung würde in diesem Fall so aussehen:

Anteile	Ausgabepreis je Anteil, einschließlich 4% Ausgabeaufschlag	Anlagebetrag	Rücknahmepreis je Anteil	Anlagebetrag zum Rücknahmepreis
36 Stück	13,88 Euro	499,68 Euro	13,35 Euro	480,60 Euro

Sie wollen sich von einem Teil Ihrer Investmentanteile wieder trennen

Sie haben wieder die freie Auswahl. Entweder Sie entscheiden sich für einen festen Betrag oder Sie trennen sich von einer bestimmten Stückzahl. Wenn Sie die Anteile an die Investmentgesellschaft zurückgeben, müssen Sie den Rücknahmepreis beachten, beim Verkauf an der Börse müssen sie den aktuellen Kurs akzeptieren.

Einmalanlage oder Sparplan – Sie können wählen

Die Qual der Wahl verfolgt Sie pausenlos. Aber seien Sie froh, dass es bei dieser Art der Geldanlage diese Möglichkeiten gibt. Etwas einschränkend muss man sagen, dass nicht alle Fonds für einen Sparplan, das heißt für eine Art monatlichen Dauerauftrag, zugelassen sind. Die meisten aber schon.

Sie legen einen bestimmten Betrag an

Selbstverständlich können Sie einen bestimmten Betrag einmalig in einen Investmentfonds anlegen.

Wenn wir von 5 000 Euro und einem Ausgabepreis von 13,88 Euro je Anteil ausgehen, sieht die Abrechnung so aus:

Anlagebetrag	Ausgabepreis	Ihre Anteile
5 000 Euro	13,88 Euro	360,23054 Stück

Sie zwingen sich zum monatlichen Sparen

Das eine schließt das andere ja nicht unbedingt aus. Wenn Sie sich bereits für die Anlage einer bestimmten Summe in einem oder mehreren Fonds entschieden haben, steht doch nichts dagegen, wenn Sie monatlich zusätzlich noch etwas auf die berühmte hohe Kante legen. Statt eines Monats können Sie selbstverständlich jede andere zeitliche Einteilung wählen. Sie müssen dazu nur Ihrer Bank einen Einzugsauftrag für die betreffende Investmentgesellschaft und einen bestimmten Fonds erteilen. Damit ist schon alles erledigt und an Ihrem Wunschtag zieht die Investmentgesellschaft den Betrag von Ihrem Girokonto per Lastschrift ein und legt den Betrag in Investmentanteilen Ihres Wunschfonds an. Selbstverständlich können Sie wieder wählen, wollen Sie einen festen Betrag anlegen oder möchten Sie lieber eine feste Stückzahl erwerben. Entscheiden Sie sich für eine feste Stückzahl, wechselt die Anlagesumme an jedem Tag der Anlage, da sich die Ausgabepreise ändern. Ist aber kein Problem, da bei einer Lastschrift der Betrag nicht gleich sein muss. Legen Sie dagegen einen festen Betrag an, wechselt die Anzahl der Stücke.

> ☞ *Achtung:*
> Eine Lastschrift ist kein Dauerauftrag. Den müssten Sie Ihrer Bank direkt erteilen, damit sie einen festen Betrag von Ihrem Konto abbucht und an die Investmentgesellschaft überweist. Daueraufträge sind aber heute kaum mehr üblich, zudem verlangen Banken dafür oft Gebühren.

Wenn Sie genug vom Sparen haben oder einen anderen Fonds erwerben möchten, dann müssen Sie Ihrer Bank nur Bescheid geben. Sie gibt die Beendigung der Lastschrift an die Investmentgesellschaft weiter.

> **Tipp:**
> Wenn Sie aber das vorhaben, dann machen Sie es besser rechtzeitig, das heißt einige Tage vor dem Abbuchungstermin, damit die Beendigung noch rechtzeitig erfasst werden kann.

Cost-average – der durchschnittliche Erwerbspreis

Was ist nun besser, ein fester Betrag oder eine feste Stückzahl? Auf den ersten Blick könnte man meinen, ist doch egal, es ist doch dasselbe Investmentzertifikat. Wenn sich auf dem Markt nichts verändern würde und die Kurse der Wertpapiere fest wie Zement wären, dann hätten Sie Recht. Da das aber nicht der Fall ist, haben Sie eben nicht Recht. Wenn Sie sich für eine feste Stückzahl entscheiden, ist Ihr Sparbetrag bei gestiegenen Kursen höher als bei gefallenen Kursen. Sie erwerben aber immer dieselbe Anzahl von Investmentanteilen. Wenn die Kurse gerade etwas niedriger sind, könnten Sie durchaus etwas mehr Anteile kaufen. Wenn nämlich die Kurse wieder anziehen, hätten Sie mehr Anteile und könnten sich über Gewinne freuen. Genau hier setzt die Philosophie des Cost-Average an. Dieser auf den ersten Blick etwas merkwürdige Fachbegriff ist in der Fondsszene heute üblich. Übersetzt heißt er nichts anderes als durchschnittliche Kosten. Und genau darum geht es bei diesem Effekt. Wenn Sie einen festen Betrag für den regelmäßigen Kauf von Investmentzertifikaten vereinbaren, dann erhalten Sie einmal mehr und vielleicht das nächste Mal weniger Anteile, je nachdem ob die Kurse höher oder niedriger sind. Das Beste wäre, wenn die Kurse am Kauftag gerade etwas niedriger wären, denn dann könnten Sie günstig einkaufen und erhielten mehr Anteile. Wenn die Kurse dann wieder steigen, können Sie sich freuen, da der Wert Ihrer gesamten Anteile ebenfalls zulegt.

Ein Beispiel[32]:
Nehmen wir an, Sie interessieren sich für einen Investmentfonds mit einem aktuellen Ausgabepreis von 50 Euro. Gehen wir von einem monatlichen Sparbetrag von ungefähr 100 Euro aus. Nach sechs Monaten könnte das Ergebnis für Sie so aussehen:

Sie legen monatlich genau 100 Euro an				Sie erwerben monatlich genau zwei Anteile			
Monat	monatlicher Sparbetrag in Euro	Ausgabepreis je Anteil in Euro	Anzahl erworbener Anteile in Stück	Monat	Anzahl erworbener Anteile in Stück	Ausgabepreis je Anteil in Euro	monatlicher Sparbetrag in Euro
01	100,00	50,00	2,0000	01	2,00000	50,00	100,00
02	100,00	53,00	1,8867	02	2,00000	53,00	106,00
03	100,00	47,56	2,1026	03	2,00000	47,56	95,12
04	100,00	42,25	2,3668	04	2,00000	42,25	84,50
05	100,00	49,15	2,0345	05	2,00000	49,15	98,30
06	100,00	54,36	1,8395	06	2,00000	54,36	108,72
Summen	600,00		12,23011		12,00000		592,64

Aus diesen Angaben kann man jetzt den durchschnittlichen Betrag berechnen, der für den Erwerb eines Investmentanteils innerhalb des Zeitraums von sechs Monaten aufgewendet werden musste.

600 Euro : 12,2301 Anteile = 49,059   592,64 Euro:12 Anteile = 49,386

Der durchschnittliche Erwerbspreis betrug 49,06 Euro.   Der durchschnittliche Erwerbspreis betrug 49,39 Euro.

Wenn dieses Beispiel Wirklichkeit wäre, dann hätten Sie mit einem monatlichen festen Betrag einen Vorteil von 0,33 Euro. Das heißt konkret, jeder Anteil wäre beim Kauf 0,33 Euro günstiger gewesen als bei der anderen Vorgehensweise. Sollten Sie diese Anteile verkaufen, würden Sie einen höheren Gewinn erzielen, als bei der Anlage einer festen Stückzahl.

Ob das nun tatsächlich so gekommen wäre, das wissen Sie nicht und auch sonst niemand. Hellseher, ohne diesem Berufsstand zu nahetreten zu wollen, werden sich vermutlich auch an diesem Fall die Zähne ausbeißen. Aber eines ist sicher, Sie haben bei dieser Art der Anlage die Chance auf einen durchschnittlichen günstigeren Er-

---

[32] Clemenz, G., Dippold, S., Strasser, A.: *Die Prüfung der Bankkaufleute*, 12. Auflage, Verlag Neue Wirtschaftsbriefe, Herne 2011, S. 326.

werbspreis der Anteile und keinen Nachteil im Vergleich zum Kauf einer festen Stückzahl. Daher sollten Sie sich ohne Wenn und Aber für das Cost-Average-Verfahren entscheiden.

> *Tipp:*
> Wenn Ihnen der Begriff »Cost-Average« überhaupt nicht gefällt, ersetzen Sie ihn doch einfach mit Durchschnittspreisverfahren. Vielleicht schauen Sie dann in staunende Augen Ihres Beraters oder Ihrer Beraterin.

Ausschüttung oder Thesaurierung – ganz, wie Sie es möchten

Es gibt Investmentfonds, die Erträge jährlich an die Anteilseigner ausschütten. In diesem Fall erhalten Sie den Ertrag, sofern einer stattfindet, als Gutschrift in Euro auf Ihrem Girokonto. Handelt es sich um einen thesaurierenden Fonds, bleiben die Erträge im Sondervermögen des Fonds. Thesaurieren heißt übersetzt einbehalten. Wenn Sie jetzt sagen sollten: »Wieso, der Ertrag gehört doch mir?«, dann haben Sie natürlich völlig Recht. Er gehört Ihnen und Sie bekommen ihn auch. Aber eben nicht in Euro, sondern in Form von weiteren Investmentanteilen. Selbstverständlich werden Sie darüber informiert und Sie erkennen sofort, wie viele Anteile Sie jetzt zusätzlich haben und natürlich auch Ihren Gesamtbestand. Diese neuen Anteile erhalten Sie zum bekannten Ausgabepreis. Manche Investmentgesellschaften gewähren in solchen Fällen einen Wiederanlagerabatt, der den Ausgabeaufschlag verringert.

Ein Beispiel:

Nehmen wir an, Sie erhalten als Ausschüttung 85,67 Euro. Der aktuelle Ausgabepreis je Anteil beträgt 47,98 Euro. Ihr bisheriger Bestand beträgt 17,35 Anteile.

Ausschüttung	Thesaurierung
Anteilsbestand vorher: 17,3500 Stück	Anteilsbestand vorher: 17,3500 Stück
Zugang: 0,0000 Stück	Zugang: 1,7855 Stück
Anteilsbestand nachher: 17,3500 Stück	Anteilsbestand nachher: 19,1355 Stück
Gutschrift: 85,67 Euro	Gutschrift: 0,00 Euro
	Der Zugang ergibt sich aus folgender Rechnung:
	$\dfrac{\text{Ausschüttung}}{\text{Ausgabepreis}} = \dfrac{85,67}{47,98} = 1,7855$

Ob nun das eine oder andere besser oder ungünstiger ist, hängt von Ihrer Zielrichtung bei der Geldanlage ab. Möchten Sie eine Gutschrift auf Ihrem Konto in Euro, dann wählen Sie eben den Ausschüttungsfonds. Erschrecken Sie aber nicht wenn die Ausschüttung soeben erfolgt ist, denn der Preis oder Kurs des Anteils sinkt danach um den Betrag der Ausschüttung. Er nimmt erst dann wieder zu, wenn Erträge in den Topf fließen. Benötigen Sie die Erträge nicht, dann kann die Thesaurierung günstiger sein. Das allerdings nur dann, wenn sich der Fonds auch nach oben bewegt. Aber selbst, wenn Sie die Thesaurierung gewählt haben und bestimmte Beträge benötigen, ist nichts verloren. Sie wissen ja, eine Rückgabe ist täglich möglich.

Auch Investmentfonds ruhen in einem Depot

Investmentfons sind Wertpapiere im Sinne von Effekten. Daher müssen sie auf ein Depotkonto gebucht werden. Die berühmte Ausnahme wäre natürlich wieder, wenn es sie als effektive Stücke gäbe, was aber nicht realistisch ist. Also, Sie benötigen ein Depotkonto. Wieder haben Sie die freie Auswahl. Sie können zwischen einen Depotkonto bei Ihrer Bank oder bei der Depotbank der Investmentgesellschaft wählen. Wenn Ihre Bank für die Depotverwaltung keine Gebühren berechnet, dann ist die Entscheidung klar. Hinein in das Bankdepot zu den Aktien, Anleihen und ihren Artgenossen. Wenn Sie dagegen die üblichen Depotgebühren in einer Höhe von durchschnittlich einem Prozent des Depotwertes bezahlen müssen, dann lassen Sie Ihre Anteile besser bei der Depotbank ruhen. Depotbanken berechnen meist eine Einheitsgebühr für das Gesamtdepot, die geringer ist als die Depotgebühren der Banken Nicht jede Investmentgesellschaft nimmt aber jeden Fonds anderer Investmentgesellschaften in das Depot auf. Wenn das der Fall ist, bleibt Ihnen nur das kostenungünstigere Bankdepot.

> *Tipp:*
> Vergleichen Sie die anfallenden Gebühren sehr genau, denn diese können, wie der Ausgabeaufschlag, Ihre Rendite ganz schön anknabbern.

Die Fondsfamilie ist groß

Investmentfonds in einer Übersicht sinnvoll und logisch einzuteilen ist nur schwer möglich, da zu viele Varianten und immer wieder neue Produkte auf den Markt kommen. Oft passen diese Neugewächse nicht in ein klares Schema.

Also versuchen wir es einmal mit einer kleinen Übersicht. Bei ihr stehen die in dem Fonds enthaltenen Werte im Vordergrund der Betrachtung.

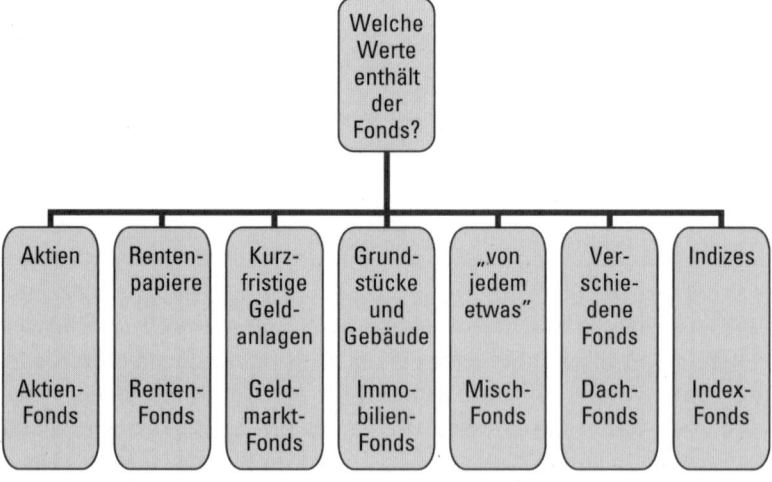

Aktienfonds – die Unruhigen

Aktienfonds enthalten Aktien und zwar nur Aktien. Es dürfte hinreichend bekannt sein, dass der Aktienmarkt nichts für Sie ist, wenn

Sie meinen, dass es immer nur in eine Richtung geht, nämlich nach oben. Trotz Risikoausgleich wird dem Aktienmarkt nämlich ein einseitiger Weg nach oben auch versperrt sein, wenn der Markt absolut nach unten marschieren sollte. Umgekehrt verspricht er natürlich entsprechende Wertsteigerungen bei steigenden Märkten. Aktienfonds gibt es in vielen Zusammensetzungen. Sie reichen vom nahezu reinen DAX 30-Fonds, in dem nur deutsche Standardwerte enthalten sind, bis hin zu Fonds mit internationalen Aktien. Aktienfonds können auch einzelne Branchen abbilden, zum Beispiel die Konsumgüterbranche. Andere enthalten Aktien von der Grundstoffindustrie, zum Beispiel Aktien von Minengesellschaften, über die verarbeitende Metallindustrie, die Logistik, das heißt Transportunternehmen, bis zum Endverbrauch, also den gesamten Handel. Es sind auch Fonds im Angebot, die ausschließlich Aktiengesellschaften mit hohen Dividendenzahlungen enthalten. Ihr Ziel es ist, Kursrückgänge durch hohe Dividendenerträge möglichst auszugleichen. Der Spruch vieler Motivationsgurus mit schwarzem Hut und roten Schuhen: »Es gibt nichts, was es nicht gibt«, der trifft hier tatsächlich völlig zu. Die Wertentwicklung eines Anteils hängt also von der Entwicklung der Aktienkurse und eventuell von Dividendenzahlungen ab.

Rentenfonds – Gemütlichkeit ist möglich

Es ist kein Geheimnis, dass Rentenpapiere überwiegend feste Zinserträge versprechen. Es ist ebenso kein Geheimnis, dass Gemütlichkeit nur dann garantiert ist, wenn das Risiko gering ist. Geringes Risiko bedeutet aber nach dem Gesetz der Geldanlage wieder geringe Rendite. Enthält also ein Rentenfonds Anleihen und ähnliche Wertpapiere mit geringem Risiko, dann können seine Erträge auch nicht übermäßig hoch sein. Enthält er dagegen Anleihen mit hohem Risiko, dann erwirtschaftet er auch hohe Erträge, solange der Emittent der Anleihe noch zahlungsfähig ist. Das drückt sich bekanntlich in der Bonität und dem Rating aus. Selbstverständlich gibt es auch hier wieder sämtliche Mischungen und ein Rentenfonds kann durchaus 70 Prozent sichere Anleihen, Pfandbriefe und Ähnliches enthalten und als zusätzlichen Renditekick vielleicht 30 Prozent hochverzinsliche Anleihen mit erhöhtem Risiko. Rentenfonds leiden natürlich wie die Rentenpapiere selbst auch unter dem Kursrisiko und steigende Marktzinsen lassen die Kurse von Rentenpapieren mit niedrigerem

Nominalzins in tiefere Stockwerke absteigen. Dieser Zustand belastet selbstverständlich den Wert der Fonds, während der umgekehrte Fall zu einer Wertsteigerung führt. Die Wertentwicklung eines Anteils hängt daher von den Nominalzinsen der Rentenpapiere, ihren Kursen und der Bonität des Emittenten ab.

Geldmarktfonds – die Sparsamen

Ja, da sind sie in der Tat. Geldmarktfonds investieren die Gelder ihrer Anleger und Anlegerinnen in kurzfristige Geldanlagen. Das sind vorwiegend Tagesgelder und Termingelder. Diese Gelder sind durch die Sicherungseinrichtungen in hohem Maße und sogar oft vollständig garantiert. Da die Zinsen für diese Geldanlagen im Verhältnis zu anderen Anlageformen eher gering sind, sind auch die Renditen dieser Fonds gering. Einen Vorteil haben sie aber in jedem Fall, das ist ihre hohe Sicherheit. Geldmarktfonds haben sehr geringe Ausgabeaufschläge und eignen sich für kurzfristiges Parken von momentan nicht benötigtem Geld. Meist ist die Rendite höher als bei einem Tagesgeld oder Termingeld. Wenn Sie sich jetzt fragen sollten, wie das sein kann, wie kann dann die Rendite solcher Fonds höher sein als bei den Tagesgeldern selbst? Gehen Sie einfach davon aus, dass eine Investmentgesellschaft mit etwas anderen Summen bei der Anlage verhandelt als wir Normalanleger. Bekanntlich bringen höhere Summen bessere Konditionen. Die Wertentwicklung eines Anteils hängt daher von der Höhe der Zinsen ab, die die Investmentgesellschaft bei der Anlage der ihr überlassenen Gelder erwirtschaftet.

Immobilienfonds – die Standfesten

Wenn Sie Anteile eines solchen Fonds erwerben, dann gehört Ihnen zwar kein ganzes Haus oder eine ganze Wohnung, aber vielleicht ein Teil des Bodens oder ein Stück vom Fußboden. Sie wissen nur nicht genau, welcher Teil. Müssen Sie auch nicht, denn Sie sind nicht direkt an einer Immobilie beteiligt, sondern mit einem Bruchteil am Sondervermögen der Investmentgesellschaft. Die Investmentgesellschaft legt Ihr Geld vorwiegend in gewerblich genutzten Grundstücken, Gebäuden oder Bauprojekten an. Diese Immobilien bilden das Sondervermögen. Um für weitere Käufe bereit zu sein, halten die Gesellschaften einen Teil des Sondervermögens als Barreserve zurück und legen auch einen Teil in Wertpapieren an. Bei Immobilienfonds brauchen Sie einen etwas längeren Atem, um Erträge zu erzielen. Immobilien sind langfristige Anlagen, die erst dann Gewinne abwerfen, wenn die Einnahmen die Aufwendungen übersteigen. Einnahmen sind Mieten, Ausgaben sind die monatlichen Unterhaltungskosten für Häuser oder Wohnungen und Kosten für die Finanzierung dieser Objekte. Dazu kommt das Risiko des Leerstandes, also dass eine Immobilie nicht so vermietet werden kann, wie es geplant war. Außerdem sind oft nicht immer solche Immobilien auf dem Markt zu haben, die zu diesem Zeitpunkt für diese Investmentgesellschaft interessant wären. Sie als Anleger oder Anlegerin erwerben also einen Anteil an einem Sondervermögen, das zwar eine höhere Stabilität als Wertpapiere aufweist, aber sich möglicherweise eher langsam entwickelt. Daher sollten Sie bei der Auswahl sehr kritisch sein und sich sehr genau über die Investmentgesellschaft und die Zusammensetzung des Immobilienfonds informieren. Die Wertentwicklung eines Anteils hängt vorrangig von den Mieteinnahmen und Gewinnen aus eventuellen Immobilienverkäufen ab. Zusätzlich, wenn auch nur gering, beeinflussen Zinserträge der Barreserve und Erträge der teilweise in Wertpapieren angelegten Gelder, die Wertentwicklung.

> ☞ *Achtung:*
> Immobilienfonds sperren sich schon mal gerne ein. Sie sind dann für eine gewisse Zeit geschlossen. Das tun sie immer dann, wenn die Gefahr besteht, dass zu viele Anteile auf einmal zurückgegeben werden. Da ja eine Rücknahmepflicht besteht, kann die Investmentgesellschaft dadurch in Liquiditätsschwierigkeiten geraten, weil ihre baren Mittel nicht ausreichen, um die Anteile zurückzuzahlen. Immobilien sind aber langfristige Objekte und können nicht schnell verkauft werden, um sie zu Geld zu machen. Also schließen diese Gesellschaften den Fonds für eine bestimmte Zeit. Eine Rücknahme ist dadurch zunächst einmal ausgeschlossen. Das ist dann ungünstig für Sie, wenn Sie das Geld für Ihr angelegtes Geld unbedingt brauchen sollten. Solche Situationen ergeben sich eher selten, aber meistens in Zeiten schlechter Nachrichten über eine Investmentgesellschaft, über die allgemeine Wirtschaftsentwicklung oder bei Katastrophen, bei denen Gebäude betroffen sind, die sich im Fonds dieser Gesellschaft befinden. Der Fonds wird meist zunächst für eine Zeit von drei Monaten geschlossen. Eine Verlängerung bis zu zwei Jahren ist möglich, wenn ein Hinweis im Verkaufsprospekt vorhanden ist. Sie können den Fonds natürlich versuchen an der Börse zu verkaufen. Wenn Sie sich für diesen Weg entscheiden, müssen Sie aber im Normalfall erhebliche Preisabschläge in Kauf nehmen. Das hängt damit zusammen, dass für vorübergehend geschlossene Fonds kaum Nachfrage vorhanden ist.

> **Tipp:**
> Legen Sie Ihr liebes Geld nie in einen Immobilienfonds an, wenn Sie es nicht wenigstens für einige Jahre entbehren können. Kurzfristig darauf angewiesen sollten Sie nie sein. Glauben Sie auch nie irgendwelchen Werbesprüchen von Investmentgesellschaften, wie zum Beispiel: »Wir schließen unsere Fonds nicht, bei uns ist Ihr Kapital gut aufgehoben.« Aktuelle Ereignisse in Japan im Jahr 2011 zeigten sehr schnell, was von derartigen Versprechungen noch übrig blieb. Einer Investmentgesellschaft bleibt in solchen Fällen überhaupt nichts anderes übrig, als so zu handeln.

Mischfonds – die Ausgeglichenen

Hier finden Sie fast alles was sich mischen lässt. Aktienfonds mit Rentenfonds, dazu vielleicht etwas Immobilienfonds und als Nervenberuhigung ein wenig vom Geldmarktfonds. Es ist jede Komposition denkbar. Diese Mischung ist etwas für Sie, wenn Sie eine noch breitere Streuung der Anlagewerte haben möchten. Aufpassen müssen Sie aber trotzdem, denn eine Mischung ist auch nur so gut wie ihre Zutaten. Minderwertige Zutaten verderben sehr schnell den Geschmack. Achten Sie also sehr genau auf die Risikoklasse dieser Fonds, da sie nicht immer auf den ersten Blick so einfach ersichtlich ist.

Dachfonds – alles unter einem Dach

Sie werden oft als Fonds angepriesen, die Risiken minimieren. Das kann schon sein, muss es aber nicht. Dachfonds legen die ihnen anvertrauten Gelder in anderen Fonds an. Daher haben sie auch ihren Namen, da sie gewissermaßen andere Fonds unter ihrem Dach vereinen. Sie erwerben also Investmentanteile anderer Fondsgesellschaften und erreichen dadurch eine noch breitere Risikostreuung, da ein einzelner Fonds ohnehin schon das Risiko streut. Entscheidend ist eben auch hier, welche Fonds in den Topf des Dachfonds eingehen. Sind Anteile von Fonds mit hohem Risiko enthalten, wird auch der Dachfonds ein hohes Risiko aufweisen. Selbstverständlich kann ein Dachfonds eine sehr ausgewogene Anlageart sein, wenn das Fondsmanagement auf eine sehr breite Streuung der enthaltenen Fonds achtet. Auch bei dieser Fondsart müssen Sie die Produktinformation sehr genau lesen und sich sehr genau erkundigen, da man bei der Vielzahl der darin enthaltenen Werte leicht den Überblick verlieren kann.

Ein »Dachfonds Europa« als ein Beispiel für eine mögliche Dachfondskonstruktion:

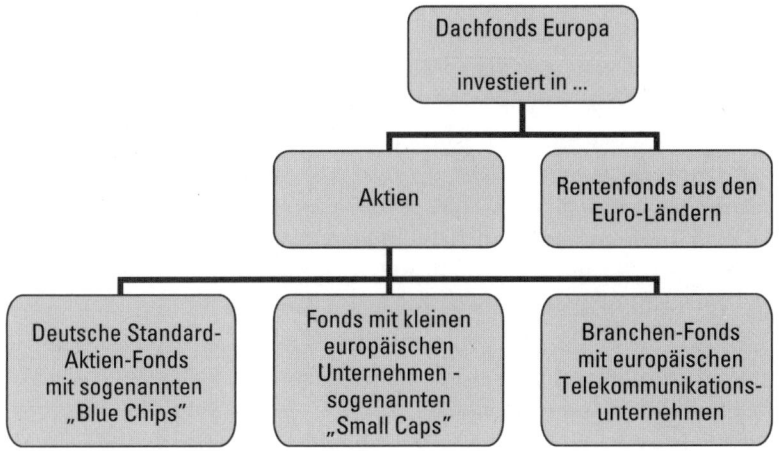

Indexfonds – die Übersichtlichen

Sie sind ohne Zweifel die am einfachsten konstruierten Mitglieder der großen Fondsfamilie. Ein Indexfonds bildet einen Börsenindex, zum Beispiel den Deutschen Aktienindex »DAX 30« oder den Europäischen Aktienindex »STOXX 50« möglichst genau ab. Dazu kauft die Investmentgesellschaft die Wertpapiere, die in dem entsprechenden Index enthalten sind. Sie kauft aber nicht irgendwelche Mengen davon, sondern genau in dem Verhältnis, zu dem das entsprechende Wertpapier im Index enthalten ist. Klingt vielleicht etwas mystisch, ist aber einfach. Wissen muss man nur, dass nicht jedes Wertpapier im gleichen Verhältnis in einem Index gewichtet ist.

Ein Beispiel:

> Wenn die Aktien der Solar AG mit 20 Prozent im Index enthalten sind, dann sind diese Aktien in etwa mit 20 Prozent im Sondervermögen enthalten. Steigen oder fallen diese Aktien innerhalb des Indexes, dann steigt oder fällt ihr Wert auch im Sondervermögen und damit ergibt sich eine Veränderung im gleichen Verhältnis.

Wenn Sie sich für einen Indexfonds entscheiden, dann können Sie täglich, stündlich oder sogar jede Minute die Entwicklung Ihres Fonds durch den Vergleich mit dem jeweiligen Index verfolgen.

Wenn Sie auch den genauen Wert ebenfalls erst nach Börsenschluss oder am nächsten Tag erfahren, sehen Sie auf jeden Fall genau die Tendenz. Sie sehen also ziemlich genau »wo es an diesem Tag hingehen wird«. Welchem Index Sie nun Ihr Vertrauen schenken sollten und welchem weniger, das ist wieder die große Unbekannte. Ein breit gestreuter Index hat zunächst eine größere Ausgleichschance als ein weniger breit ausgelegter. Ob sich die Werte in dem breiter gestreuten Fonds besser entwickeln als in einem weniger breiten, das wird auch wieder einmal kein Hellseher vorhersagen können. Prognosen mit schönen farbigen Strichen, »wie es bisher war« und »was man erwartet«, sind Vergangenheit und Zukunftsmusik zugleich. Wollen Sie im Land bleiben, dann entscheiden Sie sich für den »DAX 30«, glauben Sie an stärkeres europäisches Wachstum, dann greifen Sie eben zum »Stoxx 50«. Natürlich gibt es weitere Indexfonds, die auf verschiedenen internationalen Indizes basieren. Eine Reihe von Indexfonds werden auch als ETFs angeboten. Neugierig geworden? Lesen Sie einfach weiter, in der nächsten Tabelle erfahren Sie, um was es sich dabei handelt.

AS-Fonds – eine Möglichkeit für die Altersvorsorge

Wenn Sie sich für Ihr Alter mit Fonds vorsorgen wollen, dann gibt es die Möglichkeit sogenannte AS-Fonds zu erwerben. »AS« steht für »Altersvorsorge Sondervermögen« und wurde als ein Instrument der privaten Altersvorsorge geschaffen. Wenn Sie daran interessiert sind, dann muss Ihnen die Investmentgesellschaft einen Altersvorsorge-Sparplan mit einer Laufzeit von mindestens 18 Jahren anbieten. Sie können die Laufzeit bis zu Ihrem sechzigsten Lebensjahr wählen. Dafür muss Ihnen die Investmentgesellschaft einen Auszahlungsplan anbieten, wenn der Sparplan abgelaufen ist. Ihr laufend angelegtes Geld fließt in ein besonderes Sondervermögen, das Altersvorsorge-Sondervermögen, und ist zusätzlich abgesichert.

Weitere Mitglieder der Fondsfamilie

Es ist eine wahre Großfamilie, deren Wachstum kaum zu bremsen ist. In der folgenden Aufstellung stellen sich die einzelnen Mitglieder der Großfamilie kurz vor.

Bezeichnung des Investmentfonds	Kurze Vorstellung
ETF	ETF ist die Abkürzung für den englischen Begriff »Exchange-Traded-Fund«. Übersetzt heißt das »Fonds, die an der Börse gehandelt werden« oder einfacher »börsengehandelte Fonds«. Nun muss man aufpassen, damit man nicht das Falsche meint. Es sind ja bereits sehr viele Arten von Fonds zum Börsenhandel zugelassen, mit ETFs werden aber eigentlich nur börsengehandelte Indexfonds bezeichnet. Da diese Fonds über eine Bank an der Börse gekauft und wieder verkauft werden können, sind die Transaktionsgebühren relativ gering. Einige Investmentgesellschaften haben sich in letzter Zeit auf die Ausgabe solcher Fonds spezialisiert. Das Angebot ist inzwischen sehr groß und breit gefächert. Die maßgeblichen Indizes werden inzwischen in diesen Fonds abgebildet. Neben DAX und EURO STOXX finden Sie häufig den MSCI. MSCI ist die Abkürzung für »Morgan Stanley Capital Index«, der von vielen Analysten als wichtiger Indikator für die Entwicklung der Aktienmärkte angesehen wird. ETFs führen in der Regel ein einsames Dasein und werden durch keinen Manager aktiv verwaltet. Sie haben es aber auch nicht nötig, da sie den Index nahezu 1:1 abbilden und eine Umschichtung daher nicht erforderlich ist.
Emerging Markets-Fonds	»Emerging Market« ist schon wieder so ein Zauberwort, das sich in der Finanzszene eingenistet hat. Übersetzt heißt es so viel wie Schwellenmarkt. Man meint damit aber keinen Marktplatz, sondern Länder, die sich auf dem Sprung über die Schwelle zu einem wirtschaftlich erfolgreichen Staat befinden. Wertpapiere und damit auch Fonds mit Wertpapieren dieser Staaten sind sehr schwankungsfreudig. Sie bieten hervorragende Ertragschancen, sind aber auch vom Gespenst des starken Rückgangs geprägt. Gute Nerven und Zeit sind die Voraussetzungen bei Geldanlagen in solchen Fonds.
Laufzeitfonds	Es gibt Fonds, die mit einer festen Laufzeit ausgestattet sind. Zu welchem Preis die einzelnen Anteile am Ende zurückgezahlt werden, steht wie immer im Prospekt. Sie stellen jedoch eher einen Sonderfall in der Großfamilie dar.
Garantiefonds	Für Anleger und Anlegerinnen, die Wert auf eine garantierte Rückzahlung ihres angelegten Geldes legen, sind diese Fonds genau das Richtige. Wie immer geht eine Garantie, die nichts anderes als eine Art Versicherung darstellt, zu Lasten der Rendite. Dafür können Sie aber vielleicht ruhiger schlafen. Garantiefonds haben fast immer eine feste Laufzeit.

Bezeichnung des Investmentfonds	Kurze Vorstellung
Hedgefonds	Haben Sie gute Nerven? Wenn Sie das Wort einfach übersetzen, werden Sie Sie erst mal auch nicht schlauer. »Hedge« hat viele Bedeutungen. So heißt es Hecke, aber auch Deckung oder Absicherung. Mit einer Hecke hat ein Fonds wenig zu tun und mit einer Tagesdecke schon gar nichts. Also geht es um die Deckung oder Absicherung. Ist ja zunächst nicht verkehrt, könnte man denken. Aber, warum müssen dann Hedgefonds gesetzlich als Sondervermögen mit erhöhtem Risiko ausgewiesen werden? Ganz einfach, weil sie eben risikoreicher als alle anderen Fonds sind. Das Besondere ist dabei die Strategie der Anlage. Manager von Hedgefonds nutzen die gesamte Bandbreite von Finanzanlagen und nicht nur Aktien, Rentenwerte oder Immobilien. Sie setzen Derivate ein, wie zum Beispiel Optionen oder Futures. Zusätzlich finanzieren sie die Käufe eventuell durch Kredite. Hedgefonds sind daher zeitweise mit mehr als 100 Prozent investiert. Das heißt, sie arbeiten mit mehr Geld als sie von ihren Anlegern erhalten haben. Ziel dieser Fonds ist eine möglichst hohe Rendite, auch wenn die Märkte allgemein zurückgehen. Jetzt schließt sich der Kreis der Begriffe: ☺ Wenn das gelingt, dann sichert ein Hedgefonds tatsächlich die angelegten Gelder ab und macht seinem Namen »Hedge« alle Ehre. ☻ Wenn es nicht gelingt, dann müssen Sie als Anleger oder Anlegerin in der nächsten Zeit unter Umständen »etwas kleinere Brötchen backen« und den Kauf des neuen Geländewagens mit 320 PS auf bessere Zeiten verschieben. Hedgefonds kommen nur in der Form von Dachfonds vor.
Währungsfonds	Die Mehrzahl der in Deutschland angebotenen Fonds lauten auf die europäische Gemeinschaftswährung Euro. Daneben gibt es aber Fonds, die auf andere europäische Währungen, wie zum Beispiel englische Pfund oder auf außereuropäische Währungen, wie zum Beispiel US-Dollar lauten. Neben den üblichen Chancen und Risiken der Wertpapierentwicklung kommen hier die Chance von Kursgewinnen und das Risiko von Kursverlusten hinzu.

Offene Investmentfonds im Check

☒ Sicherheit – Liquidität – Rendite?

Sicherheit	Die Risikostreuung erhöht die Sicherheit gegenüber der Anlage in Einzelwerten. Die Sicherheitsstufe des Fonds selbst ist jedoch von seiner Zusammensetzung abhängig. Das Investmentgesetz sichert im Falle einer Insolvenz der Investmentgesellschaft Ihr eingesetztes Kapital durch das Sondervermögen.
Liquidität	Eine tägliche Rücknahme durch die Investmentgesellschaft ist garantiert. Bedingung ist meist, dass er nicht über die Börse erworben wurde. Im anderen Fall ist ein täglicher Verkauf an der Börse mit hoher Wahrscheinlichkeit möglich. Sollte ein Fonds vorübergehend geschlossen werden, ist eine Rücknahme ausgeschlossen. Ein Verkauf über die Börse verursacht teilweise erhebliche Verluste.
Rendite	Die Rendite ist abhängig von der Art des Fonds, dem Fondsmanagement und der Marktentwicklung.

☒ Ziele und Beweggründe für diese Geldanlage
- Wertsteigerung des Anlagebetrages in Abhängigkeit von der wirtschaftlichen Entwicklung je nach Art des Fonds.
- Hohe Liquidität durch die tägliche Rückgabemöglichkeit an die Investmentgesellschaft oder des Verkaufs über die Börse.
- Möglichkeit eines regelmäßigen Sparens im Bereich der Wertpapiere mit einem festen Betrag oder einer festen Stückzahl.
- Zusätzliche Sicherung der Geldanlage durch das Sondervermögen.
- Professionelle Verwaltung der Gelder durch das Fondsmanagement.
- Große Auswahl an Anlagemöglichkeiten, entsprechend der persönlichen Risikobereitschaft.
- Möglichkeit der Geldanlage in kleinsten Beträgen.

☒ Kosten der Geldanlage

Sie müssen mit Ausgabeaufschlägen oder Rücknahmeabschlägen rechnen bzw. mit den Transaktionsgebühren, wenn ein Kauf oder Verkauf über die Börse erfolgen soll. Außerdem fallen Depotgebühren bei der Depotbank oder bei Ihrer Bank an, wenn Ihre Bank diese berechnet.

☒ Andere Bezeichnungen für diese Art der Geldanlage

Offene Investmentfonds werden auch mit dem englischen Begriff »Open-End-Funds« bezeichnet.

☒ Steuer

Bei Investmentanteilen muss man das Datum beachten, an dem sie erworben wurden. Die Unterscheidung hängt mit der Steuerreform zusammen, die am 1. Januar 2009 wirksam wurde.

Bei Investmentanteilen, die ab dem 1. Januar 2009 angeschafft wurden, sind die von der Investmentgesellschaft ausgeschütteten Kursgewinne und die von Ihnen selbst erzielten Kursgewinne bei Verkäufen voll steuerpflichtig. Sie werden also mit 25 Prozent Kapitalertragsteuer besteuert. Allerdings bleiben die durch die Investmentgesellschaft erzielten Kursgewinne für Sie als Anleger solange steuerfrei, solange sie nicht ausgeschüttet, also thesauriert, werden. Für die Besteuerung von Kapitalerträgen gilt das Zuflussprinzip. Ein Ertrag muss dann versteuert werden, wenn er »geflossen« ist. Deshalb ist es nach erfolgter Ausschüttung mit der Freude vorbei. Der Ertrag muss versteuert werden.

Bei Investmentanteilen, die Sie bis spätestens zum 31. Dezember 2008 erworben haben, können Sie sich beim Verkauf von Anteilen über einen steuerfreien Gewinn freuen, wenn Sie einen erzielen sollten. Steuerfrei bleiben auch sogenannte außerordentliche Erträge, die die Investmentgesellschaft erzielt und bisher thesauriert hatte. Solche Erträge entstehen durch Termingeschäfte.

Zugegeben, etwas kompliziert, aber so ist es eben, das Steuerrecht.

Geschlossene Investmentfonds – hier müssen Sie durchhalten

Man kann nicht oft genug darauf hinweisen, dass ein offener Investmentfond ein solcher bleibt, auch wenn er für eine vorübergehende Zeit geschlossen werden sollte. Ein geschlossener Investmentfond ist dagegen etwas völlig anderes. Hier investieren Sie Ihr Geld tatsächlich in ein klar angegebenes Objekt. Dieses Objekt kann eine einzelne Immobilie, mehrere Immobilien, ein Containerschiff, ein Kreuzfahrtschiff, ein Flugzeug, ein Windpark, ein Solarpark oder Ähnliches sein. Geschlossene Fonds investieren das Geld der Anleger in der Regel erst dann, wenn es auch tatsächlich eingesammelt wurde. Wenn die Sammelaktion beendet ist, dann wird dieser Fond zugesperrt, er wird geschlossen. Ab diesem Zeitpunkt geht nichts mehr in diesen bekannten Topf hinein und es kommt auch nichts mehr heraus, bis die Zeit abgelaufen ist. Eine Art Dampfkochtopf mit Deckelverriegelung und Zeitschaltuhr. Für Ihre Geldanlage erhalten

Sie einen entsprechenden Anteil an diesem Objekt, der aber kein handelbares Wertpapier darstellt. Es ist also keine Effekte, wie der Anteil an einem offenen Fonds.

Ihr Geld ist langfristig und fest angelegt

Wenn Sie sich zu einer derartigen Geldanlage durchringen, dann muss Ihnen klar sein, dass Sie Ihr Geld für eine bestimmte Anzahl von Jahren erst einmal los sind. Wie viele Jahre es tatsächlich sind, hängt von der Strategie der Investmentgesellschaft bei dem entsprechenden Objekt ab. In der Regel müssen Sie von Laufzeiten ausgehen, die mindestens zehn Jahre betragen. Bei Immobilienfonds sind 20 Jahre und mehr keine Seltenheit. Oft sind auch Optionen auf eine Verlängerung vorgesehen. Die wird zum Beispiel dann genutzt, wenn sich das Objekt am geplanten Ende der Frist nicht entsprechend vermarkten lässt. Es muss Ihnen auch klar sein, dass Sie während dieser Zeit im Normalfall nicht an Ihr Geld kommen. Investmentgesellschaften schließen eine Rücknahme in aller Regel aus. Ein Verkauf an einer Wertpapierbörse ist nicht möglich, da diese Anteile dort nicht gehandelt werden. Es gibt wohl sogenannte Drittmärkte, auf denen Sie vielleicht Ihren Anteil an eine andere Person verkaufen können, jedoch ist fraglich zu welchem Preis. Außerdem kann es sein, dass dieser Verkauf im Prospekt des Fonds ausgeschlossen ist. Wenn Sie jetzt vielleicht sagen sollten, warum sollte ich denn dann mein liebes Geld in so ein Teufelsprodukt stecken, dann gibt es hierfür eine einfache Erklärung. Es sind die interessanten geplanten Erträge.

Planbare Erträge – der Ausgleich für die lange Wartezeit

Sie können sich im Verkaufsprospekt über alle Einzelheiten genau informieren. In diesem Prospekt sehen Sie auch das Objekt, also zum Beispiel einen Gewerbepark mit zehn Geschäften als Mieter. Vielleicht kennen Sie den einen oder anderen Namen davon und sind überzeugt, dass dieses Unternehmen seine Miete auch schön brav während der Laufzeit des Fonds bezahlt. Das ist nämlich die Bedingung, dass das Ganze auch tatsächlich funktioniert. Die Investmentgesellschaft finanziert mit Ihrem Geld und mit Darlehen den Bau dieses Gewerbeparks. Die Mieten der Geschäfte bilden die Einnahmen. Wenn man davon die Zinsen für die Darlehen und die Kosten für die Verwaltung und Unterhaltung abzieht, bleibt hoffentlich ein Gewinn übrig. Da Mieteinnahmen und Kosten sehr genau berechenbar sind, kann man auch die Ausschüttungen ziemlich genau für die gesamte Laufzeit vorausplanen. Für das Wort »planen« wird in den Prospekten meistens das Wort »prognostizieren« verwendet. Diese Ausschüttungen sind Ihre zu erwartenden gleichmäßigen Erträge, wenn alles so läuft wie geplant. Wie hoch die geplanten Erträge sind, hängt alleine vom Objekt ab. Es gilt aber auch hier, je geringer das Risiko, desto geringer die Erträge, je höher das Risiko, desto höher die Ertragschance. Die Ausschüttung der Erträge erfolgt meistens alle drei Monate oder vierteljährlich und ist im Verkaufsprospekt angegeben.

Wie steht es mit der Sicherheit?

Alles entscheidend ist, wer zu den Erträgen beiträgt. Was bei einem offenen Aktienfonds die einzelnen Aktiengesellschaften sind, sind bei einem geschlossenen Immobilienfonds die Mieter. Werden sie insolvent, fällt also ihre Miete aus, muss ein neuer Mieter gefunden werden. Gelingt das nicht oder nicht sofort, sinken die Mieteinnahmen und damit die geplanten Erträge. So einfach ist das. Es ist nichts anderes, als wenn Sie sich eine Eigentumswohnung kaufen und diese vermieten. Solange die Miete regelmäßig fließt, haben Sie kein Problem. Zieht Ihr Mieter oder Ihre Mieterin aus und Sie finden keinen Ersatz, haben Sie Kosten, aber keine Einnahmen. So einfach ist das. Was für Immobilien gilt, gilt ebenso für Investmentfonds von Containerschiffen und ähnlichen Investitionen. Die Erträge sind mit bestimmten zu erwartenden Frachtraten hochgerechnet. Gehen diese durch einen wirtschaftlichen Rückgang zurück, sinken die Einnahmen und damit Ihre Erträge. Eine wesentliche Sicherheit stellt jedoch das Objekt selbst dar. Sollte es tatsächlich nicht mehr ausgelastet sein, kann es durch die Investmentgesellschaft immerhin noch verkauft werden. Aus diesem Verkaufserlös erhalten Sie dann Ihren Anteil. Wie hoch der nun tatsächlich sein wird, das hängt wieder vom erzielbaren Marktpreis des Objekts ab. Aber eines ist günstig, denn hinter Ihrer Geldanlage steckt ein Sachwert, an dem Sie einen direkten Anteil haben.

Das Börsengeschehen kann Ihnen egal sein

Anteile an dieser Art von Fonds sind keine Wertpapiere, die an einer Wertpapierbörse gehandelt werden. Sie haben deshalb auch keine Wertpapierkennnummer (WKN) und keine Internationale Kennung (ISIN). Also kann Sie das oft nervige Auf und Ab an den Wertpapierbörsen auch kaltlassen. Ob nun die Aktie eines Automobilwertes, eines Chemiewertes, der gesamte DAX oder der EURO STOXX kurzzeitig verrücktspielen, das betrifft Ihren Anteil am geschlossenen Fonds nicht. Er hat keinen Kurs und keinen Rücknahmepreis.

Wo können Sie diese Fonds erwerben?

Im Normalfall wird Ihnen Ihre Bank solche Fonds anbieten. Es kann aber auch sein, dass Ihnen eine Investmentgesellschaft direkt ihre Fonds anbietet. Wenn Sie einen Fond über eine Bank erwerben, haben Sie den Vorteil, dass Ihnen der Berater oder die Beraterin die Einzelheiten deutlich erläutern muss. Im Fall des Direkterwerbs sind Sie vorwiegend auf sich alleine gestellt und auf Ihren Sachverstand angewiesen. In beiden Fällen kann es sein, dass Sie mit einem Ausgabeaufschlag rechnen müssen. Beim Vertrieb durch eine Bank beträgt er nicht selten fünf Prozent. Wenn Sie diesen Wert jedoch durch die relative lange Laufzeit teilen, dann ist dies pro Jahr relativ gering. Bei einer Laufzeit von 15 Jahren und fünf Prozent einmaliger Aufschlag, sind das pro Jahr gerade einmal 0,33 Prozent. Erschrecken dürfen Sie auch nicht, wenn Sie die Mindestanlagesummen lesen. Sie betragen im geringsten Fall 5 000 Euro, was aber schon eher die Ausnahme darstellt. 10 000 Euro und mehr sind hier ganz normale Beträge.

Diese Fonds brauchen kein Depot

Sie sind genügsame Zeitgenossen. Da sie keine Effekten sind, brauchen sie auch kein Depot bei einer Bank oder einer Depotbank. Es entstehen für Sie daher auch keine Depotgebühren. Das eingezahlte Geld wird durch eine Treuhandgesellschaft auf besonderen Konten verwaltet. Darunter versteht man eine eigene Gesellschaft, die durch die Investmentgesellschaft beauftragt wurde. Ein sogenannter Treuhänder muss bestimmte Eigenschaften aufweisen, wie Sachkunde, Vertrauenswürdigkeit, Gewissenhaftigkeit und er muss die Bestimmungen des Bürgerlichen Gesetzbuches (BGB) beachten. Wie immer gibt es natürlich auch hier keine vollständige Sicherheit. Im deutschen Rechtsrahmen können Sie sich aber weitgehend sicher zurücklehnen und auf die ordnungsgemäße Abwicklung vertrauen. Wenn Sie nun glauben, das ist alles umsonst, liegen Sie schon wieder einmal leicht daneben. Diese Treuhandgesellschaften arbeiten nicht umsonst. Die Kosten für Ihre Tätigkeit sind jedoch in der Kostenrechnung der Investmentgesellschaft bereits enthalten, die auch die Grundlage für Ihren geplanten Ertrag bildet. Sie brauchen demnach keine Bedenken zu haben, dass Sie von Ihrem Ertrag noch etwas für diese Verwaltung abgeben müssen oder gar eine Rechnung erhalten.

Ende gut – alles gut?

Das ist zu hoffen, denn am Ende der Laufzeit steht immer noch eine Immobilie da, es schwimmt ein Schiff herum, es fliegt ein Airbus durch die Gegend oder es liefert ein Windpark Energie. Nicht vergessen, Ihr Geld steckt in diesen Objekten. Wenn Sie dieses Geld wiedersehen sollen, dann muss Ihnen die Investmentgesellschaft das Geld zurückgeben. Das wiederum kann sie nur, wenn sie es auch tatsächlich hat. Dazu muss sie das Objekt verkaufen oder selbst übernehmen und weiter betreiben. Wenn alles nach Plan verläuft, wird das kein Problem sein und Sie erhalten Ihr eingesetztes Geld zurück. Wenn Sie Glück haben und der Verkaufserlös entsprechend hoch ist sogar mit einem Aufschlag. Es kann aber auch sein, dass die Gesellschaft die Laufzeit des Fonds verlängert, weil die Verkaufsbedingungen momentan ungünstig sind. Diese Möglichkeit muss im Verkaufsprospekt ausdrücklich angegeben sein. Man bezeichnet das als Verlängerungsoption, es ist also ein Wahlrecht. Nun kann es natürlich durchaus passieren, dass beim nächsten Verkaufszeitpunkt ein Verkaufserlös erzielt wird, der unterhalb der Planung liegt. Wenn das der Fall ist, dann müssen Sie tatsächlich mit einem geringeren Rückzahlungsbetrag rechnen. In diesem Fall ist »Ende nicht gut« oder zumindest nicht ganz gut. Das tatsächliche Ende kann Ihnen niemand vorhersagen, denn auch bei dieser etwas anderen Geldanlage versagen Zauberer und Wahrsager.

Geschlossene Investmentfonds im Check

☒ Sicherheit – Liquidität – Rendite?

Sicherheit	Sie sind mit Ihrem Geld an Sachwerten beteiligt und damit unabhängig vom Börsengeschehen. Wichtig ist die Bonität der Investmentgesellschaft und die Nachhaltigkeit der Investition, für die das Geld verwendet wurde.
Liquidität	Eine Rückgabe der Anteile ist im Normalfall ausgeschlossen. Ob ein Verkauf auf einem Drittmarkt erfolgen kann, ist ungewiss.
Rendite	Die Rendite ist abhängig von der Art des Fonds und der Marktentwicklung bzw. der Erfüllung der Prognose.

☒ Ziele und Beweggründe für diese Geldanlage
- Langfristig gleichmäßige Erträge, die höher sind als bei langfristigen Anlagen in Wertpapieren.
- Möglicher zusätzlicher Gewinn beim Verkauf des Objekts am Ende der Laufzeit.
- Inflationssichere Anlage, ohne in ein Einzelobjekt, zum Beispiel eine eigene Immobilie, zu investieren.
- Steuerliche Vorteile im Falle einer steuerbegünstigten Konstruktion des Fonds.

☒ Kosten der Geldanlage

Sie müssen mit Ausgabeaufschlägen rechnen. Die Investmentgesellschaften berechnen außerdem Verwaltungsgebühren.

☒ Andere Bezeichnungen für diese Art der Geldanlage

Geschlossene Investmentfonds werden auch mit dem englischen Begriff »Closed-End-Funds« bezeichnet.

☒ **Steuer**

Dieses Mal bleiben Sie von der Kapitalertragsteuer (Abgeltungsteuer) verschont. Wenn Sie sich aber schon gefreut haben, dass Sie sich vielleicht in einer Steueroase befinden, dann werden Sie jetzt vermutlich enttäuscht sein. Dass Sie keine Kapitalertragsteuer bezahlen müssen, hängt mit der Tatsache zusammen, dass Sie bei diesen Fonds keine Kapitalerträge erzielen. Was dann? Sie sind an einem Objekt beteiligt, nicht vergessen. Für dieses Objekt erhalten Sie, wenn auch indirekt, Mieteinnahmen. Alles klar jetzt? Sie sind damit gewissermaßen Vermieter oder Vermieterin. Es wäre ja zu schön, aber Mieteinnahmen müssen nun mal versteuert werden. Sie unterliegen als Einkünfte aus Vermietung und Verpachtung der ganz normalen Einkommensteuer. Jetzt aber nicht mit pauschal 25 Prozent Abgeltungsteuer, sondern mit Ihrem persönlichen Steuersatz. Wie hoch der tatsächlich ist, das können Sie Ihrer letzten Steuermitteilung Ihres Finanzamtes entnehmen. Geschlossene Fonds werden oft als Steuersparmodelle oder steuersparende Anlagen angepriesen. In welchem Umfang dies der Fall ist und ab welchem Einkommensteuersatz sich für Sie als Anleger oder Anlegerin tatsächlich ein Steuervorteil ergibt, hängt von der Konstruktion des Fonds ab. Hier sollten Sie sich sehr genau informieren, bevor Sie sich zu einer Anlage entschließen. Was Sie aber unbedingt wissen müssen, das ist Ihr persönlicher Einkommensteuersatz. Dabei ist eigentlich der momentane relativ uninteressant. Was Sie brauchen, das ist der Steuersatz für die Jahre der Anlage. Hier beginnt das Problem, denn den können Sie oder Ihr Steuerberater nur vermuten. Es sei denn, Sie bewegen sich Ihr ganzes Leben an der Höchstgrenze. Dann haben Sie es in der Tat einfach, Gratulation.

Vergleich der beiden Investmentfonds

Eine kurze Gegenüberstellung zur endgültigen Klarstellung, dass diese beiden, außer ihrem Nachnamen, von ihrer Art her nichts gemeinsam haben.

Merkmal	offener Investmentfond	geschlossener Investmentfond
Anlagebetrag	geht in das Sondervermögen ein	geht in das Vermögen der Investmentgesellschaft ein, wird aber durch einen »Treuhänder« auf besonderen Konten verwaltet
Verwendung Ihrer Anlagebeträge	Erwerb von Wertpapieren, Anlage auf Bankkonten, Erwerb von Immobilien	Erwerb von Immobilien, Schiffen, Flugzeugen und anderen Objekten

Merkmal	offener Investmentfond	geschlossener Investmentfond
Ihre Eigenschaft der Anleger oder Anlegerin	Sie erwerben einen Bruchteil am Sondervermögen der Investmentgesellschaft, das sich aus mehreren Anlagen zusammensetzt.	Sie erwerben einen Anteil an dem Objekt, das durch Ihre Einlage finanziert wird.
Art Ihrer Erträge gemäß Einkommensteuergesetz	Einkünfte aus Kapitalvermögen	Einkünfte aus Vermietung und Verpachtung
Veränderung des Fondsvermögens	Laufende Veränderung durch Zugang und Abfluss von Anteilen und durch Wertveränderungen	Keine Veränderung
Anlagezeitraum	meist unbegrenzt	feste Laufzeit, eventuell mit Verlängerungsoption
Fristigkeit der Anlage	kurz-, mittel- oder langfristig, je nach Art des Fonds, jedoch ohne Vorgabe durch die Investmentgesellschaft	langfristig
Handelbares Wertpapier (Effekte)	ja	nein
Rückzahlung	Sie ist täglich garantiert.	am Ende der geplanten Laufzeit bzw. am Ende der verlängerten Laufzeit

Und zum Schluss ... was Sie vielleicht sonst noch interessiert

›Halb und Halb‹ – ein besonderes Angebot der Banken

Wenn Sie »halb und halb« lesen, dann denken Sie vielleicht an Knödel, halb roh und halb gekocht oder eine Apfelschorle, halb Mineralwasser und halb Apfelsaft. Da Banken keine Gastronomiebetriebe sind, muss es also etwas anderes sein. Das ist es auch. Was halten Sie von einem Angebot dieser Art:

> Unser besonderes Angebot zum Frühlingserwachen
>
> Sie investieren 50 Prozent Ihres Anlagebetrages in ein Festgeld, das wir für vier Monate mit 4 Prozent verzinsen. Die andere Hälfte legen wir für Sie in einen Investmentfond Ihrer Wahl an.

Klingt doch gut, oder? Muss auch nicht schlecht sein, dieses Frühlingsbotenangebot. Nur, rechnen sollten Sie, bevor Sie Ihr liebes Geld in diese vorsommerliche Anlage stecken. Denn ernten werden Sie natürlich nicht alles, was Sie da lesen. Bedenken Sie, dass Sie in der Regel einen Ausgabeaufschlag für den Fonds Ihrer Wahl bezahlen müssen. Nehmen wir einfach an, er beträgt nur harmlose drei Prozent. Für Ihr Festgeld erhalten Sie vier Prozent. Sie wissen ja, diese Prozentangabe bezieht sich auf ein Jahr, das heißt 12 Monate. Also können Sie sich nur über ein Prozent Zinsen freuen. Wenn Sie dieses eine Prozent von dem Ausgabeaufschlag abziehen, dann beträgt Ihr Ausgabeaufschlag nur noch zwei Prozent. Wenn Sie jetzt Ihren Zinsertrag suchen, dann steckt der in den Knospen des hoffentlich aufblühenden Investmentfonds. Blüht er auf, dann hat sich das Ganze rentiert, blüht er nicht auf oder fressen die Blattläuse an seinen zarten Trieben, dann hat sich Ihr Verlust um ein Prozent verringert. Ein schwacher, aber trotzdem ein Trost.

Übersicht zur Verdeutlichung des Beispiels von einem Investmentfonds mit einem aktuellen Rücknahmepreis von 19,42 Euro:

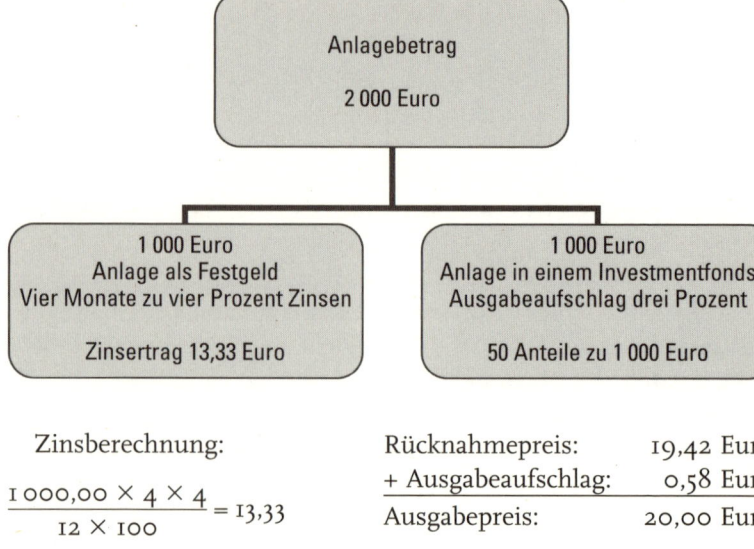

Zinsberechnung:

$$\frac{1\,000{,}00 \times 4 \times 4}{12 \times 100} = 13{,}33$$

Rücknahmepreis:	19,42 Euro
+ Ausgabeaufschlag:	0,58 Euro
Ausgabepreis:	20,00 Euro

gesamter Ausgabeaufschlag für 50 Anteile = 29,00 Euro
− Zinsertrag für das Festgeld = 13,33 Euro
restlicher Aufwand für den Ausgabeaufschlag = 15,67 Euro

Sie können auch von dem Ausgabeaufschlag mit drei Prozent die Zinsen für vier Monate abziehen und erhalten so den reduzierten Ausgabeaufschlag in Prozent:

Ausgabeaufschlag: 3,00 Prozent
− Zinsen für vier Monate: 1,33 Prozent
reduzierter Ausgabeaufschlag: 1,67 Prozent

Also, freuen Sie sich über den Zinsertrag, aber bedenken Sie immer, dass Sie damit eigentlich nur den Fonds etwas günstiger erworben haben. Wenn Sie natürlich ohnehin einen Investmentfonds erwerben wollten und Ihre Bank bei Ausgabeaufschlägen nicht verhandlungsfreudig ist, dann ist dieses Angebot für Sie vielleicht genau das Richtige, im Wonnemonat Mai.

Ein Beratungsgespräch ist kein Small Talk

Das soll es auch nicht sein. Es ist aber ein sehr großer Unterschied, ob Sie sich nun mit Ihrem Berater oder Ihrer Beraterin bei Ihrer Bank über die Anlage eines Betrages in einem Festgeld, einem Sparbrief oder einem Wertpapier unterhalten. Natürlich können Sie in allen drei Fällen dabei gemütlich einen Espresso genießen. Entspannter geht es jedenfalls zu, wenn es nicht um Wertpapiere, sondern um Anlagen auf Konten geht. Dann muss Ihr Gegenüber auch keinen Beratungsbogen ausfüllen. Er oder sie muss es aber, wenn Sie erstmals Wertpapiere kaufen wollen oder sich Ihr persönliches Risikoprofil seit dem letzten Gespräch verändert haben sollte.

Es entsteht ein Vertrag

Eine ganz normale Situation. Sie wollen Ihr finanzielles Problem, auch wenn es vielleicht gar kein tatsächliches ist, nicht alleine im stillen Kämmerchen bei Kerzenschein und Zauberkugel lösen. Also gehen Sie zu einem Berater oder einer Beraterin bei einer Bank. Stellen Sie sich vor, Sie gehen zu einem Autohändler und lasen sich über ein neues Modell informieren und beraten. Sie werden vielleicht mit einem Kaufvertrag das Haus verlassen, vielleicht aber nur mit einem farbigen Prospekt und vielen Angaben, die Sie vielleicht überhaupt nicht verstehen. Selbst wenn Sie der Verkäufer nicht ausreichend beraten haben sollte und Sie nachträglich mit Ihrem Schicksal hadern, dass Sie dieses Modell besser nicht gekauft hätten, bleibt Ihnen nur das heimliche Jammern. Sie werden wohl kaum eine Chance haben, den Kaufvertrag aus diesem Grund nachträglich rückgängig zu machen, wenn der Autohändler nicht mitspielt. Zum Glück ist das bei Bankgeschäften inzwischen anders. Bei einem Beratungsgespräch kommt tatsächlich bereits ein Vertrag zustande. Sie müssen deswegen vorher keinen Vertrag unterschreiben, er kommt einfach durch die Handlung, das heißt durch den beiderseitigen Willen der Beteiligten zustande. Man bezeichnet so etwas im Vertragsrecht des Bürgerlichen Gesetzbuches als schlüssiges Handeln. Das ist nichts Ungewöhnliches. Stellen Sie sich vor, Sie stehen in einem Brauhauslokal in der Kölner Altstadt. Sie haben das erste kleine Kölsch noch nicht richtig hinter sich und schon steht ein neues, ein frisches da. Der aufmerksame und geschäftstüchtige Kellner mit traditioneller blauer Schürze, auch Köbes genannt, hat es Ihnen ohne direkte Aufforderung kredenzt. Sie sagen nur freundlich danke und gönnen sich auch dieses kleine Bierchen. Wenn Sie jetzt meinen, dass Sie das nicht bezahlen müssten, da Sie es ja nicht ausdrücklich bestellt hätten, irren Sie. Sie haben rechtlich einen Vertrag geschlossen und zwar einen Kaufvertrag, der durch schlüssiges Handeln zustande gekommen ist. Juristen bezeichnen das Ganze noch etwas anders, nämlich als konkludentes Handeln. Egal, zwischen Ihrem Berater und Ihnen ist also ganz stillschweigend ein Vertrag zustande gekommen. Es ist kein Kaufvertrag, denn Sie kaufen ja nichts. Es ist ein Beratungsvertrag. Da Verträge verpflichten, ist nun das Kreditinstitut, vertreten durch den Berater oder die Beraterin, ebenfalls zu bestimmten Handlungen verpflichtet. Diese Handlungen regelt das Wertpapierhandelsgesetz (WpHG).

Alles muss dokumentiert werden

Nach dieser Vorschrift muss Sie Ihr Berater oder Ihre Beraterin über Ihre bisherigen Erfahrungen und Kenntnisse in Anlagen mit Wertpapieren und Ihre Anlageziele befragen. Und nicht genug damit, denn jetzt könnte man meinen, es kommt einem Verhör gleich. Sie sollen nun Ihre finanziellen Verhältnisse offenbaren. Na ja, soweit Sie keine anderen Bankkontakte haben, ist ohnehin alles klar. In Ihrem Kundenstammsatz ist alles gespeichert, was Sie bei diesem Institut angelegt haben oder welche Kredite Sie aufgenommen und noch nicht zurückgezahlt haben. Auf die anderen Angaben muss er oder sie eben vertrauen, dass Sie diese richtig angeben. Sollten Sie zum Snobismus neigen und an Ihre tatsächlichen Ersparnisse ein paar Nullen anhängen, die gar nicht vorhanden sind, wäre das umgekehrt auch nicht gerade gut. Alles, was Sie angeben, muss dokumentiert werden. Die Dokumentation erfolgt in einem Beratungsbogen. In diesem Beratungsbogen sind Antwortmöglichkeiten vorstrukturiert, die man bei der Beratung aufgrund Ihrer Angaben entsprechend ankreuzt oder einträgt.

In Kurzform hat ein Beratungsbogen folgende Inhalte:

Persönliche Daten	Name, Vorname, Geburtsname, Geburtsort, Familienstand, Beruf, Ausbildung, frühere Berufe
Wertpapiererfahrungen und Wertpapierkenntnisse	Hier werden von Ihnen Angaben zu den einzelnen Wertpapierarten, also Rentenwerten, Aktien, Investmentfonds und anderen Anlageformen, verlangt. Zu diesen anderen Anlageformen zählen zum Beispiel auch Genussscheine, Optionsanleihen oder Aktienanleihen.
	Sie sollen angeben, ob Sie diese Anlageformen kennen, welche Sie bereits vorgenommen haben und gegebenenfalls seit wann.
	Diese Aussage ist die Grundlage, um Ihr persönliches Risikoprofil festzulegen.
Anlageziele	Um nicht nur ein Produkt zu verkaufen, sondern tatsächlich ein Anlageproblem zu lösen, ist diese Angabe unerlässlich. Beschränken Sie sich bei der Auswahl. In vielen Beratungsbögen müssen Sie sich sogar auf eine Angabe beschränken. Dabei sollte es sich um Ihr wichtigstes und vorrangiges Ziel handeln.
	Ziele können sein: • Altersvorsorge, • Familienvorsorge, • Vermögenswachstum, • Vermögenssicherung, • Vermögensaufbau, • regelmäßige Einnahmen, • kurzfristige Gewinnmitnahmen, • steuerliche Vorteile.
Umfang der Geschäfte	Dabei geht es um die geplante Betragshöhe von Wertpapieraufträgen und die durchschnittliche Anzahl in einem Zeitabschnitt, meistens ein Jahr.
	Außerdem ist oftmals die Frage dabei, ob Sie bereits Kredite aufgenommen haben oder aufnehmen möchten, um Wertpapiergeschäfte zu tätigen.
Anlagehorizont	Hier sollen Sie ganz einfach Ihre Vorstellung angeben, wie lange Sie meinen, Ihr Geld anzulegen.
	Eine Möglichkeit wäre die Abstufung • bis zu einem Jahr, • von einem bis zu drei Jahren, • von drei bis zu fünf Jahren, • von fünf bis zu zehn Jahren, • länger als zehn Jahre.

Finanzielle Verhältnisse	Jetzt müssen Sie Farbe bekennen. Es geht um Ihre Einkünfte und Ihr Vermögen.
	• Regelmäßige Einkünfte als Arbeitnehmer, Selbstständiger, aus Vermietung und Verpachtung, aus Kapitalvermögen oder Sonstigem. • Vermögenswerte einschließlich Wertpapieren, Immobilien und sonstigen Anlagen. • Verbindlichkeiten bei Kreditinstituten, Leasinggesellschaften oder sonstigen Kreditgebern. • Ausgaben pro Monat und Jahr für Lebenshaltungskosten, Miete, Verpflichtungen aus Darlehen und Sonstigem. • Frei verfügbares Einkommen pro Monat und Jahr für neue Anlagen in Wertpapieren.

Das Ergebnis ist Ihr persönliches Risikoprofil, das Gegenstand dieses Beratungsbogens ist. In dieser Aufstellung sind die Wertpapiere aufgeführt, die Ihrer persönlichen Risikoeinschätzung entsprechen. Und genau um diese geht es jetzt. Denn nur diese darf man Ihnen dann anbieten und verkaufen. Sollten Sie bei Ihren Angaben also etwas übertrieben haben und Ihrem Berater oder Ihrer Beraterin ein »X für ein U« vorgemacht haben, dann dürfen Sie sich auch später nicht beschweren, wenn Sie nervige Wertpapiere im Depot haben, die überhaupt nicht zu Ihrem Typ passen.

Beispiel für ein mögliches Risikoprofil:

	Risikoklasse A	Risikoklasse B	Risikoklasse C	Risikoklasse D
Typ des Anlegers bzw. der Anlegerin	Sicherheitsorientiert	Ertragsorientiert	Wachstumsorientiert	Risikoorientiert
Bereitschaft für folgende Risiken	nur kleine Kursschwankungen, Kurs-Verluste möglichst vermeiden	moderate Kursschwankungen und sehr geringes Bonitätsrisiko der Emittenten, tatsächliche Kursverluste aber möglichst vermeiden	höhere Kursschwankungen und geringes bis höchstens mittleres Bonitätsrisiko der Emittenten; Anlagen im Währungsbereich; Kursverluste sind nicht ausgeschlossen	hohe Kursschwankungen und hohes Bonitätsrisiko der Emittenten; vorübergehende oder dauerhafte Kursverluste einschließlich Einbußen und Totalverlust des Kapitals; Anlagen im Währungsbereich

	Risikoklasse A	Risikoklasse B	Risikoklasse C	Risikoklasse D
Vorrangiges Anlageziel	Werterhaltung der Geldanlage	Erzielung von Erträgen ohne wesentliches Verlustrisiko	Erzielung von Erträgen, deren Renditen über dem üblichen Marktniveau liegen	Erzielung von Erträgen, deren Renditen erheblich über dem Marktniveau liegen
Mögliche Wertpapierarten	Bundeswertpapiere, öffentliche Pfandbriefe, Geldmarktfonds	Bundeswertpapiere, Pfandbriefe, Unternehmensanleihen mit sehr guter und guter Bonität und Laufzeiten bis zu fünf Jahren, Rentenfonds mit breiter Streuung, Garantiezertifikate von Emittenten mit sehr guter Bonität	Unternehmens- und Staatsanleihen mit guter bis mittlerer Bonität in Euro und Auslandswährungen und Laufzeiten auch über fünf Jahre, deutsche und internationale Aktienfonds, Genussscheine von Emittenten mit guter Bonität, Zertifikate ohne Ausfallrisiken, Aktienanleihen von Emittenten und Basiswerten mit sehr guter oder guter Bonität	Aktien aller Länder, Aktienanleihen ohne Einschränkung, alle Zertifikate, Unternehmensanleihen ohne Laufzeitbegrenzung, Fremdwährungsanleihen, Anleihen von Emittenten mit mäßiger Bonität, Optionsscheine

Das Ergebnis, also das Beratungsprotokoll, wird am Ende dieser Prozedur von Ihrem Berater oder Ihrer Beraterin und von Ihnen persönlich unterschrieben. Ein Exemplar erhalten Sie sofort für Ihre Unterlagen.

> *Tipp:*
> Bewahren Sie dieses Dokument sehr gut auf. Es könnte durchaus sein, dass Sie es irgendwann einmal als Beweisstück benötigen.

Die Bank haftet bei Fehlberatungen

Es ist eine Art Versicherung. Aber Sie wissen ja hoffentlich, Ihre Gebäudeversicherung bezahlt eine abgeknickte Antenne auch erst ab Windstärke acht und nicht bei jedem lauen Lüftchen. Genauso ist es hier auch. Dieser Beratungsbogen sichert Sie nicht vor Risiken bei Anlagen innerhalb Ihrer Risikoklasse. Wenn Ihre Aktien in den Keller rutschen, weil die Zeiten momentan eben nicht gut sind und Sie als wachstumsorientierter Kunde einsortiert sind, dann haben Sie Pech. Glück hätten Sie nur gehabt, wenn Sie als sicherheitsorientierter Kunde registriert wären und man Ihnen Aktien zum Kauf empfohlen hätte. In diesem Fall könnten Sie das beständige Rutschen nach unten relativ gelassen mitverfolgen. Genau das ist es nämlich. Ihre Bank haftet jetzt für Beratungsleistungen, die sie schuldhaft und fehlerhaft vorgenommen hat. Das ist auf jeden Fall gegeben, wenn man Ihnen gegenüber Anlageempfehlungen ausspricht, die Ihrem persönlichen Risikoprofil nicht entsprechen. Wenn das der Fall ist, haben Sie einen Anspruch auf Ersatz des entstandenen Schadens.

Sie sind zu den Angaben nicht verpflichtet

Natürlich sind Sie nicht verpflichtet, alles oder überhaupt etwas anzugeben, was man von Ihnen wissen möchte. Da es aber um Ihr Geld geht, sollten Sie es doch sorgfältig tun, denn wie soll jemand einen vernünftigen Anlagevorschlag erarbeiten, wenn er oder sie nur die Hälfte kennt oder vielleicht sogar noch weniger? Wenn Sie unvollständige Angaben machen oder zu den Totalverweigerern gehören, dann wird wohl keine Beratung zustande kommen. Wenn Sie eine oder mehrere Angaben nicht machen möchten, zum Beispiel über die Höhe Ihrer Einkünfte, dann muss das im Beratungsbogen eindeutig vermerkt werden. Ist das der Fall, darf Ihre Bank Ihnen gegenüber keine Anlageempfehlungen abgeben. Das heißt, es wird keine Beratung stattfinden können. Wenn Sie trotzdem Kaufaufträge vornehmen möchten, dann können Sie das durchaus machen. Sie müssen einen Kaufauftrag ohne Beratungsleistung erteilen. Dieser Hinweis wird bei jedem Auftrag gespeichert. Hierzu gibt es natürlich auch wieder einen englischen Begriff, nämlich »Execution only«.

Ihre Bank ist durch diese Auftragserteilung jedoch von jeder Haftung wegen einer eventuellen Fehlberatung befreit.

Sicherung Ihrer Einlagen und Anlagen – Vollkasko oder nur Kasko?

Sind meine Einlagen und Anlagen garantiert? Diese Frage werden sich vermutlich Millionen von Anlegern und Anlegerinnen stellen, wenn sie ihr liebes Geld einer Bank zur Anlage überlassen. Um diese Frage richtig zu beantworten, muss man aber zuerst einmal klären, was Einlagen und Anlagen tatsächlich sind und in welchem Fall eigentlich etwas garantiert werden soll. Um einem weit verbreiteten Missverständnis gleich vorzubeugen, Wertpapiere sind keine Einlagen. Also ist die Antwort sehr einfach. Einlagen sind zunächst alle Gelder, die Sie bei einer Bank auf Konten als täglich fällige Guthaben (Girokonten und Tagesgeldkonten), als Festgeld oder als Spareinlage angelegt haben. Sie können sich aber freuen, denn Sparbriefe und Schuldverschreibungen, soweit diese auf Ihren Namen lauten, gehören auch dazu. Bedingung ist jedoch, dass diese Gelder in Euro oder in der Währung eines Staates, der dem Europäischen Wirtschaftsraum angehört, angelegt wurden. Sie können also Ihre Gelder in den Euro-Ländern und in den Währungen der EU-Länder ohne Euro sowie Liechtensteins, Norwegens und Islands anlegen, um den Schutz zu genießen[33]. Eine EU-Land, aber kein Euro-Land ist zum Beispiel Dänemark. Eine Anlage in der dort gültigen Landeswährung, also dänische Kronen, genießt den gleichen Schutz wie eine Anlage in Deutschland oder Frankreich. Wenn Wertpapiere keine Einlagen sind, dann sind es vielleicht Anlagen? Das ist richtig, betrifft aber nur solche Wertpapiere, die Ihre Bank ausgegeben und an Sie verkauft hat. Meist handelt es sich um Inhaberschuldverschreibungen in Form von Anleihen oder Zertifikaten. Sie sind also Gläubiger. Hier könnte es vielleicht etwas eng werden, da diese eventuell nur teilweise gesichert sind. Keine Sorgen brauchen Sie sich um Wertpapiere und Investmentfonds anderer Emittenten zu machen, die Ihre

---

[33] Rechtsstand 2011

Bank auf Ihrem Depotkonto für Sie verwaltet. Diese würden im Falle eines Falles einfach auf ein Depotkonto bei einer anderen Bank umgebucht. Auch wenn Sie noch Ansprüche aus soeben getätigten Wertpapierverkäufen oder aus deren Zinszahlungen haben sollten, werden Sie diese Gutschrift garantiert erhalten.

Wann tritt der Garantiefall nun ein? Diese Garantie hat auf jeden Fall nichts mit Wertveränderungen Ihrer Einlagen zu tun. Wenn die Zinsen für Ihr Tagesgeldkonto sinken, dann haben Sie natürlich keinen Anspruch auf einen Ausgleich des Zinsverlustes. Es geht bei der Garantie nur um den Insolvenzfall Ihrer Bank. Insolvenz ist übrigens der seit 1994 exakte Begriff für den vorher gebräuchlichen Begriff Konkurs. Er wird leider immer noch verwendet wie die völlig unsachgemäßen Bezeichnungen Pleite oder Bankrott. Wenn also der Fall eintreten sollte, dass Ihre Bank wegen Zahlungsunfähigkeit oder Überschuldung zwangsweise aufgelöst werden müsste, dann erhalten Sie Ihr Geld in der garantierten Höhe zurück. Ihre Wertpapiere, die auf Ihrem Depotkonto eingebucht sind, haben mit einer Insolvenz ohnehin nichts zu tun, da sie nur durch Ihre Bank verwaltet werden.

Garantieeinrichtungen

Die Garantie der Einlagen ist im deutschen Bankenwesen nichts absolut Neues. Es gibt aber erst seit dem 1. August 1998 eine gesetzliche Grundlage. Die Kreditinstitute hatten allerdings schon vorher entsprechende Sicherungen ihrer Institute oder ihres Verbandes im Programm. Im Jahre 1998 trat das Einlagensicherungsgesetz und Anlegerentschädigungsgesetz, kurz »EAEG«, in Kraft. Ende 2010 erfolgte dann eine wesentliche Änderung, die seit dem 1. Januar 2011 gilt.

Die Institutssicherung umfasst alle Sparkassen, Landesbanken sowie Volks- und Raiffeisenbanken. Sparkassen und Landesbanken bilden einen gemeinsamen Fonds mit entsprechenden Sicherungsreserven. Alle Volks- und Raiffeisenbanken gehören einem Garantiefonds ihres Bundesverbandes an. Diese Haftungsgemeinschaften werden nicht erst dann aktiv, wenn der Finanzblitz eingeschlagen haben sollte, sondern bereits dann, wenn sich dunkle Wolken über einem Institut abzeichnen.

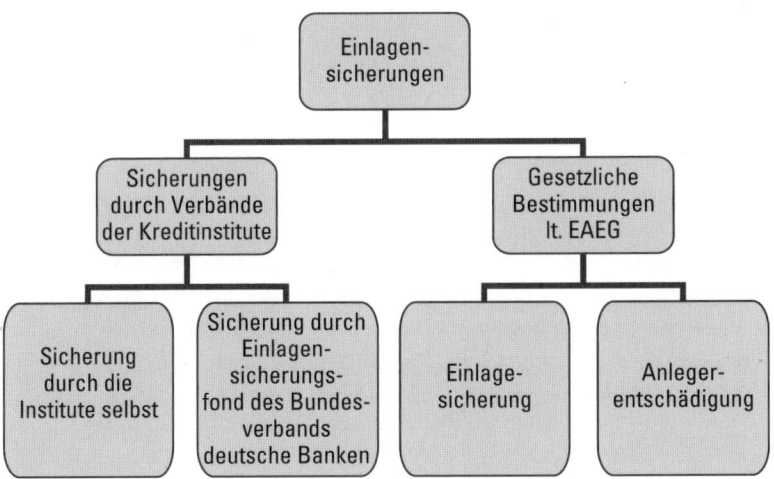

Der Einlagensicherungsfond des Bundesverbandes deutscher Banken ist eine freiwillige Einrichtung, dem eine Bank nicht angehören muss. Eine große Anzahl deutscher Banken ist jedoch Mitglied in dieser Einrichtung[34]. Es geht hier um Kreditbanken. Unter dem Begriff Kreditbanken vereint man alle Kreditinstitute, außer Sparkassen, Landesbanken und Genossenschaftsbanken. Auch diese Gemeinschaft wartet nicht bis tatsächlich etwas passiert ist, sondern reagiert bereits im Vorfeld eines drohenden Finanzgewitters.

Der gesetzliche Schutz Ihrer Einlagen und Anlagen wird durch den Staat garantiert. Er hat nichts mit einer speziellen Bank oder Sparkasse zu tun und tritt dann ein, wenn tatsächlich etwas passiert sein sollte. Diese Sicherungseinrichtung ist für die Banken nicht freiwillig. Ihr müssen alle deutschen Banken gemäß Gesetz (EAEG) angehören. Sparkassen, Landesbanken und Genossenschaftsbanken sind davon ausgenommen, soweit sie einer eigenen Institutssicherung angehören.

Soviel können Sie erwarten

Die gesetzliche Garantie für Einlagen beträgt seit dem 1. Januar 2011 100 000 Euro je Anleger oder Anlegerin.

[34] Im Jahr 2011 waren es 170 Banken.

Ihre Anlagen in Wertpapieren, die Ihre Bank selbst ausgegeben und an Sie verkauft hat, sind zu neunzig Prozent, jedoch höchstens mit 20 000 Euro gesichert.

Beispiel:

> Angenommen, Sie wären Kunde der Südbank, die insolvent wird. Sie haben eine Stufenzinsanleihe mit 25 000 Euro der Südbank, eine Anleihe der Automobil AG mit 30 000 Euro und 500 Aktien der Solar AG in Ihrem Depot bei der Südbank.
>
> Sowohl die Anleihe über 30 000 Euro, als auch die 500 Aktien werden auf ein Depotkonto bei einer anderen Bank übertragen. Hier passiert überhaupt nichts.
>
> Sie sind mit Ihrer Stufenzinsanleihe aber Gläubiger der Südbank und die Südbank hat eine Verbindlichkeit in Höhe von 25 000 Euro an Sie. Sie haben nämlich Anspruch auf den Nennwert. Da haben wir schon den Fall. Gesetzlich sind 20 000 Euro gesichert. 5 000 Euro sind zunächst ungewiss.
>
> Geben Sie die Hoffnung aber deswegen nicht auf, die Rettung naht.

Sollte diese Garantiesumme für Ihre gefährdete Einlage oder Anlage nicht ausreichen, können Sie mit einer vollen oder teilweisen Entschädigung durch den freiwilligen Einlagensicherungsfonds des Bundesverbandes deutscher Banken rechnen. Zusätzlich haben sich eine ganze Reihe von Banken und Sparkassen freiwillig zu einer hundertprozentigen Sicherung Ihrer Einlagen verpflichtet. Wenn das der Fall ist, können Sie also ruhig schlafen, denn Ihr liebes Geld ist ohne Begrenzung auf einen bestimmten Betrag gesichert. Sollten Sie die deutsche Bankenlandschaft aber verlassen und Ihr Geld bei einer Bank innerhalb Europas anlegen, können Sie auch davon ausgehen, da in den Staaten der Europäischen Union die gleiche gesetzliche Sicherung vorhanden ist. Diese Vorschrift basiert auf einer EG-Richtlinie, die von jedem Mitgliedsstaat umgesetzt wurde. Ist ja auch logisch, Konkurrenz lässt Flügel wachsen. Verlassen Sie aber diesen Schutzraum, sollten Sie sich sehr genau erkundigen, ob in dem Lieblingsland Ihrer geplanten Geldanlage vergleichbare Rechtsverhältnisse herrschen. Gleiches gilt für die freiwillige Sicherung der Banken innerhalb der Europäischen Union. Auch die ist nicht einheitlich und nicht immer mit den deutschen Regelungen vergleichbar.

> *Tipp:*
> Informieren Sie sich sehr genau, bevor Sie Summen oberhalb dieser Grenzen anlegen, welche Sicherung die entsprechende Bank garantiert. Auskunft erhalten Sie bei der Bank selbst oder im Internet.

Sie sehen aber, so unsicher, wie Geldanlagen oft hingestellt werden, sind sie doch gar nicht. Es ist wie in der christlichen Seefahrt. Passen Sie auf wo Sie hinsegeln mit Ihrer Geldanlage. Wenn Sie die ruhigen Gewässer verlassen, kann es leicht stürmisch werden. Wenn Sie das tun, haben Sie wohl eine Chance auf höhere Renditen, wenn Sie in einen Finanzsturm geraten, könnte es aber sein, dass Ihr Bötchen mit Ihrem schönen Geld einfach ganz leise untergeht und nie mehr auftaucht.

Benötigen Sie eine mündelsichere Anlage?

Mündelsicher sind Anlagen, die für eine Person vorgenommen werden dürfen, die nicht selbstständig handlungsfähig ist. Diese eingeschränkte Handlungsfähigkeit kann altersbedingt oder die Folge einer körperlichen Einschränkung sein. Personen dieser Art werden als Mündel bezeichnet. Es kann sich um ein minderjähriges Kind handeln, das bei einem Unfall beide Eltern verloren hat oder eine volljährige Person, die wegen zeitweise geistiger Schwäche ihre Geschäfte nicht alleine erledigen kann. Gesetzlich geregelt ist dies im Bürgerlichen Gesetzbuch (BGB) in den Paragrafen 1807 und 1808. Wenn Sie Vormund, Pfleger oder Betreuer sein sollten, dann müssen Sie diese Bestimmungen genau beachten. Geldanlagen für diesen Personenkreis müssen so erfolgen, dass kein Wertverlust stattfindet. Eine Anlage in Aktien oder Zertifikaten scheidet daher von vorneherein aus.

Das Gesetz genehmigt folgende Anlagen:
- Bundeswertpapiere,
- Anleihen und Pfandbriefe der Länder und Kommunen,
- Spareinlagen bei öffentlichen Sparkassen,
- Spareinlagen bei privaten Banken, die dem Einlagensicherungsfonds angehören,
- sichere Pfandbriefe von Pfandbriefbanken.

Es sind auch weitere Anlagen möglich, sofern das Vormundschaftsgericht dies genehmigt. Die Banken halten eine Auswahl an Anlagemöglichkeiten bereit, die für diesen besonderen Fall frei gegeben wurden.

> *Achtung:*
> Sollten Sie in die Lage geraten, solche Gelder zu verwalten und anlegen zu müssen, dann informieren Sie sich vorher sehr genau. Eine Zuwiderhandlung und Nichtbeachtung dieser Vorschriften kann Sie sehr leicht in Schwierigkeiten bringen, da Sie für die ordnungsgemäße Verwaltung dieser Gelder verantwortlich sind.

Rating – die Gutachter sprechen ihr Urteil

Haben Sie schon einmal ein gebrauchtes Fahrzeug gekauft? Sind Sie schon einmal dabei hereingefallen? Wenn das der Fall sein sollte, dann hätten Sie vorher besser einen Meister oder sogar einen Gutachter eingeschaltet, der Ihr Objekt der Begierde genau unter die Lupe nimmt und seinen Wert möglichst realistisch einschätzt. Ganz sicher sind Sie deswegen noch lange nicht, ob es nicht doch ein Fehlkauf sein wird. Aber vor offensichtlichen Mängeln wird Sie dieses Urteil mit hoher Sicherheit bewahren. Es ist zwar nicht üblich, aber man könnte sagen, der Gutachter hat ein Rating für dieses Fahrzeug erstellt. Ein englisches Wort, das sich seit Jahren in die Finanzsprache eingenistet hat und heute als Begriff schon zum Standard gehört. Wenn man es in die deutsche Sprache übersetzt, dann kommt »schätzen« oder »bewerten« dabei heraus. Genau darum geht es auch. Man versucht sowohl Emittenten, als auch die Wertpapiere selbst hinsichtlich der möglichen Risiken einzuschätzen. Bei Emittenten spricht man dann auch von Bonität. Bonität, selbst ein Fremdwort, bedeutet so viel wie die Güte und die Wahrscheinlichkeit, dass ein Schuldner seine Verbindlichkeiten pünktlich und vollständig begleicht. Diese Einschätzung nehmen spezielle Unternehmen vor, die man als Ratingagenturen bezeichnet. Das Ergebnis ihrer Einschätzung kann nur so gut sein, wie die Informationen, die ihnen vorliegen. Entscheidend dabei ist aber, dass diese Agenturen völlig unabhängig von Einflüssen anderer Personen oder Institutionen ihr Urteil abgeben. Weltweit gibt es eine ganze Reihe solcher Ratingagenturen, von denen sich drei eine Art Vormachtstellung auf dem internationalen Parkett erarbeitet haben. Es sind dies die US-amerikanischen Agenturen Moody's, Standard & Poor's und Fitch. Das Ergebnis drückt sich in einer Ratingklasse aus, die man mit den Buchstaben A bis C kennzeichnet. Die Angaben der drei Agenturen für die grundsätzliche Einschätzung sind im Prinzip gleich. Sie unterscheiden sich nur bei der Feinabstimmung durch etwas unterschiedliche Angaben.

So erhalten Sie eine Übersicht über die Einschätzung von Emittenten hinsichtlich ihrer Fähigkeit ihre Zahlungsverpflichtungen pünktlich zu erfüllen. Zahlungsverpflichtungen sind bei Wertpapieren immer Zinsen von Rentenpapieren und deren Rückzahlung.

Ratingskala der Agenturen Standard & Poor's und Moody's:

Einschätzung	Symbole[35] bei Standard & Poor's	Symbole bei Moody's
Höchste Sicherheit hinsichtlich der Zinszahlungen und der Kapitalrückzahlung.	AAA	Aaa
♦♦♦♦ Risikolose Kapitalanlage, geringstes Risiko. Hohe Sicherheit hinsichtlich der Zinszahlungen und der Kapitalrückzahlung.	AA	Aa
♦♦♦ Weitgehend risikolose Kapitalanlage. Ausgeprägte Sicherheit hinsichtlich der Zinszahlungen und der Kapitalrückzahlung. Günstiger Anlageeigenschaften, aber es ist bereits eine Anfälligkeit für Verschlechterungen in der Zukunft vorhanden.	A	A
♦♦ Überwiegend risikolose Kapitalanlage. Ausreichende Sicherheit hinsichtlich der Zinszahlungen und der Kapitalrückzahlung. Nachteilige Veränderungen in der Wirtschaft können die Zahlungsfähigkeit jedoch relativ schnell senken. Es handelt sich um eine mittlere Qualität mit spekulativer Tendenz.	BBB	Baa
♦ Kapitalanlage mittlerer Qualität mit bereits vorhandenen Risiken. Eingeschränkte Sicherheit hinsichtlich der Zinszahlungen und der Kapitalrückzahlung wegen kurzfristiger Anfälligkeit der Zahlungsfähigkeit. Die Gefahr ist noch gering, aktuelle Risiken wirken sich jedoch aus. Es handelt sich um untere Qualität mit spekulativen Ansätzen.	BB	Ba
♦ Kapitalanlage mangelnder Qualität mit noch geringen, aber bereits erhöhten Risiken.		

[35] Vgl. Gerke, W: *Börsenlexikon*, Wiesbaden 2002

Einschätzung	Symbole[35] bei Standard & Poor's	Symbole bei Moody's
Aktuell sind die Zinszahlungen und die Kapitalrückzahlung noch weitgehend gesichert, es besteht jedoch eine relativ hohe Anfälligkeit gegenüber Einflüssen, die einen Zahlungsverzug zur Folge haben können. ☝ Wegen der geringen Qualität sind Kapitalanlagen bei diesen Emittenten bereits mit erheblichen Risiken behaftet.	B	B
Es bestehen aktuelle und nachweisbare Hinweise auf einen Zahlungsverzug. Zinszahlungen und die Kapitalrückzahlung werden nur bei günstigen Bedingungen am Markt erfolgen. Eine Gefährdung ist vorhanden. ☝ ☝ Die Kapitalanlage ist bereits mit hohem Risiko verbunden.	CCC	Caa
Emittenten mit diesem Rating befinden sich in der Regel bereits im Zahlungsverzug. ☝ ☝ ☝ Die Kapitalanlage ist hochspekulativ.	CC	Ca
Es sind bereits deutliche Signale für einen Zahlungsverzug des Emittenten vorhanden und die Voraussetzungen für eine Erholung werden als sehr schlecht eingeschätzt. ☹ ☹ Es muss konkret damit gerechnet werden, dass Zinszahlungen ausfallen und die Rückzahlung von Anleihen und anderen Rentenpapieren nicht erfolgen wird. Anleihen dieser Klasse bezeichnet man auch als Junkbonds. ✋ Bei einer Kapitalanlage in solchen Papieren muss man mit dem Ausfall der Zinszahlung und der Rückzahlung rechnen. Der Ausgleich dafür sind extrem hohe Zinsen.	C	C
☹ ☹ ☹ Der Emittent hat bereits Insolvenz angemeldet. Eine Rückzahlung von Anleihen und anderen Rentenpapieren ist unwahrscheinlich.	D	keine Angabe

35 Vgl. Gerke, W: *Börsenlexikon*, Wiesbaden 2002

Zur noch genaueren Differenzierung benutzt die Ratingagentur Moody's zusätzlich die Ziffern 1,2 und 3. So steht zum Beispiel Aaa für beste Qualität mit dem geringsten Risiko, während Aa1 ein bereits etwas höheres Risiko signalisiert, insgesamt aber eine hohe Qualität bestätigt.

> ☞ *Achtung:*
> Machen Sie nie den Fehler und verlassen Sie sich blind auf die momentane Einschätzung von Ratingagenturen. Nicht, dass diese schlecht oder falsch wären, das muss nicht der Fall sein. Aber sie können sich sehr schnell verändern. Wichtig ist, dass Sie bei einer geplanten Geldanlage mit etwas höheren Beträgen nicht nur eine Einschätzung anschauen, sondern auch andere sowie eventuelle Veränderungen. Vier leuchtende Sonnen oder lachende Clowns, auch diese Symbole gibt es, garantieren noch lange keine Sicherheit. Am besten ist es, wenn Sie sich zusätzlich selbst genau informieren, schließlich ist es doch Ihr Geld.

Was sind Finanzinnovationen?

Wenn man das Wort übersetzen möchte, dann kommt in etwa »Entstehung von etwas Neuem« heraus. Also scheint es neue Finanzprodukte zu geben. So in etwa ist es auch. Wenn Sie dieses Begriff hören oder lesen, dann erstarren Sie nicht vor Ehrfurcht, es ist ganz einfach. Als Finanzinnovationen bezeichnet man grundsätzlich neue Anlagen, die bisher noch nicht am Markt vertreten waren. Neu muss aber nicht ihr Name selbst sein, sondern bestimmte Merkmale. Merkmale können zum Beispiel die angebotene Form der Risikoabsicherung oder ein gleitender Zinssatz oder eine Ausgabe unter 100 Prozent bei einem festverzinslichen Papier sein. Insofern gehören zum Beispiel dazu die Aktienanleihen, Indexanleihen mit garantierter oder teilgarantierter Rückzahlung, Floater, Null-Kupon-Anleihen (Zerobonds) oder abgezinste Sparbriefe. Ob eine Anlage eine Finanzinnovation ist oder nicht, ist im Prinzip kaum bedeutsam. Verkaufsgewinne und Erträge unterliegen seit dem 1. Januar 2009 der normalen Kapitalertragsteuer.

Die Kapitalertragsteuer knabbert an Ihren Erträgen

Die Besteuerung der Kapitalerträge ist nichts Neues. Im Einkommensteuergesetz (EStG) ist klar und eindeutig festgelegt, dass Einkünfte aus Kapitalvermögen der Einkommensteuer unterliegen. Zu diesen Einkünften zählen Zinsen, Dividenden und ähnliche Erträge sowie realisierte Kursgewinne.

So war es vorher

Bis zum 31. Dezember 2008 gab es eine geteilte Kapitalertragsteuer. Zinserträge wurden mit 30 Prozent besteuert und Dividenden mit 25 Prozent. Neben diesen ganz klaren Erträgen, gibt es bekanntlich noch andere, bei denen der Laie auf den ersten Blick nicht so richtig erkennt, ob sie mehr Zinsen oder doch etwas mehr Gewinnanteil sind. Das ist zum Beispiel bei den Genussscheinen der Fall. Verschiedene dieser Erträge wurden daher im Einzelfall mit 30 Prozent oder mit 25 Prozent besteuert. Die Kapitalertragsteuer mit 30 Prozent bezeichnete man auch als Zinsabschlagsteuer. In beiden Fällen handelte es sich um eine Steuervorauszahlung, die an der Quelle der Entstehung, also bei den Banken, abgezogen und an das Finanzamt weitergeleitet wurde. Da es sich aber um eine Vorauszahlung handelte, mussten die Kapitalerträge bei der Einkommensteuererklärung angegeben werden. Lag nun der persönliche Steuersatz der Einkommensteuer über 25 oder 30 Prozent, dann musste man Steuern nachzahlen. Lag er darunter, konnte man sich über eine Steuererstattung freuen. Da der Solidaritätszuschlag von 5,5 Prozent bei jeder der insgesamt sieben Einkunftsarten der Einkommensteuer anfällt, fällt er eben auch hier an. Wenn Sie kirchensteuerpflichtig sind, fällt für diese Einkünfte auch noch Kirchensteuer in Höhe von acht Prozent (Bundesländer Bayern und Baden Württemberg) oder neun Prozent (alle anderen Bundesländer) an. Sie wird bekanntlich ebenfalls von der Steuer berechnet. Kursgewinne, die man aus dem Verkauf bei Wertpapieren erzielte, mussten nur versteuert werden, wenn zwischen der Anschaffung und dem Verkauf weniger als zwölf Monate vergangen waren. Nach dieser Frist waren alle erzielten Kursgewinne steuerfrei. Zusätzlich gab es einen jährlichen Freibetrag von 600

Euro. Bis zu diesem Betrag waren alle Kursgewinne steuerfrei. Kursgewinne zählten auch nicht zu den Einkünften aus Kapitalvermögen, sondern zu den sonstigen Einkünften. Verluste bei Wertpapierverkäufen konnte man uneingeschränkt mit Gewinnen verrechnen. Es war völlig unerheblich, um welche Wertpapiere es sich dabei handelte. Nebenkosten der Geldanlage, wie Depotgebühren oder Kosten für den Besuch einer Hauptversammlung, konnte man von den Kapitalerträgen abziehen, wodurch sich die Steuer verminderte.

Seit 2009 ist alles anders

Seit dem 1. Januar 2009 ist nichts mehr so wie es vorher war. Eine umfassende Steuerreform hat auch die Welt der Kapitalbesteuerung grundsätzlich verändert. Sämtliche Kapitalerträge werden seit diesem Zeitpunkt mit einheitlich 25 Prozent besteuert. Kursgewinne zählen jetzt ebenfalls zu den Einkünften aus Kapitalvermögen und erleiden das gleiche Schicksal. Es gibt für sie weder eine Schonfrist von zwölf Monaten, noch einen Freibetrag. Leider können auch Nebenkosten der Geldanlage, wie Depotgebühren oder Fahrten zu einer Hauptversammlung, nicht mehr als Aufwendungen von den Kapitalerträgen abgezogen werden.

Das neue Zauberwort heißt Abgeltungsteuer

Der veränderten Kapitalertragsteuer hat man natürlich auch einen neuen Namen gegeben, sie hört jetzt auf »Abgeltungsteuer«. Diesen Namen werden Sie aber im Einkommensteuergesetz so wenig finden, wie vorher den Begriff Zinsabschlagsteuer. Es handelt sich nur um eine Art Arbeitsbegriff. Die Worthälfte »Abgeltung« soll ausdrücken, dass Sie nach dem Abzug dieser 25 Prozent Ihre Steuerpflicht für den entsprechenden Kapitalertrag erfüllt haben. Selbstverständlich behält Ihre Bank nicht nur die Steuer, sondern auch den Solidaritätszuschlag mit 5,5 Prozent ein und führt die Summe, wie gewohnt, an das Finanzamt ab.

25 Prozent – nicht mehr, aber vielleicht weniger

Freuen können Sie sich jetzt, wenn Ihr persönlicher Einkommensteuersatz oberhalb von 25 Prozent liegt. Sie müssen mit keiner

Nachforderung des Finanzamtes rechnen, da Ihre Steuerschuld damit »abgegolten« ist. Wenn Sie jetzt vermuten, dass Sie mit einem Einkommensteuersatz unter 25 Prozent benachteiligt wären, kann ich Sie beruhigen. Sie brauchen nur eine Einkommensteuererklärung bei Ihrem Finanzamt abzugeben und schon erhalten Sie die Differenz erstattet. Selbstverständlich auch den anteiligen Solidaritätszuschlag. Kein Nachteil für Sie, denn das mussten Sie vor 2009 ohnehin machen.

Kirchensteuerabzug – wenn Sie möchten, sofort

Wenn Sie kirchensteuerpflichtig sind, dann haben Sie hier zwei Möglichkeiten. Sie können die Kirchensteuer mit der Abgeltungsteuer und dem Solidaritätszuschlag durch Ihre Bank sofort abführen lassen. Wenn Sie diese Möglichkeit wählen, brauchen Sie Ihre Kapitalerträge bei Ihrer Einkommensteuererklärung nicht mehr anzugeben. Sie müssen Ihre Bank dazu jedoch beauftragen, da sie von sich aus keine Kenntnis über Ihre Kirchensteuerpflicht hat. Ihre gesamte Steuerschuld für Kapitalerträge ist damit »abgegolten«. Sie ersparen sich dadurch die Anforderung der Steuerbescheinigungen der Banken. Es sei denn, Sie erwarten eine Steuererstattung, da Ihr Steuersatz unterhalb von 25 Prozent liegt. Dann benötigen sie diese Bescheinungen trotzdem. Da die Kirchensteuer im Einkommensteuerrecht als Sonderausgabe abzugsfähig ist, vermindert sich dadurch die Bemessungsgrundlage für die Einkommensteuer. Aus diesem Grunde wird die Abgeltungsteuer sofort entsprechend vermindert. Bei einem Prozentsatz für die Kirchensteuer von neun Prozent beträgt die Abgeltungsteuer 24,45 Prozent, bei acht Prozent beträgt sie 24,51 Prozent.

Sie können auf den sofortigen Abzug allerdings auch verzichten. Dann müssen Sie Ihre Kapitalerträge auf jeden Fall in der Einkommensteuererklärung angeben. Sie benötigen dann von jeder Bank, bei der Sie Kapitalerträge erzielt haben, eine Steuerbescheinigung. Es geht Ihnen dabei nichts verloren, da die Kirchensteuer natürlich auch hier als Sonderausgabe gilt, die Ihre Steuerschuld entsprechend ermäßigt.

Verrechnung von Gewinnen und Verlusten – geht nicht immer

Ein Verlust aus einer Geldanlage, zum Beispiel aus einem Aktienverkauf, wird wohl kaum jemanden so richtig frohlocken lassen. Ein leichtes Glücksgefühl könnte aber aufkeimen, wenn man diese Verluste mit Gewinnen aus anderen Geldanlagen verrechnen könnte. Verrechnen heißt konkret, dass man die Verluste von den Gewinnen abziehen darf. Das wiederum heißt, dass man weniger Gewinne versteuern muss und das heißt schließlich, dass man weniger Steuern bezahlen muss. Das Zauberwort heißt Verlustverrechnung. Aber leider lässt sich nicht jeder Verlust so einfach wegzaubern.

Hierzu eine kleine Aufstellung:

Art des Verlustes	Verrechnungsmöglichkeiten
Kursverluste bei festverzinslichen, variabel verzinslichen Wertpapieren und Finanzinnovationen	Verrechnung • mit Zinserträgen • mit Dividenden
Kursverluste bei Investmentfonds	Verrechnung • mit Zinserträgen • mit Dividenden
Kursverluste bei Aktien	Verrechnung ausschließlich mit Kursgewinnen von Aktien

Um diese Verrechnung sicherzustellen, speichern die Banken seit dem 1. Januar 2009 in den Depotkonten die Anschaffungskosten und das Anschaffungsdatum der Wertpapiere. Anschaffungskosten setzen sich aus dem Kurs und den Nebenkosten zusammen. Nebenkosten sind sämtliche Transaktionskosten, die beim Kauf entstehen.

Ein kleines Beispiel:

Kauf von 100 Aktien der Windkraft AG zum Kurs von 12,90 Euro	= 1 290 Euro
+ Transaktionskosten	= 12,90 Euro
Anschaffungskosten	= 1 302,90 Euro
Anschaffungskosten je Aktie	= 13,029 Euro

Die Bank bucht auf dem Depotkonto einen Wert von 13,03 Euro für diesen Aktienkauf ein. Beim Verkauf einer, mehrerer oder aller Aktien dieses »Pakets« legt sie dann diesen Wert für die Berechnung von Gewinn oder Verlust zugrunde.

Der Vorteil des Alters – Altbestände bleiben geschützt

Altbestände sind Wertpapiere, die man vor dem 1. Januar 2009 gekauft hat. Für diese Bestände bleiben die Regelungen der alten

Rechtslage erhalten. Wenn Sie also zum Beispiel am 15. März 2008 eine Aktie zu Anschaffungskosten von 23,75 Euro erworben haben und diese am 17. Juni 2012 zu 26,75 Euro verkaufen, können Sie sich über einen steuerfreien Verkaufsgewinn von 3 Euro je Aktie freuen, da die Mindesthaltedauer von zwölf Monaten vollständig erfüllt ist. Gleiches gilt selbstverständlich für Rentenpapiere, Investmentfonds und andere. Sie sehen, Alter kann auch ein Vorteil sein.

 Tipp:
Wenn Sie die Möglichkeit haben, dann bunkern Sie solche Wertpapiere so lange wie nur möglich und verkaufen sie diese erst, wenn Sie einen satten Kursgewinn erwirtschaftet haben. Er ist auf jeden Fall steuerfrei, da inzwischen seit dem 31.12.2008 auf jeden Fall mehr als zwölf Monate vergangen sind.

Sollten Sie Altbestände mit Verlust verkaufen, können Sie diesen Verlust bis zum 31.12.2013 mit Verkaufsgewinnen aus Kapitalanlagen und zusätzlich mit Gewinnen aus anderen privaten Veräußerungsgeschäften verrechnen. Andere private Veräußerungsgeschäfte sind im Wesentlichen Immobilienverkäufe. Wenn Sie also zum Beispiel eine Eigentumswohnung nach acht[36] Jahren mit einem Gewinn von 30 000 Euro verkaufen und Aktien mit einem Verlust von 3 000 Euro, dann können Sie 3 000 Euro Verlust von 30 000 Euro Gewinn abziehen und Ihr zu versteuernder Immobiliengewinn beträgt nur noch 27 000 Euro. Beachten müssen Sie aber die Frist.

Die Ersatzbemessungsgrundlage – ein besonderer Fall

Was macht eine Bank, wenn Sie Ihre Wertpapiere verkaufen oder diese durch Zeitablauf fällig werden und keine Anschaffungskosten festgehalten sind? Damit kann die Bank einen Veräußerungsgewinn, also die Differenz zwischen Verkaufserlös und Anschaffungskosten, nicht ermitteln. Das kann vorkommen, wenn Sie vorher ein Depotkonto bei einer ausländischen Bank hatten und dieses auf eine deutsche Bank übertragen ließen. Es kann auch sein, dass Sie ein Glückspilz sind und Wertpapiere als ein Geschenk zu Ostern oder Weih-

---

[36] Gewinne aus Immobilienverkäufen sind nach zehn Jahren steuerfrei.

nachten erhalten haben. Vielleicht haben Sie auch Wertpapiere geerbt. Wenn die abgebende Bank keine Anschaffungskosten gespeichert hatte, sind sie auch jetzt nicht vorhanden. Wenn Sie jetzt diese Wertpapiere verkaufen sollten oder wenn sie einfach durch Zeitablauf fällig werden, muss Ihre Bank pauschal 30 Prozent des Wertes mit der Kapitalertragsteuer (Abgeltungsteuer), dem Solidaritätszuschlag und eventuell der Kirchensteuer besteuern. Das ist unerfreulich für Sie. Eine Chance bleibt Ihnen aber. Sie können dieses unerfreuliche Ergebnis in Ihrer Einkommensteuererklärung korrigieren. Dazu müssen Sie aber die tatsächlichen Anschaffungskosten nachweisen, was vermutlich nicht so einfach sein wird. Sollten Sie noch Kaufabrechnungen in Ihrem dicken Finanzordner abgeheftet haben, dann sind Sie ein Glückspilz.

Steuerbescheinigung und Erträgnisaufstellung – Pflichtprogramm und Kür

Es handelt sich dabei um zwei Serviceleistungen Ihrer Bank.

Die Steuerbescheinigung benötigen Sie dann, wenn Sie Ihre Kapitalerträge in der Anlage KAP Ihrer Einkommensteuererklärung angeben müssen. Das ist immer der Fall, wenn Sie kirchensteuerpflichtig sind und auf den Sofortabzug der Kirchensteuer verzichtet haben. Es ist aber auch dann sinnvoll, wenn Sie einen Einkommensteuersatz unterhalb von 25 Prozent vermuten und deshalb eine Steuererstattung wegen zuviel bezahlter Kapitalertragsteuer (Abgeltungsteuer) erwarten. Diese Steuerbescheinigung muss Ihre Bank ausstellen. Ob Sie diese nun per traditionelle Post erhalten oder auf der Homepage der Bank abrufen müssen, liegt in der Entscheidung Ihrer Bank. Wichtig ist nur, dass Sie diese auf jeden Fall erhalten und zwar kostenlos.

> ☞ *Achtung:*
> Nicht jede Bank schickt Ihnen die Steuerbescheinigung automatisch zu. Fordern Sie diese sehr rechtzeitig an, am besten sofort im Januar. Der Servicegrad ist leider sehr unterschiedlich und in Einzelfällen immer noch alles andere als zufriedenstellend.

Die Erträgnisaufstellung ist dagegen eine eher freiwillige Serviceleistung Ihrer Bank, also eine Art Kür. Sie enthält sämtliche Erträge und Verluste, die Sie während des vergangenen Jahres durch Wertpapiere erzielt haben. Sie ist jedoch lediglich eine Aufstellung zu Ihrer Information, die auch das Finanzamt nicht fordert. Aus diesem Grund stellen die meisten Banken diese Aufstellung nicht automatisch aus. Es kann auch durchaus sein, dass Ihre Bank für die Leistung eine Gebühr verlangt.

Der Freistellungsauftrag – eine Art Schutzraum

Das Einkommensteuergesetz gewährt für Kapitalerträge eine jährliche pauschale Steuerfreiheit bis zu 801 Euro pro Person. Für Ehepaare verdoppelt sich dieser Betrag auf 1 602 Euro. Das heißt konkret, dass Alleinstehende bis 801 Euro und Ehepaare bis 1 602 Euro Zinsen, Dividenden oder Kursgewinne erzielen können und dafür keinen einzigen Euro Steuern bezahlen müssen. Dieser Freibetrag wird bei der Einkommensteuererklärung automatisch berücksichtigt. Wenn Sie dieses Geschenk aber bereits vorher in Empfang nehmen möchten, dann können Sie einen Freistellungsauftrag bei Ihrer Bank abgeben. Sie erhalten dann alle Erträge bis zu dieser Grenze ohne Abzug von Kapitalertragsteuer (Abgeltungsteuer), Solidaritätszuschlag und eventuell Kirchensteuer gutgeschrieben. Der Freistellungsauftrag gilt solange, bis Sie ihn ändern oder löschen lassen. Sie können diesen Betrag auch auf mehrere Banken aufteilen. Den Vordruck erhalten Sie von Ihrer Bank.

> ☞ *Achtung:*
> Ab dem 1. Januar 2011 gibt es eine neue Regelung. Wenn Sie vorher noch keinen Freistellungsauftrag gestellt haben, dann müssen Sie Ihre Steuer-Identifikationsnummer angeben. Diese Nummer haben Sie von Ihrem Finanzamt erhalten. Geben Sie diese Nummer nicht an, wird der Freistellungsauftrag nicht wirksam und Sie erhalten Ihre Erträge abzüglich des kompletten Steuerabzugs. Für vorher gestellte Anträge ist die Angabe vorerst nicht notwendig. Ernst wird es jedoch auch für diese Personen ab 1. Januar 2016.

> *Tipp:*
> Geben Sie am besten gleich jetzt Ihre Identifikationsnummer an, dann vergessen Sie es 2016 nicht und riskieren keinen unnötigen Abzug. Eine bereits abgezogene und einbehaltene Steuer darf Ihre Bank nachträglich nicht mehr vergüten.

Eine Nichtveranlagungsbescheinigung verschont Sie vor der Steuer

Was ist das wieder, werden Sie vielleicht fragen. Sie können es auch kürzer haben, nämlich NV-Bescheinigung. Ändert aber auch nichts. Nehmen Sie das Wort einfach so, wie es eben ist. Es handelt sich um eine Bescheinigung, die besagt, dass man »nicht veranlagt« werden will. Fragt sich nur wozu? Es hat natürlich etwas mit der Steuer zu tun. Da sich hier alles um die Einkommensteuer dreht, ist es eine Bescheinigung, dass man nicht zur Einkommensteuer veranlagt wird. Das wiederum bedeutet, dass man aktuell keine Steuer bezahlen muss. Ob uns das wirklich glücklich macht, ist eine andere Frage, denn die Formel ist ganz einfach: »Wer keine Steuern zahlen muss, hat ein geringes Einkommen.« Es handelt sich also um ein zu versteuerndes Jahreseinkommen, das unterhalb der Freigrenze der Einkommensteuer liegt. Diese Grenze beträgt aktuell 8 004 Euro für Alleinstehende und 16 008 Euro für Verheiratete. Wenn das vermutlich der Fall ist, stellt das Finanzamt auf Antrag eine NV-Bescheinigung aus. Sie gilt drei Jahre und man muss sie bei der Bank abgeben. Der Vorteil im Gegensatz zum Freistellungsauftrag ist, dass sie nicht durch einen Betrag begrenzt ist. Das heißt, es bleiben auch Kapitalerträge über 801 Euro bzw. 1 602 Euro von der Kapitalertragsteuer, Solidaritätszuschlag und eventuell Kirchensteuer verschont. Nach dem Ablauf der drei Jahre kann man eine neue Bescheinung beantragen. Wenn Sie sich jetzt vielleicht wundern sollten, wie kann das sein, niedriges Einkommen und trotzdem Kapitalerträge? Na ja, das gibt es schon. Lebenslagen ändern sich oft schnell und angespartes Geld bildet oft eine Reserve, die man nicht angreifen möchte. Es könnte sich aber im einfachsten Fall auch um ein Kind ohne eigenes Einkommen handeln, das durch den Tod seiner Eltern oder eines Elternteiles frühzeitig zum Erben oder zur Erbin wurde.

Ende gut, alles gut –
meine persönliche Meinung

Ja, zunächst einmal gratuliere ich Ihnen ...
... dazu, dass Sie durchgehalten haben. Ich hoffe aber auch, dass Sie etwas Spaß dabei hatten und das eine oder andere besser verstehen als vorher oder vielleicht überhaupt erst verstehen. Haben Sie schon einmal in einem Kochbuch geblättert, das nur reine Zutaten aufzählt? Ich habe einen sehr guten Freund, der will nicht kochen können, aber er liest sehr gerne Kochbücher. Er liest solche, die Lust aufs Kochen machen, obwohl es letztlich bei ihm nicht funktioniert. Wo liegt der Erfolg unserer bekannten Fernsehköche? Ganz einfach, sie vermitteln uns eine Art Begeisterung oder zumindest eine gewisse Lust, uns mit diesem Gebiet auseinanderzusetzen. Sie kennen bestimmt auch den berühmten Spruch: »Wenn Du ein Schiff bauen willst, dann lehre die Männer nicht mit den Werkzeugen umzugehen, sondern begeistere sie für das Meer.« Ich sehe das ebenso, obwohl ich nicht glaube, dass man sich für eine Geldanlage begeistern sollte. Man muss wahrlich kein Finanzprofi sein oder werden, um sich mit den grundlegenden Dingen der Geldanlage etwas auseinanderzusetzen. Es sei denn, man hat nichts zum Anlegen oder soviel davon, dass man wie Dagobert Duck die Wände damit tapezieren kann. Dann werden sich kleinere Verluste eher verschmerzen lassen. Ich meine nur, es ist sehr gefährlich, einfach alles zu glauben, was auf diesem Gebiet erzählt und diskutiert wird. Vieles davon ist oberflächlich und manchmal sogar grundlegend falsch. »Wie werde ich schnell und sicher reich?« oder »Das sind die besten Geldanlagen«, na ja, so etwa gibt es vermutlich auch. Mein Buch soll Sie nicht zur Entscheidung für ein bestimmtes Produkt veranlassen, sondern fundiert in lockerer Art und Weise durch diesen oftmals etwas unübersichtlichen Kräutergarten führen. Schlagworte helfen nichts, aber zum Abschluss will ich Sie doch noch einmal an einige wichtige Dinge erinnern.

- *Geldanlage ist keine Lotterie und kein Roulette:*
  Und schneller Reichtum lässt sich oft nur durch unerlaubte Geschäfte erzielen. Die Rendite einer Geldanlage nur von Zufälligkeiten abhängig zu machen, ist nicht nur falsch, sondern gefährlich. Also bewahren Sie Ruhe und wählen Sie die Produkte aus, die am besten zu Ihnen passen – Sie haben ja jetzt eine ganze Reihe näher kennengelernt. Haben Sie auch etwas Geduld, wenn einmal nicht alles nach Wunsch verläuft. Haben Sie aber auch den Mut, sich von Anlagen zu trennen, die voraussichtlich unrentabel sein werden. Ein kleiner Verlust ist immer besser als ein noch größerer. Hören Sie auf Fachleute, bilden Sie sich eine Meinung und entscheiden Sie selbst.
- *Parken Sie Ihr Geld richtig:*
  Legen Sie Geld, das Sie nicht wirklich für einige Zeit entbehren können, nicht in Anlagen mit hoher Schwankungsanfälligkeit an. Machen Sie sich selbst einfach eine Aufstellung, wie viel Geld Sie jederzeit verfügbar haben müssen und wie viel Sie kurz-, mittel- oder sogar längerfristig entbehren können. Dazu brauchen Sie niemanden, außer sich selbst. Seien Sie nicht zu kleinlich mit Ihrem kurzfristigen Bedarf. Ein kurzfristiger Kredit kostet Sie viel mehr als Sie vielleicht an Rendite einbüßen.
- *Überprüfen Sie genau Ihre Risikobereitschaft:*
  Tun Sie das am besten vor dem Beratungsgespräch. Führen Sie sich nicht selbst aufs Glatteis durch falsche Einschätzungen. Es ist absolut keine Schande zu sagen:»Ich habe einen Großteil meiner Ersparnisse sehr sicher angelegt.« Wenn Sie sich anders entscheiden, ist es auch in Ordnung. Wenn Sie sich für eine Anlage in Aktien entscheiden, sollten Sie diese Werte einigermaßen regelmäßig beobachten. Die ehemals gültige Weisheit,»günstig kaufen, einfach abwarten und nach einigen Jahren mit Gewinn verkaufen« gilt nicht mehr. Zu sehr und zu schnell ändern sich die Märkte und zu hektisch reagieren die Börsen heute auf solche Änderungen. Das heißt aber trotzdem nicht:»Finger weg von Aktienwerten.« Nur eines dürfen Sie nicht sein: ungeduldig und uninteressiert. Das gilt aber auch für andere Produkte, die in irgendeiner Weise mit Aktien in Verbindung stehen.
- *Geldanlage hat nichts mit einem bestimmten Betrag zu tun:*
  Was für den einen sehr viel ist, ist für den anderen eben fast

nichts. Lassen Sie sich nicht von Mindestbeträgen mancher Anlagen verführen, wenn Sie diese Summe eigentlich nicht anlegen möchten. Bei der heutigen Konkurrenz unter den Bankinstituten sind Sie auch mit kleinen Portionen ein gern gesehener Gast. Zum Glück sind die Zeiten vorbei, wo es bei einigen Instituten zwei Eingänge gab – der eine für die Kleinen, der andere für die Großen. Legen Sie Ihre hundert Euro in aller Ruhe, vielleicht in einem Investmentfonds an und genießen Sie das Beratungsgespräch. Das muss übrigens auch bei dieser Summe stattfinden.

- *Beim Geld hört die Freundschaft auf:*
Diesen Spruch kennen Sie bestimmt genauso wie auch ich. Falsch wäre es aber, jede Person, die irgendwas mit der Finanzwelt zu tun hat, zu seinem persönlichen Feind zu machen. Bankkaufleute an der alltäglichen Basis sind auch nur Menschen wie Sie und ich und sind für weltweite Finanzkrisen am allerwenigsten verantwortlich. Trotzdem sind sie die Ansprechpartner bei Geldanlagen und Sie und ich erwarten hier eine saubere Arbeit. Kein Friseur kann es sich erlauben, eine Kundin mit einer Kurzhaarfrisur, statt der geforderten Langhaarfrisur zu entlassen und kein Koch wird Erfolge mit minderwertigen Zutaten erzielen. Bei Geldanlagen sollten das Vertrauen und die gegenseitige Achtung ebenso im Vordergrund stehen wie bei jedem anderen Geschäft. Aber achten Sie genau darauf, was man Ihnen bei einem Beratungsgespräch erzählt und nicken Sie nicht einfach ab. Sagen Sie ruhig auch einmal nein oder überlegen Sie sich das Ganze in Ruhe zu Hause. Den berühmten Beipackzettel kann man mitnehmen. »Vertrauen ist gut, Kontrolle ist besser«, erkundigen Sie sich einfach auch bei der Konkurrenz und denken Sie in Ruhe darüber nach. Sie können deswegen trotzdem unbeschwert zu Ihrer Lieblingsberaterin bei Ihrer Lieblingsbank ohne jeder Spur von Reue zurückkehren und das Angebot der Anlage annehmen. Sie wird es Ihnen bestimmt nicht übel nehmen. André Kostolany, einer der Großen der Börsenlandschaft, zitiert in einem seiner Bücher den Satz: »Kenntnisse kann jeder haben, aber die Kunst zu denken, ist ein Geschenk der Natur.«[37]

---

[37] Kostolany, A., *Kostolanys Börsenseminar*, München 1989

- *Lassen Sie sich nicht verwirren:*
Das ist ja auch einer der Gründe, warum ich mich zum Verfassen dieses Buches entschieden habe. Kein noch so übler und künstlich geprägter Ausdruck darf Sie vor Erfurcht erzittern lassen. Nein, es ist ja bestimmt auch keine Absicht der Berater und Beraterinnen, das Tagesgeschäft bringt es eben mit sich. Lesen Sie einfach nach und schon befinden Sie sich auf Augenhöhe. Ich wünsche Ihnen viel Erfolg bei Ihren Geldanlagen und hoffe, dass Sie bei kleineren oder größeren Rückschlägen nicht denken: »Hätte ich doch mein liebes Geld besser in Grand-Cru-Weine aus Bordeaux investiert, die könnte ich wenigstens noch trinken, wenn sie an Wert verlieren – ein Wertpapier ist dagegen nur schwer verdaulich.«

Der Autor

Nach einer Berufsausbildung als Bankkaufmann und dem Studium der Betriebswirtschaft war Gerhard Clemenz im Finanzwesen zweier großer Industrieunternehmen tätig. Nach einem anschließenden Studium der Wirtschaftspädagogik wechselte er in die berufliche Bildung und war bis 2010 Leiter der Fachbereiche Bankkaufleute und Industriekaufleute an der Staatlichen Berufsschule Erlangen. Sein zentrales Arbeitsgebiet als Lehrer war der gesamte Bereich der Geldanlage. Persönliche Leitmaxime waren ständige Aktualität und eine verständliche Darstellung der oft kompliziert wirkenden Finanzprodukte, ohne dabei die notwendige fachliche Richtigkeit zu vernachlässigen. Gerhard Clemenz ist seit rund 30 Jahren als Fachautor mit zahlreichen Büchern und Beiträgen in Fachzeitschriften für die berufliche Bildung tätig.

In diesem Buch will er nun seine Erfahrungen an ein breites Publikum weitergeben.

Stichwortverzeichnis

a

Abgeltungsteuer 21, 27, 44, 55, 113, 130, 149, 165, 255, 298, 319 f., 324
abgezinste Papiere 161
act/act 148, 164, 166, 172, 198, 208, 221
Aktie 58 ff., 66, 73, 75 ff., 80 f., 83, 85, 87, 89 ff., 98 ff., 108, 111, 113 f., 119, 180 ff., 184 ff., 191, 194 f., 203 ff., 219, 227, 230 f., 233 ff., 245 ff., 251, 254 f., 258, 260 ff., 275, 295
Aktien 34, 59, 62 f., 66 ff., 75 ff., 83 ff., 104 ff., 108 f., 111 ff., 118 f., 121 f., 127, 144, 149, 157, 180 ff., 190 ff., 200 ff., 209, 212 f., 219 f., 227, 230, 235, 237, 241, 245 ff., 252, 254 f., 259, 261, 263, 265, 275, 281 f., 287, 290, 305, 307 f., 312
Aktienanleihe 209 f.
Aktienanleihen 180 f., 189 f., 208, 305, 307
Aktienfonds 261, 282, 307
Aktiengesellschaft 69, 77 ff., 85 ff., 98 ff., 104, 109, 190, 192, 201, 254, 261
Aktiengesetz 77 ff., 82, 89, 96, 248, 251
Aktienindex 69, 211 ff., 227, 231, 236, 238, 240, 287
Aktienkorb 227, 233
Aktionär 62, 77, 80, 84, 86 f., 89, 99 f., 186, 203, 251
Altbestände 113, 149, 321 f.
Anlegerentschädigungsgesetz 310
Anleihe 58, 60 f., 115 ff., 121 f., 125 f., 128 ff., 135, 138 ff., 142 f., 145, 152 ff., 162, 176 ff., 190 ff., 210 f., 215 ff., 245 ff., 255, 258, 283, 312

AS-Fonds 288
Aufsichtsrat 78
Ausgabeaufschlag 64, 140, 145, 147, 220, 239, 242, 253, 269 f., 272 ff., 282, 295
Ausgabekurs 64, 98, 133, 140, 220
Ausgabepreis 269, 271 ff., 275 ff., 279
ausmachender Betrag 145

b

Bärenmarkt 111, 217
BaFin 167, 248, 267
Barwert 51 ff.
Basispreis 182, 184 ff., 191, 202, 204 f.
Basiswert 181 f., 184, 186, 188, 227, 229, 231, 233, 236 ff., 241
basket 227
Bear-Indexanleihe 218 ff.
bearish 111, 217
Belegschaftsaktie 97, 99
Beratungsbogen 303 f., 308
Beratungsgespräch 185, 303
Beratungsprotokoll 307
Berichtigungsaktie 98 f.
Bewertungsstichtag 215 ff., 220
Bezugspreis 83
Bezugsrecht 79, 90 f., 93, 97, 193, 203 f., 246
Blue Chips 212 f.
Börse 66 ff., 85 f., 88 f., 92 f., 96 f., 111 f., 132, 138, 145, 154, 157, 161, 163, 165, 172, 176, 179, 189, 194 f., 198, 203, 205 f., 208, 212 f., 219, 221, 238, 240, 249, 253, 255, 269 f., 276, 285, 289, 291

Das 1x1 der Geldanlage Gerhard Clemenz
Copyright © 2012 WILEY-VCH Verlag GmbH & Co. KGaA, Weinheim

Börsenkurs 67, 91, 96 f., 131, 154, 194, 205, 273
Börsenmakler 67 ff., 72
Börsenplatz 67 ff., 112
Bogen 61, 120, 137, 200, 210
Bonität 124 f., 146 f., 179, 189, 191, 197 f., 207, 220, 283, 297, 307
Bonität des Emittenten 124, 146 f., 189, 198, 284
Bullen-Indexanleihe 216
Bullenmarkt 111, 217
bullish 111, 217
Bundesanleihen 62, 141, 153 f.
Bundesfinanzagentur GmbH 159, 161
Bundesobligationen 141, 153 ff.
Bundesschatzbriefe 141, 153, 158, 162, 175
Bundesschuldenbuch 62, 65
Bundeswertpapiere 71, 124, 141, 146, 148, 151 f., 162 ff., 307

c

Cap 212, 215, 230 ff., 235, 237, 241 f.
CDAX 213
Chartanalyse 110
Classicfonds 269, 274
Closed-End-Funds 297
Convertible Bonds 197, 199
Convertibles 197, 199
Cost-average 278

d

Dachfonds 286, 290
DAX 41, 69, 211 ff., 227, 231 f., 236 ff., 240, 283, 287 ff., 295
Depotkonto 62, 65 ff., 78, 85, 113 f., 119, 124, 137, 149, 152, 156, 160 f., 170, 179 f., 186, 189 f., 198, 207, 221, 242, 255, 281, 310, 312
Deutschen Finanzagentur GmbH 65
Devisen 68
Direktbank 63
Direktdepot 63
Direkthandel 70, 112
Discount-Zertifikat 229 ff., 241 f.
Dividende 62, 75 ff., 84, 96, 99 ff., 107, 112, 186, 203, 246, 248 f., 255, 262

Dividendenrendite 101 ff., 109
Dividendenschein 62
Dividendenvorteil 83

e

Effekten 60 ff., 119, 258, 281, 296
effektive Stücke 61 f., 138, 158, 170, 281
Eigenkapital 77, 79, 90, 98, 120, 190, 193, 201, 261
Einkommensteuererklärung 65, 318, 320, 324
Einlagensicherungsfond 311 f.
Einlagensicherungsgesetz 310
Emerging Markets-Fonds 289
Emerging Market 289
Emission 63 f., 132, 159, 161, 183, 254
Emittent 63, 118 f., 121 ff., 126, 137, 140, 146, 170, 172, 176 ff., 182, 191 f., 196 f., 209, 215 ff., 223 f., 226, 239, 247, 249 ff., 283
Emittentenrisiko 12, 112, 147, 165, 170, 189, 198, 224, 241, 255
EONIA 153
Equity Bonds 190
Ersatzbemessungsgrundlage 322
Erträgnisaufstellung 65, 323 f.
ETF 288 f.
EURIBOR 128
Euribor 18
EURO STOXX 50 210 f.
Euro-Anleihen 224
Euromethode 148, 164, 180, 190
EUWAX 70, 269
Exchange-Traded-Fund 289
Exchangeable Bonds 197, 199
Exchangeables 197, 199
Execution only 308

f

Festgeld 22 f., 25 f., 303, 309
Festgeldkonto 21
Festpreisgeschäft 66
Feststellungstag 184 ff., 215 ff.
FiFo-Methode 113
Finanzagentur GmbH 62, 65, 71, 146, 148, 152 ff., 158, 160 f., 163, 165 f.
Finanzierungsschätze 141, 153, 160 ff.
Finanzinnovationen 243, 317, 321

flat 253, 255
Floater 128, 131, 221 f.
Floating Rate Notes 128, 137
Fondsgesellschaft 259
Fondsmanager 262, 264 f.
Freistellungsauftrag 324
Fundamentalanalyse 109

g

Garantie-Zertifikat 239, 241 f.
Garantieeinrichtungen 310
Garantiefonds 289
Geldmarktfonds 284, 307
Geldmarktkonten 21
Geldmarktkonto 17 ff., 22, 25, 30
General Standard 213
Genussscheine 245 ff., 253 ff., 305, 307
Genusssschein 60
Geschäftsbericht 81, 104
Girokarte 30, 37
Girokonten 17
Girokonto 17 ff., 22, 30, 39, 67 f., 96, 137, 145, 277
Gleitzinsanleihen 129, 221
Globalurkunde 62
Gratisaktie 98
Grundkapital 77, 79, 89 ff., 98

h

Habenzinssatz 33
Hauptversammlung 77 ff., 81, 84 f., 87, 89, 97 ff., 246 f., 262
Hauskurs 67, 146, 163
Hedgefonds 290
hinkendes Inhaberpapier 36
Hypothekenpfandbriefe 141

i

IHS 115, 117
Immobilienfonds 284 f.
Index-Zertifikate 237
Indexanleihen 210 f., 214, 216, 219 f.
Indexfonds 287 ff.
Indossament 85, 117
Inflationsindexierte Anleihen 153, 157, 162
Inhaberaktie 81, 84, 86, 99

Inhaberschuldverschreibung 115, 117, 119, 177
Inhaberschuldverschreibungen 117, 141, 175, 181, 211, 219, 225, 309
International Securities Identification Number 63, 199
Inventarwert 259 f., 269, 273
Investmentanteile 257 ff., 267 f., 271, 276, 286
Investmentfond 64
Investmentfonds 64, 113, 257 f., 261, 269, 273, 275, 279, 281 f., 289 ff., 294, 297 f., 305, 309
Investmentgesellschaft 257 ff., 264 f., 267 ff., 273 f., 276 ff., 281, 284 ff., 291, 293 ff.
Investmentgesetz 258, 291
Investmentzertifikat 59, 271, 278
ISIN 63, 183, 199, 202, 253, 258, 295

j

junge Aktien 79, 90 f., 94
Junk-Bonds 135
Junkbonds 316

k

Kapitalanlagegesellschaft 258
Kapitaleinlage 80
Kapitalertragsteuer 21, 27, 44, 55, 113 f., 139, 149, 165, 173, 180, 190, 199, 208, 210, 221, 243, 255, 298
Kapitalschutz 215 ff., 240
Kapitalwertpapiere 58, 60
Key Investor Document 64
KGV 103, 105 f., 109
Kirchensteuerabzug 320
Kombianleihen 222
Kommunalanleihen 141
Kommunalobligationen 141
Kommunalschuldverschreibungen 141
Korrespondenzkonto 18
Kündigungsgeld 23
Kündigungssperrfrist 42
Kupon 62, 129, 172, 210, 214 ff.
Kurs-Gewinn-Verhältnis 103, 109
Kursrisiko 12, 283

l

Länderanleihen 141
Laufzeitfonds 289
Limit 71 ff.
Limitgebühr 72
Liquidationserlös 80, 246, 251
Liquidität 10 f., 13 f., 20, 26, 42, 54, 112, 147, 162 ff., 172, 179, 189, 198, 207, 220, 241, 255, 291, 297

m

Mantel 36, 61, 120, 200, 210
MDAX 212 f.
Mindeststückelung 154
Mischfonds 286
Moody's 315 f.
mündelsichere Anlage 313
Mündelsicherheit 44, 165

n

Namensaktie 81, 84, 86, 88 f., 99
Namensaktien 85 ff., 117
Namensschuldverschreibung 47
Nennwert 46, 49 ff., 68, 89 f., 98 f., 122 f., 130, 132, 134, 136, 138, 140, 143 ff., 148, 153 ff., 172, 175, 177, 180, 182 ff., 187, 190 ff., 198, 203 ff., 215 ff., 220 ff., 225, 240, 246, 248 ff., 275, 312
Nennwertaktie 89 f.
Nichtveranlagungsbescheinigung 325
No-load-Fund 274
Nominalwert 46, 122, 136
Nominalzins 125, 131, 133, 135 f., 138, 142 ff., 149, 162, 170 ff., 175, 182, 188 f., 191 ff., 197 f., 201 f., 204, 207, 209, 216, 220, 222, 246, 248, 284

o

Obligation 115 ff., 154
Offene Investmentfonds 257
Open-End-Funds 291
Optionsanleihe 190, 199 ff., 208 ff.
Optionsschein 199 ff., 208, 210, 252
OTC-Handel 71, 146

p

pari 123
Parketthandel 70

Pfandbrief 115, 117, 168, 170
Pfandbriefbank 168, 170, 172
Pfandbriefe 141, 148, 167 f., 170 ff., 283, 307
PIN 38
Plussparen 41
Prime Standard 213
Produktinformationsblatt 63
progressive Postenmethode 42

r

Rating 14, 124 f., 134 ff., 140, 314, 316
Rektapapier 47
Rendite 20, 26, 42, 54, 101 f., 106 f., 112, 142 ff., 147, 158 f., 161 f., 164, 171 f., 179, 188 f., 191, 198, 202, 207, 220, 223, 231 f., 235 ff., 241, 255, 263, 282 ff., 289 ff., 297
Rentabilität 11, 13 f., 135, 162
Rentenfonds 283, 307
Rentenpapiere 115, 118, 121, 125 ff., 130 f., 140 f., 144 f., 147 ff., 165, 170 f., 173, 180, 183, 190, 199, 208, 221, 247, 283
Reverse Convertible Bonds 190
Risikoprofil 181, 263 f., 303, 305 f., 308
Rücknahmeabschlag 269, 273 f.
Rücknahmepreis 177, 257, 269 ff., 276, 295
Rückzahlung 43, 47, 50, 55, 118, 120, 122 ff., 126, 132, 135 f., 140, 142, 146, 156, 161 f., 164 f., 167, 182, 184 f., 188, 191 ff., 195 ff., 201, 207, 209, 211, 214 ff., 223, 225, 231 ff., 235 ff., 240 ff., 246, 249, 289, 299
Rückzahlungsrisiko 12

s

Schatzanweisungen 141
Schuldverschreibung 47, 115 ff., 130
SDAX 212 f.
Sicherheit 10 ff., 19 f., 26, 29, 37 f., 42, 45, 49, 54, 63, 112, 118, 134, 147, 161 f., 164, 167 ff., 172, 179, 189, 198, 202, 207, 220, 239, 241, 255, 261 f., 267, 284, 291, 294, 296 f., 315, 317
Small Cap 212

Solidaritätszuschlag 65, 114, 318 ff., 324
Sondervermögen 261, 267, 284, 287 f., 290 f., 298 f.
Sparbrief 21, 45 ff., 55, 58 f., 161, 303
Sparbuch 29, 34 f., 37 ff., 245
Sparcard 29, 37 ff.
Spareinlage 30, 32, 34, 309
Spareinlagen 44
Sparkassenbrief 45
Sparkonto 22, 25, 29 ff., 33 f., 37, 39 ff.
Sparobligation 45
Sparschuldverschreibung 45
Sparurkunde 35 f., 39 ff.
Sparzertifikat 45
Stammaktie 83 f., 99
Stammaktien 84
Standard & Poors 124, 315 f.
standardisierte Zinsmethode 43
Step-down-Anleihe 180
Step-down-Bond 180
Step-up-Anleihe 180
Step-up-Bond 180
Steuerbescheinigung 65, 320, 323
Stillhalter 191, 202
Stimmrecht 78, 84, 246 f.
Stückaktie 89 f., 99
Stückaktien 83, 89
Stückelung 122, 138, 154 ff., 160 f., 183
Stückzinsen 138 f., 145, 149, 165, 173, 180, 190, 199, 208, 221, 254
Stufenzinsanleihen 175, 178 f.

t

Tagesanleihe 153, 162
Tagesanleihen 141, 153
Tagesgeldkonten 17
TecDAX 213
Teilhaberrecht 61
Termineinlagen 22
Thesaurierung 280 f.
Tradingfonds 269, 274
Transaktionsgebühr 68, 112

u

Umtauschanleihen 195 f., 198 f., 209

v

variabel verzinsliche Anleihe 128
Verlustverrechnung 321
vinkulierte Namensaktie 87
Vorfälligkeitsentgelt 32 ff., 38
Vorschusszinsen 32 ff., 38, 41
Vorzugsaktie 83, 99

w

Wachstumssparen 41
Währungsanleihen 223 f.
Währungsfonds 290
Währungsrisiko 12, 156, 224
Wandelanleihe 190 ff., 195 ff., 201, 203, 209 f.
Wandlungsfrist 192 f., 203, 210
Warrant 70, 208, 269
Wertpapier 57, 59 f., 64 ff., 115 ff., 121 ff., 126, 128 ff., 136 ff., 140, 142, 145 f., 152 f., 158, 170, 180 f., 192, 198 f., 201 f., 209, 220, 230, 243, 245, 247 f., 250, 254 f., 258, 287, 293, 299, 303
Wertpapierbörse 68 f., 154 f., 212 f., 231, 236, 238, 293, 295
Wertpapierkennnummer 63, 67, 183, 199, 202, 258, 295
Wertpapiersammelbank 62, 66
Wertrechte 62, 65, 158
Wertstellung 43
WKN 63, 183, 199, 202, 253, 258, 295

x

XETRA 70

z

Zero Bond 129
Zertifikate 70, 181, 219, 225, 227 ff., 232 ff., 238, 240 ff., 245, 307
Zinsabschlagsteuer 318 f.
Zinsschein 62, 129, 137 f., 214 f.

Brandgefährlich

ROLAND LEUSCHEL und CLAUS VOGT

Die Inflationsfalle
Retten Sie Ihr Vermögen!

2009. 272 Seiten, ca. 15 Abbildungen.
Gebunden.
ISBN: 978-3-527-50418-3
€ 19,90

Bestseller

Es waren die staatlichen Eingriffe in die Marktwirtschaft, die uns die Immobilien- und Kreditkrise beschert haben, so Claus Vogt und „Crash-Prophet" Roland Leuschel. Sie beschreiben, wie die Interventionen des Staates und seiner Notenbank auf die Krise aussehen und wo sie uns vermutlich hinführen werden.

Inzwischen hat die Subprime-Krise ein solches Ausmaß genommen, dass die westlichen Staaten riesige Rettungspakete nur für das Überleben der Banken schnüren mussten. Es sind Steuergelder, die die Staaten einsetzen, um Schaden für ihr Land abzuwehren. Doch sind diese Maßnahmen nur ein Strohfeuer, das zu einer Verschärfung der Krise beiträgt und die Voraussetzungen für neue Fehlentwicklungen schafft.

Wiley-VCH
Postfach 10 11 61 • D-69451 Weinheim
Fax: +49 (0)6201 606 184
e-Mail: service@wiley-vch.de • www.wiley-vch.de

Besser als sein Ruf

Ulrich Chiwitt

KAPITALISMUS
eine Liebeserklärung

Warum die Marktwirtschaft
uns allen nützt

WILEY

ULRICH CHIWITT
Kapitalismus – eine Liebeserklärung
Warum die Marktwirtschaft
uns allen nützt

2010. Ca. 219 Seiten. Gebunden.
ISBN: 978-3-527-50551-7
€ 19,90

Unser Wirtschaftssystem hat es nicht immer leicht. Es muss heftige Attacken, Abgesänge und Schwarzmalerei aushalten. Man könnte auch sagen: Der Kapitalismus hat ein ernsthaftes Imageproblem. Ein Großteil der Deutschen lehnt ihn sogar rigoros ab. Doch ist der Kapitalismus wirklich eines der größten Übel der Geschichte oder lassen sich die gängigen Vorurteile eher auf mangelnde Beschäftigung mit dem Thema und fehlendes Wissen zurückführen?

Ulrich Chiwitt bringt uns die Vorzüge des Kapitalismus wieder näher, ohne die Probleme außen vor zu lassen. Dabei geht es nicht nur um die materiellen Möglichkeiten und Chancen im Kapitalismus, sondern vor allem auch um die ideellen, moralischen und sozialen Vorzüge, die deutlich machen sollen, dass es entgegen aller Vorurteile gerade der „Kleine Mann" ist, der vom Kapitalismus profitiert.

Wiley-VCH
Postfach 10 11 61 • D-69451 Weinheim
Fax: +49 (0)6201 606 184
e-Mail: service@wiley-vch.de • www.wiley-vch.de

Schauen Sie den Geldmachern auf die Finger

KLAUS W. BENDER
Geldmacher
Das geheimste Gewerbe der Welt

2008. 325 Seiten. Broschur.
ISBN: 978-3-527-50383-4
Ca. € 15,-

**Jetzt als preiswerte
Sonderauflage**

Es gibt auf der Welt kein zweites Industrieprodukt, dass jeder Mensch so häufig in der Hand hält wie die Banknote. Aber es gibt auch kaum einen anderen Wirtschaftszweig, der sich derart hermetisch gegen die Blicke der Öffentlichkeit abschirmt, von Geheimnissen umgeben ist, wie der Druck der Banknoten.

Die Herstellung des Sicherheitspapiers und der Banknotendruck bilden den Kern dieser Hochsicherheitsbranche.

Alles an dieser Branche ist streng vertraulich. Die hier verwendeten Druckmaschinen und das Papier dürfen nirgends sonst eingesetzt werden. Neben dem sachlich gebotenen Sicherheitsbedürfnis gibt es noch einen weiteren Grund für die Geheimniskrämerei der Branche: Die Hersteller, staatliche wie private, möchten sich nicht in die Karten schauen lassen.
Genau dies aber hat Klaus Bender getan.

Wiley-VCH
Postfach 10 11 61 • D-69451 Weinheim
Fax: +49 (0)6201 606 184
e-Mail: service@wiley-vch.de • www.wiley-vch.de